U0142836

親職教育

邱珍琬　著

五南圖書出版公司 印行

三版序

　　《親職教育》一書自2003年推出之後，受到許多使用學生與教師的回饋，也有必要因時代推移作一些修正，只是手邊的事務繁多，無法在短期之內做非常全面的修正，因此第三版也在若干章節中做了一些必要的修正，希望讀者可以不吝給予指正。近兩年來，由於課程的安排，我沒有教授「親職教育」課程，但是卻常常參與相關的研討會與演說，的確也有許多新的收穫，我希望在下一版會有機會做更適當、更切實的修正或添加。

　　「親職教育」含括範圍甚廣，不是單單一本書就可以包含所有，也因為時代與社會變動之故，親職教育受到莫大的挑戰與考驗，因此在此版特別將「社會變動下的家庭」做一些增添，也在「學校生活」部分加了一些注意事項，另外在「與孩子一起成長」一章也將目前校園內較受注意的「自傷」列入。這些添加是希望可以更正確反應目前家庭與親職教育的需求。

修正版序

　　《親職教育》一書問世之後，在一年之間再刷，編輯大人也有修正版的提議，只是礙於平日工作繁忙，很難抽出空檔來做閱讀與安排，但是寫書與教學一樣，都需要不斷進修、添加新的內容，這樣才能與時俱進、符合時代脈絡與實際，這恐怕也是親職教育者、家長或是相關人員所企盼的。

　　親職工作的轉變就是大環境變化的最好證明，單就與以前五、六○年代的教養方式與內容相比，現代父母就發現有許多的挑戰是不能以過去慣用的公式套用的，因為現在的民主與人權、外來文化與風潮隨著「全球化」席捲而來，加上父母親也希望下一代不要再承受以前自己所遭遇的艱苦，當然也就更疼惜、愛護子女，由於個人的獨立性增加、雙薪家庭也成為潮流所趨，「親職外放」遂也成為一個便利的替代，包括安親班、幼兒園的設置，進而是各種才藝與學科補習班的林立，此外，還有保母制度與證照的成立，當然可以利用周邊資源是更佳的選擇，而「隔代教養」就應運而生。本修正版會將親職外放的「隔代教養」放入，希望可以讓全書更為完整。

　　這個暑假中曾經參加一個模擬學測的活動，因為這一屆國中畢業生是「九年一貫」教改之後的第一批，所以不僅是家長、其他相關政策擬定人員也很注意其結果。在那一次與家長的演講與對談中，一位男性家長在最末了提出自己的看法，還說到：「雖然這樣的（親職）演說是很必要，但是要做起來很難！」我當時的回應是：「大多數的家長是非常知道長進的，為了孩子的現在與未來，他們都很願意放手一搏、做嘗試。」我不知道這樣的回答適不適宜，但也是我多年來在相關場合所觀察的結果。當然，許多正在發生或是進行的社會改變，都會影響到親職工作的施行與發揮，例如漸漸增加的外籍配偶、暴力家庭、價值觀的代間差異、孩童發生的意外等，限於篇幅不能面面俱到，筆者也希望可以在現象觀察與資料蒐集之後，可以有新的觀點與發現，在日後慢慢提出，與家長們或學術同好者共享。

自　序

　　親職教育的必需性與必要性是因應時代的需求而更形重要（Nye, 1989），除了雙薪家庭增多、親職工作外放給其他社會機構（如保母、安親班、幼幼班、補習班、才藝訓練班等）的現實之外，一般家庭的結構也面臨重大改變（包括離婚、單親、隔代教養家庭、孩子數減少等），讓親職工作內容與責任有了前所未有的挑戰，加上家庭成員減少（小家庭漸多），許多家庭是遠離延伸家族（人）的範圍而單獨居住的，還有整個大社會的變動，為許多現代親職工作增加了變數（如名牌流行文化、電腦資訊與網咖、政治或社會不安與動亂、經濟衰退等），這些種種因素都凸顯了親職教育的不可或缺。Alfred Adler說「沒有人是天生的父母，我們都是做了父母之後才學會做父母的。」這也點出了親職工作的必然性與重要性；而「父母效能」專家Thomas Gordon也說過：一般人會因為孩子行為不良或其他問題而怪罪父母親，卻沒有提供適當的父母親訓練與教育，有一點「不教而成謂之虐」的意味。

　　「親職教育」（parenting education）是我們在學校開設的一門通識課程，主要提供大四的同學來選修。在擔任三個學期的親職教育課程之中，列出了一些相關的參考書目讓學生研讀，也以手邊的一些研究與議題做補充教材，雖然總希望每回有新的教材與資訊出現、也提供討論空間，但是總不能概括太多想要談到的主題，的確是一個遺憾。許多市面上的親職書籍，都有不同的著力點、不同的看法，也有不少是根據實際親職問題而應運而生的親子關係或教養書籍，但是還沒有看到一本與不同諮商心理學理論結合的親職教育。這本書的寫作動機，一是因為希望可以更切近教學實際需要，用的是平常的話語、少專門術語；二是可以讓日常生活的親職工作在學理上得到呼應的效果，此外，也是希望可以從理論的觀點提供擔任親職的家長與教養人，一些不同角度的思考與運作方向。

　　生死學大師Elisabeth Kubler-Ross曾經說過：「人生是治療與經歷情感的歷

程。」（張美惠譯，民91，p.184）親職教育應該就是教導人生的歷程，而不是限於為人父母的職責而已，因此本書也在關注一般親職教育內容的同時，試圖跳脫一般親職教育的制性公式，將親職教育的範疇做一些拓展與創新。此外，在參與許多親職講座的現場，不少家長都會提出如何「管教」或「管理」孩子行為的問題，親職教育的主旨應該是在教育下一代過更好、有意義的生活，因此，在本書中除了會提供關於管教的一些理論與技巧之外，也會著重在「教育」這方面。

本書的結構是依據我在屏東師院開課的大綱為骨架，以現存的學說與研究為皮肉，另外加上一些教師上課時可以運用的小作業，也在每個章節加上父母親可以運用在日常生活的小小實驗，希望可以讓親職教育成為一本通俗可以運用的普羅書籍，我相信這也就是我們希望親職教育真正推廣實現的方向；此外，在第二部分增加了一些變動社會下親職挑戰需要面臨與預防的一些課題，包括欺凌行為、家庭暴力與性侵害、性傾向（同雙性戀）、生命教育等。在我們做父母之前，其實已經有了一些見聞與經驗，最主要的來源可能就是我們自己的原生家庭，這也是本書比較特殊的地方，會以我們自己與原生家庭的關係做起點，來探討親職教育的內容與實際。不少父母親是很用功的，願意花時間去看書、或是聽專家的演講，但是「知」與「行」之間總是有多多少少的落差，甚至是「知而不行」，我們如果知道自己目前的許多作為都是經年累月積累下來的成果，也許在試圖改變之時、也給自己一段時間練習、耐心等待看看結果的出現，可能就不會失之躁進了！全書中一些小小、簡便可行的作業，讀者如果希望可以看到效果，不妨試試看，然後記下你自己執行之後的心得與可以改進之方法。本書分為兩個部分，第一部分是針對親職教育的內容與各諮商學派在親職教育的運用做主軸，第二部分則是針對親職教育過程中，可能遭遇的一些特殊情況做介紹與了解。

此書的推出，要謝謝五南圖書出版公司的李玉蘭小姐，李小姐的快手快腳，讓我有機會把這本親職教育的理念落成事實，也謝謝選課的同學在課堂中不吝與我交換意見的真誠與用心，當然還有許多家長們願意開誠布公地把自己關心的事物與想法、與我分享，讓我受惠良多。

目　錄

第一章

什麼時候開始
準備做父母

　　許多在社會上出現的問題，媒體報導中總不免要把問題追溯到家庭或是學校教育，特別是父母親的親職工作，稱職與否都會受到質疑；許多教育專家也認為，孩子的偏差或是犯罪行為，多半源自於家庭（黃富源，民87；Conger, Rueter, & Conger, 1994; Klein & Forehand, 1997; Yoshikawa, 1994），當然家庭因素只是其中之一，也有許多良善盡職的父母養出了不良孩子，但是一般社會大眾仍然會理所當然地把責任歸因為家庭與父母的因素。多年前的陳進興案，許多人不由得會去探討什麼樣的家庭出現這般的罪犯？我相信陳進興的母親也跟全天下大多數的父母親一樣，沒有「立志」要教養出一個「身價」二千萬的通緝犯！一個家庭出現不肖孩子，最痛苦的莫過於生身父母親，儘管許多犯罪學上的研究發現，「家庭因素」（尤其是親職教養方式），在犯罪家庭中似乎很普遍，但是我們也忽略了在同一家庭與環境下成長的「正常」甚或是出類拔萃的那些人！這些所謂的「正常人」又是如何擺脫環境的利誘與薰染，活出自己不一樣的人生呢？親職教養工作，除了將環境與個人因素考量在內之外，還有其他相關因素也要仔細評估，因此本書也會介紹不同心理諮商學派運用在親職教育上的觀點，作呈現與實例說明。

　　是不是沒有上親職教育的課就沒有準備好當父母？答案當然不是！我們的父母親、絕大多數的夫妻，在結婚之前或之後、甚至在有了孩子之後，也沒有接觸過任何正式的親職教育，也順理成章地做了父母，而且大多數也做得不錯。到底親職教育的功能在哪裡？為什麼需要？是為了「防範未然」做準備，還是在發生問題之後希望可以有補救之方？在美國，有不少在社區與學校開設關於親職教育的課程，其對象是即將結婚或是成為父母的民眾，在國中階段的家政課程也讓男女同學為一組，擔任照顧嬰兒的責任；也有是因為想要讓自己的親職工作做得更好的家長來參加，這是屬於積極面，而社會福利機構在發現有所謂的「不適任」家長時，為了顧及孩子的福祉，會對家長施行強迫的親職教育訓練，許多也是課堂上的講習、還有實際生活的訓練與照料，效果見仁見智，另外還有針對若干特別需要輔導的家長，做一對一的親職訓練與諮商服務。國內的少年法庭目前

加入一項與親職教育有關的法令：針對非行少年或是虞犯少年的家長，施以親職講座二到八小時。這雖然對於整個犯罪與社會良善風氣有正向提升，但是筆者也有一些疑問：(一)這樣的親職教育施行效果如何？真正能造成什麼改變嗎？(二)單向對父母或是教養人的教育還不夠，還要配合對於處於犯罪危險的少年加以適當管理與治療。目前國小階段所實施的「親子共學」團體，也是希望可以讓家長與子女同時參與，讓親職更能發揮功能，同時也鼓勵子女的主動學習，只是尚在實驗階段，成果依然在觀察中。

我們在大學開設的親職教育課程，基本上是做預防與準備的教育工作，除了希望可以讓學生在成立自己家庭之前有一些概念，而在實際擔任教育工作中與家長接觸之時，可以達成更好的親師合作，當然也有不少專家學者會針對親職教育的各個主題與層面做推廣或演說，這兼顧了預防與治療兩方面，但是親職教育的不普及、沒有組織系統的周延計畫與執行，甚至不能達到想要的修正與協助目的，的確也是需要努力的方向；然而親職工作要做得完善，應該是整個相關單位系統性地組織、配合的團隊工作，而不是單個計畫或零散活動而已！此外還要父母或是教養者的「求助能力」是很重要的，可以藉由「諮詢」教師或是專家，甚至必要時全家一起參與諮商治療，都可以是很好的資源。另外，由於目前資訊流通方便迅速、獨缺系統的交換與統整，家長之間可以有聚會或是團體（如父母團體），交換心得經驗、商討對策，這樣的支持團體或聚會，不僅讓作家長的不覺得孤單無助，也可以增加自己的一些親職資訊與技能，對自己的親職效能更具信心。

第一節　社會變動下的家庭

在正式進入親職教育的議題之先，我們必須要考慮到現今社會大環境的變動，對於親職教育有許多的影響，也讓親職工作面臨了前所未有的

挑戰。大環境的變化包括有不同家庭型態、性別角色改變、文化多樣化與
社經地位的懸殊、不同與擴張的家庭生命週期（Walsh, 1998, p.26），可以
觀察到的現象有：離婚率增加、單親或未婚家庭增多、不同型態家庭組合
（如頂客族，雙收入或雙生涯家庭，隔代教養，通勤家庭，繼親、再婚家
庭，或同志家庭）等的出現，以前的許多研究會針對家庭的「結構」問
題作子女或是親職問題方面的探討，彷彿一般的結論是結構不完整（所謂
的「破碎家庭」）就容易出現一些問題，然而隨著不同結構家庭的陸續增
加、甚至成為主流家庭模式時，許多家庭成員也學會了因應之道，當然政
府與教育相關機構就必須拿出有效的因應策略來。「國之本在家」，家庭
的經營與功能越是完善、可以發揮，留給大社會的負擔自然相對減少，而
社會成本的支出也就可以控制、縮減了。

◉一、「隔代教養」家庭──變動下的家庭模式之一

　　隔代教養，或是由祖輩擔任教養工作的方式，已經成為目前親職
外放的一種新趨勢，而近年來祖孫家庭的遽增，不只反映出隔代教養家
庭已不是原住民族群的專擅（簡文元，民87；陳建志，民87），隨著家庭
建構出現改變（如離婚率高、未婚生子）及經濟現況的變動（如父母在
外地工作或失業）（陳麗欣、翁福元、許維素、林志忠，民89；邱珍琬，民
91a/91b/91c），類似以祖輩為主要教養人的情況已成為家庭組織的一種
模式。我國隔代教養的家庭數，依據陳麗欣等（民87）的估計約在4%到
7%之間，而在美國社會中，此類祖孫家庭約莫有5%到10%，其中尤以非
裔美國家庭占多數（Fuller-Thomson, Minkler & Driver, 1997; Pinson-Millburn,
Fabian, Schlossberg, & Pyle, 1996; Roe, Minkler, & Barnwell, 1994; Rothenberg,
1996; Woodworth, 1996），這與非裔家庭多以女性為戶長、以及藉助延伸
家庭協助撫養下一代的傳統有關；這樣的東西方家庭趨勢，主要是因為
父母親不在──也就是「遺漏的一代」（skipped generation）（Bryson &
Casper, 1999, cited in Fuller-Thomson & Minkler, 2000, p. 3）所造成的結果。

　　接受隔代教養的孩童年齡層，自出生到十歲以上不等，照顧時間

相當，其中多數孩童是自出生就與祖輩同住（李玉冠，民89；邱珍琬，民91a/91b/91c；黃佳儀，民92；Woodworth, 1996; Fuller-Thomson et al., 1997）。隔代教養的原因有許多，主要是因為雙親不能適當履行親職，包括雙親之一死亡（或瀕死）、拋棄、入獄、嗑藥、失業、漠視或虐待孩子、心理疾病，而離婚率增高、未婚媽媽、愛滋病所遺留下的孤兒、還有立法上的改變（陳麗欣等，民89；Heywood, 1999; Jendrek, 1994; Pinson-Millburn et al., 1996; Pruchno & Johnson, 1996; Rothenberg, 1996），我國（李玉冠，民89；邱珍琬，民91a/91b；陳麗欣等，民89；黃佳儀，民92）的情況頗為類似，依序為父母離異或工作、喪親、母失職、或無他人擔任親職工作等，其中以父母在外地工作的子女有較好的生活適應（黃正吉，民87；吳佳蓉，民91；黃佳儀，民92）。隔代教養模式雖然絕大多數是不得已的安排，以「家庭保存」（family preservation）的觀點來看，隔代教養主要是為了孩子的福祉、避免孩童因為特殊父母因素（即不能履行親職）而必須安排到其他社會福利機構，所做的最好安置（Connealy & DeRoos, 2000）。

　　國內對於隔代教養的初步調查，發現是父系祖父母承擔教養責任的居大多數（邱珍琬，民91a），與美國地區的調查結果不同（母系祖父母），主要是因為美國夫妻離異之後，孩子的監護權多半歸由母親（Matthew & Sprey, 1984）；固然不少隔代教養家庭並不是只有祖孫兩代同居、而是有父母親其中一人也在同一居處（American Association of Retired Persons, 1997, cited in Strom & Strom, 2000），但是基本上教養責任還是由祖父母承擔（邱珍琬，民91a）。

　　隔代教養原因諸多，主要是因為父母失職、或是家庭結構變化下的結果，因此必須做另外的安排，而祖父母就成為最便捷、也是名正言順的替代親職，而這些隔代教養的時間多數是自孫輩出生就開始，時間可以很長，美國以母系祖輩擔任教養人居多，我國則是以父系祖輩擔任教養工作，主要是立法情況與文化的差異。

(一) 隔代教養中的孫輩與祖孫關係

現存的隔代教養文獻較傾向將焦點放在對祖輩方面的影響，而對接受隔代教養的孫輩著墨較少，相關研究也多半呈現負面教養結果，如情緒上的反應，像是孩子覺得自己是被拋棄、有失落、丟臉、罪惡感、孤立，認爲自己成爲祖父母生活的重擔，也可能會有發展上的遲滯、情緒與精神徵狀上的異常（如焦慮、憂鬱、重創後遺症）（Strom & Strom, 2000），行爲或課業上出現問題（陳麗欣等，民89），或是較沒有成就動機與適當資源、對於自身的期許與生涯發展有限（邱珍琬，民91b），因此可能會淪爲社會刻板印象下的犧牲者（Pinson-Millburn et al., 1996; Saltzman & Pakan, 1996）。這些結果可以歸類爲情緒（如失落、焦慮、罪惡感）、行爲（如社交孤立、出現偏差或學業上的問題）與認知（如認爲自己是多餘、祖父母的負擔、對自我期許較低）上的表現，都可能凝聚成爲一種「標籤作用」。

Riley（1990）發現許多「接收」家庭功能失常孩子的祖母前來求助，祖孫雙方對於孩子家長的缺席都覺得遺憾悔恨，孩子自視甚低、祖母認爲自己的親職工作失敗，代間出現許多誤解、行爲設限問題、挫折感、氣憤，甚至將父母的問題（嗑藥、不在身邊、入獄）列爲家庭秘密，祖孫彼此的關係也因爲祖母認爲自己無能處理孫兒出現的偏差行爲而衝突增加。國內王鍾和、郭俊豪（民87）以國中生爲調查對象，發現隔代教養家庭中仍以父系祖父母影響最大，祖孫之間較多爭執，較常一起做家事與購物，教養模式中若能多對孫輩做反應、祖孫關係會較佳。而郭俊豪（民87）針對一般祖孫關係，發現隔代教養方式中以「管教——反應」一項最能預測祖孫關係，說明了隔代教養的管教方式要能切合被教養人的需要，而孫輩的對應模式也會影響到管教的效果。

Sprey與Matthews（1982, cited in Myers, & Perrin, 1993）的研究指出，祖父母通常與較年幼的孫輩關係較佳、與較爲年長的孫輩關係較差，但是他們是以一般祖父母爲研究對象，而邱珍琬（民91b）的研究也發現這個

趨勢，這也提醒我們必須將教養人與被教養人的發展與需求列入考量，此外還說明了：隨著孫輩漸漸成長，其在自主性、獨立、與隱私權方面的需求，可能與祖輩擔心其受外面環境或同儕惡習影響相衝突（邱珍琬，民92；Musil, Schrader, & Mutikani, 2000），這些衝突當然也影響了祖孫關係。此外，Creasey與Kaliher（1994）對年齡不同孩子的祖孫關係作研究，發現對於年齡愈小的孫輩，祖輩在「陪伴」、提供「工具性協助」、彼此「親密度」、受到孫輩「崇拜」、對彼此「關係滿意度」與「同盟關係」上得分顯著較高，而在「照顧」（nurturance）方面則明顯發現孫女比較能感受到祖父母的照顧關愛，然而這個研究不是單獨針對隔代教養的祖孫關係作探討重點。

(二) 隔代教養的優勢與挑戰

隔代教養的祖父母其功能可以是替代不適任父母、擔負起親職責任，或是減輕父母親職工作負擔，或成為孫輩的角色模範，祖父母對於自己的貢獻與能力有信心、促進代間的和諧與親密，提供孫輩較多的陪伴與安全感，孫輩也會因為不想辜負祖父母的用心而在學業與行為表現上都較為負責自主（陳麗欣等，民89；Emick & Hayslip, 1996, cited in Giarrusso, Silverstein, & Feng, 2000; Kornhaber & Woodward, 1981; Wilson, 1986; Wilson, Tolson, Hinton, & Kiernan, 1990）；而在面對的挑戰或問題上，隔代教養最常出現祖輩體能上的負擔，祖孫語言溝通與價值觀的衝突，管教態度與技巧的不當，以及文化刺激不足、資源封閉等（陳麗欣等，民89）。

以負責教養工作的祖父母來說，他們對其教養經驗有滿足感、自信、有能力、體會到孫輩的關愛，感覺生命有目標、生活有重心，也很驕傲自己可以提供孫輩安全穩定的持續照顧（邱珍琬，民91b；Baird, John, & Hayslip, 2000; Burton, 1992; Gatz, Benston, & Blum, 1990, cited in Bowers & Myers, 1999; Kelly & Damato, 1995; O'Reilly & Morrison, 1993），甚至會因此而戒除一些不良的健康習慣（Minkler & Roe, 1993）。然而相對地由於隔代教養主要都是家庭結構變動的不利結果，因此祖輩所承受的不僅是經濟、親職責

0 0 8

任（包括管教方式與代間價值差異）上的壓力，更多的是心理（與孫輩之間關係、兒女不能執行親職責任）與社會期待（下一代行為與教養成果）下的重重負擔（邱珍琬，民91a/91b）；也因為額外的親職工作，負責教養的祖父母必須相對地犧牲自己的需求與自由，感受到負荷過重的責任與罪惡感，擔心自己健康狀況與對孫輩的教養問題，情緒上容易有失望、生氣反應、或是怪人責己，同時社交關係較為孤立，甚至懷疑自己的能力（邱珍琬，民91a/91b/91c；Baird et al., 2000; Burton, 1992; Kelly & Damato, 1995; Ehrle & Day, 1994; Minkler & Roe, 1993; Pinson-Millburn et al., 1996; Saltzman & Pakan, 1996）；而教養孫輩若數目更多、或是祖孫關係原本疏遠者，壓力自然更大（Giarrusso, Silverstein, & Feng, 2000），常常感受到生理與情緒上被掏空的疲憊感（Kleiner, Hertzog, & Yarg, 1998, Towle, 1997, cited in Musil, et al., 2000），尤其是在祖輩自身沒有經驗的事物上，也容易與孫輩起衝突（Boksay, 1998, cited in Musil, Schrader, & Mutikani, 2000）。許多研究都是以主要照顧人－祖母－為研究對象，發現這些祖母較之母親感受到更沉重的親職壓力（Musil, 1998），Joslin（2000）還特別提醒隔代教養祖輩可能因為職責所在而壓抑或掩飾了自己情緒問題的徵狀；對於孫輩的學業要求，祖輩常常認為不能發揮督促或協助功能，肇因是本身能力不足與經濟因素不允許（邱珍琬，民92；Strom & Strom, 2000），與一般不必負責教養重任的祖父母相形之下，容易產生角色衝突（管教角色與慈愛祖輩）（Johnson, 1988）。在勞工階層隔代教養的研究中，Watson與Koblinsky（1997）發現，儘管祖輩都是勞工階級出身，但是對於所擔任的祖職角色很滿意，只是都需要更多新的資訊與角色相關的學習，祖母多半認為自己比配偶在祖輩角色上更成功、對孫輩的影響較大，但是也同時感受到較大的挫敗感。擔任教養責任的祖父母在社會支持、祖職角色的滿意度、親職角色壓力、與生活受挫的程度都明顯高於未擔任教養責任的祖父母（Emick & Hayslip, 1999）。

隔代教養祖孫家庭雖然依賴延伸家庭的協助居多，但是這些協助也會因為親友的有限資源、常常未能提供長期的支持（邱珍琬，民91a/91b/91c；

Burton, Dilworth-Anderson, & Meriwether-de Vries, 1995），這個結果反應在目前經濟衰退影響下的隔代教養家庭尤然（邱珍琬，民91a/91b）！許多祖父母儘管遭受經濟與管教上的諸多困難，卻不知道現存可以提供協助的資源與機構，遑論去求助，當然其本身的資源管道不足與面子上的考量也是原因之一（邱珍琬，民91a/91b；Strom & Strom, 2000），而其他研究者（如Burton 1992; Minkler, Roe, & Price, 1992）的研究結論是：隔代教養無論在教養人自身、經濟與社區資源都是極為有限的，也就是這些重重障礙更增加隔代教養的困難度。

黃政吉（民89）以輔育院之青少年為對象，發現其中13%左右的青少年出自隔代教養家庭，教養人多數不識字，生活習慣與年輕孫輩極不同，加上低收入，造成教養工作上的諸多困難。李玉冠（民89）針對北縣低收入戶的隔代教養家庭祖孫關係做探討，發現社會標籤、輿論壓力、低社經地位、不談家庭秘密都可能是隔代教養的挑戰，而信仰、親友協助與社福服務等是可以善用的優勢（Haglund, 2000）。

Saltzman與Pakan（1996）的研究發現：擔任教養責任的祖父母、孫兒與孩子父母親的互動關係，也會影響到所有的關係人；而父母親的分擔親職責任或是涉入教養程度是否對於隔代教養工作有相對影響，卻是文獻上忽略的，依據邱珍琬（民92）的研究結果發現：不管是祖輩或是孫輩，其實都希望父母親可以多多關心孫輩的福祉、可以多分擔一些親職責任。

總而言之，孫輩由於自己家世背景之故、不得不接受隔代教養的安排，情緒上的失落與不安、學業或行為表現上的問題就是可能的不利結果，相關研究針對祖孫關係與隔代教養都是著重在結果的調查，也比較針對教養人的祖父母為研究對象。

隔代教養雖然是在不得已的情況下所產生的結果，但是也發揮了一些補足與替代的親職功能，不僅讓祖孫可以有機會發展更親密的關係，祖輩可以貢獻自己能力、為養育下一代效力，有使命感、生活有目標，甚至因為職責所在可以戒除一些不良習慣、作為孫輩的好榜樣，以及善用延伸家庭或是社區系統發揮互助支持的功能；然而過多的壓力與責任（包括經濟

010

與教養工作）、導致身心俱疲，也因此犧牲掉祖輩自己的自由與生活，甚至會因為角色衝突、讓祖輩與孫輩之間的關係因此緊張或冷淡，孫輩由於自己家世背景之故、不得不接受隔代教養的安排，情緒上的失落與不安、學業或行為表現上的問題就是可能的不利結果。

◉二、頂客家庭──變動下家庭模式之二

社會整個環境的變動，也影響到親職工作與擔任親職工作的憂慮。社會的動盪不安、經濟的衰退，也會讓想要生育下一代的父母親擔心自己是不是可以勝任？孩子來到這個世上，是不是幸福？現在許多的「頂客族」（Double Income No Kids, DINK）也反映出幾個社會現象：(一)個人主義抬頭，結婚是兩個人結合而形成的家庭，推翻了傳統上認為家庭應該是為了繁衍後代的觀念；(二)對於下一代的來臨與生存的現實條件有更多考量，甚至不認為孩子的生活條件比自己這一代更佳；(三)教養孩子的費用與心力需要更多，除了可能會影響到目前的生活，對於孩子的前景也不抱樂觀；(四)婚姻關係的穩定性減少，也讓夫妻有危機意識，因為有了孩子的婚姻，在婚姻面臨危機或破裂時，處理起來會更為棘手；(五)沒有傳統「養兒防老」的觀念，對於養兒育女的期待有不同以往的變化。

第二節　不同型態家庭與其挑戰

現在社會變動迅速，也間接影響到許多家庭的結構與過程，因此我們看到許多型態不同的家庭，諸如之前提到的「隔代教養」祖孫家庭、繼親家庭、單親家庭、同居家庭，或者是即便家庭結構完整，卻有親職失功能（如缺席或是暴力與性虐待）、家人罹患慢性或罕見疾病、心理疾病等情況，也讓家庭生活增加一些變數，這些也都會影響家庭成員。例如家中有罹患慢性病的孩子，所牽涉到的問題包括經濟、醫療、照護、就學或學習等等的相關問題，家人與患者都覺得生活的不確定性太多，包括長期的預

後情況、痛苦的醫療歷程、持續需要醫療照護、重複的介入處遇、一直存在的病徵、甚至是身體與發展上的遲滯，並且造成心理疾病、生活品質受到影響、婚姻問題、社會孤立等（Mussartto, 2006; Hampel, Rudolph, Stachow, Lab-Lentzsch, & Petermann, 2005），這些都與親職工作息息相關，當然也影響到個人內在、人際關係、與社會－生態（如婚姻關係與家庭功能、社經地位等）的適應要素（Varni & Wallunder, 1988, cited in Midence, 1994, p.313），但是Midence（1994）檢驗之前的研究結果認為：罹患慢性病的孩子在心理適應上展現了更彈性的結果，並無明顯的心理困擾出現；儘管家庭成員必須要調適彼此的關係、因應家中有病人的生活方式、面對財務上的壓力等，這些並無礙於親職的品質；而Wray與Maynard（2005, cited in Mussartto, 2006, p.113）發現家中有慢性病人也凝聚了家人情感、增進配偶間的關係。在這部分僅就「單親家庭」與「父親缺席」的部分做一些敘述。

❀ 一、單親家庭

(一) 單親家庭是一種家庭形態

單親家庭在目前的社會已經不是少數，每年平均離婚人數也在逐年增加之中，根據內政部的統計資料，台灣地區在九十九年的離婚人數有516,802對，居亞洲之冠，主要原因為外遇、家暴、婆媳問題（風傳媒，民111），時代進步，婚姻成為一個人生選項，而非必然。雖然單親的家庭成因不一而足，包括離婚、喪偶、未婚生子、遺棄、入獄、分居、心理疾病等，主要還是離婚率增加使然（張貝萍，民89；黃越綏，民85，引自黃富源、鄧煌發，民87）；China Post（11/20/07）的報導也發現：家庭型態改變對於孩子的養育是很不利的，尤其近年來有一種「虐待型男友徵狀」（abusive-boyfriend syndrome），不少年幼孩童是受到母親同居人或男友、甚至繼父的不同形式虐待，而同居、繼親或單親家庭孩子受傷或被凌虐的案件也相對增多。對於單親家庭來說，家長與孩子也會面臨一些挑

戰，這也是親職工作的新試煉。

　　儘管單親家庭已經不是社會的「異數」，而是目前諸多家庭型態的一種（Atwood & Genovese, 1993），台灣在八十三年的統計大概是10比1（聯合報，民83/5/5），九十四年針對「台閩地區兒童及少年生活狀況調查報告」，父母離異家庭占10.26%，其中受母親照顧者有44.6%，受父親照顧者有34.9%（內政部兒童局網站），似乎沒有太大差距，是不是意味著離婚率可能穩定發展？但有學者比較發現：台灣單親家庭比率較歐美高（林萬億、吳季芳，民82），而女性單親較之男性單親要多（王麗容，民84；張清富，民84，引自黃富源、鄧煌發，民87；Sands & Nuccio, 1989），可能必須考慮男性再婚率高於女性之故。

(二) 單親家庭親職工作面臨的挑戰

　　比較雙、單親家庭的子女，發現在學業成就、上課出席次數、榮譽感、以及學習態度上，前者皆優於後者（Featherstone, Cundick, & Jensen, 1992）。父母親的親職技巧與孩子的社會能力、良好行為息息相關（Gately & Schwebel, 1991; Patterson, 1980，引自侯崇文，民90），雙親家庭的父母衝突與孩子的外向問題行為相關（Fauber, Forehand, McCombs-Thomas, & Wierson, 1990），因此重點在於親職功能的發揮程度，而不在於擔任親職的人數。單親家庭也有其優勢，不一定與子女偏差行為相關，主要關鍵因素在於親子互動品質（Cernkovich & Giordano, 1987, Gove & Crutchfield, 1982，引自侯崇文，民90）。

　　根據Weiss（1979）提出單親家長可能覺得負荷很重的三個向度的工作：1.負擔過多責任──大至財務方面的決定到家庭瑣事，都得要承擔，而且不像以往有個可以商量作決定、分攤責任的對象，雖然孩子也可以分擔一些，但是畢竟能分攤的有限；2.工作負荷過重──身兼養家活口、照顧家人、處理家務、料理教養孩子相關事務等等工作，責無旁貸，根本也很少機會可以有家庭或工作之外的社交生活；3.情感上的負擔過重──一個家長得顧及孩子所有的情感關愛需求，常常覺得精疲力竭，也因此會常

有情緒化的表現或處理方式，導致親子關係緊張、不和睦（cited in Atwood & Genovese, 1993），也就是單親必須身兼父母之職、雙重角色與責任負擔，經濟與家務工作、教養子女壓力，社會關係與親子關係疏離，以及自身調適等問題（黃越綏，民85，引自黃富源、鄧煌發，民87）；此外還要加上監護權與法律問題、再婚與否的考量（葉至誠，民86），倘若其中一位家長刻意破壞單親家庭的親子關係或管教，也是另一種壓力源（Atwood & Genovese, 1993）。有研究也發現單親家庭親子間關係會因子女年歲漸長而受到負面影響（Gringlas & Weinraub, 1995; Risman & Park, 1988）。

　　研究發現單親母親或父親在管教上無差異（如林萬億、吳季芳，民82；Ambert, 1984, cited in Leve & Fagot, 1997），然而單親家長由於性別不同，除了社會對待態度有差異外（如對於女性單親較嚴苛、男性單親較寬容）（Katz & Pesach, 1985，引自林萬億、吳季芳，民82），也可能會影響家長對待不同性別子女的管教態度與性別角色要求。林萬億、吳季芳（民82）的研究沒有發現由父親當家或母親當家的單親家庭管教適應上有差異，但是均感負擔沉重，畢竟原本是兩人分擔的工作必須由一人兼負，肩上責任更具壓力；男性單親較有情緒上困擾，可能與其傳統性別角色期待有關，女性單親面臨的最大挑戰應該是經濟問題，以及社會對於女性單親的負面看法。單親母親家庭子女與一般雙親家庭在家務的分工上，較不受性別刻板印象的局限，尤其是女兒（Hilton & Haldeman, 1991），而單親母親對於子女之管教較不受傳統性別角色的影響（Amato, 1991; Leaper, Leve, Strasser, & Schwartz, 1995, cited in Leve & Fagot, 1997），其管教方式也趨於「問題解決」模式，看到較多子女正向的行為表現，但也較常發生情緒掌控的問題（Leve & Fagot, 1997）。Cohen（1995）針對單親母親與父親家庭的研究，沒有發現有適應上的差異，也發現若是家長性別角色趨向中性、經濟上又較無問題時，對其教養子女的適應有正面效果。有研究指出離異、沒有得到孩子監護權的父親，若是之前與孩子關係密切，則需要經歷相當長久的失落情緒，對他們而言，失去與孩子的聯繫是一個創傷經驗，相反地，原本與孩子不是很親密的離異父親，則會與孩子發展較離異前更有意義的關

係與聯繫；與孩子較有接觸的離異父親對於性別角色持較爲傳統的看法，而與孩子原本疏離的離異父親，在性別角色的分工則是趨向兩性兼具（或「剛柔並濟」）（Kruk, 1994）。

Hetherington、Cox與Cox（1982）發現單親母親在做管教方式的決定時較不成熟，會刻意忽略子女的不服從行爲、管教態度也不一致，而單親母親或父親對於子女行爲的監控方面較薄弱（Thomson, McLannahan, & Curtin, 1992），這些可能是環環相扣的挑戰之一，因爲少了一位共同負擔責任，壓力也是雙重的了！Gelles（1989）發現單親的經濟問題可能是許多問題的根源，因爲經濟情況不佳也會連帶影響到單親家長管教能力與適當性，可能的解釋就是：因爲經濟壓力，許多單親家長工作負擔重、工作時間長，導致在管教孩子時常常希望「立即有效」，忽略去了解孩子與其可能情緒的步驟，結果反而適得其反，這樣惡性循環結果也造成親職無力與無能感。

關於單親家庭子女的研究，結果發現偏差行爲或困擾問題出現較多（呂民璿、莊耀嘉，民82；林青瑩，民87；張貝萍，民89；黃富源、鄧煌發，民87）；而在生活適應方面，單親母親當家的孩子在年幼時，其行爲與課業表現與一般孩子無二，但進入青少年期之後，會有較多的行爲、情緒與學業困擾，尤其是單親母親教養的兒子特別明顯（吳虹妮，民88；Gringlas & Weinraub, 1995），而Ermish與Francesconi（2001）的研究看見早期家庭破裂對幼兒的負面影響已經出現，尤其是發現幼兒較有內化型（情緒）、而非外顯性（行爲）的問題（Sourander, 2001）。不管是單親或是雙親家庭，家庭的凝聚力是可以用來預測家長或子女壓力的最佳指標（Duls, Summers, & Summers, 1997），也就是說，即便家庭結構不同，但是其因應壓力的最佳力量來自家人之間的綿密情感。

(三) 單親家庭優勢

家庭結構由雙親變成單親的子女，並非承受著負面的結果，除若干研究並未發現家庭型態與子女犯罪或偏差行爲的關係外（何詠俞，民82；

Soko-Katz, Roger, & Zimmerman, 1997），有不少研究發現單親子女由於必須承擔多一些責任，因此也變得較有自信、有能力、獨立、對問題與環境的適應力增強，也更有創意（張英陣、彭淑華，民85；Baldes, Gosse, McKay, & Rogers, 1984; Emery, Hetherington, & DiLalla, 1984; Gately & Schwebel, 1991; Schwebel, Barocas, Reinchman, & Schwebel, 1990; Wallerstein & Kelly, 1980, Weiss, 1979, cited in Atwood & Genovese, 1993），對兩性角色與態度較為開放自由（Kison & Rashke, 1981, cited in Leve & Fagot, 1997）。雖然單親家庭的孩子比一般孩子更早看到人生的許多現實與真相，也必須要提早面對生活給予的課題，但是相對地也給了他們很好的機會了解人際互動的真實、培育能力的好機會。

(四) 單親家庭的親職工作

　　一個家庭的每一份子都承擔一部分的責任，若是有人不在其位、甚至失職，此人的責任就必須由其他人分擔，這些人的壓力也自然增加，這是無可厚非的事。單親家庭在成員結構上是一個弱勢，但是並不表示就是永遠的弱勢，許多家庭有其復原力與彈性，可以將暫時的失衡現象做最佳調適，也可以讓家庭功能發揮到最好！這裡提到了家長的觀念與態度是最具關鍵的，單親家庭的孩子可以因為分擔家務而更有獨立能力，能夠體諒家長的辛勞、對他人較具同理心，也會願意做一些利他的動作，儘管單親家長可能為了家計問題常常忙得不可開交，也可能因為經濟、工作、親職責任與人際等等壓力，影響自己的情緒智商與管理，除了家長自己需要特別留意、尋求支援之外，也不要忘記提供孩子適當的情緒支持與相聚時間，即便是一起做家事都可以是彼此親密的互動機會。單親家長與子女的關係可以更像朋友、更貼近孩子的心，家長也要善用周遭與自身的一些資源（包括朋友、家人、離異的配偶、社區或政府機構），讓自己的親職功能發揮到最好，同時也不要忘記照顧自己的身心健康與福祉，因為唯有健康快樂的家長，才會有健康快樂的下一代！

　　一個家庭並不孤單，因為還有原生家庭的支持、社區親友的協助，

甚至還有工作上夥伴的扶攜，儘管家中缺了一位家長（不管是什麼因素所造成），大家的日子還是要過下去。雖然單親的性別也許對於子女的角色模範可能不夠，但是孩子周遭有不同性別的成人可以有替代功能，因此即便是單親母親，其手足、長輩、或異性友人也都可以提供很好的角色學習典範與諮詢，況且孩子是最佳的觀察學習者，家長若注意到這一點，孩子可以自他人身上學習的機會很多，因而不必過分擔心。如果是雙親一方過世，與雙親仳離的情況會有若干不同，一般說來，家長或子女對於已過世的人會較容易接受這個事實，夫妻離異卻也不免讓孩子會有「有朝一日」家人會再團圓的迷思；比較難處理的反而是夫妻自身的情緒並未隨婚姻關係消失而停息，甚至將孩子變成彼此爭戰的工具或是犧牲品，這就是我們在諮商場合經常遇到的情況！離婚並不會造成孩子也因而「被切割」，父母親還是父母親，如果家長願意為了孩子做最好的妥協與安排，甚至持續擔負起親職責任，就是親子「雙贏」的局面；監護權在誰手中不重要，而是可以提供給孩子基本生存需求與充足的關愛才是關鍵。

◉二、父親缺席

　　一般人或是許多研究咸認為母親對孩子來說是比較重要的角色，而許多文獻也將母親的「養育」角色視為當然，這或許是因為東西方傳統文化一向將「親職」這個部分歸於母親負責的範圍有關，再加上母體孕育新生命使然，鮮少有機會去檢視「父親」這個角色的重要性，隨著時代演進、女性主義的推波助瀾，慢慢有人研究父親的重要性，特別是二次大戰之後，許多男性上戰場、女性守住家園擔任親職工作，開始有「缺席父親」的議題出現。

　　父親角色在兒童性別角色、道德、智力與成就、以及社會能力與心理適應等方面發展極具重要性（王珮玲，1993），但Heath（1978）的長期研究卻發現許多男性不會將父親列為自我成熟過程中的重要角色，而這些男性的妻子也認為她們的丈夫常常心不在「家」（cited in Tripp-Reimer & Wilson, 1991），也許這些父親只是複製了自己父親的行為模式、卻不知其

影響罷了；許多研究以「父親缺席」的反向操作方式來突顯父親的重要性。雖然有研究發現沒有父親的男孩容易有偏差行爲或是心理疾病的表現，但是並沒有得到一致的結果（黃富源、鄧煌發，1998；Anderson, 1968, Herzog & Sudia, 1972, cited in Tripp-Reimer & Wilson, 1991; Pollack, 1998）。而單親母親認爲父親可以提供兒子最重要的是「性別角色」示範與「遊戲活動」，許多母親也都認爲男孩生活中缺少父親角色其影響是較嚴重的（Stern, 1981）；沒有父親在身旁的女兒，容易較早與人發生性關係、性行爲較爲活躍，也容易淪爲被性侵對象（Ballard, 2001）。誠如Jim Herzog（cited in Pollack, 1998, p.124）所說的「渴望父愛」（father hunger），主要是因爲感覺被遺棄，其原因包括死亡、離異、單親母親家庭的孩子、收養、父母的上癮行爲、虐待、與傳統父職（Erickson, 1998，陳信昭、崔秀倩譯，民91），也就是傳統的保守父親與孩子的距離也會讓孩子有「被拋棄」的感受、而在心理留下創傷。相對地，也有研究探討父親缺席的優勢，包括讓孩子更能獨立、負責、早熟，容易滿足、與人合作（Finn, 1987; McCarthy, Gersten, & Langner, 1982；引自吳嘉瑜、蔡素妙，民95，p.144）。綜觀這些研究的結果，不免讓人會想問：爲何許多孩子的偏差行爲或不適應與父親缺席有關？難道父親的「實質」存在（physical present，身體上出席）具有其他的重要作用？

　　有研究證實孩子在零至二歲期間若無父親在身邊，與其他相同發展階段的孩童相形之下有許多表現（包括信任、羞愧等）較爲遜色（Santrock, 1970, cited in Snarey, 1993）。吳嘉瑜與蔡素妙（民95）的研究發現：父親外派對年幼孩子影響較大，男女性對於外派生涯的看法反應不一，女性重在關係的維繫、男性則認爲是增長見聞與磨練能力的好機會，父親的形象在孩子眼中「不夠鮮明」，可能是因爲父職參與的方式沒能讓孩子感受到其重要性（p.164），現在有不少台商赴大陸或外國工作，與家人子女的關係因爲時空距離而受到影響，當然也都儘量設法補足，這也是目前親職工作的另一種挑戰！由於中國文化的特殊性，使得女兒與父親之間的關係較爲疏遠（Ho, 1987，引自葉光輝、林延叡、王維敏、林倩如，民95），葉光輝

0 1 8

等人（民95）就「渴望父愛」議題對高職女生作研究，在「高渴望」組裡的女兒在人際上較疏離、情緒抑鬱，且對異性難親近。徐麗賢（民94）發現大陸台商以指導課業、表達關懷、健康安全照護、與培養子女的自立能力為主要關切，這也表示距離會讓父親感受到未能發揮父職，也期待可以補足親職功能，而很重要的是這些父親希望自己對子女的關愛可以傳達、甚至被子女接收到。

關於缺席父親的研究，較多出現在離異家庭，而研究結果也朝向負面影響的居多，例如在行為與學業上的困擾（Teachman, Day, Paasch, Carver, & Call, 1998）。男性罪犯遠遠高於女性，也導致許多孩童面臨父親缺席的事實，而對於雙親之一入獄的孩子來說，似乎有性別上的差異，男孩比較多向外宣洩（acting-out）的偏差行為出現（如嗑藥、飲酒、逃家逃學、攻擊或敵意行為、甚至是犯罪），相對地女孩就較多向內宣洩（acting-in）的行為（如退縮、做白日夢或惡夢、表現孩子氣、懼學、哭泣或學業表現低落等）（Fritsch & Burkhead, 1981），但是這可能是傳統親職工作分配（即父親負責管教、母親負責照顧）下的觀察結果，或是突顯原來就存在的性別社會化差異。其他研究針對失功能家庭與施虐家庭做研究較多，結論也提到來自父親缺席家庭的女性，通常在與異性關係上會出現問題，包括選擇施虐或拋棄妻小的伴侶（Secunda, 1992, cited in Perkins, 2001），在認知發展與學業表現上也較為落後（Grimm-Wassil, 1994, cited in Krohn & Bogan, 2001），進一步影響其在高等教育上的發展（Krohn & Bogan, 2001）；而對男孩而言，與人互動、男性形象等都受到負面影響（Beaty, 1995）；Gable（1992）特別提到：不管父親缺席的原因為何，孩子心理穩定與母子／女關係的穩定性是相關的（cited in Lowe, 2000）。而美國非裔家庭中也常常是女性當家，因此家中長子就成為缺席父親的替代，也承受過多的壓力與期許，這在家庭治療上就產生了所謂的「界限不清」（Lowe, 2000），而父親若是非自願缺席，其子女在依附需求上就較為欠缺，越早失去父親的孩子對其發展影響更大（Brown-Cheatham, 1993），如Grimm-Wassil（1994）就比較父母離異與父親過世的女兒，前者的行為問

題出現在引人注意與紊亂的異性關係上，後者則是害怕與異性接觸、對父親看法較爲正向（cited in Krohn & Bogan, 2001）。同樣是以臨床觀察爲場景，LaBarbera與Lewis（1980）從父親是否出席第一次晤談來看全家是否持續接受心理治療，發現父親的出席的確有重要影響，這可能也反映了父親對家庭重要決定的影響力，然而主因是父親認爲治療只是情緒宣洩，無助於孩子功能恢復。Boss（1980）發現儘管軍人父親不常在家，但是其「心理上的出席」（psychological presence）卻是預測妻子與家庭功能的主要指標！在調查大學女生與父親之間的關係，也發現沒有父親的女性有疏離與被父親誤解的感受（Perkins, 2001）。

　　中國傳統的父親角色較威權，父子關係由於倫理上對下的期待、相當謹守分寸。父子或是父女的關係應該是雙向互動、相互影響（Parke, 1981），儘管許多父親體認到自己渴望與家人有更親密的接觸，但是又希望達成社會對其角色的穩健期待，因此倍感壓力（Filene, 1986）。固然父職未能發揮功能，主要是因爲傳統對於父親的角色期待不同、缺乏訓練、母親的干預等，但是在目前開放社會中對於現代父親有不同的期待，也讓父親身上綑綁的性別緊身衣有鬆動、彈性的空間，因此現代父職似乎也有必要做些轉變。

　　父親角色隨大環境與時代的變遷，雖然有些微改變，但基本上還是以經濟、提供保護的功能居要，其重要性也表現在對子女的行爲與發展的影響上，而研究文獻似乎喜歡放在父親在子女生活中「存」或「無」的比較上，一般較會注意到父親對兒子的影響、特別是性別角色的學習，但是卻較少提及父女之間的顯著影響；父親提供孩子拓展與開發更廣泛的情緒經驗，母親則是站在安撫與舒緩情緒的立場。傳統父職極少涉入親職工作也可以是「父親缺席」的一種型態，也就是父親雖然實質地存在家中，卻沒有發揮其身爲親職的功能，這樣的情況也可以含括像是酗酒、嗑藥、失能等父親。父親缺席其實要強調的就是：每個家庭成員（包括父親）在一個家庭中都有其可以發揮或是期待的功能，倘若不能達成這樣的期待，其影響可能是負面多於正面。而維持表面上的「完整家庭」結構，並不能保證

發揮一個完整家庭的諸多功能！

　　傳統父職的疏離也是父親缺席的一種型態，這似乎也提醒現代父親與母親要正視這樣的問題，即便是雙親家庭、提供了孩子物質生活上的滿足或充裕，親子關係依然需要努力經營，因為孩子要的不僅是這些而已。許多家庭雖然沒有富裕的物質水準，但是卻可以維繫彼此間的親密、讓家庭生活愉快滿意，展現了家庭的強度，這個家庭強度在發生生命事件或是家庭面臨危機時最關鍵！

第三節　「完整家庭」的迷思

　　許多家庭結構因為時代變遷、個人自由度增加，不再嚴守傳統一父一母的家庭型態，以往對於「完整家庭」結構的迷思，也需要作一些檢討。雖然「完整家庭」的理想還根植在一般人腦海裡（缺乏雙親或是單親家庭的孩子，覺得自己與人不同、心上有空洞與難言的沮喪與失落，私人對話－隔代教養訪談心得，民91），但是許多因素的摻雜加入，「完整家庭」已經不是一個「必須」或「必然」，許多人為了「維持」一個完整家庭的形象，相對地也必須犧牲許多、甚至造成更多的傷害。家庭結構或不完整，但是只要親職功能可以發揮，就可以是「健全」家庭，不會對下一代有不良影響；許多「結構不完整」家庭中的家長，知道家庭有這個建構上的缺陷，反而更加努力、盡心親職工作，這也是值得嘉許的。

　　雖然說單親家庭的資源可能不足，因為只有雙親之一擔任起教養的責任，但是社會支持與資源是可以補足這個缺憾（比如祖父母或是親友協助教養、單親父母親自己教育孩子的價值觀正向樂觀等）；有人會懷疑在單親家庭中成長的孩子，在性別角色的學習上，會不會有阻礙或不足？有研究指出，沒有父親或是男性家長的孩子，總是覺得有缺憾或失落，也比較容易有行為上的問題，特別是青春期的男孩子（Phelps, Huntley, Valdes, & Thompson, 1989），而對於生長在母親為家長家庭中的女孩子，比較容易

對性感到興趣（Hetheringto, 1972, cited in Liebert & Libert, 1994）；雖然有人會擔心孩子成長過程中，沒有雙親做為角色楷模，可能會影響到他們對於自己性別角色的學習與認同，甚至因為缺少其中一位家長而造成孩子沒有受到適當的照顧或是管教，但是根據目前一些研究結果，沒有得到最後的結論，反而也有不少研究發現單親家庭子女的表現有許多優勢，包括分擔較多家務責任、早熟、有較高自尊能力與自信（Weiss, 1979），親子之間關係較為親密、溝通較好（Hetherington, 1989），情緒適應與智力發展較佳（Cashion, 1982）、也較具創意（Wallerstein & Kelly, 1980），因為可以發揮功能的單親家庭或是繼親家庭，其孩子的表現與適應情況遠比一些衝突不斷的「完整」雙親家庭要更好（Stolberg & Garrison, 1985）！儘管也有研究發現，在單親母親家庭成長下的女孩，可能在與異性交往時會碰到一些困難，但是這種情況似乎只是短暫的，主要問題不在於性別角色的認同，而在於與人互動的技巧與行為；生長在父母為同性的家庭，並沒有發現會影響到孩子的性傾向，反而有融合兩性特質，有比較中性、平權的表現（Patterson & Chan, 1996; Williams, 1987; Wallerstein & Kelly, 1980; Siann, 1985, cited in McMichael & Siann, 1997），但是也有研究發現的確會有影響孩子性傾向選擇的疑慮（Cameron & Cameron, 1997; China Post, 4/29/01），因此目前結論也還不完整。沒有人可以保證優良父母就會產出優良小孩，而也有在惡劣環境下產生的優良小孩（所謂的「歹竹出好筍」），許多因素的串聯與交互影響，似乎沒有一個決定的答案，然而一般普羅大眾與研究還是支持：如果家庭發揮良好功能，下一代就更有希望。

第四節　良好功能家庭的特色

一個家庭不管組成如何，如何發揮其應有功能才是最重要的。一些研究者曾經針對「家庭功能」作分析，來看家庭的「優勢」（strengths），而Otto（1962, cited in Lee & Brage, 1989, p.356）是最先提出這個觀點的，他

0 2 2

認為優勢家庭應該是提供照顧、支持、家長管教、鼓勵成長、顧及精神上的福祉、有良好溝通與問題解決技巧、以及參與社區的活動，也就是說明了：家庭功能的發揮應該顧及到基本生理與生存的照顧、物質與精神上的支持陪伴、適當的約束與管教，讓孩子在心理精神上有安全愉悅的感受、暢通同理的溝通模式與方法，也不要孤立於整個家族或社區社會的支持系統之外。

　　而Lee與Brage（1989, p.356）還整理出了一些學者認為的「健康家庭」（healthy family）的特色，其中的Beavers（1977, 1982）是以家庭系統的觀點來看，認為一個家庭應該像是一個系統，成員之間有明確的界限，溝通一致也清晰，清楚的權力地位，鼓勵獨立自主，彼此之間覺得愉快自在，有協調的能力，重要價值觀的傳承。Lewis（1979）主張家長的婚姻關係要好，而且家長要有施展親職的權力，家人彼此之間很親密、有良好的溝通與有效的問題解決技巧，可以彼此分享感受、尤其對於生命中的失落敢明白表達，相信人是有缺點的、但是本質良善，家人之間可享親密、但是也尊重個人的自動自發，而每個家庭有不同的型態，不是一個模子壓出來的。Stinnett（1979）認為家人間應該要有感激欣賞、優質相聚時間、肯溝通、對彼此有承諾、有信仰、能有效處理危機。Curran（1983）認為家庭中有傾聽與溝通、彼此支持、尊重他人、培養信賴感、有幽默感、責任分擔、對錯分明、有家人一體的感覺與規範、家人之間的互動平衡、有共同宗教信仰、尊重他人隱私、服務他人、珍惜家人團聚與休閒時間、願意承認自己碰到問題也願意求助。Barnhill（1979）則是以相對的觀點來看，也就是極端都是不好的，包括要保有個人與彼此的身分（identity）與空間，在改變上要能有彈性又不失穩定，資訊溝通上要能清楚接收與溝通，角色架構上要能清楚。

　　綜合以上各家的說法，我們可以發現他們共同強調的部分有：良好溝通、有感情承諾與感激、成長導向、問題解決技巧、系統導向、家長權力、清楚的界限與角色分野、傳承的價值觀（Lee & Brage, 1989, p.357），而所謂的良好功能家庭要具備的共同要件包括：溝通協調與解決問題能

力，可以有個人發揮活動的空間、也有與人互動歸屬的餘地，要有不同權責與倫理的適當分際。

第五節　早期的親職教育

　　對於親職教育的施行時間不一定，一般人認為是越早實行越佳，不一定非得要到生育或是確定要擔任父母親之前才實施，這是基於「防範未然」的積極作法，而北美國家如美國，也在國中時期的「家政課」裡安排男女同學擔任雙親、撫育嬰幼兒的練習（Simmons, 2000）；將親職教育納入，對於家長與學校的關係有加分的效果（The Institute for Responsive Education, cited in Nye, 1989），除了如前所述，包括影響學生的學業表現、增進孩子社交與情緒上的福祉、讓學校學習風氣更豐富、鼓勵正向的親職技巧、鼓勵教師的成長與發展，以及對於社區的積極參與教育有推波助瀾之功（p.328）。然而更明確一點說，套用精神分析學派的觀點，一個人一旦在一個家庭中出生，其實就已經開始受到其原生家庭的影響，雙親的對待與教育就早已開始，所以孩子個人所承接的親職教育也可以說從此時就已經展開；而當孩子成為父母的時候，也可以說自己不是從零開始，畢竟每個人都有學習的能力，自幼在受家長與其他照顧人耳濡目染的情況下，也多多少少具備了一些做父母的條件。

　　一般人對於養孩子的錯誤觀念包括：(一)養孩子總是很有趣的；事實上教養孩子可是辛苦的工作。(二)好父母會教養出好孩子；事實是優良父母親不一定保證就有好子嗣，因為環境與個人變數太多。(三)「愛」是有效教養的關鍵；當然愛絕對不夠、還要加上適當的管教。(四)孩子都知道感謝；但是許多孩子卻認為父母親養育與愛孩子是義務。(五)親職工作自然天成、不需要加以訓練；絕大多數的父母親是在有了孩子之後，慢慢學會做父母親的。(六)家庭價值很容易灌輸；因為父母親的影響力有許多時候要受到大環境的挑戰，不太可能以單一、威權、上對下的方式完成

（LeMasters & Defrain, 1989, cited in Knox & Schacht, 1994, pp.571-574）。

　　而親職教育的需求有其必要，主要是因為：只有少數人對於教育孩童有經驗，因此大部分的教養工作仍須由家長擔任；家庭的規模漸小，親子互動與影響機會增多；家庭外的照顧（親職外放）增加，而家長也擔心與孩子間的情感建立需要特別用心；育兒過程中與大家族分開，少了許多支持與協助、必須藉由體制內或體制外的親職教育來補足；家庭建構的改變，養育工作有時也必須由單親獨力負擔，不能如傳統家庭那般分工；以及社會建構影響家庭的環境，整個大社會的變動、家庭不能自外於整個大環境，也許也要挑戰許多既存與傳統的親職方式（Nye, 1989, p.330）。

　　也因為如此，親職教育的內容也有了一些新的挑戰，除了準父母與父母親需要知道相關於懷孕生產等醫學遺傳的知識之外，也需要進一步了解孩子生理、智力、情緒的生長發展情況，不同的管教理論與方式，了解如何與孩子溝通，還需要知道如果孩子遭遇一些特殊生命事件或情況時，要如何處理、協助、因應與求助。

第六節　做父母的動機

　　我們先要問自己為什麼要做父母親？現代的避孕方式發達，結婚不一定是為了傳宗接代，而「性」也不是為了有愛情結晶，也因此「做父母」已經變成一個選項、而不是「必然」！作者請大四同學回去請教自己父母親為什麼生小孩的原因，整理結果包括（邱珍琬，民90）：

(一) 傳宗接代

如就是要生、結婚本來就是要生小孩、才像一個家等。

(二) 養兒防老

如希望自己老時可以有人照顧、不必流浪街頭或做孤單老人。

(三) 外在壓力

因為家族的壓力，認為有父母與小孩才算是一個「家庭」，不僅是已婚雙方的一個信念，也是上一輩的認知，而更多的壓力是發生在只生一個或是都生了女孩子之後，或是家人認為應該有男有女。

(四) 綿延後代或家業

如想要抱孫子、要有人傳他的姓氏。

(五) 喜歡小孩

生理上的家脈與種族繁衍是最主要的理由，象徵性的「永垂不朽」（immorality）包括延續自己的姓氏、留一些東西（子嗣）在世上是其次，Rudolf Dreikurs（1964）所謂的「戰勝死亡」，而希望老年時可以有人照顧的「預防」措施、符合一般人對於「家」的結構認知，此外添增生命的內容也是要小孩的理由之一；當然同學們票選最希望的答案是「父母親喜歡小孩」，這也說明了一般人都希望自己是在被期待下出生，在先決條件上就會有比較優勢的感覺；也有父母親是因為自己生命中的未完成、或是不完整，希望生了孩子可以承繼他們的夢想或是未竟事業（Dreikurs, 1964）。

在臨床經驗中曾經發現，有些人在長大之後知道自己是棄嬰、或是父母親發現懷了自己才結婚、甚至在與父母互動過程中沒有感受到被愛，直覺上是很不平衡的，甚至會影響到成長後的發展與心態。曾有位三十歲的成人，在無意中得知母親曾經在懷她時吃了墮胎藥，刻意要把她拿掉，她後來就很困擾，最嚴重時還有了輕生念頭。這種心情，其實可以體會，但是家長有時在情急之下，甚至就直接「剝奪」對孩子的愛，以為做錯事的懲罰，而這個無意或是刻意的舉動也會造成傷害，甚至有些父母親在孩子詢問自己是怎麼來時，還會開玩笑編造一些無稽之談，像是包心菜裡出生、撿猴子回來養大的、或是隨便在路上撿到的，這些無心的言語、在孩

子接收訊息後的內在架構裡，不知道產生了什麼影響也未定。我們在日常生活中偶爾會看到的一些例子，比如媽媽帶孩子經過百貨公司玩具部門，孩子要買玩具，媽媽沒有這個預算、或是就決定不買，但是孩子很拗、一直賴著不走，作母親的可能就會假裝一撒手、離開，留孩子在原地哭泣哀嚎，有的會出言要脅道：「你不走，我就不要你了！」固然現代父母也希望培養孩子多一點情緒智商（所謂的EQ），但是培養情緒智商可以用其他的替代方式，而不是採取這種途徑，因為這種方式造成的負面影響很大。

Hoffman與Hoffman（1973）（引自Jensen & Kingston, 1986, pp.4-10）曾經就一些研究結果整理出來一般人想要孩子的原因，包括了：

(一) 提升成人的地位與自尊

在一般社會系統中，為人父母的地位是受到尊重的，也因此社會地位獲得提升。

(二) 自我的擴充與延伸，希望可以不朽

孩子是從我所出，在生物與象徵意義上都有延續生命、不朽的意味在。

(三) 道德、宗教、利他主義

生育、照顧幼小的下一代，基本上是社會讚許的不自私、利他與慈愛的行為。

(四) 延續團體生命與有關性的規範

讓家庭、族群生命或關係得以擴展綿延，也賦予性行為一個嚴肅的意義與責任。

(五) 人類主要團體（家庭）的聯繫與生存

小孩為延續人類集體生命與發揮歷史傳承的功能。

(六) 有趣、刺激、新鮮；創意、成就與能力的表現

人類發現有生命自本身衍生出來，就是讓人自豪的一項成就表現，而教養孩子的過程之中，也有許多新鮮與刺激好玩的事發生。

(七) 力量、影響力與效率的表現

自己的影響力，也許是出現在對孩子的教養或是在孩子生命中扮演了一個重要角色上，對於女性而言，是作為母親的一個角色成就，對於作父親的又何嘗不是呢？

(八) 用來作為社會性的比較與競爭

因為身分（父母）不同，造成社會地位也不同，連美國目前也對於已婚者或為人父母者的福利較為照顧（如反映在納稅、健康保險等方面），未婚者的福利與地位相形之下就較差，相對於我們國內的納稅情況也是如此，已婚者以及育有下一代者，其繳稅也可以有較多優惠。此外，社會對於「單身公害」的微詞，也可以印證一斑。

(九) 經濟上的用途

子女長大可以賺錢協助家計、也可以照顧年邁的雙親，這在農業社會尤其明顯。

作者要加上另外一項：許多父母親在第一個孩子誕生的時候，彼此之間的關係也開始有了轉變，許多本來直呼其名的夫妻，就從孩子誕生那一刻起，彼此就以「爸爸」、「媽媽」相稱，而在自己對著孩子自稱「爸爸」或「媽媽」時，都有一種無上的榮耀感與責任，特別是當孩子已經會喊自己是「爸爸」、「媽媽」時，更是有一股油然生起的驕傲與尊重；因此，父母親的角色，不只是一種成就、連帶的責任，還象徵著與下一代生命的連結與親密！

第❼節　親職教育目的

　　親職教育希望達到的目的，依一些學者專家的看法可以包括：家長教養孩子方面的知（認知）、情（情感態度）、藝（技巧）三方面（林家興，民86），分項具體敘述又可以有：(一)提供家長關於個體身心發展與需求的知識；(二)導正家長不適當的教養方式；(三)教導家長有效的親子溝通；(四)協助家長培養孩子良好行為與生活習慣；(五)協助家長讓孩子發揮所長；(六)協助特殊孩童家長的教養問題（黃德祥，民86），也就是基本上還是包含了預防、教育、協助與治療的目的，或如林家興（民86）所說的，希望協助家長改善或防止問題惡化的消極功能，以及協助家長預防問題或增進親職成果的積極功能。

　　親職教育應該不只是家長方面的工作而已，整個大社會環境的變化也會牽引著親職教育的內容與運作，甚至目前許多親職工作都已經「外放」到社會其他機構的趨勢下（如安親班、幼幼班、托兒所、才藝與補習班等），親職教育的規劃與設計就是一個需要許多相關單位統整合作的過程，這也是目前親職教育淪為零散、收效不彰的主要原因之一。目前狹隘的親職教育是開在大學的選修課程，好像只是短期的一張父母文憑一樣，其實如果仔細追溯，大學以前課程中的健康教育、社會、公民或心理等科目，也與親職教育有或多或少的連結，可以一貫下來做統整規劃，然後接續社區成人教育，也是可以系統運作的方向。

　　一般情況說來，親職教育可以分為兩個部分：一是預防性的，比如在學校或社區施行，主要的對象是即將為人父母、或是已經為人父母者，希望可以從親職教育課程或演講中做一些準備與了解，讓自己在擔任親職工作時可以更為勝任愉快；二是針對補救或是治療的目的，對象是發現家中孩子有問題或困擾，甚至已經有家庭危機的父母親，希望可以知道如何做補救、彌補的工作，我們現行的少年法規定犯罪或是虞犯少年的教養人要接受二至八個小時的親職教育講座，就是一例。此外，許多的家庭諮商與治療服務主要也是針對這一族群與其家人，希望可以適當處理已經發生的

問題，也培養更好應變的能力。當然基於「觀微知著」、「防範未然」的經濟效益觀點，總希望社會與家庭付出較少的代價，因此許多大學或是社區、甚至媒體，提供了不少預防性的課程，這些課程固然也發揮了其預期的功能，但是生命過程本身就是問題解決的過程，因此往往在真正擔任親職工作時遭遇到困難或疑問，還是有許多求助支援的管道，家長如果有求助的能力，也可以讓親職工作更為駕輕就熟！

第八節　影響親職功能的危險因素

　　Belsky（1984）曾經分析影響親職功能的關鍵因素，它們是：父母親的心理資源（自己的發展歷史與人格特性），孩子的特性（孩子的氣質），社會支持（協助支持親職工作的相關人物，包括配偶、家人或是專業人員），以及工作與婚姻情況（父母親自身承受的壓力也會影響到親子間的互動與照顧品質），這四個因素的交互作用都會牽一髮動全身，例如：孩子脾氣暴躁，可能就增加父母親的生活壓力，反應在婚姻關係上多了一層緊張，加上父母親自己在成長階段沒有受到好的照顧，可能就會對孩子不耐煩，倘若再加上這對夫妻與原生家庭間關係疏離，情況就會更糟。

　　親職功能是不是可以適度發揮，其實就左右了家庭的運作，有哪些因素會影響家庭或親職的功能呢？其實由前項的「良好家庭功能特色」裡就可以推論一些。關於功能失常家庭（dysfunctional family）、或者是可能影響親職功能的危險因素，有學者（張秀如，民87，pp.38-41）提出：

(一) 不適當溝通

　　不足或不當都是問題，許多的家庭仍然是以父權為主，家長很少與孩子作習慣的溝通，也許是因為口語表達訓練不足、良美善意受到扭曲或誤解，甚至雙方大玩猜測的遊戲，孩子也就依樣畫葫蘆，造成家人關係疏離、衝突、甚至暴力；這也是目前存在台灣中國家庭裡最多的問題。

(二) 家庭成員角色混淆

這就是「家族治療」提出的「界限」過於糾結的問題，所謂的「父不父、子不子」，父母親不像父母親、沒有扮演好自己的角色，孩子也沒有享受孩子的樂趣，呈現出來的問題包括孩子被賦予非其責任的家長角色，成爲所謂的「假性」父母（pseudo-parent），或是亂倫、虐待。

(三) 孤立

家庭的支持系統很少、甚至沒有，處於一種獨立運作、不跟周遭社會連結的狀況，甚至家長也不容許孩子自己開創社交網路，這樣的家庭容易專制獨裁、常有暴力虐待或忽略的情況發生，甚至外力的協助如社會局要介入都有困難，父母親與孩子都成了禁臠。這種家庭不僅會出現問題孩子與問題父母，也容易有暴力或是虐待情形發生，可能是因爲社會變動太大，讓人人自危，但是越是如此，就更需要完善的社會協助政策的跟進，否則家庭功能失據、又不能得到社會提供的補救協助，家庭分崩離析是自然結果。

(四) 父母的童年經驗

父母親本身在年幼時沒有受到適當的親職照顧，甚至遭受凌虐或忽視，在自己擔任家長之後，自然不太能勝任親職工作，有的連自己的問題都自顧不暇了，更遑論照顧下一代；這樣代代相傳就是一種惡性循環。

(五) 婚姻問題

父母親結婚的原因不同，有許多可能就會影響到後來組成的家庭，貌合神離、經常吵架衝突、暴力等等，都會讓置身其中的個體受到負面的衝擊，夫妻之間沒有合夥人的關係、不能滿足自己的需要、不能互相支援，可能就把重心放在孩子身上、甚至想自孩子身上獲得自己想要的，造成孩子與其中一位家長的關係過於融合糾結，刻意疏離另一位家長，家庭功能崩解。

(六) 父母分離

因爲人爲或不可避免因素（如父母自己的選擇離異、一方不在或死亡）而產生沒有雙親的家庭，孩子就感到不完整、有缺憾，在別人面前抬不起頭來，也容易把問題帶到學校，不管是過度成就或是行爲方面偏差，或者是孩子對於自身的價值感不夠、有憂鬱或自暴自棄的行爲。

(七) 父母罹患慢性病

家中有人生病、又需要長期的照顧，在家庭財務上是一項不小的負擔之外，也是許多壓力的來源，而家庭生活也會因此而大受影響，不僅孩子可能要擔負更多屬於親職的責任，親職教育也相對受到極大的考驗。

(八) 擁有許多年齡相近的子女

家庭資源的分配以及父母親的照顧都會受到影響，孩子不能得到應有的關愛與照顧，發展上會有缺失或不足。

(九) 父母濫用酒精與藥物

不僅容易產生生理上有缺陷的孩子，也會容易讓下一代價值觀混淆，可能在成年之後也陷入同樣的泥淖，容易以同樣吸食藥物或酗酒方式來解決面臨的生活挑戰，而家庭中有人濫用酒精與藥物，整個家都因此失序，甚至酗酒或藥物成爲家庭的秘密，也是家中成員一個揮不去的夢魘！

第九節　什麼時候開始準備做父母

男女兩造在親密關係發展成熟時，可能就希望有更進一步的承諾，希望相守以老、準備組織家庭。但是作爲父母親的準備當然不是從選修「親職教育」相關課程開始，早在男女雙方認眞交往時，就已經開始有一

些雛形在醞釀，包括彼此的價值觀、家庭觀、生活成長背景、生涯計畫與原生家庭的關係與責任，雖然這是戀愛希望達成的後期目標，也表示戀情成熟的一個里程碑，然而也有爲數不少的父母親是在沒有預期下，就突然接受了這樣的角色，如沒有計畫的懷孕、未婚生子等。所謂的做父母的「準備」，主要是指除了生理上健康成熟、成家的經濟考量之外，心理上也要準備擔任不同的角色、邁向人生另一里程碑，另外還要加以考慮經濟與照顧的能力，孩子一生下來就不能退貨，親職工作就是「沒完沒了」，因此在心態上的「準備度」會特別重要。有研究指出：對於自己擔任父母親的認知準備度會影響到實際擔任親職工作時的結果，也就是對於孩子出生發展、自己要做怎樣的父母親有概念的話，實際執行親職功能時，比較容易上手（Miller, Heysek, Whitman, & Borkowski, 1996; O'Callaghan, Borkowski, Whitman, Maxwell, & Keogh, 1999; Sommer, Whitman, Borkowski, Schellenbach, Maxwell, & Keogh, 1993），雖然這只是針對青少年母親所做的調查，卻也發現「準備度」與後續的實際教養相關密切。

　　結婚之後，許多人都會自然期盼「父母親」的角色落在肩上，但是目前晚婚趨勢、加上希望多享受兩人生活、計畫生育、還有不能生育的種種考量，讓一般人頭次擔任父母角色的時間也往後延長。一般人會在初任雙親之時手足無措，雖然初爲父母的興奮與新鮮還在，生活中已經添加了許多變數與需要妥協的考慮；孩子還在母親腹中時，感受還不會那麼強烈，一旦孩子呱呱墜地、看到孩子的實體之後，許多意念才開始落實。市面上雖然有許多育嬰育兒手冊，最最基本的還是醫師與衛生所的囑咐與預防注射的提醒，而父母親也開始接受孩子來到自己家庭裡的「酸甜」現實（sweet and bitter reality），因爲孩子餵奶、睡眠時間都還在紊亂中，新科父母親必須依循孩子的需求，調整自己原來的生活步調與責任，而慢慢地也會經由互動適應，親子間形成了可以彼此接受的作息與習慣、還有一些家庭規則的出現，總是要經過好一段時間的協調適應之後，親子之間才開始發展成一些固定的模式，而這個家庭也開始邁向另一階段。

　　擔任父母親、執行親職功能通常不是紙上談兵的事，也是爲什麼許多

家長在閱讀了諸多書市裡的育兒或是管教書籍之後，仍然認為親職工作大不易，而且也發現他人的經驗也許可以作為借鏡，但是不一定派上用場或是有效果，這的確也說明了親職工作之困難、有其特殊的個別性。那麼什麼時候準備好做父母呢？如果家長雙方可以預料、也計畫了照顧新生兒所需要花費的精力時間與金錢，彼此之間可以做適當的分工或是託請照顧，除了照顧初生的嬰兒，也不要忽略自己的需要，夫妻的感情仍要持續經營與溝通、甚至有一些危機處理的準備，那麼擔任起親職工作就可能會比較得心應手了！

父母親可以做的

(一) 了解自己教養孩子的動機為何？希望怎樣讓孩子的生命與自己的不同？

(二) 與孩子開誠布公討論彼此對這個家庭的感受，認為家庭的優勢與可以改進的方向為何？

(三) 去了解孩子想要作怎樣的孩子？你又要作怎樣的家長？兩者之間的需求與異同如何？可不可以做適度的方向調整與妥協？

動手與動腦

1. 請教一些準父母親為什麼想要孩子？

2. 訪問一些已經是父母親的人，與上一代相形之下，在自己擔任父母時，有了哪些傳承與改進？

3. 訪問父母親，如果社區提供一些親職教育課程，在其時間允許的情況下可以參與，他們會希望有哪些內容？請列表做歸類說明。

第二章

做父母的條件

　　想一想，當我們還是孩子時，我們是怎麼看父母親的角色？我們認為父母親做得如何？他們的優點在哪裡？哪些事件讓你記憶深刻？有沒有對他們不滿意之處？你印象中與父親或母親相處最愉快的記憶是什麼？曾經發生過怎樣的爭執或不快？家庭曾經有些什麼危機？如何做處理？甚至希望自己當父母時可以加以改進的？如果以1到100為評分標準，你會給你的父母親多少分數？（這個活動可以在自己還沒有做父母之前給一次分數，然後在自己擔任親職工作之後再給一次，看看這兩者之間有沒有差距？差距多少？為什麼？你／妳又發現了什麼？）當然你／妳也可以列出一些自己做父母的條件，來對照看看專家學者所得的研究結果。

第一節　孩子眼中的父母親

　　對於一群大學生所做的調查發現（邱珍琬，民90），一般大學生會給自己的父母親多少分數？大概平均落在80到96之間，一般說來母親的得分較父親為高，差距2到10分；得分較高的理由為：戀家、勤勞、會傾聽、很辛苦、與孩子親，也就是會注意到父母親對於家的貢獻、與孩子家人的關係；而減分的理由為：愛賭、不聽孩子說話、囉唆、情緒化、粗心，大半與個人因素或是習慣有關。

　　儘管我們也曾經是（仍然是）父母親的孩子，對於雙親的親職工作總是會有意見與評價，但是一般人，在沒有意識到自己想要做的是什麼時，很容易就以自己習慣性的做法去做。同樣地，我們也會以同樣的態度來教養我們的下一代，因為我們的父母親就是我們的第一位人生導師，對於親職教育方面當然也是。有一位父親說：「我爸媽以前也沒有受過什麼教育，也是這樣養我們長大，我們七個孩子還不是順順利利成長？以前我們也是不乖就被打，現在的孩子變得很嬌弱，打不得也動不了！」這位父親是許多父母之中的一位：相信上一代的做法沒有教養出不肖子弟，因此自己沿襲舊章，自然不會出現什麼大問題！再細問他以前對於父母親的教養

方式沒有任何不滿嗎？「當然有啊，可是自己長大了，就覺得父母也是為我們好，沒什麼大不了。」這是因為長大了、自己也為人父母了，會回頭去體會雙親的用心，但是再問他：「那麼，你花了多少時間悔恨父母親的作為？」這位父親就不說話了。儘管如此，父母親依然是我們擔任實際親職工作的第一個學習榜樣，這就像我們成長後第一次掌廚，沒有看食譜、也沒有跟大師學做菜的經驗，卻會把平日觀察家裡父母親做菜的方式不經思考地運用下去；一位年輕太太說：「我丈夫他第一次吃我炒的青菜，說吃不慣，因為他們家一向是用薑爆香，我們家卻是用蒜頭！也沒有人教我要先問問，我只是按照我覺得應該的方式，因為我媽就是這麼做的啊。」一位先生道：「新婚第三天，我跟太太說她煮的飯太硬，太太說他們家煮飯都是放那麼多水，不知道我是吃軟飯長大的！」Dreikurs（1964）也因此特別提醒父母親作自我覺察的工作，一旦為人父母之後，又不自覺地套用自己原生父母親的「不適任」教養方式，怪不得人總是在重複歷史！

　　人在某方面的確是習慣的動物，尤其是在耳濡目染的情況下接受的洗禮，會在不知不覺中就運用上去，當然我在這裡不是強調要把上一代的教養方式完全推翻，而是我們周遭的環境在改變、許多資訊也隨著變動，親職教育也要注意到時代與大社會的脈動，做適當的改變與順應。會做反省工作的父母親，通常也是對於親職工作用心用力最多、願意讓自己的親職角色比上一代更好的父母。

　　沒有任何一個人是天生好父母的材料，我們都是從實際運作中學習（Learning by doing）而來，何況親職工作是一輩子的過程，就可以了解「做父母」其實也是終生學習的課程。由於每個人都是做中學，在經驗中求取進步，因此即使是所謂的「成功父母」，還是經歷過許多的嘗試錯誤與考驗的辛苦過程，無一倖免！此外很重要的一點是：每個人都不一樣，因此每個人對於做怎樣的父母也有自己獨特的想法與作法，所成就的也就是獨特的親職方式與型態，沒有說哪一種親職比較好，親職教育的成功情況其實也是因人而異，最基本的都是希望不要傷害，可以有愉快的經驗與回憶，也在彼此互動之中得到酬賞與學習。

第二節 成功父母的條件

所謂的親職教育，可以對照心理學家Erik Erikson「傳承」（generativity）時期的看法，這個「傳承」包括三方面：生物性的、親職性的、技術性的與文化性的（Kotre, 1984; cited in Snarey, 1993）；而Snarey（1993）將其簡化爲：生物性的（生育孩子）、親職性的（照顧撫育下一代）與社會性的（貢獻自己給新生代，擔任良師與領導者的角色），也就是說所謂親職教育的範圍不僅是生育下一代，還必須擔負起教養的責任、甚至關照到除自己孩子之外的下一代。父母親是一個成功家庭的支柱，但是由於家庭是一個「系統」（system），裡面的成員都是關係家庭成功與否，不可或缺的力量，也就是說「牽一髮可以動全身」，彼此之間的關係是環環相扣的（Goldberg & Goldberg, 2000），沒有誰的角色或工作比較重要，或是誰就微不足道。

☺一、優質家庭特色

父母親還是支撐家庭的主要支柱，如果可以讓一個家庭發揮其應有功能之外，還可以在危機時期依然屹立不搖，這就是一個「強勢」或「優勢」家庭的表現，也可以自其中觀察到這樣的家庭裡，父母親的「重點工作」與任務爲何？Stinnett與DeFrain（1989, pp.56-69）曾指出「優勢家庭」（strong family）的幾個特質：

(一) 承諾或用心（commitment）

因爲家中每一份子都是息息相關的，而整個家也是各個成員努力經營的成果，願意爲這個家付出多少心力、對於維繫這個家的忠誠度，往往是決定家庭優勢的主力！

(二) 欣賞或感激（appreciation）

許多人會把在家庭中所接受到的關愛、支持、照顧視為理所當然，彼此之間很少願意表達出對對方的欣賞與感謝，而這也常常使得付出的人覺得心力交瘁、不受重視，許多「失功能家庭」（dysfunctional family）就常常忽略掉個人的優點，而聚焦在缺點或是不足上，使得成員失去信心，認為家庭氣氛冷漠。

(三) 溝通（communication）

許多人都會特別提到家人溝通方面的問題，而溝通也是建立良好、強韌關係的關鍵。平日一家人相聚的時間就不多，自然減少溝通機會，但是時代變遷迅速，許多其他方式的溝通，其實可以聊補這個缺憾，溝通不一定是為了要解決問題（而常常也解決不了太多問題），然而如果彼此可以享受「在一起」的愉快感受，學會傾聽、了解對方的內心世界，也就達到了溝通的目的。

(四) 相聚時間（time together）

許多孩子在提到快樂家庭的經驗或願景時，都會想到家人相聚的時刻。有時候家人聚在一起時間的多寡並不重要，而是「品質」的問題，尤其現在工商社會的快速腳步，讓每個人都忙於生活、很少獲得喘息，可以好好享受「在一起」的時間，就非常重要的了！

(五) 精神或心靈上的安適（spiritual wellness）

不管家人的信仰是否一樣，如果大家都有相當程度的共識或價值觀，也是維繫家庭一個很重要的力量，許多人世間的問題或現象，不是人力可以左右，心靈或精神上的寄託或生活哲學信念，都可以是安定的因素。

(六) 有能力處理壓力與危機（the ability to cope with stress and crisis）

家人在面對共同或是個別的危機時，有沒有一些特殊的機制或方式？家人是否會關心並支持、或一起面對？是否有能力尋求支援？面對困難的態度樂觀與否？有沒有幽默的能力？此外在處理問題時，是否會顧慮到具體而系統的解決過程？本書作者還要加上一個要件：

(七) 陪孩子玩耍的能力

許多家長在擔任父母親之後，就忘了「玩」，甚至會認爲「玩」浪費生命。精神分析大師佛洛伊德曾經說過人生三大要務，就是「愛、工作與玩樂」（love, work, and play），「愛」是說與人的關係，「工作」是指成就與貢獻，而「玩樂」就是增加生活的趣味、生命的姿彩。不會或不知玩樂的父母親，不僅容易將自己的價值觀強壓在孩子身上、還會限制孩子的發展，而無形中也暗示孩子生命是無趣的、嚴肅的。許多家長在孩子幼年時，還會注意到孩子的這項需求，認爲孩子是在遊戲中學習，因此有其必要，也很願意「陪公主王子」四處去玩耍嬉遊，但是孩子漸漸長大了，可能孩子本身的壓力與外務也增多，一家人在一起的時間驟減，可是平日相處的時候，還是可以有輕鬆玩樂的愉快氣氛哪！碰到許多青少年朋友，他們認爲自己的父母親都太嚴肅、相對地就會要求孩子「正經」一些，因此許多話題自然就不能與家長提起（怕家長認爲茲事體大、或是無足輕重），自然親子關係就更形疏遠。「玩樂」（fun）可以是一種態度，該輕鬆就輕鬆，也可以是紓解壓力與調整情緒的策略，會玩的人容易放鬆，也會從放鬆動作中，重新得到創意與再出發的力量。

怎樣才是成功的父母親？儘管有前述所謂的「成功父母的條件」，但是相信絕大多數的家長都是希望自己可以成功教養孩子成人的，每個人所賦予的條件不同，可以善加運用、利用厚生，其結果都是可以期待的。Thomas Gordon（2000）認爲，成功的父母親並非都是完全百分百一

致的，而是能夠知道即使身為人父母，還是要回到「人性」面，也就是承認自己是人而不是神，唯有在教養子女過程中，也讓子女看到自己的人性面─包括自己的優缺點、也有發脾氣、做不成熟決定等的時候，這種教養方式才能夠確實而人性。Barbara Unell與Jerry Wyckoff（2001）說得好，擔任親職工作必須體認兩件事實：「一、親職生涯是一段持續至成年的可預知旅程；二、父母可事先預期孩子的成長和發展，對自己帶來何種影響」（鄧碧玉譯，民90，p.33）。也就是親職工作為時甚長，甚至可以持續到成年以後，尤其現在美國與鄰近日本，許多成年子女還是選擇住在父母家中，不僅與西方社會行之久遠、鼓勵成年子女早些獨立的習慣有些不同，而與原生家庭關係緊密的中國子女更是如此！這也相對地延長了擔任親職的時間。而親職工作不是父母單方面的「工作」而已，由於親職工作的對象是活生生的個體、人類，因此與接受親職的子女間的關係是一直都有互動、且彼此影響的。

◉ 二、父母親的自我覺察

父母親的自我反省功夫很重要，從自身曾經接受過的親職教育與觀察、還有刻意的學習，總是希望自己擔任家長時，可以有不一樣的作為或是成就；除了對照以往所承受的家庭教育之外，對於自身目前所作所為也是要有覺察的功夫，這樣子才可以有更敏銳的意識與改善動作。Newberger（1980）曾經提到父母親必須有幾方面的自我覺察，可以讓親職工作在親子關係的互動中更為順手：

(一) 我優先（me first）

父母親以自己的眼光來看孩子的反應，容易混淆自己與孩子的需求，父母親比較不能理解孩子的需求，甚至就忽略或壓抑孩子真正的需求，可能就喪失了建立親子良好互動的機會，如果父母與孩子彼此的需求相差不多，也許可以滿足相對的關係，但是萬一認知差距過大，就會對親子關係造成負面的影響。

(二) 蕭規曹隨（follow the rules）

依據父母自己本身所接受過的親職來教育下一代、不做任何修訂或改善，容易流為以威權或是傳統的價值觀來規範或要求孩子，沒有同理孩子的心理與需求。

(三) 我們是不同的個體（we are individuals）

視孩子為一個特殊獨立的個體，有其特別的需要與潛力，也因此比較能去考慮到孩子的立場與需求。

(四) 一起生活與成長

了解到親子之間的關係是相互為用與互惠的，彼此是互相影響、發展與改變的，覺察自己擔任親職工作中在做什麼。

而Jensen與Kingston（1986）認為所謂的成功父母，需要有以下這些認識（p. vi-vii），作者也會做引申說明：

(一) 與孩子一起合作、而不是與之對抗

孩子也會在與父母親的合作經驗中，學會與他人相處之道、與人為善。因為孩子終究要到大社會去生活，需要知道與他人「互相依賴」（interdependence）的重要性，因此就要知道「合作」的技巧與智慧。「對抗」往往是因為父母親的威權心態作祟，也是孩子「想要掙脫父母影響，做獨立自己」的反應。

(二) 父母會犯錯是必然的，但是不要刻意抹去自己犯的錯誤

父母親不是完人，這也讓孩子覺得犯錯是不可免，但是也有機會修正的，這種身教會給孩子更大的正面影響，不僅可以鼓勵孩子去探險、求知的勇氣，也讓他知道從犯錯中學習、成長。父母不怕承認自己犯錯、也願

意改正，孩子看到這種勇於擔當的表現，會更明白自己的能力與價值。此外，對於孩子的要求，父母本身也應該身先士卒，更不要因人而異，有了「雙重標準」，這樣很容易讓孩子對家長失去信任。

(三) 快樂來自給予，而不是接受

父母的愛是無條件的，只因為他們是自己的孩子，所以願意付出，當然這與溺愛是不同的。

(四) 夫妻間的合作，優於意見的不同

夫妻之間儘管有意見不同，但是在處理家庭事務與教養孩子態度與作法上，應該是一致的，這讓孩子明白事情的規則，不會遊走在父母之間鑽漏洞、敷衍。

(五) 視孩子為自己成長的機會，而不是沉重的負荷

父母可以在孩子身上學到許多新的成長經驗，而孩子也只有一次的成熟機會，是學習成長而非負荷的觀念，會讓父母親發現自己還有許多能力可以開發，在與孩子的相處中，也萌發活力與創意。

(六) 父母不能讓孩子快樂，但是可以提供適當的環境引發快樂

家庭氣氛的維持就是父母親可以做到的，但這並不是指把一切火藥或情緒都隱藏蟄伏，表面裝出快樂。而父母親本身的「快樂婚姻」就是給孩子最大的保障（Simon, 1986; cited in Stinnett & DeFrain, 1989）。

(七) 提供以孩子為導向的環境，而不是不重視孩子的環境

給孩子適度豐富的環境，可以刺激他們的身心發展，協助自我管理、也尊重他人，忽視或是凌虐孩子的環境、一切以大人的需要為依歸，就會犧牲了孩子，甚至讓孩子的人格發展與行為出現重大危機。

(八) 相信孩子基本上是良善的

不要只是以孩子的行為為唯一評判標準，孩子也需要給他們機會去學習與做準備，孩子可能因為技術或能力不逮、生命經驗有限、想做的與做出來的結果不同，父母親要體諒到孩子的用心。

(九) 要有幽默感，不要太嚴肅

父母親在擔任親職工作之後，常常忘了自己也曾經有過年少、曾經無知，過度以成人的標準來要求孩子；幽默是人際關係，當然也是親子關係最佳的潤滑劑，孩子也需要成人的幽默來示範應對生活中的不順意與處理的智慧。

(十) 要給孩子時間，而不是按照自己的需求來安排與孩子共處的時間

以孩子為導向的考量，就會儘量多花時間跟孩子相處，不一定是需要很長一段時間，即使只是一兩分鐘，都可以讓親子之間的關係品質有加溫效果！此外，在與孩子溝通或是傾聽孩子的意見時，也要給予足夠的時間，不要因為自己不耐煩、逼迫孩子立刻做反應，孩子也常常因為時間不夠的緣故，而做了不周全的倉促決定，反而讓父母親挑出毛病、更為生氣。

(十一) 要管理孩子，而不是操控

重視孩子是一個獨特的個人，而不是父母自我未竟夢想的完成者，就會少些操控、多些自主與自尊尊人。「管理」是一種生活與生命智慧的傳承，最終目標是自我管理，而不是受到外力的壓制才如此。

(十二) 自他人的經驗與自己的錯誤中學習，運用任何教養原則
　　　 時都要有彈性，也要讓孩子有空間可以展現他的特殊性

　　親職技巧與知識不是一成不變，隨著大環境的改變、孩子成長的階
段，每個孩子不同的個性與才能，都可以做適度的修正。食古不化的原則
綁的是父母、難過的是孩子，犧牲掉的是親子的和諧成長。

　　有研究指出：對於自己有較爲正向看法（也就是有自尊自信）的父
母親，對於與孩子的溝通或是管教方面會較有效率（Cox, Owen, Lewis, &
Henderson, 1989; Mondell & Tyler, 1981; cited in Belsky, 1991; Small, 1988）；而
相對地，父母親本身的情緒狀況或是身心條件，也會影響到自己的親職
能力，以及孩子的管教成果（Fleming, Flett, Ruble, & Shaul, 1988; Kochanska,
Kuczynski, Rodke-Yarrow, & Welsh, 1987）。儘管孩子有其與生俱來的特殊性
格與特性，也在親子關係中投下一個變數，而父母親對於自己親職功能的
能力與信心，可能是更大的決定因素。

第三節　孩子眼中的父母親角色

　　父母親的角色是從第一個孩子誕生開始才眞正落實，許多夫妻在第一
個孩子出生之前都還是互相稱呼名字或暱稱，但是從孩子誕生之日起，彼
此之間的稱謂就改變了，許多夫妻都是稱對方爲「爸爸」或「媽媽」，這
種以孩子爲中心的稱謂改變，也突顯了夫妻雙方對於自己與彼此角色及職
責的認定。而孩子本身是如何期待父母親的角色呢？根據作者對大學生族
群所做的小型調查（邱珍琬，民90、91），同學們的意見是：(一)可以談心
的父母；(二)不傳統，而是可以更開放的父母；(三)容許適度自由與隱私
權的父母；(四)跟著時代走、又保有適當價值觀的父母；(五)會自在表達
關心、甚至說出來也不覺爲難的父母；(六)可以溝通也接受不同意見，像
是友伴關係的父母。當然這些結果是在大學這個年齡層的學生所企望的，

如果發展階段不同，答案可能會有一些差異。許多的答案是依據自身目前的需求而產生，包括管少一點、零用錢夠用、不吝於表達關愛、願意放下身段、多花時間陪伴等。這些意見反映出：(一)父母親的角色是多重且多樣的（監護人、顧問、提供資源者、朋友等）；(二)雙親的教養方式與角色也應與時俱進、要有進修改善；(三)有溝通能力、願意表達，也主動表示與回應親密的需求；(四)容許有「公眾」空間與「私人」空間，也就是維持彈性的「界限」；(五)願意花時間與精神給孩子，也就是做盡職且有承諾擔當的父母親。

父親在大學生（邱珍琬，民93a）的描述裡是從嚴肅壓抑威嚴的傳統典型父親，慢慢轉化成溫柔、願意表達、甚至自曝其短的父親，父親關懷的愛意是從默默關心、為孩子任勞任怨、以及為家頂住一片天的方式表現，連溫柔都必須在突發事件中、或以笨拙的方式出現！孩子成長之後，比較會回首過往與父親相處的點滴，更加體會父親在日常生活裡表現的關愛、了解其受限於自身表達習慣與角色期待的壓力，也願意開始陪伴父親、傾聽父親、主動打開親子溝通之門，甚至希望可以讓父親有機會放手去圓自己未竟的夢想！孩子們希望看到父親陽剛與陰柔的兩個面向，希望與父親有更親密的聯繫，可以說說心底的話、吐露更多的自己。而在高中階段的孩子對父親的描述則極為多樣，其實也反映了孩子在此發展階段對於親職的需求：傳統父親（不現代、無私奉獻、不善表達、孤單、不易親近）、自我中心的父親（不能同理、有潔癖、愛玩）、現代父親（體貼有趣、無太多要求、懼內、胡思亂想）、偶像父親（是非分明、民主、負責自處、要求紀律）、以及疏離的父親（嘮叨、不能預測、不公平）（邱珍琬，民93b/c）五種。

◎一、父母親在親職過程中擔任的角色與功能

因此父母親是同時擔任許多角色，而隨著孩子年齡與需求的不同，也做彈性改變，雙親擔任的角色可以歸納為：照顧者（照顧孩子基本生理需求與滿足）、保護者（除了保護孩子的生存與安全之外，也包括心理上的

健康成長）、教育者（教導孩子必須的生存規則、價值觀與經驗）、模範者（提供孩子學習的觀察與模仿對象）、物質與生存條件提供者（維持孩子生命所需的物質，包括愛）、支持者（在孩子做決定或是遇到困挫時，給予心理與實質的支持援助）、諮詢者或顧問（可以提供孩子實質的意見與經驗，協助做決定）、朋友（可以跟孩子一起學習，也做交流互動，沒有威權架子）、玩伴（與孩子一起活動、玩樂、開玩笑）、陪伴者（在孩子情緒低落、遭遇挫折、甚至不說話時，做安靜的陪伴工作，讓孩子覺得自己不孤單）、共學者（與孩子一起學習的夥伴）等。

　　通常這些角色也會隨著孩子的需要做一些變動或調整，有些角色可以暫時消失，在需要的時候再出現，而有些角色卻會在不同發展階段起而代之。例如：「照顧者」的角色會隨著孩子年齡增長、其重要性漸漸降低；「物質與生存條件提供者」可能隨著孩子年齡漸長也要稍做一些變動與安排，包括娛樂費用或是孩子可以自主運用的金錢酌量增加，而孩子獨立有營生能力之後，金錢的提供就不是那麼重要；「陪伴者」的角色可以由主動變成被動，孩子尚幼時，父母親可能需要用較多時間、甚至主動邀約孩子一起做活動，但是孩子長大、有了自己的生活交友圈，可能就會較傾向於選擇同儕的陪伴與活動，但是他們仍然需要父母親「在」，有時雖然在房間共處一室、各自有自己的工作在做，但是「一起」（togetherness）的感覺也是很重要的；而同樣地，「教育者」的角色也是慢慢變成被動，「共學者」的角色依照父母親的心態與需要會有所改變，而「諮詢」與「顧問」的角色慢慢突出；父母親已經沒有太多需要「灌輸」給孩子、或是「耳提面命」的地方，只是在孩子需要時，依然可以藉助父母親的經驗與智慧，提供一些必要的建言或忠告。「玩伴」的功能在孩子小時比較重要、也顯而易見，漸漸地也被「陪伴」或「朋友」的角色取代，孩子長大就比較不需要權威人士的「命令」，而是希望可以與父母親的關係進入另一個新的里程——朋友或顧問，可以跟孩子平起平坐、可以像同輩一樣溝通，而在「需要」時出現，「模範者」的角色也可能是從無所不在、轉而成依據需求才出現。然而父母親有一項工作是自始至終都需要的，就是會

去主動觀察與關心、提供適當的協助，孩子有不同的性格、表達方式與作法，熟悉每個孩子的情況，會讓父母親在陪伴孩子成長成熟的路上，更得心應手。

(一) 轉變中的現代父親角色

我們一般談到親職教育，通常會「理所當然」地認為是母親的責任居多，即使身為職業婦女，多數的職業婦女依然「身兼二職」，也就是除了工作上的角色之外、回到家中還要繼續盡母親與家庭主婦的責任；許多研究的結論都一致認為：男性的養家角色仍然占主要，女性即使出外工作，也只是補貼家用的性質，在經濟層面上依然是附屬、依賴的地位（Land, 1986; cited in Tripp-Reimer & Wilson, 1991）。雖然婦女外出工作、發展自我生涯的機會增加了，連帶地也讓家庭親職分工有了轉變，但是變動依然不大，也就是母親依然要兼顧家庭與職場的責任（Pleck, 1979, cited in Tripp-Reimer & Wilson, 1991），即使隨著工業時代的來臨、女性投入職場的機會增多，然而大部分的親職工作依然落在婦女身上（Pleck, 1979, cited in Tripp-Reimer & Wilson, 1991）。

儘管有研究指出在五○到七○年代，已經慢慢有鼓勵父親加入親職角色的趨勢（Jensen & Kingston, 1986），但是父親的親職角色停留在選擇性、偶一為之的暫時性、與陪伴孩子玩耍的娛樂性上（Jensen & Kingston, 1986；王舒芸、余漢儀，民86）。當然長久以來，父親之所以被排除在照顧幼兒工作之外，主要可能是因為母親想要達成吻合社會期待的母職工作，而也認為照顧下一代基本上是屬於女性的工作（Parsons & Bales, 1955, cited in Boss, 1980）。現代母親可以稍稍喘一口氣，除了親職工作的外放（安親班等的機構成立），最重要的依然是要靠伴侶願意分擔親職工作與合作的意願，只要丈夫願意儘量支持協助、而不是口惠而已，對於身兼職業婦女的女性來說，就是很大的滿足與解脫。

(二) 父親角色與對孩子的影響

　　父親在一般人的眼中似乎擺脫不了有距離、嚴肅、寡言內斂、少與之互動的傳統形象，而在日常生活中也較常聽見人談「我媽說」，卻極少聽見有關父親的對話，而Coleman與Coleman（1988）將父親原型分爲創世父神（功能爲創造生命）、地父（功能爲撫養下一代）、天父（支配地位）、皇父（承擔前述天地二父工作）、與二分父神（是父親也是母親的角色）五種（劉文成、王軍譯，民87），也是非常典型的以「功能」描述方式來定義父親。

　　若以生命週期發展階段的父子關係來看，早期父親在孩子心目中是很理想化的完美且威嚴，一旦孩子成長、接觸外面世界多了，在比較之下，父子關係呈現疏離矛盾，然後就是孩子本身也爲人父母了，父子便進入和解階段（Coleman & Coleman, 1988; 劉文成、王軍譯，1998），這似乎也印證了「爲父方知親恩」的道理。在Erikson（1997）的發展階段中，成年階段所面臨的發展任務有「傳承」（generativity）的項目，除了傳宗接代的生物意義之外，還包括將價值觀與人生觀等傳承給下一代的意味：Snarey（1993, pp.20-22）將「傳承」區分爲生物、社會與親職三個向度：「生物上的傳承」（biological generativity，指孩子的誕生）、「社會性的傳承」（social generativity，指的是對於社會上年輕一代的良師、擔任教導的工作，是一種文化傳承的角色）與「親職的傳承」（parental generativity，連接生物上與社會性的傳承，主要指的是教養下一代的責任），而其中對於「親職傳承」的定義，也可以用來說明父親角色或父職角色在生命歷程中的重要性與使命。

　　傳統社會與心理學將男性定位爲家庭與社會之間的媒介、提供家計、與擔任管教的工作有關（Levant, 1980），也就是「男主外」占主要部分，也呼應了Parsons與Bales（1955, cited in Levant, 1980）將男性與女性角色區分爲「工具性」與「表達性」的主因，因此男性表現出來的父親形象就是疏遠、有賞罰權力的。根據Levant（1980）整理文獻資料得到的結論

發現：傳統心理學對於父親角色的描述在孩子嬰幼兒期都付之闕如，而父親的角色似乎是在孩子五歲之後的發展階段慢慢出現，父親的功能是在協助兒子的角色學習，所以他的角色就會呈現較多懲處的意味、代表的是閹割威脅；溫暖的父子關係對孩子發展上有正面影響，相反的像敵意、拒絕、或是適應欠佳的父親則會有減分效果。父親積極地參與孩子的教養工作，對於兒子的男性化與女兒的女性化影響最大；父親與孩子之間的關係也會隨著孩子年齡漸長而變得較爲親密。

　　父親角色讓男性增加對自我了解與自我觀念的能力，也較能體會他人的情緒感受（Heath, 1978, cited in Snarey, 1993）；而父親與自己原生父親的良性互動，也會延伸到自己擔任父親角色時與下一代的關係（Vaillant, 1977）。許多的研究結論一致認爲：男性的「養家」仍爲主要角色，父親的親職角色停留在選擇性、偶一爲之與孩子的玩伴（王舒芸、余漢儀，民86），孩子年幼時也是較屬「週末」或「假期」父親的角色，其原因有文化結構上的刻板角色、社會化過程中以女性爲主要照顧者與負責人、勞動市場上的分配依然不利於女性生涯發展，以及社會政策的擬定與實施依然沒有脫離父權主義的觀念（王舒芸、余漢儀，民86）。儘管已有不少研究發現父親的參與養育工作、投入親職的努力、與孩子親近程度增加，對於孩子的情緒與智力發展都有極正面的影響，但基本上父親依然習慣將自己定位在「有能力養家」的角色上（Pollack, 1998）。

　　母親天生照顧孩子的假設已經遭受到批判與質疑（Tripp-Reimer & Wilson, 1991; Frodi, 1980），父親缺乏親職能力主要是因爲社會刻板印象與疏於訓練的結果；國內針對初生兒父親與孩子依附行爲的研究發現：如果父親願意參與餵乳，其與孩子的依附行爲與育嬰能力上皆有增進，而父親與孩子間的互動以探查行爲最多、言語最少，但是對女嬰的言語行爲會增加（陳淑芬、李從業，民87），也就是父親願意參與親職工作是培養其能力的一個主要因素，對於不同性別孩子的互動方式或有差異。

　　父親與母親在與孩子的互動方式上有明顯的不同，比如說父親會鼓勵孩子探索、冒險，而母親則是禁止孩子這樣的活動，這也可以說明父親

的確比較傾向於成爲孩子的「玩伴」，或是較能發揮「活動」或「工作」導向的功能（Levant, 1980; Pollack, 1998）。Russell與Radin（1983）建議在做父職方面的研究時，可就五個方面來探討：孩子出生時父親在場、父親有空的程度、花在照顧孩子的時間、花在與孩子遊戲的時間、及對於照顧孩子的責任分擔程度（cited in Snarey, 1993, p.33），目前的研究結果發現：有四分之三的父親在孩子出生時會在醫院或生產現場，父親有空與孩子接觸的時間也增加爲母親所花時間的四成左右，而分擔照顧孩子的時間也增加爲每天兩小時以上；父親與孩子互動依然以遊戲居多、而且是大動作的活動，然而父親負起唯一親職責任的情形仍受到文化因素的影響，雖然不是明顯的多數，但仍然具有相當的影響力（Snarey, 1993, pp.34-37）；即使研究預測在二十一世紀來臨時，父親願意涉入教養下一代的人數會增加，但基本上媒體所揭櫫的「新好男人」畢竟還是極少數（Chapman, 1987; Larossa, 1988），這也暗示了一般社會或是職場上對於「市場行情」的一種錯誤觀念（the market place's mistake），也就是升職必須以犧牲「家庭」作爲代價（Pollack, 1998, p.130）。

　　父親角色被定位在「工具性」、養家與保護者的功能上，儘管現代對於「新好男人」的要求可能影響到父親功能的界定，但是基本上父親還是受制於傳統社會對於男性角色的期許。父親的親職功能一直被忽視，主要是因爲社會對其期許不同，造成父子（女）接觸時間比母子（女）相處時間明顯短少許多，而父親親職角色就圍限於「玩伴」或「管教」者、或「玩票」性質，但是重要性仍不可忽略。

(三) 父親的重要性

　　王珮玲（民82）整理文獻歸納出父親角色對於兒童在性別角色、道德、智力與成就、以及社會能力與心理適應等方面發展的重要性。Heath（1978）的長期研究發現許多男性不會將父親列爲自我成熟過程中的重要角色，而這些男性的配偶也認爲丈夫常常心不在「家」（cited in Tripp-Reimer & Wilson, 1991）；雖然有研究發現沒有父親的男孩子容易有偏

差行為或是心理疾病，但並沒有得到一致的認同（黃富源、鄧煌發，民87；Anderson, 1968, Herzog & Sudia, 1972, cited in Tripp-Reimer & Wilson, 1991; Pollack, 1998）；Santrock（1970）的研究證實了孩子在出生至二歲期間若無父親在身邊，與其他同發展階段的孩童相形之下有許多表現較遜色，包括信任、羞愧等（cited in Snarey, 1993）；而一項對單親母親的調查發現：單親母親認為父親可以提供兒子最重要的是「性別角色」與「遊戲活動」，而許多母親也都認為男孩子生活中缺少父親角色其影響是較為嚴重的（Stern, 1981）；而父親缺席的女兒，在性行為與相關困擾上較容易出現問題（Ballard, 2001）。就如Jim Herzog（cited in Pollack, 1998, p.124）所謂的「渴望父愛」（father hunger）情況，主要是感覺被遺棄，形成原因包括雙親死亡、離異、單親母親家庭、收養、父母有上癮行為、虐待、與傳統父職（引自Erickson, 1998; 陳信昭、崔秀倩譯，民91），值得注意的是傳統保守父親與孩子的距離也會讓孩子有「被拋棄」的感受、而在心上留下創傷。如果母親的功能是舒緩孩子的情緒，父親的功能就在於藉著需要活動力的遊戲來激起孩子的情緒，讓孩子對情緒有更大範圍的探索與了解（Pollack, 1998）。

中國傳統父親角色比較威權，父子關係由於倫理上對下的期待，是相當嚴守分際的。父子或是父女的關係應該是雙向互動、相互影響（Parke, 1981），儘管許多父親體認到自己渴望與家人有更親密的接觸，但是同時又要達成社會對其角色的穩健期待，因此倍感壓力（Filene, 1986）。有研究指出（Roberts & Zuengler, 1985, cited in Hanson & Bozett, 1985）：父親與孩子的關係會隨著孩子成長而有所變化，通常是朝較為親密的方向；而現代父親不僅希望可以擺脫以往父親的被動形象、希望與孩子更親近，事實上與上一代父親相形之下，他們與孩子已經更為親密（Pollack, 1998）；孩子在青春期可能有獨立、自主的需求，因此對父親較具批判性，但是也慢慢會去體會父親的困境與限制（邱珍琬，民93b/c）；孩子第一次離家、特別是負笈外地之後，與父親的關係會慢慢改變，也會企圖修補或增進與父親之間的關係（邱珍琬，民93a），而父親與女兒間的關係較親密，相形之

下與兒子關係就較疏遠，這也許跟社會期待男性獨立自主，以及「同性親密禁忌」與「男性氣概」的刻板印象要求有關。

　　父親角色隨大環境與時代的變遷，雖然也些微的改變，但是基本上還是以經濟、提供保護的功能居要，其重要性也表現在對子女的行為與發展的影響上，而研究文獻似乎喜歡放在父親在子女生活中「存」或「無」的比較上，而一般比較會注意到父親對於兒子的影響、特別是性別角色的學習，但是卻較少提及父女之間的顯著影響；如果父親是提供孩子拓展與開發情緒經驗，母親則是站在安撫與舒緩情緒的立場。

　　由於父親一般還是將自己認定為是養家活口、維持家計的功能角色，常常在一天工作完畢之後累乏乏地回家、就希望可以在家得到安靜，也因此對於孩子的需求較沒有心力應付，對於孩子的管教也趨於嚴格（Stearns, 1990），甚至是採用經由妻子來「管教」孩子的父權方式（Stearns, 1991），因此給孩子的感受會比較疏遠，通常也是擔任懲罰的工作。Shek（1998）針對香港中學生對父母親管教方式的調查，發現父親一般反應較少、要求亦少、少關心，管教也較為嚴厲；父親對待孩子沒有男女之別（Snarey, 1993），而照顧的品質也不遜於母親（Mackey, 1985），然而也有不同的研究結果發現父親對於處於青春期不同性別的孩子、其親密度不同，父親一般會認為與兒子的關係較之與女兒要容易處理，主要是因為不太了解女兒的需求為何（Radin & Goldsmith, 1983, cited in Hanson & Bozett, 1985）；但邱珍琬（民93/a/b/c）的研究結果正好相反。父親對於教養工作最多的是陪孩子做活動、或是遊戲，而在孩子年幼時較傾向以活動方式與孩子互動的父親，在孩子青少年時會減低類似這樣的共同活動，而增加對於孩子學業方面發展的支持（MacDonald & Parke, 1986; Snarey, 1993），父親的關愛行為對於男孩子的認知發展有極為正向的影響，對於女兒這方面的影響則較不明顯（Easterbrooks & Goldberg, 1984）。雖然大部分的母親對於伴侶親職工作品質的滿意度很低（Russell, 1986），而婚姻關係對於父親與孩子間親子關係的影響更甚於母親與孩子的關係（Dickstein & Parke, 1988; Lamb & Elster, 1985）。

　　一般父親在孩子中的形象是趨於嚴肅、疏離、傳統的，隨著孩子成長，父親的影響也朝向不同面向；儘管研究顯示父親並沒有像母親一樣將自己的父親角色看得這般重要，但是卻也發現許多父親的確希望與家人更親密的需求，只是礙於自身時間與養家職責、母親的間接阻撓（對於父親育兒技巧的要求、照顧的角色定位）、還有社會期待因素與壓力等，不能讓父親隨心所欲發揮親職功能。這樣看來，父親的角色是被邊緣化的，因此常被歸類為孩子「玩伴」與施行「懲罰」的功能上。

　　父親的功能自跨文化與歷史發展的觀點來看，可以包含幾個方向（Tripp-Reimer & Wilson, 1991）：一種身分的賦予（endowment）－合法性與生物性（也就是指父親身分是一種關係的認定，可以是法律上的權利或是生物上遺傳的血緣關係）；供養（provision）－提供生存與基本生活條件滿足的養家者；保護（protection）－維護家人福祉的人；照顧（caregiving）－參與照顧嬰兒直接或間接相關的工作；與人格塑造（formation）－對於孩子人格與個性的影響（pp.6-16）。Snarey（1993）將父親的親職功能（parental generativity）分為三個部分，分別是智性－學業與經驗智慧的監督與傳承，社會－情緒發展，與體能－運動發展（support of intellectual-academic, social-emotional, and physical-athletic development）；一般的父親都會在這三方面有所偏重，太多情緒支持的父親，其女兒在學術發展上並不特別傑出，父親在體能－運動上支持女兒，卻對其未來生涯發展有正向影響；父親對兒子社會－情緒與智性－學業的鼓勵支持，對於兒子他日生涯與教育發展有正向影響；對女兒與兒子來說，父親願意提供示範與經驗，可以讓孩子覺得自己較有能力、也較為成熟。以這個研究結果看起來，非傳統父親的教養方式（如鼓勵女兒體能活動、給予兒子的情緒支持）對於孩子未來發展有較為正面的促動效果。父親對子女的影響主要是從對子女的態度行為、與孩子母親間的關係，以及其在家中的地位等方面來發揮作用，也許是性別角色之故，一般認為父親對兒子影響較大，特別是男孩子在一位呵護、鼓勵的父親照顧下，成長更順利；而女兒在被允許有部分自主權、關心孩子智力發展的父親影響之

下，成長最佳；但在威權父親底下成長的孩子、不論男女，其智力方面的
發展都較差（Papalia & Olds, 1992;黃慧真譯，民83）。

　　依據孩子不同成長年齡所做的調查顯示：大多數的父親都認為自
己的角色功能發揮在「養家」與「擔任玩伴」（王舒芸、余漢儀，民86；
Daniels & Weingarten, 1988）上。基本上，父親的親職工作是屬於「選擇
性」的，而非固定、長期性的，這可能由於文化上對於性別角色期待、
社會化歷程、勞動市場結構，以及許多性別迷思與社會政策的誤導（王
舒芸、余漢儀，民86），加上父親缺乏與孩子接觸照顧的經驗和能力培養
（陳淑芬、李從業，民87）使然；這些研究其實也意味著親職能力可以是
訓練的結果，如果父親可以有更多機會參與教養孩子的工作，其親職功能
應該可以發揮更多！而隨著孩子年紀漸長，父親的角色也趨於指導性增多
（Bronstein, 1988）、威權成分也增加，相對地，青春期孩子視母親為較有
同情、有反應的（McDonald, 1982）；然而由於女性基本上仍然認為「母
親」這個角色是女人的「必須」（不作母親就不是「完整的女人」），
也願意承擔隨母職而來的工作。因此，雖然養兒育女的親職工作辛苦、
繁多、挫折大，卻也在母親的角色上獲得自我價值與酬賞（Chodorow &
Contratto, 1982），也因為母親對於自己母親角色的投入，相對地當孩子漸
漸長大，母親的角色勢必不如孩子尚年幼時那般被需要，而母親也在孩子
進入青春期時，感受到與孩子最多的衝突（Steinberg, 1987），甚至對於母
親的身心健康造成負面影響（Silverberg & Steinberg, 1987）。父親對於成年
的孩子還是喜歡給建議忠告，而母親則是傾向於情緒上的支持（Hagestad
& Kranichfeld, 1982, cited in Thompson & Walker, 1991）；即便在晚年，母親對
於孩子的協助、或是孩子對於母親的回饋也多於對父親（Kivett, 1988）。
根據調查發現：母親的親職工作雖然重於父親，但是只要能夠感受到父親
對於母職的尊敬與欣賞，一切都值回票價（Backett, 1987）！這其實也說
明了父母親的婚姻關係與親子關係的良窳是有正向關連的，研究證明在
父親與子女關係上尤然（Dickstein & Parke, 1988; Lamb & Elster, 1985, cited in
Snarey, 1993）；父親參與教養工作越多，其子女也會視父親較不傳統、表

現出較多的溫暖與關愛（Sagi, 1982, cited in Snarey, 1993），對於子女的性別刻板印象的負面影響較少（Baruch & Barnett, 1981; Ross, 1982）。

(四) 現代親職工作與轉變

根據美國一項研究結果顯示（Carter, 1992）：雙生涯家庭（指夫妻雙方都有工作的家庭）在家事分擔上比較有兩性平等的想法，而在早期家庭生活中也表現出相當平等的分工，然而在孩子出生之後，彷彿分工的情形就慢慢趨向傳統的以女性為主要照顧人與家事負責人，這個結果也支持了一般社會所期待的女性親職角色並沒有太大的改變。而McMichael與Siann（1997）的調查研究發現，新一代的年輕人對於親職工作的分攤，已經有較為平權的看法，而也有較多女性承認這個趨勢的存在；Lamb、Pleck、Charnov與Levine（1987, cited in Snarey, 1993）的研究結果指出：由於女性出外工作的機會增加，相對地男性也必須分擔更多的親職責任，這個趨勢也會持續下去。當然也有研究顯示，所謂的現代新好男人或新父親（new fathers）還只是少數而已，並不是普遍的現象（Larossa, 1983），即便在現代，新好男人畢竟還是不多。而對於女性與男性而言，所謂的「新好父母親」（new parenthood）就是共同分擔親職工作與責任的意思，也就是彼此都有公平、尊重、與相互合作協助的感受（Bronstein, 1988），然而這樣的期待對現代父母親來說，都是過高的要求（Thompson & Walker, 1991）。

然而儘管如此，在實際親職工作上，父母親的工作有沒有差異？一些研究的結果發現：母親的工作通常與實際的家事有關，包括清理、烹飪、照顧孩子，以及負責孩子娛樂的部分，父親負責孩子娛樂的部分是陪孩子玩一些較為耗體力、大動作的活動，尤其是與兒子間的互動（Lamb, 1987; Park & Swain, 1977, cited in Galinsky, 1987; Pollack, 1998），但是Hewlett（1991）的跨文化研究卻沒有發現父親較常與孩子玩耗體力的遊戲。Herbert（1988）的結論是母親對於與孩子的關係經營較多，也就是照顧保護、較多的傾聽、表現也接受關愛、給予孩子回饋、或是調解衝突。而父親參與的部分則比較多管教與教導；這也許要將父母親的性別角色因素也

列入考量，基本上在婚姻關係中，妻子比較容易、也被允許表達情緒，而丈夫則是表現出「控制的氣憤」（controlled anger）較多，甚至氣憤成為唯一會表現出來的情緒（Cancian & Gordon, 1988）。

　　許多人談到的「新好男人」，多半與分擔家務、分擔親職責任有關，但是「新好男人」給一般人的誤解是：似乎多分攤了一些原本不屬於他的責任。然而這也說明了隨著男女平權的倡導與實際執行，男人已經不是唯一負擔家計的「養家者」，而是與女人一樣，共同為家的一切付出心力的家長。國內王舒芸、余漢儀（民86）所做的研究結論認為，國內的父親角色基本上是屬於「選擇性」的，也就是在育兒過程中是較被動、配合的，是站在輔佐的角色，也認為自己在親職工作上是次要的、擔任較不重要的責任。因此，如果父親對於自己親職責任與角色的認同變得比較主動、也有酬賞回饋的話，願意參與親職分攤的行為也會增加，對於自己在這方面的信心與能力也有正面提升。

(五) 父親參與親職工作的相關研究

　　父親投入親職工作，有許多的優點，根據調查（Coltrane, 1989; Ferri & Smith, 1996; Hoffman, 1989; Lamb, Pleck, & Levine, 1987; cited in McMichael & Siann, 1997）發現：父親如果投入較多親職工作、對自己越有自信，對於自己的父親角色也較為滿意，明白孩子的需求與發展出像母親的感受，減少工作所加諸的壓力感，而對男女雙方來說，親職工作的分攤對於生活滿意度是個重要指標。根據Bennett（1984）對於大學生性教育與父母互動之間的關係做的研究發現：如果父親承擔較為平等的家務與管教責任時，孩子比較願意與父母親談論關於性方面的議題，而對於自己的性行為態度會更為謹慎。

　　父親分擔親職工作也會遭遇到一些問題，根據Lewis（1986）的研究有：由於工作時間較長、比較沒有與孩子相處的時間；母親的干涉、希望父親只是站在協助的角色，讓父親覺得自己不受重視或不重要；太涉入親職照顧工作的男性會被視為在工作上不夠投入或賣力；如果是單親父親自

己照顧孩子，不太容易得到支持與協助，也呈現獨力奮鬥的情況；投入更多親職工作的父親等於是額外增加工作，並不覺得較爲快樂。

◉二、父母親的角色與教養特色

　　早期對於父母親的育子角色可以區分爲幾類（Wood, Bishop, & Cohen, 1978, cited in Jensen & Kingston, 1986）：(一)捏陶人（potter）：肩負教養子女的所有責任、賞罰分明；(二)園丁（gardener）：相信孩子天性良善、成爲孩子效法的楷模；(三)大師（maestro）：堅持民主傳承、每個人對家都負有責任，以及(四)顧問（consultant）：與孩子一起成長、了解孩子之情緒與需求。當然這些類型都各有特色、也反映了父母親的堅持與信念。「捏陶人」父母比較會採用行爲主義與現實主義的理念來執行親職工作，會努力建構良好的家庭環境、樹立典範，認爲這些都會對孩子有重大影響；「園丁」父母相信只要善加引導，孩子都會長成他們自己想要的樣子，比較接近人本學派的觀念；「大師」父母希望提供孩子最好的身教與學習榜樣，但是也會有相當的要求，結合了行爲主義的社會學習以及人本理論的一些觀點；而「顧問」父母會將孩子的成長當成自己成長的契機，與孩子像哥兒們的關係，可以用溝通交流分析、與其他相關理論的揉合來解釋。關於理論的觀念與運用部分，會在稍後章節做敘述。

第四節　做父母的先決條件

　　做父母親還要有什麼先行的條件，以便讓自己擔任親職工作時更順心嗎？具體說來，做父母親的先決條件包含有：

◉一、檢視自己與原生家庭的關係

　　在原生家庭所受到的親職教育如何，也就是自我認識的能力，也針對自己將行的親職教育有反芻、省思、檢討，並做改進的能力。

　　自己與原生家庭的關係、觀察父母親與手足間互動的方式，這些都成為一個人在接觸外面世界時的一個指標與基礎，我們會根據自己在原生家庭所學習的一切，「應用」在與家人之外與人的溝通與互動上，有時候會發現行得通，有時候就不一定，然後慢慢地在與人相處的經驗中，習得技巧與智慧。原生家庭給我們的親職觀念，很有可能會延續到我們對於下一代的教養，因此上一代很好的教養方式，可以承襲下來，但是如果上一代的親職有疏忽的地方，也有可能會在下一代身上看到。人雖然會犯錯，但是最美的地方在於人也有修正補過的機會，可以先從自己與原生家庭的關係做檢視，會比較清楚自己希望保留與改進的地方，也會提醒自己做建設性的改善；檢視自己與原生家庭的關係，不僅讓自己有所準備（因為自己不是從零開始），也比較有具體方向來做改善。

　　比如說自己的原生家庭裡面，父親是很傳統威權的角色、母親比較被動依附，那麼可能會要求自己所組成的家庭也因襲原生家庭的模式來運作；倘若自己生在上述的傳統家庭很不舒服、也受了傷，可能就希望自己這一代可以有所改進，變得比較民主、彈性一些，所以會朝這個方向努力。然而如前所述，許多人會因為自己原生家庭給予的影響太深、認為掙脫不出，也就習慣性地把這個模式傳承下去，當然這之中有許多矛盾情結存在，卻不是每個人都會意識到、並願意花時間精力去加以改進的。曾經有位父親說：「以前我也不滿意我爸的不講理、大男人主義，我也希望自己的家庭可以不一樣，但是等到我做了爸爸，發現自己也會責打孩子、恨鐵不成鋼，甚至用了我老爸的、我所憎惡的方式管教孩子，因為我會說服自己說：儘管我老爸的教育方式讓我們非常痛苦、很想反叛，但是至少他沒有教養出不孝子。」

　　檢視與反省的動作，可以看到自己的盲點、也會感念上一代的辛苦劬勞，如果自己覺得需要彌補或修正與上一代的關係，此正其時也！

◎二、了解孩子不同的發展階段與需求

　　孩子自尚未出生到成長，都有不同階段的需求。許多的父母親在孩子

尚未出生之前，都會注意到母體營養、情緒、生理方面的需求，而做適當的補充與調適，甚至注意到胎教的重要性；孩子出生之後，前一兩年可能比較注意到孩子生理上的均衡成長，也開始留意對於孩子智慧與其他部分的開發與刺激，也由於孩子與雙親的互動開始急遽增加，父母親的主動參與是顯而易見的，特別是對第一胎的孩子。孩子有兩個快速成長的階段，一是一到三歲時，一是青春期。生理上的成熟成長也會帶動心理上的調適問題，孩子初出生時到孩子一歲，父母親看到孩子從一個只能依賴他人照顧而存活的個體，到一個已經會自由行動、甚至有自己意見的「人」，那種驚喜與變化是十分明顯的，相對地也不免會有失落，因為孩子開始有自己的獨立意志！到了孩子就學的年齡，對父母來說又是新的轉變，而當孩子進入青春期、父母親也要面臨不一樣的挑戰。每一個發展階段都有其任務與需要克服的問題，了解不同成長時期的需求與特色，可以讓親職工作準備更充分，而不會手足無措，也因此更能知所因應，讓親子關係更佳。

◉三、有求助的能力

大部分的家長都如Alfred Adler所說的，是因為有了孩子、才慢慢學會當父母，亦即是孩子訓練家長做父母親的，而教養孩子的過程也是父母親另一次成長學習的機會。儘管許多準父母親在知道孩子即將降臨之時，就已經很積極地做一些準備，但是理論歸理論，在實際情況下操作起來時，又是另外一回事！也因為每位父母親都是在經驗中慢慢琢磨、學習，不免會遭遇到困難或問題，有其他家庭系統的支持在時，可以順便請教諮詢，如果情況較為特殊、或是求教的對象也無輒時，也需要去就教其他專業人員或書籍。一般人對於「求助」，認為是沒有能力、不能擔當的表現，但是求助其實是一種很值得讚許的能力，與逃避責任不一樣。何況整個人類社會的運作也是彼此依賴、互助，雖然「獨立」也表示一種能力，懂得「互相幫助」也是合群、懂得運用資源，甚至學習新能力的表現！

沒有人是孤島，一個人的能力畢竟有限，為了讓自己的孩子、家人得到更好的發展與照顧，做父母的當然也就要具備求助的能力了。也許這個

問題以前都沒有碰過，在求教於他人之後，有了新的發現與解決方式，下一回類似情況發生，也就會比較知道如何處理，這就是能力的增加。在臨床工作中也發現，許多被認為是「出了毛病或問題」，被送來治療的孩子（所謂的「被認定的病人」，identified patient or IP），其實都只是家庭問題的「代罪羔羊」而已，也就是真正的問題出在整個家庭系統（特別是父母親的關係），但是孩子不知道要如何求助、也沒有對象可以傾訴自己的困擾（或是限於自己表達能力），因此就出現了行為上的偏差。以「家庭系統」的觀點來看，有些是孩子認為的「解決方式」，就是以自己的問題來分散父母親對自身問題的注意力。因此，父母親要有覺察的能力（如清楚自己和伴侶與原生家庭的關係脈絡）之外，還必須有用行動解決問題的能力，這就包括了「求助」。「求助」不是表示自己不行，而是顯示了自己覺察到可能知識或能力不足、需要進一步學習，下一回可以有更好的能力與準備來面對類似的挑戰。

◉四、與原生家庭保持適當、健康的關係，可以獲得必要的（實質上或是情緒上、心理上的）支持

　　因為沒有人是孤島，一個身心健康的人是與周遭的人及環境有聯繫、關係良好的，而一個人最大也是最後的資源，依然是自己的原生家庭，因此與自己原生家庭保持適當、良好的關係，不僅讓自己的下一代可以與祖輩有家族價值與生命傳承的意義、促成家人關係的緊密，也豐富了下一代的生活經驗。家庭的支持是很寶貴也是重要的力量，在平時可以讓彼此之間的情感加溫，緊要時可以獲得必要的協助與支持；而我們的下一代也可以從與祖父母、家族其他成員相處的關係中，知道自己的家族歷史、傳承、價值觀，以及學習到豐富的人際經驗。

◉五、願意也做到與配偶維持健康親密的關係，共同營造良好的家庭環境

　　一個家庭的和樂，不是因為父母親的能力，而是雙親彼此的關係是否恩愛、互敬，如果一個家庭裡出現所謂問題孩子，通常可以追溯到其所置身的家庭。父母親的親密關係中，不要忘了除了我泥中有你、你泥中有我的「我們」之外，更重要的還有「我」、「你」，也就是再再親密的關係都還保有個人的獨立空間，這就是說明了健康適當的人我關係、或是彈性的「界限」。我們一般如果發現父母關係不良，就可以想像在家庭中的孩子也不是快樂的，反之亦然；夫妻之間的關係太過緊密，就會有過多的依賴與界限模糊，其中一方會覺得責任或負擔沈重、喘不過氣，另一方則會以對方的喜怒哀樂為指標、沒有對方就活不下去，也因此會採用一種所謂「被動的控制」。反之，如果雙方過度疏離，這個家也就讓人覺得沒有關懷、沒有愛、沒有向心力，面臨隨時分崩離析的可能。父母之間健康滿意的親密關係，就是在一起時感受幸福，自己獨處時可以發展自我與成長，也有自信與滿足感。

◉六、除了維持與家人適當親密關係的努力之外，也要照顧自己、保有自己適當的自我空間與時間

　　父母親的工作是十分吃力的，許多父母親為了孩子或對方，常常犧牲掉自己需求的滿足，甚至認為如果不這麼做，是很自私的行為。當然經營一個家庭可以看到人類「利他」行為、彼此互助依存的表現，但是如果只是以滿足他人的需求為唯一目標而忽略掉自己的需求，往往會因為沒有照顧到自己而覺得心力交瘁，這種現象特別容易發生在女性身上。研究上所謂的女性「空巢期」情況較為嚴重，必須列入考量的一個關鍵因素就是社會期待女性擔任「照顧者」、犧牲自我的角色，也就是一旦照顧的對象沒有了，就陷入焦慮，不知如何「安置」自己！如果父母親可以花時間持續經營彼此夥伴的關係、還可以尊重每個人都有自己的空間，那麼在擔任親

職工作時，必然更是得心應手！

☯七、永遠保持學習成長的心情與承諾，與孩子共同成長

　　如果說孩子的童年只有一次，而每位父母親陪孩子長大的機會也只有一次，不管有多少個孩子，因為每個孩子都是特殊的，當然童年也一樣！每個孩子都是學習的對象，不同的成長與挑戰，也都是寶貴的生活經驗與智慧。父母親隨著孩子的成熟成長，不僅可以讓生活更有趣，而這個費心「陪伴」的功夫也是孩子一生受用無窮的寶藏。除了自身的進修或是汲取新知以外，可以從同是父母、卻經歷不同階段親職工作的家長那裡學到經驗與智慧，可以參與有關的父母或成長團體、讀書會，甚至只是討論會或演說，都可以是蒐集最新近資訊、為自己開拓了更多學習管道與機會，也是與孩子共同成長、不落伍的不二法門！

第五節　親職教養型態與特色

　　不少研究者與理論學家都希望用一些模式來解釋父母親的教養方式，企圖從中得到最佳的教養原則。比如說Schaeffer（1959, cited in Jensen & Kingston, 1986）就將「支持」（support）與「權力」（power）兩個面向列入，形成幾個親職行為的因素列出作分析：溫暖（warmth）、控制（control）、自動（autonomy）與敵意（hostility），而四個因素不同的搭配程度會產生不同型態的親職型態，歸納出民主（高支持、低權力）、過度保護（高支持、高權力）、忽略（低支持、低權力）與權威等型（低支持、高權力）父母。而Becker（1964）以相同的方式，除了「情感」（affection）、「權威」（authority）之外，還添加了「焦慮」（anxiety）這個面向，又歸納了更多親職型態（cited in Jensen & Kingston, 1986, pp.38 & 43）：

(一) 民主（高支持、低權力、低焦慮）

孩子會呈現自信、獨立、外向等特質。

(二) 過分溺愛（高支持、低權力、高焦慮）

孩子會呈現獨立、操控、反社會、侵略性。

(三) 組織有效（高支持、高權力、低焦慮）

孩子會呈現高成就、有責任感。

(四) 過度保護（高支持、高權力、高焦慮）

孩子會呈現依賴、自我意識強。

(五) 嚴苛控制（低支持、高權力、低焦慮）

孩子會呈現神經質、退縮、害羞、焦慮、自我懲罰。

(六) 敵意威權（低支持、高權力、高焦慮）

孩子會呈現退縮、自我懲罰的行為。

(七) 忽略（低支持、低權力、低焦慮）

孩子容易出現行為偏差。

(八) 焦慮神經質（低支持、低權力、高焦慮）

孩子行為呈現焦慮、反社會、侵略性的懲罰行為。

　　此外，另外一個常常被引用的是Baumrind（1967, 1971, 1973）的研究，基本上將父母型態分為三類（cited in Jensen & Kingston, 1986, p.45）：

(一) 威信（authoritative）

父母親表現出控制、要求高、溫暖、理性、與孩子討論、鼓勵孩子的獨立思考，強調自立自強與個人特殊性，而孩子則是獨立、負責、自我掌控、自我依賴、也願意冒險。

(二) 威權（authoritarian）或懲罰型（punitive）

父母親表現出嚴格控制、對於孩子行為與態度有強烈批判、少與孩子討論、少溫暖、與孩子較疏離，孩子則表現出退縮、低自尊、不滿足、不信任他人、低落情緒。

(三) 容許（permissive）

父母親表現出無控制、不要求、少懲罰或運用父母權力、講理方式、溫暖接納，孩子則表現出缺乏自立、乏自我控制能力、也不敢冒險，學業成就表現很差。

此外，還有一種被歸為「拒絕－忽略」（rejecting-neglecting）的父母——基本上是與孩子的生活分離、不相干的，他們自己本身沒有組織、也無法對孩子做任何監控管理的動作，不要求孩子、也不對孩子的需求做反應，養孩子就像放牛吃草，反正他們也不在乎，而孩子的表現則是依賴、沒有成就、自我管理差、容易有偏差行為或染上嗑藥問題（Jaffe, 1998）。到底哪一種型態的父母較好？其實還要加上父母親與孩子的特性與性格，看看雙方的「吻合度」如何，可以有最佳的配合，可能就有較好的親子關係與教養形式，因此了解孩子的一般需求與特殊需要是很重要的。

第六節　從「需求階層論」（need hierarchy）來看父母的條件與任務

　　心理學家Maslow（1970）曾經針對一個人的需求提出五個階段的理論，從最基本的「生理」需求到最高的「自我實現」的需求，雖說越低階層的需求，人與人間的共通性越大，但如果把這個理論套用在親職教育裡，也可以描述做父母需要做到的條件或是親職工作的要件，以下篇幅依序闡述：

☺一、生理的需求（physiological needs）

　　包括要照顧到讓孩子可以生存的基本條件，孩子餓了要吃、渴了要喝、要排泄、要保暖、身體的接觸（如擁抱），就是著重在基本生理生存、個體生命的延續上。在這時就已經開始了John Bowlby（1969）所說的「依附行為」（attachment），就是要對孩子的基本需求（如吃喝拉撒）有適當適度的反應，這指的是主要照顧人（通常是母親）與孩子之間，經由互動關係所營造的信任程度，而這也是孩子將來與人交往互動的最重要礎石。在生理需求方面，必須要注意到孩子被觸摸、擁抱的需求，中國的父母親在孩子幼小時，常常會因為疼惜而擁抱、親吻孩子，但是當孩子長到三、四歲之後，就漸漸減少身體上的碰觸、甚至完全沒有，這與美國等西方文化的教養方式大相逕庭。心理學上曾經有過一個著名的實驗，將孤兒院裡的嬰兒分成兩組做不同的照顧，兩組同時都按照時間餵奶，但是其中一組除了固定餵奶之外、還讓照顧人員定時抱在懷中一段時間，結果在這群嬰兒長成青少年時做了智力測驗，發現有被擁抱這一組的IQ比另一組沒被擁抱的多出了將近十點！照顧者的擁抱或適當的肢體接觸，也是表示一種關心疼愛，可以滿足孩子被關愛（參見後文「愛與隸屬」）的需求。研究顯示：孤兒院裡的孩子最大的損失，主要不是因為被剝奪了父親或（與）母親，而是缺少與重要的人情感聯繫的建立（Lefrancois, 1990）。

☺二、安全的需求（safety needs）

　　除了滿足基本生理存活需求之外，父母親還要盡到保護的責任，要讓孩子有安全感，這種安全感可以從具體與抽象兩個角度來看。

　　因爲父母親是孩子出生後唯一的依靠，因此雙親自然承擔起保護照顧之責，孩子特別是在出生後最初幾年，是生存最爲關鍵的時期、也是父母親最爲擔心焦慮的階段，深怕孩子太脆弱、容易受到外來環境的傷害，當然這包括生病、感染、或是不小心的意外事件。而安排孩子成長於一個安全的環境，也是許多父母親努力的方向，許多的家庭意外，常常讓孩子成了無辜受害者，因此基本上的家居安全，是爲人父母應該具備的常識。

　　而所謂的安全，除了具體的生理保護照顧、營造安全無虞的環境、免於危險外，還要注意到心理上的一種安全感。前面提到的「依附行爲」，也相當於心理分析學派的「客體關係」（object relations），主張孩子在出生之日開始，與母親「和調」（attunement）的程度，如果是母親不能適當滿足孩子的需求（比如說孩子要換尿片，母親卻塞奶瓶給他，或者是母親不理會孩子的需求、或是對孩子的需求作過度反應），可能就會讓孩子有焦慮、不安全的感覺，而這些都會影響到日後孩子各方面的發展，精神分析大師佛洛伊德就以「固定時間」與當事人見面的方式來「滿足」當事人「安全」的需求，因此父母親定時提供、也滿足孩子的生理需求，亦提供了心理上安全感的一種象徵意義；身體上的碰觸，不只是在孩童年幼時需要，個體成長階段到成人也都需要，我們常常會看到許多人高興或悲傷時也需要有個肩膀靠靠、一隻手握握或擁抱，這些都可以是愛與支持的表現與需要。

　　有研究者從孩子與主要照顧者的「依附行爲」來看（詳見第三章），說明了孩子與照顧人（特別是母親）之間的情感連結，就是孩子最初與人互動信任感建立的基礎（Aniworth, 1973, 1979, cited in Santrock & Bartlett, 1986），而大部分的孩子（約有六成左右）是屬於與母親建立起這樣安全連結關係的，少部分屬於不安全依附型態，而在往後發展階段間

0
6
8

題出現最多的，也是屬於這些不安全依附經驗的孩子。雖然對於依附型態的分類爭議仍多，而也有不少研究認為應該把孩子本身的氣質、個性列入考量，不能一以依附型態來斷定（Santrock & Bartlett, 1986），但是基本上肯定親子關係的良窳，在孩子生命中最初的兩年影響很大，甚至會延續到後來成年後與他人的關係（王泳貴，民91；陳勤惠，民89）。

當然，安全感的提供最主要的還是生理上的，讓孩子有安全穩定的家可以居處、飢渴睡眠的基本維生條件獲得滿足。此外，還有心理感受上的需要滿足，不要讓孩子覺得憂懼恐怖不安，而是有充足的關愛疼惜與安慰。家，是一個人最愛、也可以是最痛的地方，生理需求上不足的影響還不至於太大，最危險的是其他非生理上的因素；有研究指出（Gary Gintner, 1994），即使生長在家庭暴力威脅下的孩子，只要家庭中有一位成人可以提供他／她愛與關心，孩子還是可以有能力抗拒暴力所帶來的許多負面影響。什麼樣的情況可能會讓孩子覺得不安？家庭的爭執吵鬧、父母的不一致管教或是雙重標準、變動的規定與限制、常常搬遷、失業或沒有固定收入、家庭暴力、父母親的嗑藥酗酒或上癮犯罪行為等等，這些對於孩子的負面影響大於生理物質上的條件。

◉三、愛與隸屬的需求（love and belongingness needs）

孩子需要感覺到被關愛、自己是很重要的，而他／她是這個家庭團體的一份子，享受到雙親同等的照顧與對待。個體心理學派的心理學家Alfred Adler（1870-1937）認為一個人的心理健康是與他的「社會興趣」（social interest）有密切相關的，也就是健康的人希望可以與人親近、被人接納、有所歸屬、也希望對所置身的社會有貢獻（Adler, 1956），這一點與Maslow的「愛與隸屬」需求是相通的。沒有人是一座孤島，生存的意義與許多學習都是在與人互動之中來。孩子需要與父母親的身體接觸、被照顧、被擁抱，從這些關愛行為中，也學會回饋與關愛他人。我們中國的父母親在孩子年紀尚幼時，與孩子有比較多的身體接觸，但是一旦孩子慢慢成長，反而就把「獨立」與「身體接觸」截然分開，美國的教育方式

則適得其反，這固然是文化上的不同，但是根據一些成長中或是已經成年的孩子的說法，他們認爲與雙親的身體接觸還是需要的，也是表示親近的一種動作。

　　父母親的愛不要吝於表達，不管是對彼此、或是對子女；父母親在自己身教的示範下，會教導孩子表現關愛是被允許的、而且也是正當的。中國以前的傳統認爲「棒下出孝子」、「愛之深、責之切」，或者「打是情、罵是愛」，拿到現在的社會情境，可能都已經不適用。我們傳統的保守雙親不太敢表現愛，甚至連說都不敢，總是以嚴厲的要求或是苛責的語言來「表示」關愛，但是這往往造成親子關係的緊張與誤解，雖然有些子女在成長以後，會回過頭來體諒父母親的心情，通常爲時已晚，而長年以來的疏離要在短時間之內獲得滿意的改善也不太可能，末了徒留惆悵而已！因此當我們在滿足孩子「愛與隸屬」的需求時，也要記得：愛是要表現出來的，而且愛要及時！Carl Rogers（1967, cited in Rogers & Stevens, 1967）認爲父母親與教育者的愛是「無條件的」（unconditional），也就是「愛他是因爲他是他」，沒有附帶要完成的條件，但是在課堂上意見調查的結果（邱珍琬，民88、89），學生大部分不同意這個說法。感受到被關愛的孩子，也會去關愛他人，被包括進來的孩子，也願意延攬他人進來。

　　忽視孩子需求、太自我中心、甚至權威型的父母，最容易把孩子推到一邊，讓他覺得不被愛、沒有歸屬感，這種遊魂似的孩子，最先遭受到的是被拋棄的痛苦，後來也不會在乎自己、甚至放棄自己。「家」是每個人最終的歸宿，如果發現自己連家也沒有，那種無根的感覺是很悲愴的。

◉四、自尊的需求（esteem needs）

　　Maslow（1970）提到人的自尊需求包括兩個層面，一是受到他人肯定（esteem from others），一是對自己的信心（self-esteem），因此個體心理學派認爲人有被「認可」（recognized）或是「獲得注意」（gain attention）的需求（Sweeney, 1989），也就是希望被「看見」，而且是被

看到好的部分，這就說明了人除了希望被注意到之外，也要被「接納」或者被「支持」；被支持與接納的人，其自我強度（ego strength）較強、自信心也較夠，也願意去發展自己的能力。尊重自己，才會覺得活著有尊嚴、有價值、有意義，願意奉獻自己的力量在建設性方面。我們常說「活得像人」，主要就是指活得有尊嚴；在親職功能裡，除了要照顧孩子的基本生存需求、進而求其舒適之外，也要顧及到孩子是一個「特殊個體」，有其獨特性與個別需要，也需要被尊重像一個人。既然父母親希望得到子女適當的尊重，如果自身都無法以相同態度對待，又如何贏得孩子真正的尊重？

許多權威型父母只單向要求孩子對其不可違抗的強制遵從，沒有顧及到孩子也同樣有的自尊需求，孩子覺得被輕忽、鄙視，當然會出現受傷、不服的情緒。有些甚至是刻意傷害，不管是身體上的或是情緒精神上的，包括肢體虐待、言語奚落侮辱、或是忽視，更是破壞嚴重、影響時間甚長！如果父母親可以平等對待、表現出民主風度，這樣子上行下效，孩子也容易表現尊重、也獲得尊重。尊重的表現，消極方面可以不在孩子的朋友面前指責他／她的不是，給孩子選擇、辯解、說明的機會；積極方面可以在犯錯時勇於承擔、並立即道歉，尊重孩子也有自己的權利以及與父母相異的意見、與孩子商討或妥協雙贏的解決方法。

◉五、自我實現的需求（self-actualization needs）

自我實現就是想要在自己人生中，成就不同任務或是成就自己的獨特性，也就是說，每一個人都是特殊的獨立個體，希望在自己的生命中完成一些任務或是使命，可以給自己生命一個交代。簡單地說，就是每個人都想要成為自己想要成為的一個人。Maslow（1970）強調這些需求都是過程，也就是在人生進程中一直不斷在出現、需要獲得滿足，滿足之後蟄伏一段時間又再度出現，而「自我實現」尤其如此。孩子的生命雖然是父母親給予的，但是他的人生卻是他自己的，他會希望成就自己的生命型態，這並不是父母親可以完全掌控！拿到親職教育的層面來說，最佳的親職工

作就是協助孩子成為自己想要成為的人。

　　Maslow（1970）認為前四種需求（即生理、安全、愛與隸屬、自尊）也是「匱乏需求」（deficit needs），也就是說，如果個體沒有適時得到滿足，會產生焦慮與緊張，也會努力去尋求以獲得需求的滿足，比較會向外尋求滿足的管道，一旦這些需求獲得滿足了，緊張與焦慮就會消失；而「自我實現」是一種內在的「成長需求」（growth needs），特別著重在過程中所帶來的發現與欣悅，不是向外求取而可以獲得滿足的，而其在追求的過程中，緊張與興奮與時俱增。

　　作者願意在需求層次裡加上一個「與人互動的需求」，這也反映了自我心理學派的「社會興趣」，雖然與「愛與隸屬」是較有直接的關係，但是是比較基本的層次。一般的心理學家會將「社會性」作為一個人心理健康程度的指標，而人生過程中少了「與人互動」是根本不可能的。教師與家長其實也很擔心自己的孩子不能與人好好相處，不管是受到排斥、攻擊他人、或是特別孤立，可見一般家長也都意識到這一點、深深認可其重要性。心理學家Sullivan（1984）甚至認為人的性格塑造是與人際互動關係密切的，不僅個人在與人互動交往中可以學習到許多智慧與知識，自己也會感受到影響他人的力量。

第七節　親職教育的發展階段與任務

　　一般說來，親職教育與一個家庭的生命週期是密不可分的，所謂的家庭生命週期就是一個家從成形（比如結婚）到分枝散葉（比如子女長成離家，另組自己家庭）的過程，我們會把家庭週期粗略分成：新婚、懷孕、第一個孩子出生、孩子學前、孩子就學、孩子青春期、孩子成人、最後一個孩子離家等階段（Knox & Schacht, 1994, p.24）。有學者把父母的親職生涯分成幾個階段，一般是依據子女成長與父母的發展雙線出發，一直到孩子全部離家為止，如Galinsky（1987）的六個階段：

◎一、想像期（image-making stage）

這個階段主要任務是準備當父母，其中還包含了對於自我看法的改變（譬如角色的增加與不同）、與伴侶間關係的改變，以及與自己父母親關係的改變。初為父母的家長常常會想到自己的孩提印象、雙親對待自己的情景，這就是所謂的「複習」（rehearsing），可能回溯到自己與原生家庭父母的關係，有些回憶可能是美麗甜美，有些可能會勾起舊傷與新衝突；接著是「改變」（changing），懷孕婦女生理上與心理上的變化、還有角色的轉變（初為父母、或是有兩個孩子的父母、或者是有了兒子／女兒的父母）；「想像」（imaging）是指對於即將來臨孩子的長相與期待、未來家庭的情景。在懷孕初期，懷孕婦女開始意識到自己體內孕育的新生命，有時還要作一些重大決定或考量，包括要不要這個孩子（墮胎的可能性）、孩子會不會健康健全無恙、經濟上的負擔、工作的持續與否、孩子生下來之後的養育等等。

初為父母的家長還會有機會去重新衡量、分辨自己與生身父母間的關係，在知道自己將為人父人母之後，才真正意識到自己是獨立的個體、是一個真正長大的成人，與生身父母的依賴關係也會有所轉變，有的懷孕母親與自己母親之間的關係會變得更親密、比較能體會為人母的心情與感受；而相對地，母親對於腹中成長的胎兒也開始知道、接受胎兒與自己不是同一個體的事實。懷孕也會影響到平常夫妻的作息與生活，丈夫可能會因為妻子把重心放在將出生的孩子身上，而覺得受到忽視，懷孕可以讓夫妻之間更親密、也可以更疏遠，親密關係得要靠彼此的體諒與妥協來努力經營。父母親會想像自己即將擔任的新角色，也對自己或是伴侶有所期待，而當臨盆時間越接近，這些想像就越為真實了！

◎二、照顧期（nurturing state）

照顧期約莫是在孩子出生到三歲之間的重點工作，因為孩子在這一段時間內生理的成長最為快速，也需求最多。而不可否認的，許多學派的理

論都將此一時期視爲重要人格成形期（如Freud、Adler、Bowlby），最主要的親職工作是與孩子建立起健康的依附關係；此外，還要注意到伴侶之間、家庭之內因爲新嬰兒的加入，人與人之間的關係會因此而改變，也受到挑戰。不少父母親會將第一個孩子的出生視爲自己眞正成人的開始，也會因爲家中新成員的加入，有機會進一步去審視自己對於自我世界的掌控情況如何。父母親也會因爲孩子的出生，而對孩子有不同的期待，如果孩子與自己預期的有差距，也可能會導致親子關係的不良或是影響了夫妻關係；對孩子的期待包括有父母親個人的經驗、以及整個文化的期許，比如希望孩子像誰（私人經驗）、男孩子與女孩子又應該如何（文化因素）。孩子出生後，新科父母的適應情形受到一些因素的影響，包括做父母的準備度如何？孩子健康情形如何？自己家人的支持度如何？以及其他相關人士的支持度又如何（Fein, 1978, cited in Galinsky, 1987）？在這裡特別點明了親子之間的關係是互動的，也就是相互影響的，固然父母親所佈置的環境或是文化整體會影響孩子；相對地，孩子也會影響父母親與其周遭環境。

　　孩子將來形塑的個性會如何，有所謂的「天生氣質說」，就是根據孩子初生時所表現的一些情況，可以猜測孩子未來的個性，當然每個孩子都是獨特的個體，有不同「氣質」（temperament），指的是情緒穩定性與行爲表現如何，以及是以什麼方式表達出來的；根據Chess、Thomas、與Birch（1965, cited in Galinsky, 1987, pp.67-68）的說法，認爲孩子的氣質表現在：活動力多寡、生理時鐘的規律性、對於新情境的進取或退縮態度、適應規律性行爲的改變情形、感受閾高低、正負面情緒、反應強度、專注力、與堅持或注意力情況。而發展學家的看法，包括以下幾個層面（Chess & Thomas, 1987）：

(一) 孩子的活動力（activity level）

　　一天之內，孩子活動的情形如何？是不是過動或是很安靜？

(二) 規律性（regularity）

孩子基本的生理需求與反應（如睡眠或是吃東西）的情形是否很規律？可以預測嗎？

(三) 親近或退縮（approach or withdrawal）

遇到新鮮或陌生的情境，孩子做怎樣的反應？

(四) 適應性（adaptability）

對於不一樣的作息與新奇的刺激，其適應情況如何？

(五) 感覺閾限（sensory threshold）

在做反應之前，孩子所需要的刺激多寡如何？

(六) 情緒表現（mood）

孩子一般的情緒表現如何？很高興還是不友善？

(七) 反應的程度（intensity of reaction）

孩子所做的任何反應是精力勃勃還是興趣缺缺？是正向樂觀還是負向悲觀？

(八) 注意力分散（distractibility）

有新刺激出現時，孩子的反應是如何？容不容易受到打擾和分心？

(九) 堅持與注意力（persistence and attention span）

即使碰到困難或挑戰，孩子的反應如何？容易堅持下去還是很快就放棄？其挫折忍受力又如何？進行一項活動時，其持續情況如何？

　　通常根據這些觀察與評量，大概就可以知道孩子是不是很好教養或是可能具挑戰性的。當然現在的許多發展或心理學家，已經不太相信孩子小時候的表現可以對將來的發展有絕對性的影響力，因為人是一個變數，周遭的環境也有許多的變數摻雜影響，如果要具體周全一點說的話，孩子個人是一個因素、環境又占一個、天生的氣質也占一個，必須將這些因素全部納入考量。

　　Jernberg與Jernberg（1993）發現雙親與孩子在嬰幼兒期間的互動模式裡，如果可以具有「結構化、挑戰性、干涉或使其興奮的、養育性與遊戲性的」方式（薛惠琪譯，民90，p.55），孩子就是快樂安全的；反之，則會讓孩子覺得自己無價值、周遭世界可怕或冷漠，也會以攻擊或退縮方式來因應；也就是強調父母親營造的家庭氣氛與活動是有相當的規律性，但是又不乏味，會適當干預教導、也引導探索發掘，此外，關照周到之外、也可以幽默有趣。而家中的孩子也可能因為新成員的加入，資源重新分配，結構上又更加擴大了，親子間的關係也會受到考驗（Taylor & Kogan, 1973, cited in Galinsky, 1987），以另一個解釋來說，就是家庭資源要做重新的分配，父母親對孩子的注意力也要做調整，當然也影響到雙親與所有子女的互動。

☺三、威權期（authority stage）

　　從孩子兩歲到四、五歲之間。在此階段，父母親的「掌控」（control）就很明顯了，當孩子漸漸成長、活動力與範圍增加了，開始接觸外面的世界，也希望可以慢慢掌控自己的行為，而孩子在試探、拓展家庭外經驗、開發自己的權力與能力之時，可能就面臨了與父母親權力的拔河。當新科父母親面臨這樣的挑戰時，也會開始回想當年自己的父母親又是怎樣處理這些問題的？孩子一旦接觸了更多外面的世界，不免就會把外面世界的資訊或是影響帶進裡來，父母親的威權權限又要如何劃分？應該如何設立界限？怎樣處理親子間的衝突？如果是三代同堂、或是祖父母對於孩子的養育也有自己的意見時，又應該如何處理？父母親要在改變之

中成長，光是順應改變的潮流，不一定表示成長，而此時的家長也會發現孩子開始會挑戰他／她的父母威權，包括提出一些問題，並且做評價。

◎四、解釋期（interpretive stage）

從孩子學前到進入青少年之前。此期的家長要提供孩子許多關於生存世界的資訊、看法與解析，協助孩子發展自我認同、價值觀，也開始沈思自己在孩子生活中的涉入程度。父母親意識到自己與孩子間的關係會產生必要的改變，也要在分離與連結之中取得一種平衡，因為孩子的世界拓展了，也開始要享受獨立的滋味，但是在父母親的感受上就會有矛盾出現，一則很高興孩子終於長大、有自己要努力發展的雛形，但是長年來照顧關愛的連鎖也會受到考驗；父母親也發現自己與孩子的關係已經改變，也就是父母威權減少，與孩子的關係漸趨平等。

◎五、互賴期（interdependent stage）

進入互相倚賴期，也就是孩子已長成青少年，父母親發現要發展新的溝通方式與孩子做互動，而不能再沿用以往的老方法，也許父母親要檢視自己的標準與期待、重新定義與孩子間的關係；而在這個階段，父母親也會發現許多衝突矛盾的地方，包括父母發現自己漸漸步上衰老，而青少年的孩子正值人生最黃金的時期，父母親的「現實主義」碰上青少年孩子的「理想主義」，不僅父母親得重新評估自己的父母親角色，孩子也是帶著批判的眼光在看，家長也要學會接受孩子是不同於自己的個體、有自己的人生。

◎六、分離期（departure stage）

分離期通常會延續很長一段時間，先是排行老大的孩子離家唸書或工作，一直到最後一個孩子離家。父母親也要為孩子離家做準備，慢慢調適自己又是一對夫妻的生活，父母親也會開始回顧自己這麼多年以來育子的過程、做重新評估，也要思考如何與成年孩子保持適當關係。

　　與Galinsky（1987）不同的，是將親職工作延伸到孩子離家之後，如Unell與Wyckoff（2001）二氏是以生命週期的角度來看親職生涯，但是基本上還是以孩子的發展階段為依據，但是以雙親擔任的職責特性為軸，一共區分為八個階段（鄧碧玉譯，民90年，pp.29-32）：

(一) 公眾人物期

　　因為懷孕的緣故，成為許多人關注的重心與焦點，尤其是懷第一胎，還有身分轉換的作用（由女人變成母親），這也可以解釋若干生育完婦女會有產後憂鬱症的情況，原因之一可能是眾人的注意焦點已經轉向孩子。

(二) 海綿期

　　要負起腹中寶寶成長的全盤責任，常常也被迫放棄自身原本的生活方式或其他需求，為了孩子自己要增加營養、改變飲食作息，也為了孩子去吸收育兒新知等。

(三) 家庭管理員期

　　負責家中孩子成長、發展、行為與各項生活福祉的一切安排。

(四) 旅行規劃員期

　　是家庭對外的聯絡管道，也是規劃與執行學齡兒童此期間一切活動與學習的主角。

(五) 火山居民期

　　負責青少年期子女的照顧與養育，也對於此發育期中的孩子變化有戒慎恐懼的心理。

(六) 家庭重塑者期

改變家庭結構，對於成年子女的生活決定、離家或是所從事的工作等等的建議與適應。

(七) 功成身退的父母期

走過了照顧孩子的階段，重新回到兩個人的生活，親職工作彷彿已經告一段落，可以不必負擔吃重的育子工作，甚至有第三代的出現。

(八) 搶籃板球期

重新面對自己年老，許多的生理或是事業走下坡的事實，期待保留自己在家庭中的地位與尊重。

由這樣的分類也可以看出親職工作在孩子生命不同階段所擔負的責任，以父母親的角色與任務來看，親職階段也是很有趣的一個劃分，比如在懷孕階段的「聚光燈」時期，焦點似乎就在父母親角色的光環上，接下來是沒有自己的生活、焦點轉移到新生兒身上，父母親負起完全照顧看護的責任、基本教養訓練與習慣養成，還要擔任孩子學習與玩耍的規劃與陪伴，「火山居民」則是生動描述了孩子處於青少年時期父母親的心情，再過來就是孩子負笈、離家開始發展自己的生涯，家庭結構有了重大改變，最後剩下兩老、或許還有了第三代，有的父母要擔任隔代教養的責任，末了就是與時間搶籃板球了！

父母親可以做的

(一) 擔任親職工作，沒有誰該負擔多些或誰可以負擔少些的爭議，教養孩子的過程也是讓父母親再度成長的機會，為了要讓孩子有順利成長的經驗，父母親要先從彼此之間的親密關係著手，唯有良好開放的夫妻關係，才可能營造最優質的成長環境給孩子。

(二) 想想只能陪伴每一個孩子成長一次，父母親應該有一種榮耀與欣悅，與孩子做最真實無私的接觸與關照，享受親子關係。

(三) 對於孩子的未來做好經濟上的規劃與投資，可以讓親職工作更為勝任，也比較不會影響到孩子未來的成長與發展。

(四) 如果有一些不良習慣，以孩子為戒除或修正的動力也不錯，最終獲益的是父母親與孩子們。

動手與動腦

1. 訪問懷著第一胎的婦女，請教她想要孩子的原因或理由為何，並加以記錄。

2. 分別請教自己的父母親，孩子帶給他們的喜與苦各為何（記得要具體）？

3. 給自己父母親愛的鼓勵（形式不拘，只要把感謝表現出來就可）。

4. 列出你認為一個家庭中需要完成的「家事」，然後將這些家事加以分配給自己與將來的伴侶，分析一下你是依據什麼標準做這樣的劃分（如喜好、有沒有能力、性別等）？

第三章

不同發展階段的
親職教育重點

082

　　這一章會先對親職教育施行的依據，然後依家庭生命週期的觀念開始、就孩子不同發展階段的需求與特性做詳盡描述，父母親如果可以預先了解各個不同成長階段孩子的發展特色與需求，相對地也能夠做更好的準備與因應，也可以讓我們比較容易去決定某一階段的正常行為，在另一階段中出現就可能是有問題的（Davison & Neale, 1994）。當然雖然發展有其共通性，但是也有差異性，因為每個孩子都是獨一無二的特殊個體。

第一節　孩子，不是我們的分身

　　你希望你的孩子比你更強嗎？許多父母親都認為這樣的期許是人之常情，當然我們總希望孩子可以更好、更健康、更有能力，過得比我們這一代更好，因此也就傾我們所有、一切為孩子做打算。但是如果孩子不如我們預期的方向發展，也許希望是男孩子、卻生了女兒，希望他／她英俊美麗聰明，卻是長相平庸、智力平平，又該如何呢？有一位父親跟自己兒子說：「我們希望你能上建中、考台大，然後出國唸個博士回來！」兒子吐槽道：「你們自己只有大學畢業，為什麼要我讀博士？」當然兒子不是嘲笑父母親的能力，而是認為自己天生的條件可能不夠，卻要努力達成看似「不可能的任務」，相信他在說這一句話時，有許多的焦慮。況且父母親生長的時代與孩子這一代有極大差異，現代的孩子所遭遇的競爭與變動，較之二十年前父母親的時代要大得多了，用同一標準與尺來衡量，有失公允、也不切實際。

　　我們在理性認知上很能接受孩子與我們是不同的這個觀念，但是在實際執行中卻常常忘了這一點。許多父母親早年沒有享受過的，現在都傾全力滿足孩子的需要，甚至要孩子去圓自己未竟的夢想。我們聽到父母親說：「我小時候可不像你們現在這麼輕鬆，那個時候連零用錢都沒有，哪像你們現在要吃麥當勞就吃，還可以學音樂才藝、出國遊學？」孩子也會說：「老媽（爸），你們的時代跟我們現在不一樣啦！」爸媽頓時就啞口

無言；以前曾經流行的一句廣告詞「孩子，我要你將來比我更強！」現在卻要有所改良。不只是時代不同，每個人也都不一樣，在教育上我們尊重不同，希望可以因材施教，但是在實際執行時卻是「齊頭點」的平等，運用劃一的方式與評量；父母親在對待孩子時，也不免犯了同樣的錯誤：把孩子當成自己的分身，硬是要用衡量自己的標準來要求孩子、也期待孩子去做自己「希望」孩子去完成的夢想或事務，最後讓孩子在父母面前不能做自己，在教育系統裡也是做別人。這並不是說父母親對孩子不要有期許，而是說家長可以依照孩子的條件與興趣能力作適當的期待與鼓勵，不要「設限」、也不要期待「過高」，前者容易讓孩子失去努力向上的動力，認為自己什麼都不行，後者會讓孩子產生目標夐遠的無力感；舉例來說，不要說：「這孩子數學不行，以後就慘了」，或是：「你只要肯努力，一定可以做醫生，我們以後全靠你了！」孩子會受到這些期待的影響，有些可能就會反其道而行。

當然我們在了解孩子的獨特性之前，通常必須要談到孩子的「共通性」，一般說法有「第一個孩子照書養，以後的孩子就照豬養」，這個說法雖然有一點誇張，但是也說明了孩子發展階段的共同性，而唯一不同的是：即便發展階段大部分過程是相似的，卻因為孩子都不一樣，因此成長過程與結果也會不同，所以多多少少也就挑戰了父母親的親職觀念與對應能力。

第二節　親職教育與孩子教養的理論基礎

親職教育課程的設計，一般是指針對教育父母親擔任親職角色而做的有計畫處置方式，所含括的範圍是：可以班級或是團體方式進行，探討親職工作裡的孩子行為或意外事件的處理；也可以是一對一的諮商與諮詢方式，協助解決或因應個別的需求。課程設計基本上可以是依情況而設（opportunistic），或是結構式（structured）的。而成功的親職教育課程

應該顧及到親職教育中情感的層面，才可能眞正收到效果（Braum, 1997），因爲太多的認知、沒有情感上的感動，就不會有接下來的行動跟進。

　　親職教育課程設立的主要目的，積極方面是：改進父母與孩子的心理健康，改善父母親的社會支持系統，增進或改善親職知識與技巧、協助處理孩子的行爲與發展，增加父母親的自信、親職工作的樂趣、使用相關服務與資源的可能性；而在消極方面，也希望減少孩子發生意外事故的機會（Braum, 1997, pp.100-101）。

　　根據Knox與Schacht（1994）整理出來的幾種親職教育模式，可分爲五種：(一)發展成熟論（Developmental maturational theory）（Arnold Gesell）；(二)行爲理論（Behavioral theory）（B. F. Skinner）；(三)父母效能訓練（Parent Effectiveness Training）（Thomas Gordon）；(四)社會目的論（Socioteological theory）（Alfred Adler）；(五)現實理論（Reality theory）（William Glasser）。這是依據不同學派理論基礎而設計推展的課程，沒有特別依據個體成長而設計，關於各家理論部分，會在以後章節中出現，而在本章則依不同發展理論的親職教育特色與重點做介紹敘述。

　　有一些既存的親職教育課程是根據兒童發展階段而設置的，特別是強調學前階段，像是Burton White（1981）在美國密蘇里州所進行的兩年計畫，主要是針對三歲前兒童的父母所設計的，其目的是希望讓父母親成爲孩子最初也是最重要的老師，課程目標包括：(一)建立社區危機處理的實用系統，提供有用資訊給第一次當父母親的家長；(二)探測出可能對孩子發展或是學業表現有礙的因素或情況；(三)協助家庭營造出對孩子各項發展最佳的環境；(四)讓專家與父母可以協同合作，使孩子充分發展；(五)展現課程結果是具經濟效益的，可以防止可能問題發生與促進孩子發展；(六)提供社區資訊、考慮類似課程的需要性（cited in Vartuli & Winter, 1989, p.109）。此外，Arnold Gesell也以「發展－成熟」的觀點，設計了一套依據孩子不同發展階段與特色的親職教育課程，但是也因爲太著重生理的發展，以及要求規律的作息方式而受到質疑（cited in Knox & Schacht, 1994）。本章則是針對前兩個課程加以擴展，針對不同成長階段的特性與

教養重點做詳細論述。首先我們會就家庭週期做一個介紹，因為一個家庭的生命週期與父母孩子的發展是並行不悖的，也與親職工作息息相關。

☺家庭生命週期

親職工作雖然沒有一時或止，但是基本上仍將親職工作的重點放在孩子的成長階段，也就是說，一個家庭家長的親職工作也可以隨著一個家的生命週期做因應。一般把家庭生命週期分為八期：開始建立家庭（結婚無小孩）、第一個孩子出生（家有幼兒）、最大孩子上幼稚園（孩子兩歲半到六歲）、孩子上小學（六歲到十二歲）、孩子是青少年（十三歲到二十歲）、家庭為發射台（launching centers，最大孩子離家到最小孩子離家）、父母親後期（孩子均已離家）、退休家庭（丈夫退休到配偶之一死亡）（Duvall, 1977, cited in Lee & Brage, 1989, p. 371）。雖然家庭生命週期是一直到父母親這一輩退休或死亡為止，而親職工作似乎是在生命週期的前幾個階段比較吃重，但是也可以約略明白親職工作會隨著家庭家長年紀的增長、事業的發展，以及孩子成長的變化做調節與更動。

在開始建立家庭階段，可能夫妻有協定要何時生小孩、生幾個，也開始籌措孩子的教養基金；孩子出生之後，嬰幼兒期是否要請保母來帶、還是做其他安排、或是夫妻一方來照顧，也需要做一些決定；孩子在學齡期該不該讓他上幼兒班、是半天還是全天？父母親想要讓孩子做怎樣的發展與培育？學齡期要決定上才藝班嗎？接送問題如何安排？全家人共處時間夠不夠？如何與學校做聯繫？孩子進入青少年，父母親應該有怎樣的準備？擔心孩子行為受到同儕或是社會現況的不良影響，到底家長的監控與管教要怎麼做？孩子在學業上的進展、其他方面的發展情形有沒有需要特別關注的？對於未來生涯的選擇，父母親要站在什麼立場、做怎樣的建議？孩子找工作、繼續求學，父母親又可以提供什麼樣的協助？孩子親密關係發展、成家的計畫，是不是就選在父母親附近居住？能不能替孩子帶小孩？對於事業上的建議或協助，父母親要怎麼做等等，也都是孩子離家或成家需要考慮的重點。

第三節　孩子的發展與各階段特色

◉一、依附行為

　　精神分析學派（包括個體心理學派）、自我心理學派、或是溝通分析學派等，都相當重視個體發展的前幾年，特別是個體與主要照顧人之間的情感聯繫。孩子與教養（照顧）人之間的關係中，有一項是「依附行為」（attachment），也就是指照顧人（父母親，通常指的是母親）與孩子之間的情緒支持與反應型態，或是情感的連結（bonding），對於孩子往後的發展相當重要，甚至擴及影響到孩子成人後與他人或親密關係的型態（Shaffer, 1994; 林翠湄譯，民84；王泳貴，民91），照顧者與嬰兒之間的互動越能調節配合、對於依附行為就更有加分作用，而父母親本身的婚姻狀況也會間接影響到孩子與父母親的依附品質（Easterbrooks & Emde, 1988; Howes & Markman, 1989, cited in Shaffer, 1994; 林翠湄譯，民84），雖然沒有研究證實父母親應該如何對孩子做反應最好，但是基本上家長要敏銳覺察到孩子的需求、並適當配合，這樣子在促進孩子發展上最是關鍵（Cole & Cole, 1993）。

　　「依附行為」是Bowlby（1969）所提出來的觀念，這個理論主要是肯定了敏銳、有反應的照顧者，對於個體「安全感」的發展具有關鍵性影響（Belsky, 1991），而影響層面亦相當廣泛，雖然後來的有些研究認為沒有這麼嚴重（Lefrancois, 1990），但是一般發展學家還是十分重視主要照顧者與嬰兒間的情感連結關係。Bowlby（1969）將「依附行為」分成四個階段：

(一) 前依附期（preattacement）

　　孩子自然會對他人做反應，特別是對於照顧他的母親，會辨識母親的聲音、也會相對做出因應行為。

(二) 依附形成期（attachment in the making）

嬰兒自動會對主要照顧人做反應，而且增加與母親接觸的機會。

(三) 清楚的依附（clear-cut attachment）

孩子已經可以行走，除了用動作或微笑吸引父母親的注意之外，還會做其他積極與家長接觸的動作，像是抓媽媽的腳、爬到父母親身上、用手環繞母親的脖子等。

(四) 目標修正依附（goal-corrected attachment）

知道自己與他人是不同的個體，開始意識到他人的可能感受，也會用更細微的動作來影響父母親。

Ainsworth與同事（1978）做了一個有名的「陌生人情境」實驗，歸類出嬰兒三種不同的依附行為：

(一) 安全依附（secure attachment）

六成以上嬰兒屬於此類，與母親在一起時會勇於探索環境，陌生人在場時也不會害怕，在母親離開時會難過、母親回來時喜悅。

(二) 焦慮／抗拒依附（anxious-resistant attachment）

有一成左右屬於此類，緊緊靠在母親身邊，陌生人在場會害怕，很少離開母親去探索環境，母親離開會表現難過，但是母親再出現時，卻表現出生氣的矛盾情緒。

(三) 焦慮／逃避依附（anxious-avoidant attachment）

有二成左右屬於此類，與母親在一起時，不會害怕陌生人，母親離開會表現出一點不高興，母親回來時，則是逃避與母親接觸。

另外，Main與Solomon（1986, 1990）又增加了另一類：

(四) 錯亂型（disorganized/disoriented）

不屬於前三類型，是抗拒與逃避的混合，就是會接近母親、但又會逃避，兩種表現同時存在（cited in Shaffer, 1994; 林翠湄譯，民84，p.235）。

雖然依附理論似乎強調個人成長早期與母親之間「連結」的關係，說明了早期教養方式的影響深遠，也肯定了我們中國諺語所說的「三歲看大」，但是這並不是十分確定的陳述，只可以解釋說早期教養的重要性，但非絕對（Shaffer, 1994; 林翠湄譯，民84）。因為一個人的性格有先天遺傳、後天環境與自我決定的成分在，將三個因素的交互作用都考慮在內，才是較為完整的，不能偏廢，縱使在成長早期有過創痛經驗，也可以藉由個人或其他協助的力量、慢慢恢復或是更增長。再者，親職教養工作其實是持續到成年以後，不是只有童年期的幾年而已，如果我們也以發展的觀點來看親職工作，有必要將教養過程往後拉長，因此這一節會將最基本的人生發展階段與其特色需求做一概述，親職工作當然也必須配合孩子成長階段來做適時與適當的調整。

⊕ 二、親職工作架構

父母親與孩子之間是互動、彼此不斷影響的，親職工作當然也是親子互動的過程與結果，而照顧者基本上是擔任主動、引導的角色，包括有：(一)照顧架構（the nurturant frame）：成人提供給孩子營養、舒適、清潔、安慰等等生存必要的功能。(二)保護架構（the protective frame）：保護孩子不受外來傷害，必要時也限制孩子的活動。(三)工具性架構（the instrumental frame）：擔任執行孩子想要做什麼工作的工具性角色，比如孩子想要拿東西、玩玩具，照顧者就協助孩子達成目標，這裡也顯示了成人會試圖去了解孩子的行為與想法，但另一方面也可能會流於太過保護。(四)回饋架構（the feedback frame）：監督孩子的行動、適時予以指導或禁止，增強與塑造孩子的行為規範。(五)示範架構（the modeling frame）：成人表現行爲讓孩子模仿、協助孩子學習。(六)對話架構（the discourse frame）：照顧者與孩子之間的類似對話情形，不一定要發出聲音，可以在與孩子遊戲或是一般溝通的情況中表現。(七)記憶架構（the memory frame）：知道孩子喜歡或是討厭什麼，照顧者用已經知道的這些經驗與記憶來與孩子分享。這些架構不一定是單獨存在，可以同時發生（如照顧者拿了孩子喜歡的玩具〔記憶、工具性〕，注意到孩子此刻不想玩〔回饋〕，於是就找了另一個新的）或重疊，也可以以遊戲方式呈現（Kaye, 1982, pp.77-83），當然這些親職工作的架構也會因爲孩子不同的發展階段而有不同偏重。

(一) 嬰幼兒期

　　嬰幼兒期的發展任務，依據Havighurst（1972, cited in Lefrancois, 1990）的觀點，包括養成睡眠與進食的規律，學會吃固體食物，也開始學會與父母親及手足建立情感上的連結。父母親迎接新生兒到家庭中，家庭的結構就產生了重大改變，而父母彼此的角色也增加了一項，兩個人原本習慣的生活作息也會因爲新成員的加入，有了急劇的轉變。

　　孩子從醫院抱回來是軟軟粉紅色的一個小娃娃，生活似乎對他們而言只是吃喝拉睡哭，沒有什麼建設性，而且他的需求都要在「當下」獲得滿足，根本不能等！父母親要適應家中新成員的作息與餵奶時間，簡直把父母親吵得生活都亂了方寸！迎接初生兒的喜悅興奮，換成了許多無眠的夜，父母親希望孩子健康快快長大，結束這些可怕的夢魘。孩子滿三、四個月，開始會做一些動作了，父母親很驚訝孩子的成長，因爲他／她再也不是當初軟軟、無能爲力的小寶寶了，而是開始了新的發展與成長，而這些是父母親目睹的奇蹟！孩子快速的發展，除了讓父母親覺得驚異，也開始了許多擔心。研究者所得結果認爲，在嬰幼兒期與孩子社會、情緒與智力最相關的照顧，必須注意到：關心留意（attentiveness）——願意花時間與精神；身體上接觸（physical contact）——給予孩子適當的溫暖與安全；語言刺激（verbal stimulation）——與孩子作互動交流；物

090

質刺激（material stimulation）──提供孩子玩弄物品、刺激感官動作的機會；有反應的照顧（responsive care）──對於孩子的反應都有適度回應；與限制（restrictiveness）──約束孩子的行為。前五項是正數，也就是會產生良好效果，而後一項是負數（Belsky, Lerner, & Spanier, 1984, cited in Lefrancois, 1990）。

前文曾經提過，沒有所謂「最佳」的教養，只有彼此配合最為「恰當」的教養方式才是最好的，而在談到照顧人與孩子的「速配性」上，一般說來是以孩子的需求為主、教養人的配合為輔，但是孩子的天生特質也占了一個因素。有些研究探討個體剛出生時的「氣質」（temperament）問題，「氣質」指的是人天生下來處理人與周遭情境的獨特方式（Papalia & Olds, 1992;黃慧真譯，民83，p.242），以及個體主要的情緒品質（Cole & Cole, 1993），與「人格」不同點在於人格是發展趨向的、非生來就有的（Lafrancois, 1990）。Thomas與Chess（1984）還將孩子的氣質歸類為主要三種：輕鬆自在（easy child，數量最多）：很愉快、生理規律較佳、也接受新經驗；慢吞吞（slow-to-warm-up，數量居次）：溫和、對新經驗反應較慢；與麻煩的孩子（difficult child）：不安、生理規律較不穩、情緒表達強烈（p.243）。氣質是與生俱來的，與父母親對待態度、性別或是社經地位沒有關聯，然而如果有重大事件或是家長態度丕變，就可能會有影響（p.244）。

根據Thomas與Chess（1982）的研究，氣質的決定因素可以看以下這些指標來決定：活動水準、生理功能的規律性、主動出擊或被動、適應力、引起反應的刺激程度、反應時的精力水準、情緒品質、分心情況、注意力與堅持等（cited in Cole & Cole, 1993, p.140）。早期的氣質其實可能延伸到後來，所以也可能從早期氣質的表現，預測往後的行為表現（Kagan & Snidman, 1981, cited in Cole & Cole, 1993），但是目前的研究結果沒有具體的結論。父母親的教養方式固然可以依據孩子的氣質做適當的調整因應，在嬰幼兒階段的親職工作還是著重在照顧孩子基本的生理與生存需求（包括情感與安全感的提供）上，但是要注意的就是：如果孩子的氣質比較焦

躁不安，可能會引發父母親較為權威或處罰性的情緒與處理方式，可能就會對孩子造成傷害，這是父母親需要小心謹慎的（Lefrancois, 1990）。

嬰幼兒期的認知發展上有一些特色，是Piaget所謂的「感官動作期」（sensorimotor period），包括智力的表現是以動作方式呈現，當下導向的世界觀（沒有過去與未來），沒有語言，對於客觀的世界沒有概念（Piaget, cited in Lafrancois, 1990）。父母親也喜歡與孩子做動作與語言上的互動，許多父母親會在嬰兒床邊擺上一些可以刺激孩子感官的玩具（有聲音、有顏色、會晃動的物品），也是希望可以促進孩子的感官動作發展。

孩子與主要照顧人的關係迅速建立起來，除了讓新生兒有身心上的安全感之外，更重要的就是情感的連結，因此與孩子說話、享受親子間的親密，擁抱與適當的肢體接觸，也會讓孩子覺得溫暖、安全、可信賴。有些夫婦會因為新生兒的介入，讓其婚姻有了新的挑戰，這要看夫妻本身對於危機的處置能力如何，有些新科父母親反而勃谿不斷，讓嬰幼兒的成長環境增加了變數。

父母親可以做的

(一) 適當的刺激可以讓孩子發展得更好，當然父母親也可以在這個階段慢慢發現一些可以跟孩子玩耍的遊戲，包括聲音或是大肢體動作的逗弄、跟孩子說話、擠眉弄眼、或是讓孩子像飛機一樣在半空中「飛翔」，但是注意不要過度搖晃，以免造成傷害。

(二) 花時間與孩子說話。如果父母親相信胎教的影響，就會明白許多的學習其實在未出娘胎之前就已經開始，孩子熟悉父母親的聲音，也最早學會「接收」語言的能力，與孩子說話所傳達的有很多，包括關懷與愛、還有最初與人的接觸互動，也促進孩子的語言發展。

(三) 擁抱孩子就是與孩子做肢體的接觸，此外握手、拍撫也都可以傳達溫暖與關心。適當的肢體接觸會讓孩子長得更好，而這樣的肢體接觸其實可以持續下去，一直到孩子成年。

動手與動腦

1. 觀察新生兒一天的作息，你可以判定孩子的氣質屬於哪一種嗎？根據什麼理由？

2. 到醫院觀察新生兒與母親間的互動情形，記錄下來你認為「需求吻合」的行為。

3. 訪問目前正在懷孕的母親，相不相信胎教？她本身目前有沒有因為胎教之故，做了一些特別的處理或是禁忌？

(二) 牙牙學語與學齡前期

學齡前期的孩子發展任務有：學習說話、學會大小便控制、學習走路、學習分辨對錯，及學習性別差異（Havighurst, 1972, cited in Lafranciso, 1990）。兒童期的孩子成長最快、變化最多、可塑性也最高，孩子在長到兩週歲左右，他的記憶能力也顯著增加（China Post, 11/1/2002, p.7），直接就影響到他的學習能力；這個階段的孩子最大的特色在於他們對周遭世界的好奇、探索與認識，他們也開始以相當驚人的速度學會人類社會的一些生存法則與能力。當父母親看到孩子發出類似語言的聲音，通常會不由自主地隨著孩子的特殊發音作鼓勵的動作、或是加強與更正孩子的正確發音，孩子發出第一個有意義的音（如「爸爸」「媽媽」），對父母親來說都是絕妙的經驗！以前只是根據孩子的哭聲來「猜測」孩子的需求、然後做出反應，現在孩子已經有了自己的想法，而且開始表達了！而當孩子已經會開始模仿所接觸周遭世界的聲音時，他們的語彙增加的速度是很驚人的！父母親也發現孩子會試圖用語言與自己溝通、有了「電報式」語言的出現，就是短短的幾個關鍵單字，代表了一個完整的意義，像是「媽媽抱」，意思就是「媽媽請過來抱我」。父母親習慣以「孩子式」的語言（baby talk）來重複孩子所說的話，一般的教育專家認為大可不必，可能會遲緩了孩子學習正確語言的進度，由於孩子的語言發展與親子間的對話時間和品質成正比關係，使用正確的語法對孩子的協助會更多（詹棟樑，

民83），當然孩子的孩子式的語言，雙親可能會認爲很可愛，也希望可以「達到」與孩子相當的語言水準，這樣子會讓彼此間的溝通更無障礙。孩子的語言發展也從單字到「電報式」，然後可以用簡單的語句來表示（Cole & Cole, 1993）；男女生的語言發展會出現差異，女生通常語言表達能力優於男生、發展進度也較快，父母親一般也比較鼓勵女生多說話，比較不鼓勵男孩子也這樣。

此階段的孩子是Piaget所謂的「前運思期」（preoperational period），在認知發展上的特色是：自我中心的思考，以感受來推理，處理事物靠直覺，沒有物體永存的概念（東西在眼前消失就是不見了，也不會去尋找）（Piaget, cited in Lafranciso, 1990）。父母親也會看到孩子許多很有趣的行爲，包括孩子在看書，會問父母親是不是也看到了他看到的？因爲他以「自我爲中心」的思考特色，會認爲他看到了，別人也應該會看到！此外，他們不會逆向思考，如果問：「你有沒有弟弟？」她說：「有。」再問：「妳弟弟有沒有姊姊？」她會說：「沒有。」而由於孩子是以感官方式記憶，因此他會記得「感覺」，看到別人跌倒孩子會哭，因爲他記得自己跌倒時的疼痛，也會同情他人的處境。孩子的時間觀念還沒有充分發展，所以對於「明天」或是「以後」不會有具體的概念，如果父母親說：「我們明天出去玩。」孩子過了一會兒就會過來問：「明天到了沒？」而年紀大一些的孩子，也會用比較簡化的句子與比他更年幼的孩子說話，這也是孩子學會的一種調適能力。

學齡前的孩子最擅長玩遊戲，他們在遊戲中思考，學會操弄物品，以及精密的小動作，也在遊戲中學會一些與人相處的社會規則。五歲左右的孩子很少去嘗試自己認爲不能做到的事，對於成人的命令較服從，喜歡與自己同齡的孩子玩耍，而「遊戲」也是他們自認爲最擅長的技能（也因此如果不會玩或是在遊戲中被排擠，就會打擊到自尊心）；喜歡讓別人覺得他是在幫忙，需要成人立即的注意、不太能等待，常常會打斷別人、也容易轉移注意力，可能也喜歡在觀眾面前表演，需要明確的指令、也會在指導性遊戲中玩上好一陣子，這個年齡層的孩子很需要被鼓勵、也在鼓

勵中發展能力與自信，不喜歡被認為是「壞孩子」或是「做錯事的人」（Robinson & Robinson, 1983, cited in Brauth & Robinson, 1987, p.179）。對於嬰幼兒到童年早期的孩子，照顧者最主要的重點工作是讓孩子有安全感、自己是有價值的，而且是有能力的（Downey, 1996, p.321）。

　　孩子開始有性別意識，知道有男女之別，但是他們的區分，一般是根據外表（長髮或短髮）或是刻板的標準（女生穿裙子、男生穿褲子）來做判斷，也會堅持一些符合性別角色的遊戲或玩具，父母親可以做較為彈性的處理。大小便訓練到底要不要在某個年紀之前訓練完成？現在的發展情況已不如以往行為學者的堅持，許多實際例子也證明，孩子一上了安親班或是幼兒班，就可以在觀摩學習下讓自己可以獨立上廁所。父母親可以多與孩子對話溝通，因為孩子學說話時，父母親就是最好的學習楷模；陪孩子遊玩，可以觀察孩子的想像世界，以及孩子想要表達的東西，留意也示範給孩子情緒的功課，不要做過多的批判；鼓勵孩子的努力與過程，不要以結果的成敗為唯一指標；記錄下孩子的成長故事，以後可以與孩子分享。

父母親可以做的

(一) 多與孩子說話，試圖去了解他所要表達的意思。

(二) 在陪孩子遊戲中，站在孩子的立場去體會玩樂的心情、想像力的馳騁，可以學到很多孩子世界的奧妙。

(三) 孩子會希望從父母親那裡得到肯定與讚許，請多予鼓勵、微笑。

動手與動腦

1. 試著採用站姿與蹲姿與學齡前的孩子說話，看孩子有沒有什麼不同的反應或發現？

2. 觀察學齡前的小朋友玩遊戲，試試看能不能歸納出幾個模式？（如單獨的遊戲、各自玩各自的、或是有合作性質的遊戲）

3. 試著問五位小朋友，他們是如何區分男生跟女生的？

(三) 學齡期

　　學齡期孩子的發展任務是：學習動作技能，建立正向的自我觀念，學習適當的性別角色行為，學會與同儕相處，價值觀、道德與良知的發展，學習獨立，基本讀寫算技能的培養，了解自我與周遭世界（Havighurst, 1972, cited in Lafranciso, 1990），因為孩子的生活開始以學校為中心，因此他在學校的表現、與他人（師長與同儕）的關係也會對他的自我看法影響甚鉅。孩子在學齡期的父母親會擔心孩子攝食習慣的問題，其實攝食習慣在成長早期就已經開始慢慢成形，許多父母親為了寶貝孩子，不敢讓孩子吃冷的或過熱的食物，這也許是基於健康或是體質的考量，但是如果保護太過，孩子的身體抵抗力可能因此消減！現在大部分學校都有營養午餐的供應，也許可以在消除孩子偏食習慣上有幫助，也讓家境較為清苦的孩子有較為均衡的飲食，但是中國食物通常是煮得較為熟透、可能也相對地流失了營養，也許輔以營養師的協助，可以讓營養午餐辦得更好！另外，現在市面上的飲料種類太多，許多內含的物質標示不清、甚至過甜或是添加太多人工色素，攝取過多，對於正在發育中的孩子都不是好事，美國的家長不會讓孩子在青少年之前攝取含酒精或是咖啡因的飲料或食物，除了擔心過度刺激腦部的化學物質之外，也是基於孩子成長所需的考量。孩子喜歡西式食物，特別是「麥當勞」的狂熱支持者，父母親也要特別注意，不要讓孩子攝取太多高熱量食物，會有肥胖、營養不均的問題，也可能會產生過動兒等問題。

　　許多的不良飲食習慣與小時候養成有關，或是父母親沒有特別在意、讓孩子自己任意進食，久了要修正就需要比較費力。現在一般家庭外食的機會很多、有的家庭甚至就以外食為主，孩子也養成了在外面吃飯、或是吃外食的習慣，但是一家人在一起的時間畢竟隨著孩子長大、父母親的工作而減少許多，許多家長依然很重視家人一起用餐的時間，即使是用外食，還是可以把它帶回家，稍稍做一些擺盤、或做另一道簡單的配菜，該有的營養還是有了，何況還可以全家人一起用餐；固然現在吃飯很方

便，但是不要只讓孩子在外面吃正餐或是以零食填飽肚子，家長對於孩子的三餐還是可以做適當的監督，尤其現在普遍有營養午餐，也可以留意孩子的飲食習慣。

在認知發展上，學齡期兒童已經有物體永存的概念，也有逆向思考的能力，會有邏輯分類的觀念、也覺察到物體間不同的關係，了解數字觀念，思考具象化，會有反向思考，是Piaget所謂的「具體運思期」（concrete operations）（cited in Lafranciso, 1990），要孩子在學習上得心應手，就必須要注意到孩子具體思考的特性，將學習生活具體化，效率會較高。許多父母親也開始讓孩子上才藝班，學習不同的能力，引發孩子學習的興趣與成就固然重要，也要兼顧到孩子主動學習的動力，以及附帶的情緒，與孩子說理溝通，少用強迫的威權，孩子容易表達自己的意見，也比較信服父母所教誨的。

學齡期的孩子也在慢慢拓展自己的生活與社交圈，父母親的影響力似乎也正在慢慢削減。六歲大的孩童比較自我中心、不太能與人分享物品或是讓別人可以輪流做什麼，偶爾會耍詐、有欺騙行為，行為變換可以很極端、精力旺盛、也很容易疲倦，似乎一刻都很難安靜下來，常常會有晃腳、咬指甲、發出奇怪聲音或吵鬧，也因此容易發脾氣、哭泣；低年級的小朋友對於教師權威非常敬畏，甚至認為老師就是法律、老師的話是聖旨，父母親也發現到這一點，若孩子在家不聽話，也會商請老師適時協助管教；此期的孩童也開始喜歡幻想，開始有過去與未來的時間觀念。七歲左右的孩童表現得比較有組織、也較安靜，可以坐得比較久、比較容易專心、也會有反省的能力，雖然也會表現出退縮或是對自己太苛求的情形，而已經慢慢對自己有自信、但是容易因為別人的一句話就受到打擊，這一點也可以知道孩子對自己的看法與信心、其實是「他人導向」的，別人的意見與批評，他都視為真；有的孩童開始會有「喜歡」異性的感覺。

八歲的孩子非常好奇、好問，但是表示有興趣的時間不長、不耐煩、很容易就轉換目標，會表現自己可能做不到的事、相當熱心，也會有誇張的表現，認為友伴團體是很重要的，有能力為自己的行為負責、也更

能表達自己的想法，當然還是需要鼓勵與讚賞。九歲的孩童開始會對自己的一些特性有矛盾、不一致的感覺，有時看起來似乎很平靜、彷彿沈醉在自己的世界裡，表現出更獨立，也會把同儕的意見列為重要參考，有獨立與批判思考，活動力增加，著重在當下、也對歷史感興趣，對他人開始發展信賴感、也會有反權威的行動出現。十歲的孩童對於家人與朋友的態度較為正向，較遵從成人的指令，雖然偶爾會有爆發的脾氣，但是一般說來很合作，喜歡閱讀、談話，不喜歡寫字，可以獨力完成工作或差事，也發展了較佳的時間觀念（分鐘、年、月、世紀等），對於電視所傳播的事物、劇情非常著迷，也很清楚不同角色的性格與劇情，我們在一般的觀察也可以發現這個特色，像孩子喜歡在學校談論電視劇情節、或是喜愛的人物。

十一歲左右的孩童，傾向較佳的社交生活，喜歡與同儕或長輩交談、相處，在情緒的發展上也較為廣泛、多樣化，但是可能也在短時間之內有很大的情緒變化，有時在行為上表現得很笨拙、莫名其妙就發笑、或是會捉弄他人，喜歡與人在功課或是運動表現上競爭，要他們維持一段時間不動很難。十二歲的孩童大半已經進入青春期，但是又不太了解自己的立場與身分，因此表現出來的情況是混和了小孩、青少年與成人的特質，較之十一歲的孩童有較大的耐心與專注，也會開始想到自己未來的生涯，雖然不切實際，需要更多的個人隱私、也尊重他人的權利，對於他人的情緒反應有較好的判斷、也會有所領悟，獨立自主性增加，情緒表現上較少情緒化或情緒差，開始有幽默感，對於友誼的發展也會轉向異性的趨勢，也開始認真思考與尋找自己的定位、生命的意義，會有假設與抽象性思考、有時甚至自豪自己的思考很有深度，喜歡做社會契約式的道德判斷、較不受限於既定的法律與一般價值，開始開發與發展自己的興趣、嗜好、生涯方向，可以感受到內外在所加諸的壓力，特別是對於自己未來生涯的發展（Robinson & Robinson, 1983, cited in Brauth & Robinson, 1987, pp.179-180）。

父母親會發現孩子好像比較不戀家了，至少不像以往那樣與父母親親

密，有時會有嗒然若失的感受，孩子的隱私性好像也增加了，不太喜歡父母親的關切與干涉，這是因為孩子在為自己的定位掙扎努力，只要讓孩子知道父母親可以隨時找到、也支持他就足夠。如果擔心孩子的交游情況，開放溝通最佳，也做適時的垂詢，與孩子做類似契約的約定，也給予孩子適度自主的權利。

父母親可以做的

(一) 學齡期的孩子有許多的能力需要發展與學習，多些鼓勵、示範與協助釐清努力方向，少些苛責與處罰，孩子會在支持、友善的氣氛中學會尊重自己與他人。

(二) 讓孩子去學習多項才藝的同時，父母親也要能體會孩子承受的壓力，一味責求，會讓孩子覺得不公平、容易有挫敗的感覺，反而對學習更無奈無力，可以的話，與孩子共同學習、營造更親密融洽的親子關係。

(三) 孩子長大了，也需要適當的性知識，父母親可以提供相關書籍或是網站名稱，讓孩子可以得到正確的訊息；對於與異性或是親密關係的交往，父母親不必太嚴重事態，把它當作可以討論交流的議題最好。

動手與動腦

1. 訪問中年級小朋友最喜歡的電視劇是什麼？喜愛的人物為何？理由呢？

2. 以腦力激盪、用不同的方式，讓小朋友完成作業，如「我才不相信你會在二十分鐘以內寫完功課。」

3. 訪問高年級小朋友，「煩惱排行板」前三名為何？自己如何處理這些擾人的問題？

(四) 青少年期

1. 青少年與父母

　　許多父母親最擔心的就是進入青少年期的孩子，也有不少父母親一致認為青春期的孩子是讓自己最為頭痛的。如果以發展時間來看，孩子進入青少年期時、父母親正好步上中年，也就是親子雙方都在人生的轉折點上——青少年生命力正旺、要開始進入成人世界，他所看到的是無窮的希望、而且蓄勢待發，而父母親則正好相反、要從生命的黃金時段踏入衰老、事業生涯正值高原期（Steinberg, 1980, cited in Santrock & Bartlett, 1986），因此親子雙方就會有較多的衝突出現。自從心理學家Stanley Hall（1904）（cited in Gecas & Seff, 1991）提出青春期是屬於「狂飆期」（storm and stress）之後，許多的研究就針對這個議題來做驗證，但是結果不一，如果以Erikson（1997）所提的青少年「認同危機」的觀點來解釋，也許可以說是青少年為了要證明自己與父母親是不同的個體與身分，需要藉由抗拒父母威權來證明自己的存在與獨立就無可厚非，這種因反抗而反抗的行為可以印證Alfred Adler（盧娜譯，民91）說的一句話：「對所有年輕人而言，青春期所代表的最重要意義是：他必須證明自己不再是個小孩。」（p.229）

　　根據一項跨國性的研究（包括台灣），發現大多數青少年對於自己家庭仍然是抱持著喜愛的正向態度（Offer, Ostrov, Howard, & Atkinson, 1988），而青少年對於其父母親的認同也是正向的居多（Mounts, 1989, cited in Gecas & Seff, 1991），與父母親的爭執都是在一些小事物上，比如外表穿著等，基本的價值觀方面並沒有太大衝突（Silverberg & Steinberg, 1987）；然而由於社會大環境的變動，無形中也讓發展中的青少年與其家庭面臨了前所未有的困難及挑戰（Simmons & Blyth, 1987, cited in Gecas & Seff, 1991），一般的父母親也有志一同地認為擔任青少年階段的親職工作最為艱難、也覺得生活滿意度最差，父母親擔心對孩子失控，擔心孩子因為獨立而產生的安危問題（Pasley & Gecas, 1984; Umberson, 1989）。

2. 現代青少年面臨的挑戰

　　孩子在這個階段，通常是從小學四、五年級開始，就會看到他們生理上的急速發育，這也許較之十多年前又更明顯了！這種情形當然與整個大環境，包括營養、食物型態改變等有關，近年來國內發現小學生都普遍有過胖或超重現象、還有過動兒增加、甚至性濫交，也許是與西式食物的進入有關。要讓孩子慢慢接受自己漸漸成熟的身體、接受自己的性別、尊重自己的身體與尊嚴，甚至因為性成熟而來的性衝動與處理，都是青春期的重點工作。青春期也是同儕團體意識發展最凸顯的時期，孩子在學校或是社區沒有知心或親近的人，甚至刻意受到孤立，都會讓他們的青春染上慘綠的色彩！孩子在這個階段也對自己的外表、受喜愛程度特別敏感，最擔心父母親不能聽他們說話、否認他們的感受，認為他們的感覺不正確或是太誇大，其實青春期的孩子寂寞，已經是很普遍的感受（私下對談），除了與同儕相處的經驗之外，主要還是要有人願意傾聽。

　　青春期是憂鬱症或是精神病出現的高峰期，青少年期的「多愁善感」、理想主義，也是導致憂鬱症的主要原因，加上現在青少年似乎趨向「享樂主義」或是「速食主義」的越來越多，「延宕」滿足的耐心與能力也沒有培養，加上他們的「理想」性，如果沒有求助的能力或管道，很可能就輕生或有宣洩行為（acting out）的出現。青少年自殺率近年來有日漸增加的趨勢（Leary, 1995, cited in Jaffe, 1998），日本最近的研究認為青少年期的性衝動與濫交可能與西方速食文化有極大關聯（東森新聞，8/17/02），而「性濫交」也是宣洩行為的一種。

　　根據Harper與Marshall（1991）的研究發現，美國青少年一般會有來自幾方面的壓力，包括：學校課業與考試、與父母親或同儕間的緊張關係、考上好學校或找到好工作的壓力、對於自己外表與生理發展的不安全感、財務、轉學或搬家、擔心死亡與全球性的問題、以及自己的前途；然而萬一有其他不期然的壓力出現，像是朋友或親人過世、家人或自己的健康顧慮、肢體障礙或不便、經濟困窘、暴力或是父母離異，就可能讓青澀

的青少年更添陰霾。

3. 青少年特質

青少年期的認知發展進入Piaget所說的「形式運思期」（formal operations），思考漸趨成熟，也有了命題思考與邏輯推理的能力，有強烈的理想主義（cited in Lefrancois, 1990）。

青少年期的特質包括有：青少年早期——自疑、自卑情節、需要鼓勵；容易忘記；好奇；同儕導向；自我意識強（生理發展、衝動）、也就容易與權威人士起衝突；不安、好動、精力旺盛，老覺得安靜不下來，連看個書也要手上把玩一些物品、或是聽音樂；對既定事物容易無聊，口中也會喊出來，但是不一定會因此而去找事做；耍小聰明或戲弄他人，多半只是玩笑性質，這也許就是興奮刺激的好玩心態；對於自由、獨立有曖昧困惑的矛盾，想要爭取獨立、努力脫離父母親的依賴，但是對於新生的獨立自由又有害怕，這些情況出現在生活上，也會令父母親丈二金剛、摸不著頭緒的感覺；對於指導與命令抗拒、討厭，有時只是為了反對而反對、凸顯「自己」有別於他人，因此也較容易有反權威的舉動出現；對於未知事物、不熟悉的他人與自己感到焦慮，想要冒險、但是也有擔心恐懼，也在意他人對自己的看法，還有自己的能力與理想的差距也會令其憂心；關心宗教（特別是死亡）；表現在行為上可能會出現笨拙的情況，主要是身心發展與調適的問題，一下子長成大人的模樣、但是心理上卻跟不上這個速度，難免就顯得什麼都不「適應」、不「對」；容易結黨成派，這也是因為此時期的社交發展從家庭慢慢轉移到以友伴為中心、重視同儕的看法、希望被「歸為」其中一員的企望；情緒起伏很大、喜歡做白日夢、對自己做錯的事會一直放在心上、很難釋懷，可能也是擔心別人的看法、懷疑自己的能力；喜歡聊八卦，這是同儕交誼的方式與重點，也交換訊息與流行；對朋友忠誠，也講義氣；很容易愛戀人、有「初戀」的強烈感受，甚至會有追求的動作；與異性在一起時偶爾會有不自在，因為這個時期也正好是將社交圈慢慢從同性之誼，拓展到異性更大的範疇上的初步。

在青少年晚期，交往範圍自家庭轉移到更大的社交圈、或是更習慣自處；在外觀、衣著或宵禁上與父母區隔，也開始反抗、爭取自己的權利；從對自己的特殊例外轉而了解與他人相同與不同之處，可以意識到他人與自己的相似處，對於認為與己不相干的事有了新的認識，認為可能也會發生，願意去拓展自己的生活與知識圈；體會到每個人的不同、也較能接受與容忍，能同理他人感受與處境；開始意識到性行為中「關係」的重要性，會願意與人發展更親密的關係，而不只是認為受到性衝動或賀爾蒙的影響而已；意識到自己是誰、將來要成為什麼樣的人，對於自己將來的目標與方向更為明確（Smith, 1984, cited in Baruth & Robinson, 1987; Baruth & Robinson, 1987）。青春期也是「正義」感最勃發的時期，藉著衝動與情緒，可能也會仗義執言，當然也可能被視為「好勇鬥狠」。

4. 青少年期發展任務

青少年時期的孩子依據Havighurst（1972）（cited in Lefrancois, 1990）的發展任務有：發展觀念性與解決問題的技巧，與兩性同儕建立成熟關係，發展引導行為的倫理系統，表現吻合社會期待的負責行為，接納自己生理成熟的變化、有效運用自己的體能，為未來生涯做準備，情感與經濟獨立，婚姻與家庭生活的準備；而Ohlsen（1983, pp.153-154）更進一步說明：了解與接受自己的外觀、能力、性向、興趣與責任，建立自我的性別角色，開發自己不同的生活形態、釐清每個決定的後果與先後次序、也做決定，建立自己的道德標準與價值，學習主動開發也發展、維繫較少數而深刻的滿意友誼與親密關係，對他人的需求敏銳覺察、也培養適當的協助能力，可以滿足自己的需求，學習調適性生理與心理上的發展，了解做決定的必要、也執行，知道自己的目標、也培育必要的技能，學會認清及完成與親密或是重要他人間的未竟事務，學會情緒上的獨立，做生涯上的抉擇與努力，慢慢增加經濟上的獨立，獲得同儕與重要他人的認可，增加自我強度、信心與解決問題的能力，以及接受自己。

5. 與青少年孩子相處

許多人也發現青少年階段情緒的管理十分重要，並不是每個青少年都必須經過所謂的「狂飆期」，而研究也發現許多青少年的情緒都可以因為家長其中之一的關懷與支持，減少了偏差行為的發生率（Gary Gintner, 2001）。一般家長也要注意到：目前社會變動迅速，相對地也讓孩子有更多競爭的對手與壓力，許多的精神病都是在青少年期初發的（如憂鬱症、反抗行為、人格違常、厭食暴食症等），不要諱疾忌醫、徒然耽擱了孩子的治療。心理疾病已經是一種文明病，大環境也是肇因之一，不必隱諱；以往是因為醫學不普及、加上觀念上的誤導，讓許多罹患心理疾病的人無法接受到適當的治療與控制，平添家庭與社會的負擔、也毀壞了一個人的生命品質。許多的心理疾病是可以治療的，也可以做適當的控制，最可怕的就是家人的認知錯誤，讓病人與許多相關的人都受苦。

與青少年的孩子接觸，先了解常常是最重要、也是最聰明的步驟，在他們面前表現出權威容易造成莫名的抗拒，而在孩子面前出現笨拙的行為、也無關乎面子問題，可能會讓孩子覺得更容易親近。刻意去熟悉孩子所處的同儕文化或是青少年次文化，對於了解孩子是個加數，並不一定要用青少年的流行語，才顯得自己「上道」，因為運用不恰當效果適得其反！與孩子相處可以彈性運用不同的角色與身段，在做重大決定時，當然還是「父母」的角色，然而在其他生活方面可以是同儕、朋友、老師、長輩、玩伴、垃圾桶等等的角色，這並無損於「家長」的威權。此外，此時期的同儕力量不可忽視，因為孩子在同儕間的時間很多、也深受影響，沒有必要將自己與孩子的同伴間的分野分太清、甚或採敵對態度，當然更不必為抗爭孩子形成對峙，如果可以知道也認識孩子的朋友，甚至邀請孩子的朋友來家中聚會，當然對於孩子發展的了解與掌控更得心應手。孩子也跟成人一樣需要面子，尤其是在同伴之前，因此沒有必要在同儕跟前數落孩子的「不是」或「是」，會造成對孩子的羞辱或丟臉，當孩子有誇大的舉止或言語出現時，也沒有必要去刻意戳破，在事後去了解孩子行為背

104

後的動機，可以贏得孩子更多的信任！青少年階段的孩子正義凜然，也有自己的道德標準，較不能忍受曖昧模糊的不清楚，這固然需要成人耐心的剖析引導，其實也是他們成長必經、可以訓練他們接受挫折或是「延宕滿足」的忍受力；但是他們也容易因為他人的評語而變得沮喪、悲觀，適時且具體的陪伴鼓勵，往往可以讓孩子重整自我、再拾信心，培養其正向又確實的自我觀念是最重要的課題！

6. 青少年的錯誤目標

Sweeney與Kelly（1979, cited in Sweeney, 1989, pp.160-165）曾經指出青少年時期常犯的幾個錯誤目標，包括缺乏自尊與尊人、責任分擔或合作。從青少年表現出來的行為舉止可以印證其需要加以修正的人生目標包括：

(1) 自以為是、高人一等：希望別人可以對他（她）另眼看待，這是滿足「被認可」的需求。

(2) 表面遵守大社會或是成人所建立的規則、陽奉陰違，企圖贏得成人們的讚許與喜愛。

(3) 想盡辦法贏得大家喜愛、受大家歡迎，甚至成為高成就者。

(4) 反抗行為、甚或自殺，希望可以由自己來掌控、證明自己的力量。

(5) 性行為紊亂，希望有所歸屬，甚至證明自己的能力。

(6) 表現出受害者模樣或自己不行，藉此得到負面的關注。

(7) 表現出迷人的魅力，如果得不到預期的結果，可能就會退縮。

(8) 著重在外貌的美麗或力量，以這些來贏得自己在他人或同儕間的地位。

(9) 表現性感，或是較為屬於兩性刻板印象的行為。

(10) 在學業上表現傑出或展現高智力，藉此來肯定自我價值，但是往往受同儕排擠。

(11) 表現出極度的虔誠與宗教性，可能也不受同儕歡迎、思考較缺乏彈性。

父母親可以做的

(一) 每天或是每週固定花一段時間與孩子相處，可以計畫一些共同的活動、或只是待在家中。

(二) 與孩子討論一些議題，可以以新聞事件為引子、交換一些意見，記得不要有先入為主、自為老大的心態，而是拉下身段、好好去聽聽孩子的想法。

(三) 注意一些新近的廣告與用語，了解一下目前流行的青少年語彙，把家中的青少年當成專家或是資訊來源，可以的話，也來一些青少年的幽默。

(四) 暫時拋開「父母」的角色，與孩子一起去他們喜歡停留的地方、或是參與他們的活動，了解青少年文化是其一，還可以知道孩子的交友對象。

(五) 與孩子學校保持聯繫，多與其他家長接觸，可以交換育子心得，也為孩子多設了一層保護網。

動手與動腦

1. 訪問五位青少年（國中與高中階段），他們希望父母親為他們做什麼？

2. 請青少年列出他們的偶像與欣賞的特質為何？

3. 做一個簡單的街頭調查，詢問青少年的性知識來源為何？

(五) 成年期

有人說，一旦做了父母，只有在瞑目之時，才會把自己親職這個角色與責任卸下。的確，許多父母親在孩子成人之後，還會擔心找到工作沒有、工作穩不穩當、有沒有好的發展，孩子成家之前擔心遇人不淑、孩子婚後夫妻能不能白首偕老、生子如何、養子情況等等，甚至誇張一點說，

106

連孩子作了祖父母，只要自己還健在、還是會持續掛心下去。父母親有時太把孩子與整個家族的命脈或是榮辱連結在一起，也因此與孩子之間的「界限」就模糊不分，把孩子應負的責任也放在自己身上，孩子的一切都與自己息息相關，這樣雖然也表示了自己愛子之心，但是也剝奪孩子擔負責任的學習機會與能力！

成年期的發展任務有：與異性交往與結婚，學會與伴侶快樂生活，建立自己的家庭、也準備做父母，撫養小孩，分擔家庭管理責任，開始生涯與養家工作、生涯穩定發展，盡公民的責任，建立社會支持系統，培養休閒生活與興趣，中年之後就要適應自己體能的衰退，面臨年老父母的照顧等（Havighurst, 1972, cited in Lefrancois, 1990）。

了解孩子發展階段中的共同特色的同時，也不要忘記每個孩子的特殊性，基本的發展基調只是協助家長最初步的方向，當然每個孩子的特質與需求不同，也需要做一些修正。作者記得參加過許多家長的聚會，不少家長都希望可以得到讓問題一勞永逸的解決方式，這當然反映出家長的焦慮、但是也很不切實際，因為孩子是人，就是一個很大的變數，同樣的行為處理方式，可以試用卻不一定管用，得要依據孩子的獨特性做一些修正，效果更佳！

◉三、孩子有自己的人生

孩子有他自己的生命與人生，不是父母親的分身。每個孩子都是獨特的、有「自己」的，儘管家長希望可以培育一個「理想」中的孩子，但是這些「理想」都應該跟著孩子本身的特質來走，而不是依照父母親的「藍圖」來架構孩子，這樣只會造成兩方的齟齬衝突，徒然釀成親子關係的惡劣而已！固然許多父母親都是用意良善，希望可以提供孩子自己成長歲月裡沒有的一切，但是有一天孩子仍然是要獨自一個人去面對生活與外面的世界，父母親不可能永遠陪在身邊，因此在孩子還在身邊的時候，多多陪伴、創造一些共有的回憶，也讓他多一項謀生自主能力，對孩子的生活與人格的歷練是更有幫助的，也正是父母親可以給予孩子的無價資產！

　　在談到孩子的獨特性時，哈佛學者Howard Gardner（1993）提出了所謂的「多元智慧」（multiple intelligence）的觀念，所強調的就是一個人可以有多方面的資質、只是每項資質的天賦比重不同，所以不需要以統一的標準來要求、培養與評估。所謂的「多元智慧」目前歸納有語言、數學邏輯、音樂、運動肢體、空間能力、社交（人際技巧）與透視心靈的自省能力等，Gardner與同事已經就這七項不同類別的能力再做細分（如「社交能力」中有領導、交友、解決紛爭等），也許未來還會發現更多。而幾乎每個人都或多或少有這些潛能，只是所分配的重量不一樣，能不能做適當發揮，還是得靠後續的發展與訓練。

　　通常的「親職工作」就在擔任祖父母時算是告一段落，因為孩子已經有自己的家庭、也承擔起做父母的責任，此時的父母親應該可以喘一口氣了！但是之前提到過社會變動牽引著家庭的結構，許多的單親、或是雙薪家庭，有時候父母親分身乏術、還需要祖父母來照顧教養第三代（所謂的「隔代教養」），也就造成親職工作的延續；教養孫輩畢竟不比教養兒輩，因為年紀、身體、精神狀況不如以往，經濟能力通常是最大的阻礙，加上有隔代價值觀、教養觀念的不同，隨著孫輩長大、自主需求增加，祖輩更感無力。對於不得不承擔起隔代教養工作的祖父母來說，親友與社會的有形無形支持都是相當重要的，但是最主要的影響因素依然在經濟，祖父母因為自己身心狀態與能力的因素，不再能像年輕時養兒育女一樣的勝任教養工作，如果加上自己本身財務與體力限制，不只不能提供孫輩基本生存的條件、課業與情緒上的協助，也因為隔了一代，許多管教效果不佳，會讓教養工作更為艱難，而這些也相對會讓祖父母對於自己的價值和能力產生懷疑（邱珍琬，民91c）。

　　了解孩子的一般正常發展情況，也可以注意到孩子可能有不同於同儕發展的地方，提醒了父母親這些差異如果太大、或者是有疑問，就可以請教醫師或是諮商師，儘早做適當的處理。孩子發展過程中倘若有落後、或是太過的行為徵象出現，像是不知道如何處理自己的衛生清潔，注意力不集中已經很長一段時間、同儕關係不佳、學業嚴重落後，或是有破壞攻擊

行為等等,這些都需要進一步做觀察與診斷,可能是發展過程中的遲滯或障礙。許多的心理疾病或是發育上的問題,都可能早在嬰幼兒期就出現一些徵象,如自閉症、過動兒、結巴、智能障礙等。此外,行為上的過與不及(如害羞、攻擊性強),也會影響當孩子在學業、社交與其他方面的發展。

發展學家的研究結論提到幾項可以減低孩子發展階段產生問題的因素(Cole & Cole, p.258):

(一) 家中孩子數不超過四個。

(二) 孩子間年齡差距兩歲以上。

(三) 除了母親之外,家裡還有其他可以擔任照顧孩子的人。

(四) 母親如果有工作,工作負荷不會太大。

(五) 孩子在嬰兒期得到適當的關照與注意。

(六) 在孩子童年期可以有一位手足是擔任照顧或是談心對象。

(七) 孩子在青少年期,家庭的建構有組織、也有規範。

(八) 家庭凝聚力強。

(九) 孩子在青春期有非正式的社會支持系統(如朋友、祖父母或親戚)。

(十) 在孩子童年與青春期,家庭所經歷的壓力事件不是很多、很大。

第四節　了解孩子的情緒

由於情緒也是發展過程中的一環,本章還希望將情緒發展與處理部分做一些重點說明。許多社會事件的發生,包括飆車砍人、分手不歡而散的犯罪事件、衝突、自私侵占等,都是因為不能忍受滿足受到延宕、激動情緒不能善加管理,以及不管他人利益與感受的結果,也就是情緒智商低落;目前許多家長與學校都希望要求孩子的智商(IQ)發揮潛能外,也希望可以提升情緒商數(所謂的EQ),情緒商數就包括了接納與了解情

緒、處理與控制情緒（包括處理衝突），還有體諒同理他人的感受。

　　許多班級導師、資源教室老師，以及專業輔導教師發現，現在孩子的情緒困擾或障礙（包括過動）較之前十年增加許多，或許是因爲診斷工具越來越準確，也可能是眞正心理疾病的數目正急遽增加。倘若一個班級有一位情緒障礙（情障）的孩子，班級導師在經營班級及教學上都會遭遇很大困難，我曾聽到一位班導因爲班上又增加一名情障孩子而面臨崩潰，她說：「教學對我來說已經不是樂趣，而是每天救火。一到周末假日我只能躺著，什麼事都不能做！」情障孩子的影響可見一斑，不只是影響其自身、家庭、學校師生，甚至可能擴及整個社區、職場或社會！

　　情緒障礙可能會因爲環境的改變而增加，像是發展期的轉換（如由兒童到青少年）、家庭結構變化（如父母離異或家庭變故）、環境（如搬家）或學校（轉學或從小學層級到國中）等等，倘若是在青春期晚期（如大學）出現，極有可能是之前的經驗與潛在病灶（也就是遺傳加上環境壓力變動）被引發。既然情緒障礙的情況愈形嚴重，到底家庭與教育可以做些什麼？對於親職教育的挑戰又爲何？

　　以往會注意孩子發展的智能（intelligent quotation, IQ）、社會智能（social intelligence, SQ）以及情緒智能（emotional intelligence, EQ），所謂的EQ也可稱作「情緒能力」（emotion competence），所謂的「情緒能力」是指情緒知識——了解情緒的表現、線索與功能；情緒表達（emotionality）——是指情緒的感受模式；以及情緒管理（emotion regulation）（Denham, 2006, cited in Ferrier, Karalus, Denham, & Bassett, 2019, p.93）。一般的孩子自出生開始，就與主要照顧人有安全依附的關係，因此本身會有自我安撫情緒的能力——也就是若遭遇讓自己驚嚇或是非尋常的情況，能夠自我安撫，然而有極少數的孩子，在嬰幼年期因爲未獲得妥當的照顧，導致後來成長階段與成年期因爲情緒需求未獲滿足，而飽受焦慮與痛苦。

　　儘管情緒教育是最近幾年才受到重視，但是爲了讓學齡期的孩子配合學校教學，學校端不一定能夠提供有關情緒方面的認識與教育，主要還是

得仰賴家長親職教育的發揮。

◉ 一、情緒的功能

　　所謂的「情緒」指的是所經歷的感受，此感受可以「刺激、組織、引導我們的知覺、思考與行動」（Izard, cited in Hyson,莊素芬譯，民88，p.3），說明了情緒是有其目的的，甚至說思考也是一種情緒的表現，可以增強或削弱一個人行動的能力，而一般也常將情緒與社會發展相提並論（Hyson，莊素芬譯，民88）。Hyson還指出：傳統的幼兒教育一向以情緒相關議題為重點工作，因此強調師生關係中的情緒本質、選擇滿足兒童情緒需求的活動、鼓勵自在表達情緒（情緒的社會化）、培育兒童正向情緒與覺察情緒的功夫（莊素芬譯，民88，p.19），這也是目前親職教育需要努力的目標。所謂的「全人教育」指的就是（認）知、情（緒）、意（志）、行（動）的統整協調與發展，偏重其一或其二，都不是完整的教育。而目前情緒教育受忽略、不重視的原因，除了教師在教學過程中，忽略孩子這方面的需求、溫暖度不夠之外，還加上社會變動下家庭提供的情緒支持不足、或甚至是成長於嚴重妨礙孩子情緒發展的家庭環境裡（Hyson,莊素芬譯，民88）。

　　情緒的功用是適應（協助人類生存與適應環境）、激發動機（引導人類行為）與溝通（支援人際之間的溝通）（Hyson，莊素芬譯，民88，p.46 & p.57）；換句話說，就是：(一)情緒是生存的要件（比如說因為害怕，就會逃避或準備對抗將臨的危險；因為焦慮，就會想要躲開這種不舒服的感覺、讓自己過得較自在；孩子哭是因為肚子餓或是身體不舒服）；(二)可以激發動機、引導行為方向（餓了難過、就會去找吃的；冷了不舒服、會讓自己溫暖等）；(三)藉由情緒的感受、同理，可以潤滑與人之間的關係（如體會到對方的痛苦、可以同情安慰，喜悅則是鼓掌同慶）。Dreikurs（1973）說過一段話道出情緒的功能：「它們（指情緒）提供我們行動的燃料與動力，沒有情緒的驅動，我們就變得無能；在我們決定要做什麼事情時，情緒就展現功能了，它們讓我們可以執行決定、容許我們

站穩立場、發展堅定的態度、也有自己的信念；它們是我們與他人建立人際關係，也是我們發展興趣、與他人產生共鳴的唯一基石。它們讓我們欣賞、貶抑、接受、拒絕，也讓我們可以喜歡或討厭。總而言之，情緒使我們像人類，而不是機器。」（pp.207-208）

　　但是儘管理論上認為如此，在我們這個情緒表達保守的文化中，一般父母親不太會適度表現自己的情緒，甚至禁止孩子某些特殊或負向情緒的表達，加上對於性別的刻板印象（如男性可以表示生氣，但不可以表現羞愧或軟弱，女性可以表現撒嬌、能力不夠，卻不容許表現果決、不退讓）的要求，情緒教育的確故意被忽略或刻意壓制，使我們的下一代產生了心理發展偏差或不全。

　　研究指出：如果可以「忍耐」一段時間、不那麼衝動去獲得需求滿足的孩子，其不只是在未來學業上的表現更佳，其他方面的成就亦然（Goleman, 1995）！「延宕滿足」也是培育適當情緒能力的一種方式，現在的父母親不願意孩子重蹈自己以前成長的辛苦，所以許多事都親自代勞、設想周到，甚至捨不得讓孩子有挫敗感，可以即刻滿足孩子的、都戮力去達成，孩子相對地也知道了父母親的「死穴」，結果孩子無法耐下心來等待，凡事都要速成、立刻拿到，因此也就不知珍惜、予取予求，不認為「努力」是必要的功夫；如果在社會上與人相處，很容易就會因為得不到自己想要的、會千方百計去爭取，甚至沒有顧慮到他人。「情緒智商」還包括了忍受曖昧不明、挫折與失敗的能力（Goleman, 1995），不會因為需要延宕做決定，而有許多情緒上的衝動無法控制；隨著孩子成長，他們也慢慢發現世界上的事物並不是非黑即白那麼明顯易辨，如果沒有時間與彈性做反省思考，很容易就做了錯誤的舉動、或是讓自己後悔的決定，有時影響比這些更大！

◎二、情緒發展

　　家長需要了解孩子情緒發展的特色與情況，才能夠較有效教育與處理孩子有關情緒的知能。孩子出生時就已經有情緒，雖然比較粗糙，但是也

隨著年齡與經驗的增長慢慢細膩化。嬰兒以聲音來表達情緒，即使是哭聲也可以表達飢餓、憤怒與痛苦等不同的情緒，主要以情緒表現的方式來達成與照顧者的溝通；雖然早期嬰兒的情緒幾乎都是特殊事件引發的，但是後來就慢慢出現更複雜的情緒，而這些情緒不一定是特殊事件所引起，而是孩子自己意識到、自我評價後的產物，開始有羞愧、尷尬、愧疚或驕傲等情緒。通常孩子會以自己的行為表現為評估的標準，同時也發現孩子會開始隱藏真正的情緒，這可能就是受到社會規範的影響了，因為孩子會發現有些情緒是不被允許在大庭廣眾之前表現的、或是不適宜的，人是社會群居的動物，為了要讓自己在這個環境中生存、也就要學會一些「情緒表達規則」，因此就慢慢學會哪些情緒是可以被接納、哪些則不行，這些就是情緒的規範，之所以如此，就是希望逃避責罰、獲得他人的認可。

孩子幼小時，就已經會觀察照顧者的臉色與情緒，也根據這些線索來調整自己的行為與感受，因此孩子很小時，就有能力感受到他人的感受，而研究也發現越能感受到他人情緒的孩子，其人脈關係較佳。孩子進入學齡期，也開始發現到不同的人在不同情境會有不一樣的感受，而一個人在同一情境下的情緒反應也可能不只一種，增加了認識情緒的複雜性與難度（Shaffer, 1994; 林翠湄譯，民84）。年紀漸漸成長，孩子的情緒複雜度也增加，但是對於情緒的表達或處理則不一定會隨著年齡而有進步，有些甚至會出現情緒凍結（如有過創傷經驗）、固著、或是極端化的情況，因此這也說明了情緒的了解、表現、傳達與管理也需要訓練。

此外，還需要考量孩子性別及個別差異。雖然情緒發展有其通則或共通性，但是孩子的性格、家庭與社區環境等，也都是影響孩子情緒發展的重要因素。

情緒有其功能，像是「恐懼」讓我們警覺危險性，做出逃離或僵住（太過害怕而無法動彈）的行動（這是生存的功能），「憂慮」讓我們為未來籌謀，「緊張」可以提升行動力應變（這是激勵行動力的功能）；情緒也讓我們可以覺察與判斷人際線索、同理他人感受，知道如何與人相處、增加人際智慧（這是社會的功能），情緒也讓我們可以體驗不同的經

驗、產生多元的感受與領悟。

　　情緒教育可包含對自我、他人、環境與事物的覺察、辨識理解、感性接納、行動表達及反省轉化（饒見維，民110，pp.72-73），也就是先從覺察與認識情緒開始（包括認識與了解情緒、情緒是自我的一部分、影響情緒的因素），情緒的功能與運作，情緒的表達，最後才是情緒管理的智慧。

◉三、情緒處理技巧

　　每個人都有情緒，情緒沒有好壞，情緒就是情緒，情緒是豐富人類生命的一種表現，而當在不適宜的情況、做了不恰當的情緒表現，可能會影響到周遭其他人，也會對自己造成不便或傷害，因此培養一些情緒處理的技巧是人際成熟的必要條件。

　　家長在協助孩子了解與處理情緒時，需要以身作則，因為孩子觀察與模仿的方式最佳，也學得更快。在這裡也提醒家長的情緒自律與管理很重要，倘若在面對孩子的議題時，家長本身有衝動或生氣的情緒，也許先道歉、離開現場，等冷靜下來再回過頭來處理，效果會更好。千萬不要在情緒的影響下處理事情，很容易失焦，並產生嚴重結果。當然家長間的衝突或意見不同也是溝通的一種，不需要刻意掩飾，倘若可以做建設性的溝通與處理，也給了孩子很好的學習機會，他們可以了解：意見不同不是壞事，每個人都有表達自己意見的機會，也都被尊重，衝突或意見不同，可以看見更多的選項。

　　父母親當然也不要忘記，一個人在承受壓力、身體不適、或有其他生命事件發生的時候，情緒也比較容易失控。比如父母親自己工作了一天回到家，身心俱疲，如果看到孩子表現出一些不符期待的行為，可能也沒有像平日的好耐性，將心比心，可以同理孩子的情況。幼小的孩子情緒不穩、或是發脾氣，家長們可以先想想引發情緒背後的原因，不要就只針對孩子的「討厭」行為發飆！父母親的情緒也會影響到孩子，在孩子人生經驗有限的解讀之下，可能不太能明白父母親的情緒表現，也因此常常會

114

有愧疚感、認為自己做錯了什麼（Papalia & Olds, 1992; 黃慧真譯，民83）？如果父母親沒有跟進的動作、加以處理，孩子可能會經由自己推論的「邏輯」，將這些結論一直帶到以後的生活中。比如在剛帶領父母離異孩子的團體時，作者發現孩子對於父母離異的原因不一而足，而且歸納的理由都跟孩子本身有關，像是「我關門太大聲，所以爸媽離婚」、「我不應該打妹妹、爸媽才會離婚」等，在清楚釐清這些不合理的推理與關聯之後，孩子的「罪己」情形才減輕，也可以開始做比較建設性的信心建立與問題處理。

孩子有時候不清楚家長情緒產生的原因，有時候會用自己的方式解讀（而這通常是錯的），倘若家長又沒有注意做後續關心或說明，孩子就會承接家長的情緒，甚至認為自己的解讀是對的（如「爸媽不喜歡我，因為我不乖」或「爸媽喜歡弟弟，因為他年紀小，所以我也不要長大」），而成為信念，自此奉行不渝！

孩子在面對挑戰或處理問題時，是不是有韌力、還是容易退縮認輸，或是比較容易有心理上面困擾，其實與若干因素有關，如家庭不和、父母親行為偏差（犯罪或有精神疾病）、處於社經不利地位（如低收入戶、孩子數目多），以及不良的學校環境（出席率低、資源不足、偏遠地區）（Rutter et al., 1975, cited in Cole & Cole, 1993）。到底如何協助孩子表達情緒與處理與情緒相關的情境呢？

(一) 了解情緒先於一切

孩子如果無法正確表達自己當時的情緒，也許會用動作或行為的方式呈現，父母親可以從孩子的表情、動作約略猜測到孩子目前可能感受到的情緒，可以適時表達關切之意，但是最正確的方式還是去了解情況、想像自己如果站在孩子的立場，又會有怎樣的感受？可能更能表達出父母親的同理行為。

(二) 肯定也鼓勵情緒的表達

要明白情緒是人的一部分，知道自己有情緒是被容許的、而適當的表達有其必要；不要只是偏重於正面或是父母親容許的情緒表現，這樣可能會讓孩子知道哪些情緒是不被允許、不喜歡的，會刻意隱藏之外，也會讓情緒經驗有所偏頗。

(三) 適當紓解情緒技巧

負面情緒可能會影響孩子心理與處理事物的結果，但是正面情緒的表現如果不是適時適當、也同樣會產生不良的結果。紓解情緒的方式，孩子可能或多或少都用到了，家長可以協助其使用效果之檢覈，提供或建議其他可以運用的途徑，如深呼吸、調整吐氣方式、捶打枕頭、離開刺激情緒現場、聽音樂、散步、大叫、運動、轉移注意力等。此外，情緒紓解的方式不是認知層面的告知就足夠，有時還需要練習，才可能讓技巧純熟；比如說「靜坐」、「冥想」、「放鬆練習」等，都需要慢慢加以練習或訓練，才可能在需要時拿出來運用。

(四) 將情緒做建設性的處理與抒發

情緒可以是行為的動力，如果花了太多的時間與精力專注於自己負面或不滿的情緒上，很容易讓人心力耗竭、而且無建設性，除了消極處理情緒之外，還要能更進一步讓情緒發揮積極的效果，這就可以靠「轉移」目標、將精力做較好的發洩，比如打一場球、出去跑跑、寫一首詩或發憤圖強等。

家長通常會發現比較容易與成長中的青少年發生衝突，因此有學者提供幾個降溫的方式：1.注意到你要他們做的事，而不是批評他們做你不喜歡的事；2.有時要學會忽略一些事，不要太嚴重事態，像是孩子偶爾熬夜、或是偷抽老爸的香菸；3.用提供資訊代替給答案，給答案讓他們覺得是父母親在做主、為他們做決定；4.要忍受青少年旺盛的精力與活動的情

況，像是聽重金屬音樂、常找朋友玩、講電話時間很長等，要他們安靜下來的確很難；5.與孩子共同做一些活動，與孩子共享快樂時光，他們也會比較願意溝通（Galambos & Almeida, 1992, cited in Knox & Schacht, 1994, p.588）。

◎四、延宕滿足與挫折忍受力

倘若孩子可以延後一下衝動，也是培養其「延宕滿足」的能力，延宕滿足顯示了衝動控制的能力（Ciaramicoli & Ketcham, 2021，王春光譯，民110），可以不受當下情緒影響、做了錯誤的決定或行動，也較不容易受到他人的誘惑或慫恿，而有錯誤或偏差行為產生。挫折忍受力還包含「復原力」（或「韌力」，resilience）的培養，讓孩子可以不怕失敗，而且從每一次的經驗或嘗試中學習。家長不要只看重結果，而是注意孩子在努力過程中的表現，讓孩子可以自己做比較，而非只與他人比較，此外，家長可以討論與監督孩子的行為與情緒，提供一致性的管教，提供支持與進行建設性溝通，協助孩子發展情緒覺察、表達能力與控制力（Reivich & Shatté, 2002, p.262）。

◎五、情緒困擾

孩子有情緒困擾的情況，像是不能忍受失敗或挫折、容易動輒哭泣或退縮、與人互動常起爭端或堅持己見，甚至會打架滋事，這些也都是需要注意的警訊。家長在家的觀察是很重要的線索，輔以學校教師或同儕們的觀察與發現，倘若所觀察的情況一致，就請教學校專輔或資源老師，看看是否需要做進一步確認與診斷。家長不要害怕孩子被診斷，若願意站在孩子的立場思考，想想他／她每天處於被情緒影響、控制的處境，無法與同儕好好互動，甚至影響老師們對他／她的態度與看法，甚至伴隨有其他學習無法集中注意力、學業落後、自信低落，該是多麼可怕的情況！去做確定與診斷，主要不是為孩子貼上標籤，或是認為自己是失敗的家長，而是孩子在確定診斷之後，可以讓資源與協助進來，不管是醫療或教育等資

源，甚至可協助父母親更有效地協助與指導孩子，讓孩子在生活與學習上更順利！

　　童年期的情緒困擾比較多的是：偏差行為（打架、說謊、偷竊、破壞財物或規矩等）、焦慮問題（包括分離焦慮、害怕上學）、憂鬱症等；青春期的情緒困擾可能來自於發育（第二性徵的出現、身心的接受與協調、自慰）、同儕關係、家人與親密關係（包括性行為、性病、性傾向）、對於自己外貌與能力看法所衍生的自我觀念（肥胖、飲食失調、憂鬱症）、藥物濫用等問題（Papalia & Olds, 1992; 黃慧真譯，民83）。

　　一般在為兒童或是青少年做診斷時，比較不容易，因為：(一)許多的診斷標準是依照成人的情況列出來的，(二)如果這些行為是常常在這個年齡族群的孩子身上出現（如不專心、好動），一般人大概會認為是正常，而容易受到忽略，因此兒童與青少年最常被診斷為「適應不良」或被認為沒有問題（Davison & Neale, 1994），而這也可能導致診斷錯誤，延誤了治療；此外，由於對此階段孩童的診斷通常都是成人做的，再加上兒童或青少年比較不會用口語表達自己所受到的困擾，因此有些宣洩性行為的表現（如逃學逃家、破壞物品、使用藥物等），只是迫不得已採用的一種情緒出路（如焦慮、憂鬱、重創後遺症等）卻被誤診為其他行為問題。許多的問題可能會環環相扣（如憂鬱症，可能有翹課翹家、學業成績低落、攻擊他人等行為出現），必須要找出癥結出來、對症下藥。

　　兒童期的偏差行為（如竊盜、破壞物品、欺凌他人），如果沒有適時加以處置與治療，可能會演變成成人期的犯罪或反社會人格，而一旦進入青少年輔育院或是監獄，其預後效果就更差！

　　兒童與青少年的情緒困擾常常受到忽略，兒童期比較常見的是恐懼與焦慮，包括分離焦慮、害怕上學或是一些特定的事物；也有社交上的退縮（包括害羞、孤立、選擇性不說話），而如果孩子沒有一些支持性的社會網路與朋友，可能就會終身維持這樣的生活。孩童的憂鬱症與成人相似的徵狀包括：心情不好、疲倦、不能享受愉悅經驗、專注問題與自殺想法，不一樣的地方有：較多自殺企圖、罪惡感，成人則是表現出較多睡眠問

*1
1
8*

題、沒有胃口或體重減輕。特別需要注意的是，憂鬱症會再度出現，不是一次治療成功就沒有了！另外一項青少年也常出現的「飲食失調」，作者會在稍後章節作詳述。

父母親可以做的

(一) 讓孩子有適當成功與失敗的經驗，不要過度保護或折磨、也不要故意忽略。

(二) 讓孩子可以去多方嘗試，也嘉許孩子的努力，不一以「成敗」論英雄。

(三) 衝突也是現實世界的一環，可以示範給孩子看父母親適當的解決意見不合或衝突的情形，讓孩子多學習一個能力。

動手與動腦

1. 在一張紙上畫一個小孩的人形，然後在裡面的空白處寫上自己希望孩子的一些條件（包括性別），然後請親密伴侶也照樣畫一張，兩個人分享並討論。

2. 列出你曾經發生過的情緒經驗──事件、主要人物、處理方式、處理之後的結果、希望重新處理的方法。

3. 列一張「情緒」表，將你所知道的情緒用語（如生氣、沮喪、難過等）蒐集起來，也去思考一下自己在經歷這些情緒時的生心理狀態。

第四章

親職教育的各家看法—人文取向

許多家長其實在沒有學理的基礎下，已經很成功地運用了許多成功管教孩子的原則與方式。各種不同學派的理論其實也是自日常生活中的觀察與實驗得來，只是經過整理與邏輯分析的過程，呈現在大家面前而已！這一章到第七章的主旨是介紹不同諮商學派運用在親職教育的理念與方法，儘管各派有其堅持與原則，但是有些觀念有共通性、有些或許是有衝突的；但是親職教育的成功與否都在於執行親職工作的教養人身上，依不同情況與條件、還有孩子的個性等，可以做彈性、有效的處理，因此不必去相信某一特殊學派而執守規則不放。

◉親職教育的諮商理論

在親職教育與各家理論這個部分，會先呈現與親職教育最為相關的學派，依序是人文取向（包括個體心理學派、人本學派、完形學派）、行為取向（包括行為學派、現實治療學派、焦點解決學派）、認知取向（包括認知行為學派、溝通交流分析學派）與動力取向（包括家庭治療學派、精神分析學派），而其他相關學派也會出現在相關章節，如人本學派（也分散在第二章——做父母的條件與第七章——親子溝通）、性別（如女性主義學派）、生命教育（存在主義學派）等篇章裡出現。

人文取向的諮商，基本上其立場是站在「人性本善」，相信人有潛能與自我引導的能力，對人性是持樂觀的看法，很注重一個人的價值與觀感，因此其在親職教育中的運用，就會著重在人的個別、獨特與完整性上，主要著力點放在了解、信任與尊重孩子、給予溫暖關心鼓勵、解除所謂的防禦偽裝、朝向真誠生活的目標。

第一節　個體心理諮商學派

Alfred Adler的「個體心理學派」（Individual psxchology）是親職教育的濫觴，Adler的弟子Rudolf Dreikers，將Adler的理念帶到美國，而且

用在親職教育上，後來的許多親職教育課程也都是以個體心理學派的觀點來做引申或發揚。個體心理學派重視整個家庭的氣氛與互動，也將民主觀念帶入家庭結構中，因此強調的是人與人之間關係的品質，運用在親職教育中，就不只關注於家長管教的角色，還會注意到孩子的個性與反應。

◉ 一、社會興趣

Alfred Adler將「社會興趣」（social interest）視為心理健康與行為表現的主要衡量重點，他認為個體的許多行為都是看他的社會興趣來做決定，如果個人的社會興趣缺缺或是沒有適當導正，就會表現得很自我中心、不知與人合作，甚至就出現偏差行為！他甚至舉出一個人的犯罪行為通常是因為不知如何與他人合作，而每個罪犯也都具有與人合作的能力，只是未能達到社會要求的標準而已（盧娜譯，民91，pp.250-251）。父母親對於孩子社會興趣的培養是居於重要角色的，過嚴與溺愛都會造成孩子不知合作、自我中心的結果，因此如果家長可以適當培育孩子合作的價值觀與能力，對於孩子的未來是幫助很大的。

社會興趣是指一個人自小開始的社會化歷程，不只希望在團體中找到自己的位置，可以同理他人的處境，也希望可以有所貢獻（Corey, 2001）。Adler的社會興趣觀念也說明了人在社會中生存，必須與其他人相依共存的現實，對於美國社會著重一個人的「獨立自主」有補充的作用。Dreikurs（1973）特別提到一些態度會有助於人與人之間的合作，它們是：有社會興趣，而非敵意；對他人有信心，而非不信任；有自信，而不是認為自己不行；有勇氣，而非害怕恐懼（p.39）。在親職教育的運用中，家長除了重視孩子自身獨立作業的能力之外，也要注意到孩子的人際脈絡與發展，懂得與他人有適當的合作關係，唯有在家庭與社會群體中感受到安全、被接納、有歸屬感、甚至可以回饋給他人與社會，個人在社會中的發展才會更適意。

❷二、生命型態

「生命型態」（life style）指的是一個人的基本生命觀與目標，包括了一個人的性格。每個人都是自己生命的創造者與實踐家，自己這一生要成就的是什麼、在乎的是什麼、也都是生命型態構成的一環；每個人有其獨特的「生命型態」，幾乎沒有兩個人是相同的，儘管所追求的似乎一樣，但是過程與後來的結果也不同。就如同Gardner（1993）所提出的「多元智慧」一樣，每個人可以盡情發揮自己想要的人生，有些人依自己的潛能成就了自己的模樣，成為藝術家、教師、醫師、服務人員、行銷人員，有些人卻就其他「可欲」目標走不同的方向，比如政治、錢財、簡單生活等。Mosak（1971, pp.183-186）歸納出幾項常見的生命型態（Dinkmeyer, Dinkmeryer, & Sperry, 1987, p.113; Mosak, 1971）：

(一) 攫取利益者（Getters）

喜歡剝奪或是操控他人生活的人，不管是採用主動還是被動姿態，只要是有利於自己的，會用盡手段去奪取，而也認為自己應該享有這些服務。

(二) 野心勃勃者（Drivers）

有許多目標與心願要完成、也全力以赴，因此總是在做事，一刻不得閒，潛伏在此類人心理下的恐懼是「擔心自己一無是處、什麼都沒有」。

(三) 掌控者（Controllers）

隨時都要確認自己是生活的主人、擁有主控權，不希望是處於被動、被命運操控，對於事情總是事先有安排、不喜歡驚奇或意外，也為了表示一切在掌控之中，不會輕易顯露自己的情緒，表現得超理智、超組織。

(四) 高人一等者（Needs to be superior）

喜歡藉貶低他人以提升自己地位，喜歡比較競爭，不喜歡屈居人下，希望自己是他人注目的焦點與中心、永遠是最好的，倘若結果不能如其所期待，就會認為自己是失敗無用的。

(五) 永遠是對的（Need to be right）

很技巧地避免犯錯，會爭辯自己的合理性、認為自己的判斷是正確的，不能忍受曖昧不明或沒有明確方向。

(六) 討好者（Want to please everyone）

怕批判、怕得罪人，認為自己的價值是操控在他人手上，如果對方不喜歡自己，一定是自己錯了，很注意觀察他人對自己的觀感與反應。

(七) 道德高尚者（Feel morally superior）

有崇高道德標準，認為自己因此比較高尚、純潔正氣，其他人的道德修為遭受其嚴厲批判，也不屑與之為伍。

(八) 永遠的反對派（Aginners）

為了反對而反對，採取的方式可以直接或是間接迂迴的，對於自己在反對什麼其實不清楚，以「反對」來凸顯自我的獨特與存在。

(九) 受害者（Victims）

希望以自己的悲劇遭遇來博人同情，然後就可以予取予求，或是顯示出自己的高尚。

(十) 殉道者（Martyrs）

為一些不公平的事情受苦受難，堅持這麼做的必要、以自己的犧牲來

喚醒他人的良知或是展現自己的高貴，有「捨我其誰」的味道，與「受害者」有些相似。

(十一) 可愛寶貝（Babies）

用自己擁有的魅力來剝削他人，不管是以外貌體型或是其他方式，知道自己擁有這些優勢、也擅於利用，說話方式傾向於高分貝、孩子氣。

(十二) 能力不足者（Inadequate）

行為能力不逮人、老要他人從旁協助，表現出無能力完成自己的責任或義務，別人的積極協助更助長了他對於自己能力的不信任，願意維持「寄生蟲」般的生活，或是只做一些自己有絕對把握的事。

(十三) 超理智者（Rationalizers）

是「掌控者」可能發展的另一方向。避免用情，害怕涉入個人情緒或是感情，因為會妨礙其客觀公正性，堅信理性是解決所有問題之鑰。

(十四) 刺激追求者（Excitement seekers）

不喜歡例行公事，好追求新鮮的感官刺激，因此常常造成大混亂，例如：飆車族、或是性行為紊亂者。

這些生命型態並不是一個人只專屬於一種，而是以某一類型為主、其他一項或兩項為輔，像是「超理智者」也可以是「道德高尚者」，而「野心勃勃者」也可以是「討好者」與「掌控者」的揉合，端賴一個人認為最重要的是什麼。「生命型態」是結合了一個人的個性、生活經驗與價值觀等所形塑的，父母親可以從觀察孩子的舉止和與人對應方式略窺一二，如果發現孩子有些追求太過，可能會妨礙與周遭人的關係或其生命品質，也可以做適當有效的引導。個體心理學派還以「早期記憶」的方式來推測一個人可能的生命目標。孩子喜歡意氣用事或是說理方式解決紛爭，孩子的

生活習慣中很重視什麼？是秩序（超理智者）、跟人的互動（討好者）、
還是獨自去找答案（掌控者）？當然Mosak所提的這些類型似乎是太簡
單、消極、也極端了些，而父母親總希望自己的孩子可以「掌控」自己生
活，不需要太去「討好」他人，維持適當的「野心」，也獲得應得的「利
益」，在某些表現上可以「高人一等」、不要顯得太過「能力不足」，有
適當合理的「道德」標準、堅持自己的一些看法與原則，不必要是「永遠
的反對派」，即使有時遭遇不平待遇、或曾經是「受害者」，但不要一
直屈居於此地位，是知道自己的優點與限制的「可愛寶貝」，偶爾「追求
刺激」、享受生活樂趣，但不是以犧牲他人為代價，在處理人際或是事務
時，會運用適當的「理智」，也不規避自己的情緒，會為了社會正義，偶
爾也扮演「殉道者」的角色。

◉三、出生序排行

　　個體心理學派的「出生序排行」（birth order）是Adler的一項很好的
觀察結論，他是以「社會心理地位」（psychosocial position）的角度來看
每個人在家中的排行地位，包括一個人對於自己在家中所受到的待遇、
父母親的態度、手足關係等因素。Adler歸納出五種排行（Corey & Corey,
2001; Sweeney, 1989）的特色：老大、兩個子女中的老二、排行中間的、排
行最小的，以及獨生子女。

　　排行老大的，一般說來比較保守、傳統、固守成規、不太敢冒險，但
是負責、有點完美主義、有原則、較霸氣、用功努力，與長輩或是年長的
人關係較佳，在第二個孩子尚未出世之前，可以說是集三千寵愛在一身，
受到許多的關注與愛，但是這個優勢地位在老二出生後就沒有了，這也是
老大常常會夢見自己從高處墜下的原因。倘若家長注意到孩子可能會擔心
父母親對他的愛減少的憂慮，讓他覺得即使有弟弟或妹妹出現，父母親對
待他依然一樣，他的老大地位安全無虞；再則邀請老大與父母親合作，來
協助照顧新生兒，那麼手足之間的競爭就不會惡質化（盧娜譯，民91）；
老大一般說來比較有成就取向，表現出早慧的情況（Zajonc & Markus,

1975），也比較喜歡與父親接觸，比較懷舊，可能也喜歡權力的滋味（盧娜譯，民91），其人格特色包括完美主義、可靠、自我意識強、有組織、批判性強、嚴肅、好學勤奮的（Leman, 1985, p.14）。

排行在兩個孩子中的老二（如果與老大相差三歲以內），會想盡辦法與老大一較短長，所以老大想做的、擅長的，他／她都會想要試試看、企圖超越老大，但是由於年齡與訓練上的差距，常常無法與老大抗衡（老二常常夢見自己與人賽跑），所以在發現無法獲得優勢之後，就會朝與老大完全不同的方向發展，如果老大安靜，老二就會很活潑、甚至聒噪，如果老大文科好，老二就會朝理科或是運動方面發展，這也反映了人需要「被看見」、「被認可」的需求，而由於出生序位前已經先有老大，老二比老大更能表現出合作的行為（盧娜譯，民91）；因此父母親常常會發現自己年紀相距不大的一雙子女，怎麼個性南轅北轍？

接下來是排行中間的孩子，因為父母親常常只會看到長子女與老么，對於排行中間的就相對地會較少關照到，因此中間的孩子會覺得自己不受重視，好像不存在一樣，也因此他／她對於不公平的事物感受比較敏銳；排行中間的孩子很獨立，這一方面也可以說是被迫的，而創造力很高，與家人關係較為淡薄，不喜歡爭吵，比較會擔任「和事佬」的角色，他／她在外面的人際關係卻是相當好，個性相當隨和，也許是因為在家不受重視，只好往外發展，有研究發現，行為偏差的孩子許多都是排行中間的（但是Adler認為是老大與老么）；老二與中間的孩子其特色為：協調者或和事佬、不喜衝突、獨立、忠於友伴團體、有許多朋友、特立獨行不隨俗（Leman, 1985, p.14）。

老么，因為已經「後無來者」，所以他／她的尊榮特權地位就屹立不搖，他／她是家中的寶貝、備受寵愛，通常可以予取予求，個性也較不可捉摸。老么的特質包括控制慾強、迷人、喜歡怪罪他人、愛炫耀、很得人緣、早熟、善於推銷、受注意（Leman, 1985, p.14）。獨生子女在許多方面與老大很相似，又因為是家中唯一的孩子、沒有接下來的手足，所以也兼有么兒的一些特質，會比較依賴，但是也由於沒有手足共同成長的經驗，

可能比較不能與人合作或相處、尤其是同齡者，表現出自我中心的模樣，也由於長期與年長者較有接觸，容易得到年長者的注意與歡心（Leman, 1985）。

　　但是Adler強調實際上的排行並不是很重要，主要是孩子自己的感受，所以一個出生是老大的人，不一定就是老大的性格，而是他自己的感受如何？他覺得自己在家中的地位如何？父母親與兄弟姊妹對待他的態度又如何？這些因素來決定的。Adler認為同樣生活在一個家庭裡，並不能就此斷定孩子們的成長環境是一樣的，裡面還有許多變因，包括孩子本身的個性、自我強度、與家人關係（尤其是父母親）、還有孩子本身的感受與認知。例如：一個身為老大的兒子，可能會認為父母親對待老二比對自己更好，而自己似乎有許多特質或表現，不能討父母親的歡心，所以就對自己沒有自信，而表現出來的很可能就不像老大這樣果決、負責、自信，與弟弟一道出門可能會因為這些行為表現，讓別人覺得他應該是老二。

　　如果兩位手足間的年齡差距小於三歲，手足間的競爭通常較大、也有比較大的差異，然而如果差距大於三歲，就比較不會有競爭的情況發生，而排行性格也會有所不同（Sweeney, 1989）；比如說上面的姊姊比妳大八歲，妳下面還有一個弟弟、差妳兩歲，那麼妳與姊姊之間就比較少競爭的關係，對弟弟來說，妳可能就比較像老大，又因與弟弟只差兩歲，所以兩個人之間會有較大差異出現。

　　Adler認為孩子自小與家人的關係是往後與人互動模式的雛形，因此影響深遠。父母親對於整個家庭氣氛的營造特別重要，了解孩子在每個排行可能有的性格，留意不要特別偏私或忽略某個孩子，也注意到孩子之間的互動關係，適時介入做修正與關切；像是知道老大會較保守，可以鼓勵孩子去探索冒險，了解中間孩子覺得自己不受重視的心理，多予關切、也鼓勵創造，老么雖然地位特殊，但是持平的對待可以導其往正向樂觀的方向。當然人都會有偏私，做到真正的公平有其困難，但是父母親可以「儘量公平」，也去體會、了解孩子感受到不平待遇的心情，看可不可以做出更能讓孩子信服的處理。為了避免手足之間的爭寵動作與不和、也是為了

關切到每個孩子的需求，父母親可以分別與孩子約會、享受親子共處的時間，除了可以用這些時間釐清一些誤解、擔任手足間和事佬的工作之外，也傳達了家長對孩子的注意與肯定，每個孩子也會因此覺得自己很特殊、受到關愛，不必要爭奪父母親的愛。此外，「合作」的精神是要在家庭中就開始培養的，手足間的合作、彼此依賴的訓練，延伸到學校或是其他社區生活上，就可以駕輕就熟。

◉四、了解行為背後的動機

個體心理學派的學者認為每個行為都有其目的，而人的生命也是依循著這個目的在進行。一般說來，人的行為目的包括快樂、權力（控制）、舒適等，由於每個人都有自己的一套思考邏輯（所謂的「現象學」觀點）與夢想，每個人的生命型態也因此而逐漸成形。因為人生活在人群之中，每個人都有「被認可」的需求、希望得到他人的肯定與讚賞、在社會中占有一席之地，這些可以溯自前面的「社會興趣」。個體心理學派基本上相信人的善意與向善的本質，不認為一個人是刻意為惡的，之所以有「問題」行為出現，主要是因為「不適應」，因此不同的行為都有其動機淵源，了解了這些可能動機、然後再做處理，比較得心應手、一勞永逸；當孩子行為出現問題，可以有幾個方向來做考量（Dreikurs & Soltz, 1964; Walton & Powers, 1974; Walton, 1980）：

(一) 引起注意（Attention-getting）

希望得到父母親或其他人的注意關心，因為「注意」表示在乎、一種愛的表現。例如：孩子打妹妹，不能說是孩子可惡、竟然做出欺負自己嫡親妹妹的事情，也許孩子發現父母親的關注都在妹妹身上，覺得自己受到忽略了，雖然自己也很努力朝照顧妹妹、疼惜妹妹的方向去做，然而父母親似乎認為這是理所當然的，甚至一點感覺也沒有，當「正向認可」（此案例中是「愛護妹妹」）的努力徒勞無功，孩子就會試圖往相反的方向（此案例中「打妹妹」）去做，因此才會有欺負妹妹的行為出現。父母親

也許會認為怎麼會這樣子？太離譜了吧？事實上就是可能，因為孩子希望父母親至少吼吼他，表示他還是「存在著」的、沒有被忽視。孩子是否表現出「引起注意」的行為，父母親的感受很重要，可以據此為評判標準，如果父母親覺得「很煩」（annoyed），這可能就是了！因為孩子只是單純希望引起父母親的注意，只要已經讓父母親注意到的目的達成了，孩子就會停止那個動作，但是一旦孩子發現父母親又忽視他了，就會故計重施，因為這樣一而再再而三，讓父母親覺得「很煩」、「很討厭」，孩子的不良適應行為動機可能就是「引起注意」了。不僅在家裡，孩子在學校也同樣會有被認可的需求，因此也會有「引起注意」的動作，父母親不可不察！

　　父母親在確定孩子是故意引起注意時，可以採用一些方式來解決：1.故意忽略孩子惱人的行為；2.認可也嘉許孩子可讚許的行為；3.與孩子做深入的對談，甚至可以猜測他／她是不是覺得父母親好像疏忽他／她了？如果猜對了，孩子會有一種「認可反射」（recognition reflex）的笑容，然後父母親可以保證讓孩子覺得不受忽略；4.與孩子談論時，可以與孩子協調他／她希望父母親看到的地方是哪些？父母親會希望看到什麼？作為彼此約定的一種契約；當然這之中也必要留意到行為的正當性；5.如果孩子對於引起注意的「好行為」沒有概念，父母親就需要先做適當示範與引導。當然有些情況可能讓父母親也覺得「煩」，但是需要配合正確的觀察，像是孩子有慢性病或不明病痛，可能目的真的不是引起注意，有必要採取進一步的處置。

(二) 權力鬥爭（Power-struggling）

　　如果看到孩子的行為之後，父母親的感受是「生氣」，可以將「權力鬥爭」的動機加以考量。每個孩子都有「自卑情結」（inferiority feelings），這種「不如人」的感受來自於實際的體型、生理狀況、認知、經驗等，也可以來自心理上的主觀感受（就是覺得自己比不上別人）。「自卑」是每個人生來就有的，也是我們力爭上游的主要動力

（Corey, 2001），而當個人覺得自己處於劣勢之時，就會想盡辦法努力，甚至與對方做抗爭，可以增加自己的自信，也是證明自己有力量。孩子在覺得自己份量微薄、被壓抑的時候，也會採取較為極端的手段，他會直接挑戰權威、要跟別人不一樣，藉這個方式來突顯「自己」。因此如果父母親強要孩子照某個方法做、或是做某件事，孩子為了要證明「我是我自己的老闆」，就可能會直接與父母衝突或挑釁，父母親如果是很權威的，認為尊嚴不可侵犯，可能就在氣憤之餘，處罰了孩子，而通常這個處理是會讓自己後悔的！此外，孩子其實可以預測一些行動的後果，他甚至可以很自豪地告訴別人：「我說嘛，他會生氣！」因此等於是孩子勝了、父母親輸了！

如果「戰事」已經挑起，父母親可以做幾件事來降溫：1.做放鬆動作，先讓自己冷靜下來，然後再做處理；2.離開現場、再回來，可以讓氣消一些，不會妨礙之後的明智處理；3.請孩子回房，冷靜過了再與孩子談論這件事；4.表達自己對於此行為引發的感受，如果該道歉也要先道歉，也聽孩子對這件事的看法與情緒，做為下一回事情若再發生的先行處置條款。如果孩子行為的動機是「權力鬥爭」，最忌諱的就是家長當時還在氣頭上，就做了情緒化的處理，很容易讓孩子看到家長夾帶著「私人情緒」、處置不公，因此結果反而越糟！

(三) 報復（Revenge）

孩子有時候也會做出讓父母親覺得傷痛欲絕的事，父母親覺得「受傷」，這可能就是孩子在做「報復」的舉動。孩子當然不會莫名其妙有這樣令人難過的行動出現，可能原因之一就是他被傷害過，也要用同樣的方式來傷害人。對於採取「報復」手段的孩子，在處理上會比較棘手，因為之前的傷害已經造成。孩子需要被了解，需要發洩自己的委屈與怒氣，父母親可以提供這樣的協助，同時也要注意一些孩子可能會以結束自己生命或是傷害自己身體的方式（包括自殘、自殺、性濫交）來作為報復手段。

碰到孩子的行為動機可能是「報復」時，不妨做以下的處理：1.以「我訊息」的方式讓孩子知道你目前的感受，如「我很難過，因為我不認

為你說這些話是眞的想傷害我。」；2.請孩子回房去冷靜一下，然後再去找他談，不要以命令的口吻；3.先向孩子表明自己檢討可能需要修正、補強的地方，如「這陣子因爲工作忙，忽略你了，我很抱歉，爸爸希望可以知道我可以怎麼做，讓你也好過一點。」也給孩子有機會表達他自己的感受、或認錯；4.與孩子訂下口頭契約，避免類似事件發生，可以讓孩子擔任提醒的工作，明白表達他的感受，讓親子雙方有共同努力的方向；5.如果孩子的情緒累積已久、不是這些方式可以解決，可以用家庭會議方式進行協商，或是尋求專家的協助。

(四) 自暴自棄（Inadequacy）

自暴自棄的孩子通常已經遭遇到太多的失敗，讓他對自己極度無信心，因此就會放棄、連嚐試的努力都不願意。自暴自棄的孩子會拒絕去做，或者把姿態壓得很低，儘量不去打擾別人、也不希望被人打擾，所以他的聲音最小、幾乎都不太有意見，但是儘管沒有意見，對於他人的提議，他聽過了就算，也不會去試一試。由於孩子已經放棄了自己，父母親的感受也是很「無力無奈」，好像怎麼也幫不上忙！以往曾經經歷的失敗，讓孩子抬不起頭來，因此可以改善的方法就是：1.循序漸進、慢慢給予成功機會，讓孩子恢復對自己的信心；2.給予適當具體的鼓勵，也從旁協助；3.父母親不要太急、要給孩子相當多的時間慢慢進步，通常在行爲變好之前，會有一些好像變壞的徵兆、不必過於擔心；4.讓孩子可以不要專注於失敗、不好的一面，而是呈現出事情較爲完整眞實的輪廓，樂觀思想可以是加數。

(五) 興奮刺激（Excitement）

孩子做一些無厘頭的事，讓人覺得很「無聊」、「莫名其妙」，就像目前我們對於飆車族的感覺一樣。有時候不僅是孩子，我們也會做出一些讓人摸不著頭緒的事，比如說突然去染髮、或是有突然捉弄人的舉動，這都可能是缺乏刺激、想要達到興奮的行爲，當然如果這些行爲沒有影響到

別人就還好，最擔心的是也牽連到他人、甚至造成傷害！無害的無聊行為可能就是為了讓枯燥生活添增一些樂趣，本是無可厚非，但是如果騷擾或是侵犯了他人的權益，就需要加以干涉。父母親其實也不要太多烘，認為年輕人做的事情都缺乏穩重或思考，就一味以批判不屑的態度來看待，有時候自己也可以這麼與孩子玩一下，也無傷大雅，要注意的就是當這些似乎無害的動作可能或已經造成傷害，就要立刻制止，也要讓孩子知道父母親很重視這樣的事件，民主教育的真諦也就在於尊重自己與他人。

如果孩子的行為有過多「興奮刺激」的動機，家長可以協助的方向是：1.檢視孩子生活的重心與內涵，是不是壓力太大？或是太無變化？甚至是孩子對於生活調劑或空閒時間不知安排？2.多安排與孩子或一家人一起的活動，甚至邀請孩子出點子、或是主持，讓孩子有所發揮；3.如果孩子不願意參與家庭的活動也無可厚非，不必強逼，尤其孩子長大了，有自己的同儕團體，會擔心自己在同伴中的地位與形象，因此會刻意表現獨立；與孩子就生活、作息安排與學習等做商議，看父母親可以協助的部分為何。4.注意孩子的可能偏差行為或習慣，孩子的交友狀況、日常作息要有適當監控，這是預防孩子走偏或誤蹈法網必須留意的重點；5.也不要忽略孩子的創意，太過嚴肅的家長不會欣賞孩子的幽默，幽默或欣賞創意其實是可以練習的，Adler與Freud都提到人生需要有「樂趣」（fun），雖然有時候是無厘頭的舉動，也是添加生活趣味的一種方式。

了解孩子行為背後的可能動機，有助於父母親在擔任親職工作中更能同理孩子的心境，也做較為有效的處置；孩子不是每一個行為都可以得到父母親的贊成與嘉許，而教育管教孩子也正是父母親對於社會的極大貢獻。檢視孩子行為動機的同時，父母親也可以藉由了解自己當時的情緒，明白自己在管教時會碰到的一些困境，可以學習做更有效能的父母親。此外，Adler也提到對孩子「適當的期待」，不要太過、也不要依據一些評量或考核，就為孩子的未來「設限」（如IQ不高，成就就不高）（盧娜譯，民91），這也印證了心理學上所謂的「自我期待」效應，孩子反而會更委靡不振！

◉五、自然結果與邏輯結果

(一) 自然結果

個體心理學派另外還提出了「自然結果」（natural consequences）與「邏輯結果」（logic consequences）的管教方式。所謂的「自然結果」就是不需要人為規定或操控的結果，依據的是生命的自然原則，也就是說明了遵守或是服從一些規則的「必要性」，萬一沒有遵從就可能會嚐到不舒服的後果。比如說下雨天走路要小心，不然就容易滑倒，「走路小心」就是一種「必要性」，而倘若不那麼做，「滑倒」就是不舒服的「結果」了！又如喝水太快會嗆到，流汗不擦會讓眼睛不舒服，這些都是本然如此的道理，沒有刻意加上人工的安排。簡單說來，「自然結果」就是不用人為手段設計的結果，像是孩子跌倒會痛，「痛」就是跌倒的自然結果，沒吃早餐肚子餓，「肚子餓」就是沒吃飯的自然結果；自然結果就像是天生自然的一種循環，一種因就會有一個果，這是最具說服力、也是最為方便的管教方式。

然而，有許多的自然結果卻是會危害到孩子生命安全的，就不能採用，比如說抽菸會妨害健康、吸毒會喪命，總不能讓孩子去「自食惡果」，絕大多數的父母親是做不到的！這時就要藉助人為的「邏輯結果」的協助，許多的親職工作與管教，運用「邏輯結果」的機會遠遠多於「自然結果」。

(二) 邏輯結果

如果孩子玩火柴不小心燙到手，這也許是可以容許的「自然邏輯」，然而如果孩子在不諳交通規則與維護自身安全的前提下，騎腳踏車到街上，可能就會有可怕後果或危及其生命安全，就不可以讓孩子去冒這樣的險，這時採行「邏輯結果」有其必要。比如將孩子騎車的特權暫時收起來，或是規定只有大人在身邊陪伴時，或是在安全地點（如公園）才能騎車，如果孩子願意遵守，當然也證明了邏輯結果的運用成功。

「邏輯結果」是人為設計的一套公式，是刻意設計行為的「遊戲規則」，用來做有效執行與學習之用，父母親可以為孩子的行為或生活習慣設計一些具體原則與結果，要求孩子遵守，比如說洗手後才可以吃飯，看到長輩要有禮貌、做適當稱呼等。在親職教育的運用中，「邏輯結果」是比較常用到的，邏輯結果的安排必須要與孩子的行為有關聯，才容易履行，也較容易得到孩子的真心認可，比如要孩子在寫玩功課之後才能玩耍或看電視，而不是不寫功課就施以處罰，前者的邏輯較有關連、也較能服人，後者只讓孩子覺得「父母是老大，他們說什麼就是什麼」。

邏輯結果沒有家長道德批判的意味，這也減少了親子間可能的權力鬥爭與對立，而孩子是可以有自己的選擇的，因此很重要的是，要有一些選項列在前面，讓孩子自己去做評斷，像是「寫完功課、就可以看電視」，「五點以前要把功課寫完，不然不能出去玩」，與「五點以前看電視、然後就必須寫功課」，孩子可以在三個選項中做選擇，由於是出於孩子自己的選擇，執行起來比較不會有抗拒；當然就像一般的管教方式一樣，邏輯結果的施行必須前後一致、而且維持一段相當的時間，才有可能奏效，也因此孩子才會把它當真。

採用「邏輯結果」主要是因為許多的學習與教訓，總不能如「養兒方知父母恩」的經驗方式，等個相當長的時間，才讓它發揮作用，這也不符合經濟效益。我們日常生活中，常常看到父母親使用「邏輯結果」的方式，比如說「吃完飯，才可以吃點心」，「做完功課，才可以看電視」，「玩完玩具要收拾好，下次才可以再玩」等等，這些都是父母家長根據自己的一套訓練邏輯，設計一些前因後果的「邏輯結果」！也就是如果「前面條件」不成立——比如說功課沒做完，「隨之而來的結果」——如看電視，就不能成立。孩子也從這個邏輯中去學會管理自己的行為，了解事情發生的邏輯順序，間接地也可以協助他們培養解決問題的能力。

此外，父母親也常常運用「取消特權」的方式來進行所謂的「邏輯結果」的管教，比如說：吃了青菜，才可以有「吃冰淇淋」的特權；自己起床，才可以「去動物園」的特權；把自己房間整理乾淨之後，才有「出

去跟朋友逛街」的特權，如果前面的先行條件沒有達成，特權就取消。取消特權往往可以奏效，就是因爲運用了「父母」的職權、以及孩子的「喜愛」，如果一旦取消特權的方式已經無效了，可能是父母威權沒有受到尊重，或者是「特權」已不再吸引孩子去爭取了！這個時候，就需要檢討這兩方面的原因，找出癥結所在、重新擬定方針，才可能對症下藥。

孩子的偏食問題也可以用「邏輯結果」來做一些修正。許多家長擔心孩子餓肚子，因此孩子只要一餐沒吃就非常緊張！家長因爲過於擔心不會發生的事實（餓一餐就長不大或會餓死），反而就中了孩子的計，明智的家長會衡量事情的輕重、做適當的處理。如果孩子是因爲東西不好吃，或是只吃某些食物，甚至以不吃來要脅父母親讓他去吃他想吃的東西，那麼家長可以和善而堅定地說：「這就是我們的晚飯，我們只提供到七點鐘。」時間一到，孩子沒有吃，就可以把食物收走，也不必在孩子想吃時，還特地爲他熱飯菜，甚至就讓孩子過了吃飯時間也沒東西吃，當然也不必要屈就了孩子的要求，而準備了特別的食物，孩子下回就學到了：不能用這種方式要脅父母親，該吃飯時還是要吃。比較有技巧的家長甚至可以在菜色上做一些調整或創新，把孩子喜歡吃的與不喜歡吃的都放在一起，以像餐廳做燴飯的方式呈現，孩子也會覺得很新鮮、願意做嘗試。

(三) 設立邏輯結果的原則

Allred（1968）提供設立邏輯結果的幾個原則（cited in Jensen & Kingston, 1986, p.236），它們是：

1. 結果應是不適應行爲的合理結果，而不是處罰、報復行爲或是故意羞辱孩子。如「沒寫功課」則「不能看電視」，而不是「沒寫功課」就「處罰掃地」，後者功課還是未完成，也不是「合理」結果。

2. 要提供選擇機會，而不是「只有」一個結果，如告訴孩子吃飯前不吃零食，如果錯過了吃飯時間，將不特別提供個人食物，連孩子後來肚子餓了也不提供食物，孩子可以選擇自己行爲的結果（有飯吃或餓肚子），孩子吃了零食、錯過了正常吃飯時間，會知道餓肚子的難受。但是

許多父母親都深怕孩子不吃飯會有嚴重後果，所以就好說歹說、千方百計要讓孩子吃飯，讓孩子誤以為自己不吃飯可以是對於父母親的一種懲罰，反而與家長玩起遊戲來！

3. 結果對孩子來說是要合邏輯、而且是可以理解的，也就是安排上要讓孩子覺得有道理，不是妄來或無規則，也要事先說明與示範。如孩子打妹妹，可要求他要陪妹妹玩、保護妹妹，而非讓妹妹打他，讓他明白父母真正要他「友愛」的用意。

4. 家長要注意自己的語調，要冷靜而和善，不要讓孩子覺得父母親是在被激怒的情況下才做這樣的決定，孩子會認為只是意氣用事、不當真。

5. 要同理孩子的處境，了解孩子的感受，但是態度上依然堅定，這樣表現出來的是溫暖而有原則，也讓孩子明白事情的標準是一定的。

以孩子玩玩具來說，如果沒有養成收玩具或是將玩具放在固定一個地方的習慣，可能就會隨放隨丟、玩具越來越少，而家長不干預，讓孩子自己去體會不收玩具（必要性）的結果（玩具漸少、能玩的選擇少了），這是「自然結果」；倘若父母親要刻意安排孩子不收玩具的後果，希望可以培養孩子收玩具的習慣，就可以事先教導或示範孩子收玩具的方法，也要知會孩子如果不收玩具的行為超過幾次（如三次），父母親就會將玩具收起來、暫時不讓孩子玩，一旦孩子會自動收拾玩具了，父母親再把原來玩這些玩具的特權還給孩子；孩子會從這些「遊戲規則」中學會「遵守」，而孩子當然也有權利不選擇「遵守」，玩某些玩具的特權就會被剝奪。

(四) 施行自然結果與邏輯結果的注意事項

「自然結果」的最高原則就是「不危害到孩子的生命安全」、也不傷害到孩子，當然有許多事，孩子沒有親身經歷還是學不會，儘管父母親苦口婆心、再三叮嚀警告，還是不得其法，此時可以套句老話「也許就是孩子要承受的考驗」了。記不記得我們自己的父母親也是從小就耳提面命，希望我們可以如何如何、以後就不會怎樣怎樣（舉個例子，就是「你現在

不知道我的苦心，以後你自己當父母親的時候就知道了」），當時我們並不在意，也討厭父母親在「預測」我們的未來，果然時候到了，我們自己就經歷了，回頭想想父母親當時的訓誡，的確有他們的道理在！當然爲人父母總是不忍心讓孩子受苦，或是經歷了這些苦難才學會教訓，但是人世間的事就是如此，總沒有十全十美，有些生命智慧總是要自己去親身經歷、磨練之後才可以獲得，當然更難過的是：有人經歷一次就學會了，卻有些人還是得重新來過、一直重複歷史，甚至永遠也沒有學到教訓！

　　自然結果的邏輯是很實用的，因爲一般人還是經驗派，從實做經驗中學習到的是最爲直接又容易吸收的，這也是行爲學派的主張之一。但是也就如行爲學派所被批評的，這些實作經驗的範圍太小、所學有限，不足以因應日益詭譎多變的大環境與爆炸資訊，因此其他學習方式的補充，就有迫切的必要！

　　對於孩子的保護，父母親很容易有「預警」的動作，常常是口頭警告或是說教，一旦孩子發生事故，雙親接下來就會有責怪、處罰、甚至訕笑的表現，這看在孩子眼裡都是負面的處罰！如果某些事物會危及孩子的人身安全，父母親最好的方法就是先做一些處理，包括隔離、防止或是去除可能的危險。孩子對於爐火很好奇，當然不要讓孩子碰觸爐火受傷之後，才採取一些必要措施，也不要只是在一邊唸叨或是口頭警告而已，而是可以先將孩子帶開，讓他遠離危險物品或器具，這樣處理的理由是：「行爲」處理的效果遠比「語言」更爲有效，而孩子對於父母親採取具體行動的信賴度較高、比較會買帳；比如孩子剛學會騎三輪車，父母親與其告訴孩子不能騎到危險的街上，倒不如親自陪伴他們在安全的地點如公園、僻靜巷道騎車，這樣就可以盡到保護的責任，萬一不能如此隨侍在旁，就要預先警告，而且把後果說清楚、切實履行。以騎車爲例，要孩子只能在公園裡騎車，倘若孩子違反規定，就把車子收起來，剝奪孩子騎車的特權一段時間，當然把騎車權「吊銷」一段時間這件事要事先說明，這就是所謂的「邏輯結果」；其宗旨就是讓孩子知道他們是可以選擇行爲的結果的、也願意去遵守，而這個行爲的結果，基本上是由親子共同做的決定，因此

吻合「民主」的原則,當然也可以依類似契約的方式與孩子作雙方共同的約定,比如孩子與父母親可以協議最晚必須做完功課的時間,如果沒有按照契約履行,孩子的一些特權就被移除,因為是雙方共同的約定,孩子的抗拒比較小,也願意負起行為的責任。有些並不會危及孩子生命安全的行為,父母親可以先提醒,並不需要強制孩子不去做這些動作,因為他們自然會從行為的結果中學會一些經驗與教訓,父母親不需要在事後批判或「落井下石」,而是可以進行安慰動作,畢竟施行「自然結果」與「邏輯結果」不是要「賠上」父母親與孩子的親密關係。

　　家長在教導孩子邏輯結果時,很重要的是態度要和善而堅持(friendly but firmly)(Sweeney, 1989),這也是在家長施行管教時可以有的正確態度,和善表現出來的是關愛,堅持,所傳遞的訊息是「我是認真的」,這樣才容易達成管教的嚴肅目標,也不忽略背後所蘊藏的關心與愛。管教就如同後面行為主義所說的「增強」一樣,最先的增強與管教都是外鑠的,後來就慢慢希望可以變成「自我增強」與「自我約束」(self-discipline)。

◎六、正確有效的鼓勵

　　個體心理學派學者不認為孩子的行為是「偏差」的,而是以「不適應」來解釋,所謂的「不適應」就是孩子對環境做因應時,採用了「不適當」的方式,因此Dreikurs(1964)建議以「鼓勵」與建立「自然與邏輯結果」來處理孩子的不適應行為,Dreikurs堅信缺乏鼓勵通常就是不適應行為產生的原因。而所謂的「鼓勵」有幾個基本原則要遵守(Jensen & Kingston, 1986, pp.232-233),那就是:

　　(一) 鼓勵應該將焦點放在孩子身上,而不是放在誇獎者身上。如「你做得真好,好棒!」而不是「你這麼做讓我覺得好快樂!」

　　(二) 增強正面、消除負面批評。比如「把玩具放在紙箱裡」,而不是「不要把玩具隨亂扔」。

　　(三) 讓孩子可以表達他的感受,而不是專注於其認知理解的部分而

已。如「你有什麼感受（覺）？」，而不是「你認為怎樣？」。

(四) 態度要真誠。給予鼓勵時的態度很重要，不要輕描淡寫或是以輕忽的方式表達，其結果有時適得其反，如「看得出你真的很努力。」而不是故意交代一下「很好啊。」一語帶過，反而讓孩子覺得不是在鼓勵。

這裡要附帶提到的是由於國情不同，我們一般人在說「我覺得」的時候通常不一定是表達「感覺」，許多情況下卻是「認為」與「想法」，例如：「我『覺得』你應該不要去。」「我『覺得』這是不對的。」以上兩句的「覺得」事實上是「認為」較為恰當！這也許也反映了我們國人習於「認知」而較不注重「感受」的部分。

另外，個體心理學派的Sweeney（1989, pp.109-110）也提出幾個鼓勵的原則：

(一) 孩子「做了什麼」比「怎麼做的」要重要；例如說：「哇，你把鞋子擦得好亮」，而不是「你把鞋子擦得比其他人都亮」。

(二) 著重在「目前」，而非過去或未來；例如說：「你真的很喜歡積木遊戲」，而不是「你為什麼以前不這麼做？」。

(三) 「行為」比「做的人」還要重要；例如說：「我真的很謝謝你幫我的忙」而不是「你是乖孩子」。

(四) 強調「努力」而非結果；例如說：「你真的好用心、把球傳得好準，下一次我們一定還要再比一下！」而不是「下一次我一定要贏過你，我不會像這一次讓你了！」

(五) 著重「內在動機」；例如用：「光是可以來走這一趟山路就很棒了，風景好、又流汗運動了！」而不是「走這麼累、還沒有拿到獎品，真的很糟糕。」

(六) 「學到了什麼」比「沒有學到」的更重要；例如說：「你已經學會體貼別人、會去安慰那個小弟弟。」，而不是「誰叫你去欺負人家的？」

(七) 「做對的」比「做錯的」更重要；例如說：「你的加法算得好快又正確！」而不是「看！這一題做了多少遍怎麼還不會？」

1
4
0

許多父母親擔心孩子犯錯、甚至就禁止孩子動手幫忙或是去開發能力，這只會讓孩子受到更多的挫敗感，像是孩子要幫忙擺餐具，父母親怕他打破碗盤，就急急阻止道：「你不用幫忙，我來就行了！」父母不給予機會、也不相信孩子有能力的訊息會讓孩子感受到，因此孩子對自己的能力與信心也會有懷疑；有的父母親即使讓孩子嚐試了，但是卻帶著批判眼光來看結果：「哎呀，你都弄錯了！」不懂得鼓勵的家長往往會逼得孩子朝「證明」自己「無用」（useless）、而非「有用」（useful）的方向前進（Dreikurs, 1964），當然就更可能看到許多不適應行為的出現。父母親對於孩子的良好行為固然應該嘉獎或讚許，但是這些鼓勵也要注意，不要流於空泛或過多與不足。空泛就不切實際、孩子聽了不痛不癢；過多或不足，前者讓孩子以為自己是天之驕子，沒有良窳的評判標準，後者則是不足以發揮效果。

要鼓勵不流於空泛，自然就是要講求「具體」，這一點與接下來要談的「行為主義」有異曲同工之妙！「具體」就是看得見、而且有依據，不是抽象、摸不著邊際的。在使用具體的鼓勵時，也附帶讓孩子知道遵循的方向與標準，例如：「你這個字很端正、橫的一劃好直！」（後一句話就是孩子可以明白的標準）或「妹妹哭了你去安慰她、還會拍拍她，讓她不要太難過，我真以你為榮！」（第二句就是孩子可以明白的標準）。

對孩子多做一些具體有效的鼓勵是必須的，原因是：

(一) 孩子的自尊與自我概念都是先從別人的眼中慢慢發展出來的，因此他們會擔心自己不受雙親喜愛、認為自己不夠好，給孩子適時的讚賞，也可以協助孩子建立對自己的信心。

(二) 有效的鼓勵不是抽象的，而是有具體標準可循。例如：誇獎孩子「很乖」，第一次是孩子很安靜坐著的時候，第二次孩子安靜坐著，但是父母就可能說他「不乖」了，因為他只是「安靜坐著」、不來幫忙，孩子可能就會覺得很困惑！如果改成「弟弟好乖，在那裡自己坐著玩。」第二次可以說「弟弟，可不可以來幫我拿一下東西？你好乖！」孩子就會比較清楚「行為標準」，以及修正的方向。

(三) 鼓勵的同時，也可以提供「改進」的方向。像孩子造句，可以鼓勵說：「妹妹，這個句子寫得真好，很有趣！可不可能把句子寫長一點？」

(四) 鼓勵過程甚於結果。沒有一件事是可以做得十全十美的，如果以「十全十美」這樣的「絕對」要求來期許，很容易讓孩子失敗、不敢繼續嘗試，甚至會認為父母親都沒有做到、對雙親沒有信任。有時候孩子已經很努力了，就要嘉許他的努力，有時只要簡單說：「我看到你的努力！」對孩子來說都是很大的鼓勵！

(五) 父母常常對孩子有許多期待，所以為了省事省時間，常常就略過優點不說，「直攻」要改進的部分，給孩子的印象就是「我不行」！因此在傳達意見上，可以做一些改變，比如：「你在這次考試中盡了力、而且答對好多很難的減算題目，真是了不起！至於有些不滿意的地方，我們找個時間來研究一下，你認為呢？」

處罰意味著「不鼓勵」，懲罰孩子做錯事，當然可以，但是別忘了也要在同時示範正確的動作或是作法，孩子才可以在下一次的表現中有可以依循、修正的方向，這也就印證了「不教而成謂之虐」的道理。要給孩子犯錯改正的機會，因為孩子也是人類，有犯錯的可能，當然也應給予訂正錯處的機會，要求孩子一次就完美，根本是不可能、也是十分慘忍嚴苛的，我們會聽到家長指責孩子說：「不是這樣！」，然後就自己取而代之、替手做了，這不僅剝奪孩子學習的機會，還傳遞了一個很重要的訊息：「不能一次做對，就不要做！」孩子可能就會因此怕犯錯而不敢有嘗試。

◉七、家庭會議

個體心理學派的理論，尊重民主自由平等的涵義，也是此學派對於親職教育的重大貢獻之一；個體心理學派學者不認為身為父母親就擁有較多的地位，而孩子相對地就沒有，雖然父母親還是承擔了較重的親職責任，然而更重要的是可以培養孩子民主自由的胸襟與態度，因此Adler把「家

1
4
2

庭會議」（family council）也列爲親職教育中的一環。孩子的民主素養要在平日慢慢養成，而不是在事情「凸槌」之後才有動作，因爲這樣根本開不了會、或甚至變成「批判鬥爭大會」。父母親在組成家庭之後，彼此之間也是基於平等的立場，做一些家庭相關事務的溝通協調，這可以說是家庭會議的雛形，孩子出生之後自然也可以沿襲這個模式繼續下去，讓孩子耳濡目染是更好的方式；所謂的「民主」素養是慢慢陶養而來，不是一蹴即成。雖然有人說「吵架」、「衝突」也是溝通的方式，但是如果可以平心靜氣將事情或問題做更好的解決與處理，何不？

每個人在家庭會議中的權利都是平等的，沒有因爲年齡、聰明程度或是成就而「份量」不同。在家庭會議中，每個人都有表示自己意見的機會、不管贊成與否，也都應該給予適當的時間與耐心來聆聽。Rigney與Corsini（1970）認爲家庭會議可以用來傳達或公佈重要事項、擬定計畫、建立規則、表達不滿或抱怨、解決紛爭、達成協議與做決定（cited in Sweeney, 1989, p.399），而家庭會議應該是定期舉行的，有彼此同意的議事規則、輪流做主席、自由參加、可以隨時加入或離席、所做的決定應該是大家或大部分人同意的性質，每個家庭成員都可以在會議中被聽見、也有表達自己意見的權利與機會，如果只是父母召開或是決定一切，就不是所謂的家庭會議（Dreikurs, 1964; Sweeney, 1989），此外，也要尊重少數的聲音。

「家庭會議」的觀念在我國比較缺乏，因爲基本上還是以父母親爲主的威權結構，而家庭的確是一個人「社會化」的最初機構，民主自治的觀念如果自小培養起，孩子受到很好的訓練，不僅有傾聽他人的能力、會表達自我，也對自己的能力與社交技巧有較充足信心，甚至可以經過民主會議的洗禮，思想更開放、具彈性。

◉八、個體心理學派在親職教育上的檢討與運用

個體心理學派最被批判的部分，就是被認爲說的都是「一般常識」（common sense），學術性不高，但是放在親職教育中卻是十分實用又實

際的，也因此在推廣親職教育的運用上非常普遍！個體心理學派的許多觀念會讓人有樂觀正向的鼓舞，譬如Adler相信人可以自己決定命運，拒絕環境或是遺傳因素的決定論，但是有些行為，特別是病態行為的出現，其實有其遺傳或環境因素的影響，也不能全然忽略；這也說明了許多的學派其實也只是點明、解釋了生活現實的部分真相，並不一定就是揭露了全部的真實，個體心理學派當然也不例外。然而個體心理學派的許多理念依然需要持續的檢視、測試實際運用的可行性，這也是研究者與臨床人員可以努力的方向。

第二節　人本主義諮商學派

　　人本心理學派就是堅持以「人」為本，用在親職教育上強調的是尊重人的能力、了解人的限制，善加引導就可以產生最好的結果。人本心理學派對於人性的看法是抱持樂觀、成長的，相信人有解決問題的能力，讓自己更好，尤其重視與當事人之間的關係，人本主義的親職教育著重在親子關係，「關係」的良窳會影響到親子互動的品質，而其運用在親職教育上面的理念包括有：

◉一、個人內在架構（Internal Reference）

　　是屬於「現象學」（phenomenology）觀念，也就是說每個人的經驗、背景、價值觀等文化不同，即使是同一事件發生，每個人根據自己不同經驗或是價值觀，也會影響到他的想法，就像是每個人對於疼痛的忍受度不同一樣；「現象學」就是說明了每個人認為的「現實」是不一樣的，要去了解與影響一個人，得先從他的「內在架構」或內心世界去著手。這裡所說的「內在架構」，與下一節要談的「同理心」是緊密關聯的，去了解一個人，要站在他的立場與經驗世界去思考感受，可以「感同身受」之後，才有可能進一步去了解孩子的處境、感覺、想法與困難。父母不是孩

子，孩子認爲嚴重的事，父母可能認爲無關緊要，除了因爲孩子的生活經驗有限，對於遭遇事物的詮釋會有影響，也說明了不是當事人，很難去想像當事人的處境與心情，因此「個人內在架構」所強調的就是：每個人的經驗考慮不同，因此想法就有差異，父母親要能體會孩子可能的想法與處境、「進入」其內心世界，才可能有較爲完整的了解。換句話說，家長設身處地在孩子的立場，企圖去了解孩子當時的處境與心情，就比較能體會孩子，甚至簡單一點說，就是「別忘了自己也曾經是孩子」。

我們可以觀察到的，通常是行爲上的表現，但是一個行爲出現，並不表示同一個意義，例如：孩子哭有許多不同的意義含括在裡面，這得要看孩子經歷了什麼、怎麼看當時發生的事件而定，疼痛、挫敗、高興、被批判、被冤枉、不被諒解、孤單等等都可以哭來表現。眼睛看得見的不一定就是眞理，得要深入去探索當事人的內心世界，才有可能給一個行爲、感受或想法更明確的定義與解釋，不要只是以自己的經驗看法來斷定。譬如孩子的玩具搞丟了，傷心欲絕，父母親不要以爲玩具掉了可以再買，所以就小覷了孩子的心情，也許這個玩具對孩子來說，具有特殊意義。

◉二、三大核心條件

Rogers所謂的「三大核心條件」（three core conditions），主要就是刺激、協助個人成長的關鍵，包括「正確的同理心」、「眞誠一致」與「無條件積極關注」，以下分別說明。

(一) 同理心

「同理心」就是設身處地、爲他人著想，可以站在對方的立場，去體會當事人的處境與心情。同理心的養成也是需要訓練的，一般人比較容易有同情心，對於他人的處境感同身受、也會表達出同情憐憫之意，但是卻很少去眞正傳達「了解」。同理心通常就是指「同理的傾聽」，因此有諮商學者（引自生命線手冊）研擬出同理心的幾個步驟，有興趣的家長可以試試看。而在做「傾聽」動作時，也要注意到肢體與表情所傳遞的訊息，

比如身體稍微前傾，眼光與說者做交會，會隨著說者所說的內容變化表情等。

將對方所說過的話以自己的話簡單扼要說一遍，這個動作傳達了兩個訊息，一是表示「聽見」、二是作「必要釐清」。舉個例說：

> 孩子：「我最討厭某某某了，每次他都要搶我的東西，我以後不要跟他玩。」
>
> 爸爸：「你不想跟某某某玩啦？他不給你玩具玩，讓你覺得不高興？」
>
> 孩子：「不是啦，是他每次都搶我的玩具。」

孩子可以從爸爸的回應中知道爸爸聽到了，而且爸爸也可以知道自己有沒有聽錯。

1. 簡述語意

是溝通的第一步，也就是「真正」聽到，沒有將「聆聽」的功夫先做好，要談到進一步的溝通，幾乎是不可能的。孩子需要先被「聽到」，然後才會想要「聽」你的意見或看法，不要在不明究理的情況下，就強制要孩子聽我們的，善良一點的孩子會「假裝」在聽，但是事實上根本有聽沒有到，父母親只是枉費唇舌而已！在「簡述語意」的同時，父母親也可以整理一下所聽到的資料、決定處理的方向，但是在發表自己的看法之前，不妨先聽聽孩子對於這件事的處理方式與感受，這樣子也傳達了父母親對於子女處理問題能力的信賴與支持；另外很重要的一點是：孩子也會從父母親的溝通方式裡，學會與人互動的方法，至少他也會「聽」了。

2. 反映情緒

將孩子方才話語中或是身體語言所呈現的情緒也放進來，以上一例來說：

> 孩子：「我最討厭某某某了，每次都要搶我的東西，我以後不要跟他
>   玩。」
> 爸爸：「你不想要跟某某某玩了，他常常要跟你搶玩具、讓你很生
>   氣，你很不喜歡他這樣。」

　　「反映情緒」的部分是我們的父母親比較不擅長的，可能是因爲我們的教育傳統中，一向不鼓勵情感的表達，相反地還加以壓抑，可以補強與訓練的方式就是慢慢增加、累積我們的情感形容詞，甚至列成一張表格，父母親會發現有好多情緒是這麼細微，眞的需要去細心體會。臨床的經驗讓作者充分意會到「適當妥切」的情緒用語，的確可以抓住當事人的心境，也表達了對於當事人貼切的同理，而也只有了解孩子的情緒，他才會感受到被了解，也願意敞開心胸與父母親溝通。

　　3. 簡述語句加上反映深層情緒

　　將孩子所沒有表現出來的情緒也以設身處地的方式去表現出來，以前例來說：

> 孩子：「我最討厭某某某了，每次都要搶我的東西，我以後不要跟他
>   玩。」
> 爸爸：「某某某常常跟你搶玩具、讓你玩不到，他很無理、也很霸
>   道，這讓你很生氣、很煩，也不喜歡這樣，所以不想要再跟他
>   一起玩了。」

　　雖然將同理心的訓練粗分成三個步驟，但是事實上卻可以同時進行，然而如果沒有訓練，一般人所習慣的談話中，還是會偏於「事實的陳述」，忘了將語言表達下隱藏或未道出的的情緒也反映出來！尤其是對於關係與我們更親密的人，我們通常是「廢話少說」式的「直搗黃龍」，不

僅在說明上簡短意賅，根本就很少使用到情緒的字眼，更遑論運用「感同身受」的情感反映了！同理心是需要長時訓練的，不是經由幾個練習就可以宣告完成；孩子小時候有願意聆聽的父母親，長大的時候也會以同樣的態度來對待人，而與父母親的關係也不會太生疏。父母親對於孩子的聆聽就是一種尊重、接納、認可孩子價值的表現，雖然說一般人會認為孩子說話無厘頭、甚至沒有意義，但是誰沒有過這樣的成長過程？如果孩子發現儘管自己表達能力仍待改進，但是父母親依然有耐心、也願意花時間聽他說話，他會覺得有安全感、可以信任人，會讓他往後願意伸出觸角去探索外面或是未知的世界，他會知道自己是有價值的、有能力的、他也會喜歡自己，反應在他的生活上會有希望、比較不會被挫折打倒，也會對周遭的人富有同情心、喜歡人。

(二) 真誠一致

也就是裡外、前後一致的表現，不是套上虛假的面具，不是人前一面、人後一面。不一致就會導致焦慮或不適應的行為，當然也就不會信任，父母親的身教言教如一，其實就是孩子「真誠一致」的最佳學習典範。「真誠一致」會讓一個人生活真實、無偽、願意為生命負責、也過得鏗鏘有力！父母親如果要求孩子誠實，自己最好就身體力行，這樣才能夠說服孩子也如法炮製、依樣學樣，慢慢內化成為一種生活哲學；父母親不是沒有缺點的聖人，也有需要努力改進的地方，願意坦白表現出自己的情緒、想法與態度，而不是偽裝，孩子就會從這些典範中學到人的真實、卻也偉大的經驗。譬如父母也會犯錯，但是可以改善修補，孩子就不會刻意掩飾自己的過錯，徒然增加愧疚罪惡感，而使用更多的假面具來文過，這種真誠的身教，自然也會讓孩子知道生命是要真實面對才重要。

(三) 無條件積極關注

父母親沒有因為孩子本身的條件或表現優劣而有不同待遇，父母親愛孩子，就只因為他們是自己的孩子、由自己所從出，不會因為孩子漂亮、

有成就就多愛一些，也不會因為孩子有殘缺或不順己意而有差別對待，中國人所說的「手心手背都是肉」、「我愛你是因為你是你」差可比擬這個說法。關愛孩子不是將孩子當成自己的財產，而是無條件付出關心與照顧，希望孩子長得很好，接納孩子的樣子，接納孩子的不同想法感受，接納他是一個獨立特殊有價值的個體，而不是因為孩子「像」父母要求的樣子，才加以接受或關愛。像乙武洋匡的母親看到出生時沒有雙手的孩子，並沒有驚愕，反而覺得自己孩子好可愛，完完全全接納他這個樣子。讓孩子明白父母親愛他，並不是因為要某些條件的成立下才如此，譬如是因為孩子漂亮、聽話、可愛或其他，而是因為他就是他、不是別人，是一個特殊獨立的個體，孩子也因此學會了喜愛自己，而不是因為自己某些條件「吻合」了被喜歡的標準，當然也就不會因為「失去」某些條件而認為自己的價值因此受挫，譬如孩子做錯事，父母親不會因此而少愛孩子一些，而是也接納孩子有犯錯的可能與權利，願意提供機會與示範，讓孩子有機會表現良好的行為。在接納環境中成長的孩子容易接納自己，知道自己有價值，也願意以同樣的心情來對待周遭的人。

◉三、人是有能力、有選擇，向上向善的

人本身是有資源、能力的，在面對困境或挑戰時，有其因應的辦法；人有能力追求自己想要的生活，也會做一些建設性的改變。由於認定人不是被動受環境或外力的掌控，而是有其能力與資源的，因此Rogers的理論運用在親職方面就是肯定孩子有能力，父母親的角色是從旁協助、營造鼓勵成長的環境，也讓孩子有探索、選擇與培育能力的機會，讓孩子順著他要的樣子去長，這些就是親職的主要工作。「相信」是一股很大的力量，父母親相信孩子有能力、可以信賴、也願意做「好仔」，就是積極關注的來源，而親子之間的互信越深，孩子越願意與家長坦承溝通，也會試圖讓家長了解自己，而孩子在家長正向的期許之下，也會培養出忍受挫折、達觀的個性，有很好的生命韌力。

◎四、人的焦慮來自於對於「理想我」（Ideal Self）與「現實我」（Real Self）之間的差距

　　人有自我實現（self-actualization）的潛能，每個人都有想要達成或成就的理想自我，但是囿於現實條件，並不能讓每個人都可以遂其所願，而對自己期待越高、現實條件卻有限的人來說，焦慮自然升高，如果可以適當調整兩個「我」之間的差距，焦慮自然降低，而適當的焦慮有助於個人自我能力的提升。將這個理念運用在親職教育中，就是儘量提供、培養孩子發揮能力的機會，孩子從練習與努力中慢慢拓展自己的經驗、膽識，也慢慢增加對自己的信心，讓自己所想望的與實際情況做平衡妥協，可以把握的就更多、成功機率也提升；換句話說，給孩子適當成功與失敗的經驗，不要凡事越俎代庖、或是根本放手不理會，孩子自然就會在經驗中習得寶貴智慧，也增強自己處理問題的能力。Rogers（1961）認為自我實現的人是對經驗開放、願意冒險，相信自己、而不是將自己的價值放在他人手上，有內在評量標準、不會因環境外力而有太大變動，願意繼續成長、在經驗中獲得自我實現的成就（cited in Corey, 2001, p.174）；運用在親職教育中，就是提供孩子一個安全的環境、鼓勵孩子去探索，孩子就會對新鮮經驗慢慢開放，也在冒未知之險中，得到新的經驗與領悟，即使沒有成人的嘉許，仍然可以在這些體驗中得到滿足與成就，不以他人的批判為唯一標準，而是漸漸形成自己的一套評量價值、有自己的觀點看法，知道自己要的是什麼、願意持續做這樣的探索。人本學派強調每個人都是有價值的，有自己想要成就的生命任務，親職工作依循這樣的理念去走，會尊重孩子這個完整的個體與其能力，願意花時間讓孩子探索冒險、在犯錯中學習，也醞釀鼓勵的安全環境，讓孩子可以完整表達自己，父母親的功能是扶持，看到每個孩子內在的寶藏與力量泉源、願意傾全力協助開發；如果父母親可以看到孩子美麗人性的部分，對待孩子的態度也會有不同。

◉五、注重關係，以及一同分享成長的旅程

以這個觀點來看親職教育是相當重要的，也就是親子間的關係品質是促成孩子成長的關鍵因素，而孩子只有一次的成長機會，父母親的陪伴成長，就是與孩子共享生命經驗的旅程。孩子成長的過程中，有父母親貼心的陪伴，不僅讓孩子的成長有力、有希望，也無形中讓父母親有機會與孩子一起成長、經歷以前所未有；儘管一個家庭可能有幾個孩子，然而由於每個孩子都不同，因此發展的情況與需求也就不一樣，父母親藉由教養孩子的機會、與孩子的交會互動，通常也學習到自我的成長。因此我們可以看到許多父母親從孩子小時到大，都還可以與孩子維持相當愉快和諧的關係，表現出來的生活態度也是較為開放、民主、願意成長的模樣。在親子關係中，「信任感」的建立是非常重要的，家長相信孩子，孩子就會看重自己、肯定自己的價值、也會覺得安全，因此隨著孩子漸漸成長，父母親的信任也容許他們慢慢「放手」讓孩子去拓展、創造自己的人生！

◉六、自我實現的積極特質

人本主義的Maslow曾經提出「需求層次論」，最高一階層為「自我實現」，簡言之就是「成就潛能的自我」（cited in Hoffman, 1988, p.155），雖然Maslow認為可以真正達成「自我實現」的人畢竟還是少數，但是這個需求仍然是一般人追求的，而對照親職教育的目的，父母親也希望可以看到孩子有這些「自我實現的人」（self-actualized person）的積極特質（車文博，民90，pp.133-136）：

1. 準確和充分地認知現實

對於身處的周遭世界有具體實際的認識，不會囿於自己主觀狹隘的識見、做出錯誤的判斷與估算。也就是可以對現實世界做客觀觀察與評估，與它維持適當的關係，也對世界上的事物存有好奇探索、憐憫同情的心。

2. 悅納自己、他人和周圍世界

喜歡自己、接受自己的樣子，也同時與其他人維持良好關係、接受也欣賞人性，認為人與世界都有改善的可能。

3. 自然地表達自己的情緒和思想

眞誠、自然、不矯揉造作，敢表現自己，接受自己的情緒，也做適當表達。

4. 超越以自我爲中心，而以問題爲中心

不是個人本位的自戀或自私，而是在工作中實現自己、享受生活。

5. 具有超然獨立的性格

知道、也保有自己的獨特性，可以與人相互依賴、也可以獨立自主。

6. 對自然條件和文化環境的自主性

自動自發、不受限於文化或環境的制約，是自我引導取向的。

7. 清新雋永的鑑賞力

欣賞大自然與周遭美好事物，把握當下、就是永恆！

8. 常有高峰經驗

有興奮喜悅的情緒經驗，也振奮、生意盎然，會珍惜所經驗的一切。

9. 眞切的社會感情

有人類一體的感覺，悲天憫人之心，會去關心他人，也協助他人。

10. 深厚的人際關係

與人之間的互動是眞誠、深刻的，而非利益交換、膚淺不持久的，也有一些親密知己。

11. 具有民主風範，尊重他人意見

尊重自己的權利，也以同樣態度對待他人，不因己利而剝削他人，因此可以接受不同的經驗與看法。

12. 具有強烈的道德感及倫理觀念

爲人處事有一套遵循的標準與原則，是非善惡的分辨有內在標準，而非受外力逼迫，也就是有自己內在的道德標準。

13. 具有哲理氣質及高度幽默感

有自我解嘲的能力，幽默的處事對人態度，也在這之中透露出對於生命的深刻體會與哲意，以及寬容的氣度。

14. 具有創造力、不墨守成規

思考與行爲有彈性、開放，可以接受新的思維，也有擴散思考的原創力，對於問題或想法有新的解決方式。

15. 對現有文化具有批判精神

爲求更眞善美，對於現況的不公與需要改進之處不會隱諱退縮，也敢於掙脫既有束縛、開創新局！

◉七、人本主義諮商學派在親職教育上的檢討與運用

人本學派說明了親職教育中「人」與「人」的關係，以及這種人性交會（encounter）所產生的影響力量，也可以說，著重親職教育裡「人的環

境」；父母親對於孩子的信賴、提供的溫暖與安全感受，就是孩子成長的「激素」，而且還指出了人需要被關心、傾聽的基本需求；人本學派也相信每個人有能力向善向上，只要提供很好的環境（尤其是「人」的環境）與機會，每個人都可以發揮潛能。但是雖然說是以人爲本，卻不是毫無原則，雖然相信人是「自我引導」（self-directed）的，但是也沒有忽略教育的重要性，父母親如果可以提供溫暖鼓勵、適合成長的環境，孩子就可以茁壯成熟、走出自己最好的路！

第三節　完形學派

　　完形學派相信人是有能力、是主動的，而生命中最眞實的部分就是「經驗」，生命最珍貴的就是「經驗生命」；此外，完形學派還強調一個人的「全部」、而不是「部分」，用在親職教育上，就會顧及到一個人的身、心、思想與生理、個體與環境間的關係，因此將所有會產生影響的因素都考慮在內，作整體的考量；而完形學派的強調經驗、不是說教，也就是「要自己成長、站穩腳跟，自己處理生命中遭遇的問題」（Corey, 2001, pp.195-196）。

　　完形學派講「眞實接觸」，是說明一個人的生命與生活應該是內外如一、表裡一致，特別是個人與自我之間的關係；談到一個人的人格不能單就行爲、思考或感受的一個層面來了解，因爲「部分的總和不等於全體」，所以連同一個人的身體狀況、肢體表情、精神與心靈層面都要顧及。這樣的說法也正好印證了親職教育的全面性與特殊性，也就是說，親職教育其實是概括一個人生活的許多面向，不是單一層面的需求獲得滿足就可以。完形學派創始人Perls（1893-1970）也將此學派規範爲存在主義的一個取向，因爲他強調的是人存在的現實與完整性，最終目的是希望人可以眞誠生活、與自己做最爲眞實的接觸，如同中國的禪宗生活（Clarkson, 1989）。

1
5
4

⚘ 一、自我覺察與行動

　　完形學派是重視生活實驗的，也就是之前所說的「經驗生活」，而人要過更真實無偽的生活，就必須要常常覺察自己生活中的一切，覺察越多就會越清楚自己的自由有多少，也能做自己的選擇，也只有自己最明白自己在想什麼、感受為何、該採取怎樣的行動（Clarkson, 1989）；「注意」是刻意的努力，而「覺察」是自發性的、著重的是當下的經驗（Clarkson & Mackewn, 1993; Korb, Gorrell, & Van De Riet, 1989）。健康人的指標就是要成熟（知道如何運用自己本身的資源）、負責（願意做承擔）、自我實現（成為自己想要成就的人）、真誠（內外一致、對周遭環境開放，也有敏銳覺察）、以及充分接觸（跟周遭環境與自我）（Passons, 1975），而「覺察」就是健康生活的首要工作。只有靠敏銳的覺察，才會清楚許多干擾的來龍去脈、不受到無謂的影響，也會明白自己的資源有哪些、願意為自己的一切負責承擔、邁向自己的目標，而在整個歷程中也與自己內在、外在環境做真實接觸，沒有操控也沒有虛偽，更不會留下未完成的遺憾。

⚘ 二、自我調整（Self-regulation）的能力

　　「自我調整」是人與生俱來的能力，用來滿足個人的需求，人如果想要獲得的需求受阻，就會造成「未竟事業」（unfinished business）、會一直想要有個完結，要不然就會變成「固著」現象，需求被扭曲、否認或替代，甚至被趕出覺察之外，為未來埋下了失敗的種子（Clarkson & Mackewn, 1993）。Perls認為人「自我覺察」能力本身就非常具有療效（Thompson & Rudolph, 1992），他相信人有自我調整的能力，只要人可以充分覺察；人之所以會出現問題，主要原因包括：與周遭環境失去接觸，與他人合流、沒有自己，有尚未完成的未竟事業，否認或是沒有滿足自己的需求而覺得不完整，將自己的人格割裂為「應該」與「想要」，喜歡將事物二分化（如心／靈或身／心）（Thompson & Rudolph, 1992, pp.111-112）。

　　一個人的自我調整能力是發揮在「平衡」機制上，當自己的需求或是

喜愛的東西出現，而「平衡」機制受到影響或擾亂時，應該怎麼做處理？個人可以利用現存環境裡的資源，滿足己身的需求、恢復原本的「平衡」狀態，或是需要做一些改變、來達到自我成長，自我會接受關照自己的部分，也拒絕對自己不利的部分。所謂的「自我」，指的是一個人的全部，就是一個人在當下接觸的所有個人的建構與面向，因此就是包括好壞、對錯等（Clarkson, 1989）。儘管「自我調整」是人天生就具有的能力，但是現在絕大多數的人已經失去這樣的直覺、也不相信（Korb, Gorrell, & Van De Riet, 1989），寧可任由認知與理智或是情緒來主導一切，漸漸棄置了自己的動物能，這也是為什麼人不肯與自己有直接接觸、活得不夠真誠的原因之一。

父母親不願意接受自己直覺感受是自我的一部分，就會刻意去「凸顯」一些「形」的需求、沒有顧及到全部的可能因素，容易有偏差的判斷；只是注重認知理智，沒有關照到自己其他層面的需求，當然也會以這樣的方式教導孩子，讓孩子與自己一般麻木、與真我距離越來越遠。另外，光是讓孩子有極大的能力來操控環境、從環境裡獲得需求的滿足，畢竟還是會碰到瓶頸，因為個人的力量是有限的、環境的條件又非全為我們所操控，而如果將孩子喜怒哀樂的力量都歸於環境來提供，不僅太物質化、也容易讓孩子失去仰賴自我的能力，相對地產生自我懷疑、自尊不足。相信孩子的能力，因為每個人都有解決問題的潛能，也讓孩子去做適度的嘗試、體會，恢復也熟悉本有的能力，可以讓孩子過得更自動自發、收放自如。

◉三、外在與內在的環境

完形學派相信人是有自我調整的能力，可以從與環境的互動中滿足自己的需求，協調自我與環境間的關係，許多神經症狀的產生，就是自我調節功能受到阻撓或破壞（Korb et al., 1989）。完形學派有個「形」（figure）與「背景」（ground）的場地理論，說明了人與周遭世界的關係，周遭環境變動不居，而要了解環境裡面的個人，就必須將其所處的環

境也一併考量，人與環境之間的關係與界限，也影響著人的需求滿足與看法。如果當一個人所企想（或需要）的東西出現，那個需求就會特別凸顯出來、讓人看見（形），而也因此個人會忽略其他同時存在的東西（背景）；比如說一個人在戀愛中，當他在人群中看到愛戀的對象時，整個心神都專注在對方身上，而腳踩到水塘、或是正好有同事跟他打招呼，他都沒有看見，這就是「愛戀對象」（形）突出於其他環境中的線索（如水塘與同事，「背景」）的例子。親職教育中，父母親要讓孩子有協調個人需求與環境之間的能力，不是過度操控環境、也不是被環境控制，而是最後能夠「自我依賴」（Clarkson & Mackewn, 1993）。

　　一個人所體驗的不只是外在的環境，還必須考慮到個人內在的世界與經驗，不僅僅需要整合外在環境，也需要統整自己內心世界（包括分裂的自我）。個人處在物理的大環境裡，當然會受到影響，不能因為害怕或是受到傷害，就與環境隔離，人是需要與環境中的其他人聯繫、發展關係的，人也需要去面對自己，而不是逃避或否認自己。把這個觀念運用在親職教育中，父母親除了提供孩子生長的客觀物質環境，注意孩子的人際關係之外，還要體會到孩子的內心世界與感受，當外界環境不容許孩子做真正的自己，應該要如何協助釐清與肯定？由於孩子生活在社會中，也需要與周遭環境有適當連結；與環境（包含了他人）的關係是保有自己，但不是太自我，也就是保持彈性「界限」與分際。

◎四、當下經驗

　　只問「什麼」與「如何」，而不問「為何」，因為追究原因只是讓受詰問的孩子努力去想藉口與理由掩飾，對於問題的改善無補，這也說明了我們對於許多問題的處理方式不一定要探索原因，而是針對解決問題作處置比較有效。只有將所有感官打開去充分接觸、體驗當下，生命最真實，沒有過去的憂懼或是未來的焦慮在作用，Perls認為這種不逃避的方式也會促使個體願意為自己的行為負責任、與生命做最真實的接觸。這一點與存在主義的「當下」有重疊，讀者可以參照第十四章的內容做對照。

◉五、未竟事業

　　人基本上是希望可以經驗完整、全部，而不是中途受到打擾，這樣子就會出現「未完成的情況」，而人的動能（energy）也是如此，一但受到打斷或干擾，就會影響到個人，這也就是所謂的「未竟事業」，這與Perls所說的人格完整（wholeness）有關（Clarkson, 1989）。「未竟事業」指的是一般人對於事物的看法與做法，都會希望做個了結，如果事情沒有做個結束，可能會在心上掛念、或是留下遺憾。比如說我們看書或是電視劇，看了第一章（集）就希望可以知道完結篇如何。一件事要從頭到尾都經歷過，才算是對自己有交代，逃避到末了還是必須去面對。一般家長在教養孩子時其實也很注重這一點，希望孩子做任何事都可以有始有終、不要半途而廢，結果如何尚在其次，可以經驗整個過程，才是重點。而用在親子關係上也是相當重要的，如果孩子沒有受到父母親良好的照顧，他會覺得遺憾，好像與父母親之間的關係受到干擾或破壞，因此會在心理上留下缺憾；比如說沒讓孩子在親人過世時做哀悼悲傷的動作、或是做得不夠，孩子可能在往後的生活中就出現對許多事物冷漠、不敢用情的情況。

　　如果之前有未完的事件，影響到目前的情況，就可以找時間將過去未了的事情做修補、結束的工作，特別是對於有過創痛經驗的人更是需要如此！不一定要在真實生活中做「完結」的動作，也可以藉由象徵、想像的方式來達成。許多人將過去的傷害或遺憾帶到目前的生活中，不僅對目前生活產生干擾，也限制個體發揮應有的能力與作為。倘若都不做處理，可能就會讓個體「卡」在某個地方、自己陷溺其中，也妨礙了往後的發展（Corey, 2001）。舉個例子來說，如果來不及跟一個人說再見，可以到其墓地上祭拜、或者是寫一封信燒給對方，在當事人這方面就可以做一個完結。

　　將這個理念使用在親職教育中，就是儘量讓孩子可以充分發揮、表現自我，而不是刻意壓制或是傷害，讓孩子可以在安全自在、受到適當保護的情況下去體驗生命中的一切。孩子做錯了什麼，或者是做得不夠，都

應該給予第二次機會去作補救，如果父母親自己發現需要做彌補動作，也盡量在覺察之後有所行動，省得後悔！在這一點上就非常「當下」、「存在」，也深具生命意義。

完形學派提到我們自過去帶來的一些「未竟事業」而不自知，但是這些「未了的不完整」已經剝奪、傷害了我們目前的許多需求，也阻礙了我們與自己的真實接觸，包括了：(一)不敏銳」（desensitisation）：降低自己對外界的敏銳度、甚至麻木，避免自己受傷；(二)「折射」（deflection）：逃避與另一人做接觸，害怕受到影響；(三)「內射」（introjection）：內心有個「應該如何如何」的尺度，不敢踰越；(四)「投射」（projection）：在他人身上看到自己沒有覺察的部分，例如：偏見；(五)「反射」（retroflection）：想要對別人做的卻不敢，於是就反而轉向對自己做，不能滿足自己的需求、也阻擋了自己的能力；(六)「自我中心」（egotism）：控制一切、不相信直覺或自發性；(七)「融合」（confluence）：將自我與環境混在一起、無法分離，不敢表現不同、因為害怕會失去（Clarkson, 1989, pp.51-56）。父母親可以協助自己與孩子檢視這些讓自己與真我不能做真實接觸的防衛機轉，看是不是太過害怕被傷害，所以就不敢用心用情？不敢與人接觸，怕失去自己的完整性？太在乎該與不該，失去了應有的彈性？覺察不夠，卻凸顯了自己的無知？不敢向外尋求協助，因此對自己傷害？認為控制一切才是成熟，所以慢慢失去了自發性？害怕不同、害怕分離或死亡，因此不敢獨立自主？

◉六、人格結構與層次

Perls（1970, cited in Corey, 2001, pp.199-200）將人格比擬做剝洋蔥、有不同的層次，而人必須要剝離這些神經質（neurosis）的面向，才可以達到真正的人格成熟，這些面向包括：

(一) 虛假（the phony）

我們玩遊戲、迷失在所扮演的角色裡，我們「假裝」自己是那個角

色、不跟自我做眞實接觸。

(二) 恐懼（the phobic）

害怕自己必須面對或承受情緒上的痛苦，而刻意迴避、否認那些會引發不快情緒的情境或事物，也因此限制了自己許多發展與探索。

(三) 死角（the impasse）

當我們企圖控制周遭環境、去爭取我們想要的東西時，很容易就因此縮短視線與思考、而陷入死胡同，除非不要太堅持、讓自己多些彈性，可能就會製造了其他可行性。

(四) 內爆（the implosive）

容許自己去體驗那種進退無據、被逼到牆角的無望無力感之後，卸除想要繼續否認與逃避的心態，這個感受雖然痛苦、但是卻可以激發願意做改變的動力。

(五) 爆裂（the explosive）

將僞裝虛假的面具剝除，把許多花在這些掩飾否認上的壓力解脫了、也釋放了大量精力，開始面對眞實的自己、過眞誠生活。

這個過程其實也可以比擬一個人的成長，從許多的虛假面目中掙脫出來，願意面對自己所有的一切，不因爲害怕而限制了自己探索新知或經驗新的事物，不要因爲自己想要的短利，賠上了其他的可能機會，承認自己黑暗不好的一面，讓自己的改變成爲可能、也讓現狀更好，最後得到眞正的解脫！

◉七、拒絕接觸與抗拒

眞實的接觸是與大自然、周遭環境與人群有互動，卻也不失自己立場

（Corey, 2001, p.200）。了解到自己偽裝、否認眞正自我的一些防禦機制，就可以坦然接受自己，接受自己就可以比較不受外界的影響，可以全心全意去成就自己想要過的生活。如果拒絕接觸自己的一切眞實，就必然要用許多方式來抵擋，害怕觸碰到自己不願接納、或是負責的部分，這也是人發明許多防衛機轉（如Freud所提的）來阻絕自己與眞我面對的原因。因爲拒絕或是抗拒做接觸，就必須花費許多精力去抵制、阻撓，會造成能量受阻，在行動感受與其他方面都不能自動自發、就顯得笨拙，甚至出現緊張、不協調的狀況，讓生活機能產生問題。

父母親鼓勵孩子覺察、感受、接受自己的感受與想法，不會要孩子爲了符合自己期待而需要許多虛僞的假面具（或說謊），孩子在家長願意接納、也聆聽的情況下，就可以更自在表現、表達自己。

◉八、負責

「負責」（responsible）也是完形學派很重要的一個觀點，但是此學派所謂的「負責」卻是「能夠」對自己的期待、想像、渴望、行動等等「做反應」（being able to respond）的意思（Korb et al., 1989），而不負責任的人不僅不能對自身的需求做適當的反應、當然也不能對他人的需求做適當的反應，這樣逃避的結果，末了還是必須自己面對、承擔起全部責任。這個觀念給親職教育的提示是：生命還是要對自己負責，即使有父母親的保護與陪伴，但是末了還是得自己有能力去滿足自我需求、對自己所有的一切做出反應。家長如果已經放手責成孩子去做某件事，就要讓孩子可以去完成，不要常常在一邊給意見或幫忙，讓孩子不能有自信完成交付的工作，也相對地讓他認爲自己不需要爲這件事負責任。

◉九、完形學派在親職教育上的檢討與運用

完形學派的「眞實接觸」其實也是一般家長希望培養孩子的生活態度與哲學，也說明了人生之所以珍貴就在於「經驗」（experience），有過經驗就可以學習、體會，這也是生命的眞諦；也希望可以過「自己想

要」、「像自己」的生活。這些概念都可以鼓勵人對自己生活與生命負責，不逃避、不用虛假面具粉飾，這或許就是Rogers所謂的「完全功能的人」與Maslow所稱的「自我實現」的人生。此外完形學派所使用的諮商技巧中有「自我對話」與「角色扮演」，運用在親職教育中，家長可以鼓勵孩子自我覺察的反省工作，也練習去體會他人的感受與想法，是很好的發現自我與自我成長的途徑；「把過去或是未來搬到當下」也是一個很好的做法（完形學派的「好像」技巧），可以用來做未竟事業的彌補工作，也可以讓一個人充分體會自己的想法、動作、感受。但是完形也因為理論很「哲學」，實際技巧在親職教育上使用的機會不多，但是它的許多觀念都是相當令人深思與震撼的，有實驗精神的家長可以試著將一些完形技巧運用在日常生活或是特殊情境的處理上。

父母親可以做的

(一) 觀察、了解孩子是親子關係入門。

(二) 先傾聽，再說出自己所聽到的。

(三) 尊重，是表現在行動與態度上。

(四) 父母真誠面對自我，就是孩子最佳生命示範！

動手與動腦

1. 花三十分鐘專注去聽一位常對你／或家人嘮叨的人說話，不插嘴，看有什麼結果出現？

2. 觀察幾位路人的行為，作一個猜測，然後前去問問與驗證對方的說法。

3. 用本章列的「同理心」三個方法，對三個同學做練習。

第五章

親職教育的各家
看法—行為取向

行為取向的諮商學派重視環境與外在的影響力量，也認為只有行為的改變才是真正的改變，行為的改變可能經由不同管道接收訊息，然後從行為中表現出來結果，而觀摩也成為學習途徑之一。行為主義裡的派別不注重潛意識或是看不見的動機與內心過程，而是專注在「意識」層面、個人可以覺察知道的部分。當然目前的行為主義已經不單是以環境為唯一決定行為的因素，還考慮到個體情緒與認知的部分，但是本章還是將行為主義、現實諮商學派與焦點解決列入，而把認知行為放在下一章「認知取向」的部分，情緒相關取向已經在前一章做了敘述。

第一節　行為主義諮商學派

行為主義的許多理論都是家長常常使用到的，而且常常是「行而不知」。行為主義強調的是環境，所以會將親職教育重心放在由環境力量來加以約束或形塑行為的操作上，由於目前的行為主義已經加入社會學習的觀點，因此它也不再將人視為被動的立場，而是有主動學習的能力，也考慮到周遭社會大環境的影響。行為主義者提出「經驗」與「學習」二者在人類學習上的關鍵角色（Liebert & Liebert, 1994），這用在親職教育上是相當契合的，因為親職技巧基本上就是憑藉著「經驗」與「學習」管道得來。行為主義主要乃根據學習理論而來，它的基本信念是改變可見的行為才是目的，因為其立即可見的結果，使得許多父母親信服其功效，也身體力行。

◎一、行為主義的原理與親職教育上的運用

行為主義強調幾個原理，可以作為親職教育執行時的方針：

(一) 重視可觀察、可評量的行為

孩子的行為是可以看得見、也可以加以數據化的。我們常常聽到父

母說：「我的孩子常常說謊。」「常常」雖然表示次數很高，但還是不具體，因此也許會要求父母親做一些實地的觀察與紀錄，讓事實的面貌眞正呈現，一來可以說服、佐證之用，也就是看到說謊行爲的嚴重性如何？有沒有必要加以處理？二來可以得到一些可用的資訊，包括孩子是在什麼情況下特別容易說謊？其背後的可能動機或是引發事件爲何？父母親願意多花一些時間來做觀察，也可以得到比較正確的訊息，甚至在觀察之中思考孩子的一些可能想法，就不會因爲狃於急效，下了錯誤的判斷！

　　父母親在孩子小時，很願意做觀察的功夫，我們常常聽見父母親說：「他（她）小時候曾經……，眞是好可愛！」其實孩子也很喜歡聽父母親談到他們對於自己的觀察、瑣事的敘述，讓孩子覺得父母親有用心，而且可以體會到父母親的關愛。在指責孩子時，通常孩子會爲了自己的顏面、抗拒不承認，這是可以理解的，如果沒有事實證據，孩子不會信服，當然親子關係就會弄僵，何況不少父母喜歡誇大其詞，用了「常常」、「老是」、「總是」、「都」等等概括性的數詞，更容易引起孩子覺得被冤枉、或有不服情緒。這也提醒了父母親，不要常常用這些抽象、以一當百的形容詞來模糊眞相，很容易就堵住了彼此溝通管道，而且這些「老是」、「總是」的指控通常站不住腳，因爲只要有一個「例外」，就不能成立了。孩子的行爲經過具體的觀察與評量之後，可以釐清其嚴重性如何，不會誇大或太抽象，也容易取信，而就親職教育的立場來看，描述具體事實也是比較合理的方式，不會引起孩子的不滿，不管是在鼓勵孩子或是糾正孩子的行爲上，也都需要具體可見的行爲爲依據，效果才彰顯，特別是針對好行爲的觀察！比如說誇獎孩子行爲良好，不要只是很抽象地說：「你好棒！」如果可以在獎勵的語言上使用具體的行爲描述、讓孩子知道良好行爲的規準，他會清楚哪些行爲是能得到正面回饋的，因此我們說：「你剛才幫姊姊收衣服，眞是好體貼！」把具體而且好的行動說出來，孩子學習到「幫助別人是值得誇讚的」道理；孩子的字寫得好，不要只是說：「你好厲害！」因爲孩子可能不知道是什麼原因造成他的「厲害」，倒不如說「你這一橫好直，眞好看！」就像一般老師改寫字作業一

樣，好的地方用紅筆圈起來，就是告訴孩子這些地方寫得好，讓孩子知道寫得好的一些標準在哪裡，知道有所遵循，這與Adler的「具體鼓勵」相似。

(二) 根據學習理論原則

所謂根據學習理論，主要就是「觀察」（observing）與「示範」（modeling），觀察也稱為「替代學習」（vicarious learning）。孩子會根據父母親的行為來模仿學習，以父母親的身教為「示範」。我們常常說「依樣畫葫蘆」或是「有樣學樣」，就是這個道理，孩子很早就學會觀察，可能會立刻就模仿、也可能延宕模仿，這些都是根據他所看到的、記憶起來，然後根據記憶中的「心像」（image），做出原來示範出來（或觀察到）的動作。我們常常在孩子辦家家酒的活動中，看到孩子把所觀察到的行為、家人互動的情形表現出來，最常模仿的角色就是爸爸媽媽。但不是每一個行為都要親自去模仿才學會，因為這樣的學習就變得有限了，有些就只是觀察就可以學到，比如說要讓孩子知道哪個行為是不被允許的，只要抓個人、來個「殺雞儆猴」就可以收效，當然好的行為更可以如此，孩子看到某種行為受到獎勵，以後也會較常表現受到獎勵的行為，這就是所謂的「替代學習」。這裡要特別提醒一點，雖然「殺雞儆猴」也是一種觀察學習、行為主義的運用，但是基本上如果要指責、糾正孩子的錯誤行為，還是適合在私下場合為之，保住孩子的自尊是很重要的，而孩子在這種被尊重的情況下也比較願意改正。當然，許多的學習可以經由觀察具體行為而習得，但是更多的學習是不必要有具體的事物或行為呈現的，特別是孩子有抽象思考能力時；比如說孩子在閱讀一些故事時，會期待自己也成為或是像故事中的人物，包括希望受人歡迎、做一些幫助別人的事跡，這些也可以是一種抽象的「模仿」，其他像是電視電影或是傳記人物，都可以是效仿對象。

(三) 學習理論在親職工作上的運用

學習理論中有許多原理原則，也可以適當運用在親職工作上，以下就分項敘述：

1. 增強

所謂的「增強」就是可以促成更多或是減少某項行為的「處理」動作，依增強形式來分，可以是「有形」與「無形」的增強，前者包括物質方面的獎賞，像是吃的東西或金錢，後者包括抽象、社會性的獎勵，像是記優點、拍肩、鼓掌、微笑、鼓勵的眼神、誇獎讚許的話。人都需要被看見、被鼓勵、受到重視，孩子年幼時用有形的鼓勵（或是所謂的「原級增強物」primary reinforcer，如食物、獎品）效果較佳，但是也要慢慢地把增強形式加以變化，以社會性增強或「次級增強物」（secondary reinforcer，如鼓掌、微笑、記優點或特權）來取代，最後是希望孩子不必要經由外界的增強而得到鼓舞，而是他有「自我增強」（self-reinforcement）的能力，也就是將增強的來源放在孩子自己身上，孩子不會為了討好他人或是迎合環境的脾胃而喪失自己作主的能力。一般所謂用來增強的「增強物」可以有「生理的」（比如可以用來滿足基本飲食需求的，像是食物、糖果、飲料或是金錢玩具等）、「社會─情緒的」（如讚美、微笑、擁抱等），以及「活動性的」（如電影電視、可以玩久一點、看故事書等）（Jensen & Kingston, 1986, p.185）。然而孩子如果只是仰賴或依據外在的尺度作為評量自己行為的標準，不僅不會負責任、也沒有獨立做決定的能力。我們的教養過程中諸多是符合增強原則的，像是起初孩子會因為要獲得雙親或大人的稱許與注意而做，後來自己不在乎他人的獎勵，而是在做之中就有酬賞，比如說閱讀或運動，原本是成人看到這些行為而稱讚，後來自己在閱讀之中發掘了樂趣，使得閱讀本身就是酬賞，自己願意花時間去閱讀，甚至培養成為一種嗜好，這就是「自我增強」。

(1) 正增強與負增強：增強又分為「正增強」（positive reinforcement）

*1
6
8*

與「負增強」（negative reinforcement）。「正增強」是指一個行爲出現之後的結果，會讓孩子繼續出現類似行爲的機率增加，像是誇獎孩子助人的行爲之後，可以預期孩子助人的行爲會增加，因爲助人之後的結果——誇獎，是讓人愉悅、高興、正向的，所以孩子會希望再有機會表現出相似的行爲、得到喜歡的結果。相反的，「負增強」就是移除讓人不喜歡的、不舒服的東西（像是限制活動、打掃或是有處罰意味的事物），因此如果把那種不喜歡的結果拿開，就可以增加行爲出現的頻率，就是所謂的「負增強」；比如說媽媽嘮叨孩子去整理房間，一旦孩子把房間整理乾淨了，媽媽的嘮叨就停止，在這個案例裡，媽媽的嘮叨就是「負增強」，因此爲了減少負增強的最好方法就是常常整理房間，也因此會增加整理房間的行爲。

(2) 選擇性增強：一般來說，「選擇性增強」是希望可以選擇想要建立的行爲來做增強，增加這個行爲的出現率，換句話說，就是只選擇一個或是一些想要的行爲來做增強，孩子會在幾次的嘗試錯誤中，學會「分辨」哪些行爲是受到鼓勵的、就會多做，而哪些行爲不受到鼓勵、就會少做。但是「選擇性增強」也常常被誤用，也就是父母親在使用之時不小心，反而會造成後來的失敗！比如說，孩子常常會因爲要不到某個東西而哭鬧，父母親當然希望可以堅持不給、以免孩子養成予取予求的習慣，但是當孩子堅持得比父母親還要久時，父母親可能就沒有耐性繼續陪公子或公主玩了，於是就會放棄與孩子抗爭、屈就了孩子的要求，孩子在屢次嘗試之後成功了，下一回當同樣的情形再發生，他們會堅持得更久，因爲上一回已經嚐到甜頭了，他們相信只要堅持得比父母更久，最終父母還是會投降！這樣的選擇性增強所造成的結果或行爲，通常很難消除，這就有點像賭博的「間歇性增強」一樣，許多賭徒都相信只要堅持夠久，總是會等到他們想要的，這一點也提醒了爲人父母者要特別注意管教的一致性與持續性。

2. 增強運用在不同年齡層孩子身上的注意事項

對於不同發展階段的孩子，增強的使用也有一些建議（O'Connor, 1993, pp.293-294）可以參考：

(1) 二到六歲前運思期：需要原級（primary）增強物，使用連續性增強較為有效，使用「暫停」（time-out）技術是用來教育他們為自己的行為後果負責，但由於孩子們發展情況的限制，其時間觀念會較為模糊，處罰時間不宜過長。

(2) 六到十一歲具體運思期：可用次級增強物或代幣制度，增加社會性增強很重要。

(3) 對於其他年齡層的孩童，社會性增強的使用較之其他原級增強或次級增強來得有效，其進度也是希望由具體物質增強，慢慢以社會性增強取代，然後達到孩子「自我增強」的目標。社會性增強是效用很大的一種增強方式，不僅可以擺脫低層次的原級增強（如食品、物質），讓孩子不會太功利取向，也滿足了人需要被「認可」的自尊需求，而進行到不需要任何增強物、依然可以有良好行為出現，就是個人在做這些行為時，已經自行為中得到酬賞增強，比如說助人不是因為會得到被協助人的感謝、或是他人欣羨的眼光，而是自己也覺得很快樂，這就是達到了「自我增強」的目的。

3. 建立新行為或是養成新的習慣時，可使用的原則

(1) 使用不同增強方式：對於新行為的建立，要在行為剛剛出現的關鍵時刻，增加增強的次數與強度，可能是每表現出一個可欲行為（desirable behavior），就立即給予增強或鼓勵（連續性增強）。而當行為已經建立，就可以減少增強的次數，甚至變成「間歇性增強」（interval reinforcement），就是隔一段時間給予增強，或是用「比率性增強」（ratio reinforcement），就是在可欲行為出現多少次之後、給予增強。孩子對於新的行為不習慣，因此總要給他們足夠的動力來繼續，增強

就是最好的方式。但是增強也有其限制與需要謹慎的地方，比如說不要老是以物質的獎勵爲主，可能容易讓孩子養成利益交換的觀念，沒有了增強物就不做；而增強物或是方法的選擇，也要配合孩子的需求與想望，要不然用錯了增強物，還不一定會激起孩子的興趣哩！

(2) 連續漸進原則（proximity）：連續漸進是行爲改變技術裡的一種技巧，也就是在新行爲建立之初常常使用的方法，在整個過程中要用到許多增強的技術；主要是針對要達成的目標行爲、循序漸進細部化，當孩子表現出接近目標行爲的相關動作，就給予增強或讚賞。舉例來說，訓練孩子刷牙，先是把牙刷這個新鮮的東西拿給他，孩子會開始玩弄，當有一次孩子不小心把牙刷拿近嘴邊，就給他一個鼓勵，只要有這種行爲出現，父母就給予獎勵或稱讚，這麼持續幾次，孩子就會知道原來放近嘴邊是值得嘉許的行爲，慢慢的就會增加把牙刷放在嘴邊的動作，也許下一回他就把牙刷放進口裡，父母親當然繼續鼓勵，因爲這是更接近目標行爲（刷牙）的動作，後來孩子可能就會做一些類似刷牙的動作（如咬牙刷），這就更接近目標的刷牙行爲了！最後，父母親就可以做示範動作、教孩子正確刷牙的方法。同樣的例子，我們也常常在孩子學步的時候發現，當孩子已經會爬了、會站了、開始走路了，父母親都是很興奮的、而且不吝給予稱讚，孩子在受到鼓勵的情況下，自然就會更加努力！

(3) 皮馬克原則（Premark principle）：把孩子不喜歡做的事安排在喜歡做的事之前，就可以增加不喜歡做事的頻率。比如要孩子先寫完功課、才可以看電視，先喝完牛奶、才可以出去玩，寫功課、喝牛奶可能不是孩子喜歡的，但是看電視與出去玩是孩子喜歡的，這樣的安排就可以讓孩子先做我們希望他多做的，少了親子之間的爭執。

4. 消除或改變行爲

(1) 削弱（extinction）：把建立新行爲時所用的「增強」技巧放置不用，就是希望可以「削弱」新行爲，雖然已經建立的新行爲還是會持續好一段時間，但是因爲缺乏增強物或是增強物延遲出現，其出現機率會慢

慢減少、甚至完全消失（這就是「削弱」），然而因爲已經建立起這種行爲，因此往後有相關連的環境刺激出現，這個行爲也會「自動恢復」。像是本來孩子一整理自己床鋪，就會受到父母親的誇獎，而當鋪床的行爲已經建立起來了，父母親方面給予的誇獎就慢慢減少，但是孩子還是會繼續鋪床，後來即使孩子鋪了床、父母都不予以獎勵，鋪床的次數可能因而減少，這就是「削弱」，但是也有可能鋪床已經成爲一個孩子喜歡或習慣的工作，孩子會因爲家長的稱讚或是「自我增強」的緣故，而繼續保持這個習慣。然而「削弱」了的行爲，後來也會自動恢復，因爲這是「已經學會」的行爲或動作，已經成技能之一，只要時機適當或是恢復增強的動作，也會有重新出現的可能。

(2) 饜足法（或「洪水法」）：「饜足」就是飽足，讓對方覺得「受夠了」，而不再有當初的滿足愉快感，而這個行爲的「酬賞」就會失去其原先的意義，這也是根據我們生理的情況而發明的。我們一般生活中也常有這樣的現象，像是吃飽了、對於其他好吃的食物就引不起興趣，或者是每餐都吃牛排，過一陣子之後可能聽到人家說「牛」字都會覺得噁心。當然在處理「饜足」法時，要特別注意其危險性，如果會妨礙或傷害到身心的健康或福祉的，最好不要輕易使用，比如說要孩子飲食均衡正常，提供他想吃的東西，讓他最後覺得這個好吃的食物已經不像當初那麼好吃、吸引他了，這個自然也是一個「饜足」的使用，但是換個例子是希望孩子戒菸、卻逼迫他連續大量抽菸，這種方式就值得爭議，因爲已經有科學證明抽菸對身體健康有害，這樣的作法不是擔任親職的家長願意做的，也不人道。

(3) 嫌惡法（aversive conditioning reflex）：「嫌惡」法就是在執行時加入一些讓人不喜歡的東西或是動作，讓孩子做其他的選擇。舉例來說，孩子小時尿床，父母親可以在孩子已經入睡一段時間之後，搖醒他、陪著他去上廁所，孩子在睡夢中一定不喜歡被搖醒（嫌惡的事物、或是負增強），而也慢慢學會了在上床睡覺之前先上廁所。如果孩子會吸吮手指頭，有些父母親就在孩子的拇指上塗了辣椒或其他讓孩子討厭的東西，這

也是嫌惡的用法。

(4) 選擇互斥：讓孩子有所選擇，但是所列出的選擇，基本上是互相衝突、排斥的。這也可以用在「暫停」（time-out）的情況，讓孩子在兩個選擇之中做較爲明智的決定，不會讓孩子覺得自己沒有選擇、而有被強迫的感受。舉個例來說，如果孩子們爲了搶玩具爭鬧不休，可以叫孩子各自回房去、等到他們願意一起分享玩具時才解除這項處罰，也就是讓孩子可以做自己的選擇；也可以將玩具先收起來、告訴他們：「你們是要我把玩具收起來、以後兩個人都不能玩了，還是等你們決定好了怎麼一起玩，來告訴我，我會把玩具還給你們。」孩子們自己就可以從中做決定：是一起和平地玩、還是就這樣讓玩具被沒收。孩子是很聰明的，會衡量最佳的處理方式，而也藉由這樣的機會讓孩子學會與人合作、分享。

(5) 處罰：就是刻意使用讓孩子不舒服的方式，希望可以阻止其不適當的行爲。處罰的形式一般可分體罰、剝奪特權、以及言語責難（Jensen & Kingston, 1986）。處罰的使用，通常是針對危險的行爲所做的立刻制止動作，像是孩子玩火、立刻打他的手，就是處罰，但是處罰之後倘若沒有後續的糾正或說明，處罰可能是無效的，也就是錯誤或是不允許的行爲有可能會再出現。孩子打架，將他們拉開、然後施予個別處罰，這樣的處理還不夠，因爲他們只學到以後打架不要被「逮到」就沒事，因此必須要有跟進的處置動作，像是拉開打架的兩造、不讓他們繼續傷害彼此之後，先沒收玩具、要他們一起去商量可以共同使用玩具的規則，或者是與孩子們一同研擬避免下一回同樣情形發生的解決之道（像是一旦有爭執發生、其中一方要離開現場，請大人來處理）。處罰只能暫時「遏止」目標行爲的發生（治標），但是沒有達到根本修正防堵之效（治本），因此接下來的動作就非常重要，也就是要有「正確處置行動」（corrective behavior）的出現，特別是當孩子不知道什麼是正確行爲的時候！比如前例孩子好奇玩火，可以讓他在一個安全的環境中（如周遭沒有易燃物的一個空地、而且在成人的監控下），在一個鐵製垃圾桶內劃火柴；孩子打架是處理衝突的一種方式，要孩子商量彼此願意讓步、共同分享或玩耍的規則，這也是示

範，還提供了孩子下一回處理類似衝突情境的選項！

　　處罰通常是由成人定規則、然後執行之，在孩子尚年幼時，其實就可以開始與孩子共同研擬規則與獎懲方式，因為經由共同努力定下來的規則、孩子也參與一份，要共同遵守就比較容易，如果只是父母親單方面的約束，孩子覺得不是發諸自由意識，其效果較差。此外，孩子犯錯，讓孩子理解錯誤的地方在哪裡、要如何修正、甚至接受怎樣的懲處，也可以經由共同的會議協商來訂定，孩子可以參與提供意見，在執行上就容易心服口服。處罰的使用是要針對當時發生的事，不要用「累計法」，或是將過去的「歷史」翻出來，這樣會讓孩子覺得自己永遠不可能有機會改好。處罰過後也要讓孩子知道是因為他的某個行為受到處罰、而不是因為他這個人，孩子很容易因為自己做錯了一件事，就認為自己已經失去寵愛、或是自己的價值降低了，因此有些家長會在懲處動作之後一段時間，去安慰孩子的心情、說理、或是告訴孩子做家長的當時心情，孩子會知道父母親不是因為不愛他而處罰他，相反的正是因為關心疼愛才如此。

(四) 有效的處罰

　　處罰是行為主義技巧中的一種，但是並不是主要的方式，在親職工作中還是不免會用到，在這裡將處罰的一些原則與注意事項列出，可以提供家長們在使用時做參考：

1. 使用處罰的缺點

　　有研究指出：家長使用語言的斥責或是體罰，與孩子的問題行為是成正比的（Brenner & Fox, 1998），也就是言語和肢體處罰越多、孩子的問題行為就越多；而嚴厲的管教也會讓孩子的身心與行為問題增加（Deater-Deckard & Dodge, 1997; Reid & Patterson, 1991; Takeucki, Williams, & Adair, 1991; Velez, Johnson, & Cohen, 1989）。一般人詬病處罰主要是因為：(1)處罰是運用外鑠的力量來控制或約束行為，會阻礙個體內控力的發展，容易為了逃避懲罰而陽奉陰違、沒有真正改善；(2)父母親處罰孩子，正好給孩子觀

察學習的機會，孩子容易模仿父母親這種處理事情的方式，甚至是「以暴制暴」；(3)處罰容易造成孩子與家長對立的情況，阻礙親子關係（李丹編，民78）。

2. 處罰的特性

Sweeney（1989, p.95）曾經針對「處罰」的特性做了說明：(1)處罰表現出執行處罰者的個人威權與力量；(2)不符合邏輯，行為與處罰之間沒有合理的連接；(3)涉及到道德批判（成人判定好壞的標準）；(4)與過去行為或歷史連結；(5)往往是氣憤的表現，也常常在處罰之後會後悔；(6)沒有給對方（或孩子）選擇的餘地；(7)接受處罰的孩子是在「忍受」，卻不是心服口服；(8)處罰常常是出於衝動的結果；(9)被處罰的人覺得自己很渺小或無價值；(10)處罰常常伴隨著嘮叨；(11)使用的方式是說教與強迫。

3. 有效實施處罰的要件

要實施有效的處罰必須有幾個條件需要留意（Jensen & Kingston, 1986）：

(1) 處罰時機的適當性（timing）：如果處罰是先發制人，在行為剛出現時，效果較佳，而不是在事後；如果需要糾正的行為已經發生了，最好儘快作處置、不要延宕太久，可能會失去效用。比如在孩子要出手打人之前就阻止、打人的動作就不會出現，如果打人行為已經完成，就要即時作處理，不要等到一段時間過後想到才處罰，在時效上就失去先機！對於年紀越小的孩子，處罰出現的隨即性是很重要的，因為他們的時間觀念還在發展，為了已經過去一段時間的事受到延宕的處罰，孩子會很困惑；再者，如果孩子應受處罰的行為對孩子來說是很喜歡的（比如看電視），延宕的處罰，換言之就是「延長」了他不適當行為的愉快性，因此後來處罰孩子時，處罰的負面效果就不及「看電視」愉悅的正面效果，相形之下，孩子下一次衡量這個看電視行為時，就會認為「看電視」的酬賞動機大於

被處罰，再犯機會就增加。

(2) 孩子了不了解受處罰的原因：如果「適時性」的時機已經錯過，就必須讓孩子知道受處罰的原因，讓他知道為什麼，下一次他自己就容易作判斷。

(3) 處罰的嚴厲性：如果處罰的嚴重性不足，也無法達到處罰的效果。比如孩子打人，只罰他不准吃糖果五分鐘，下一次就不免再犯，因為這種處罰對孩子來說無關痛養、根本產生不了效果。

(4) 施行處罰動作的成人與孩子間的關係：關愛又對孩子有影響力的成人，其處罰效果較佳，如果是本來就對孩子很疏遠、不太理睬的成人執行處罰，孩子不買帳、自然效果殊異！

也因此有研究者（Jensen & Kingston, 1986; Norton, 1977, cited in Jensen & Kingston, 1986）建議施行處罰要注意（pp.202-205）：

①處罰的安排應該是孩子不可能逃避的。

②處罰的嚴厲性要夠大。

③每個反應都要受到處罰。

④處罰應立即。

⑤處罰不是循序漸進，而是一下子就夠嚴厲。

⑥不在情緒不穩時施行處罰，因為可能會過於嚴厲或是失去理智、造成傷害。

⑦考慮其他處罰方式（如剝奪特權或是言語責難），不要一味採用體罰。

⑧運用處罰時，要提供其他可接受的行為方式與方向，這樣子孩子重蹈覆轍的機會才會減少。

⑨威脅要處罰與執行處罰時間不要間隔太久，以免失去時效或讓處罰效果打了折扣。

⑩處罰應與該行為作適當配對，也就是要區分嚴厲性與行為的輕重緩急。

⑪明確告訴孩子受罰原因。

⑫使用言語的責難要針對行為，不要損及孩子的自尊，也就是不要「因其行、廢其人」。

4. 正向與負向處罰

此外，記得施行處罰時，不要當著其他孩子或是孩子朋友的面，孩子也需要自尊（Gordon, 1989），不要以為這是「殺雞儆猴」、效果更好，反而會適得其反。處罰又可分為「正向處罰」（positive punishment）與「負向處罰」（negative punishment），前者是添加某行動讓目標行為減少，像是指責、打手心，如孩子說髒話要他去刷牙；後者是把某個物品或特權移走、讓目標行為減少，如減少孩子看電視時間，要其延遲完成功課的行為減少（Jensen & Kingston, 1986, p.200）。當然，可以不使用處罰而減少不可欲的行為或是增加可欲的行為，自然是最好，處罰的使用形式也不要拘泥於一種，尤其在發現無效時，更不要執著於單一處罰型態。行為主義學派對於管教行為是雙管齊下，也就是要以增強來鼓勵，以處罰來遏止，而這兩者之間的分寸拿捏、彈性使用就是智慧。

如果父母親常常利用自己的親職權或影響力來讓孩子就範，可能就會產生以下的結果：孩子會認為每個行為都有個報酬或懲罰的結果；當酬賞停止，行為就停止；父母慢慢就要與其他的酬賞相抗衡，包括社團、同儕團體或其他；孩子會認為外在因素比內在力量更能控制他們的行為（Jensen & Kingston, 1986, p.247）。這幾點其實也說明了不當使用或者一以行為主義學派為衷的可能弱點；換句話說，就是一味使用外在或物質增強，孩子自然會為了這些酬賞而表現一些特定行為，一旦酬賞物沒有了，孩子就不願意表現特定行為的功利心態，而當父母親提供的酬賞物不再吸引或滿足孩子時，其他的誘因或酬賞就會進入取而代之，雙親因而喪失了其影響力與威權，也會反應在自己對於管教孩子的無力感上。孩子長期受制於外力的掌控，對自己也喪失信心，不認為自己可以有主控與改變的力量，成為徹徹底底的「行為主義」環境論者。而這樣的孩子在自己成為父母親之後的極端案例，可能會極盡力量塑造環境來改變孩子，成為更激進

的行為主義者，或者恰恰正好相反，不再迷信環境或是增強，而完全放任孩子去自由發展、自己找出路。

● 二、其他行為主義觀點與親職管教工作

除了前面所列常用的技巧之外，行為主義裡其他用來作為管教的方式包括：

(一) 制約（conditioning）

「制約」分成兩種，「古典制約」（classical conditioning）與「操作制約」（operant conditioning），前者是華生（John B. Watson, 1878-1958）等激進行為主義者提出的，認為環境是塑造行為的主力；後者是新行為主義的學者史基納（Burrhus F. Skinner, 1904-1990）提出的，他認為人是有主動性的，不是全任環境外力的宰割，人會對環境做主動反應，然後行為的後果可以作為往後行為出現的指標（張厚粲，1997），因此把個人主動性增加；當一個行為出現之後有喜歡的結果出現，就會讓孩子再次出現同樣反應的機率增加，許多習慣的養成，都是採用「制約」的方式。像是聽到垃圾車的音樂，大家就知道要倒垃圾，後來只要收垃圾的時間靠近了，大家就會先準備好，在這裡，垃圾車的「音樂」、甚至是後來垃圾車出現的時間，就是「制約刺激」，讓大家產生了「倒垃圾」的「制約反應」，是將一特殊「刺激」（垃圾車音樂）與一特殊「反應」（倒垃圾）連結在一起、成為一種自動動作，這是所謂的「古典制約」；用操作制約的方式管教孩子的例子，比如說聽到鬧鐘響就會起床穿衣服（因為會得到父母的讚美），看到來家拜訪的陌生人會點頭問好（因為客人稱許）等等，因此孩子偶爾出現一個可欲行為，比如說伸手去幫助別人，父母親看到了予以誇讚或是很欣喜，孩子在往後也會在適當情況下增加助人的行為，也可以看出，「制約」的管教方式是與「增強」觀念緊緊連結在一起的。

1
7
8

(二) 系統減敏法（systematic desensitization）

這是比較需要專業技術的方式，其最初主要是協助個人克服一些恐懼與心理障礙（像是怕蛇、怕公開說話等），使用方法是讓孩子在身體放鬆的情境下，依序去經歷害怕程度不同（通常是由輕微到嚴重）的情境，一般是以想像害怕情境的方式進行，也就是利用我們一般放鬆就不可能緊張的矛盾，來抒解孩子的焦慮。舉例來說，孩子最容易出現的就是害怕黑暗，擔心黑暗中有一些不可預期的事物或情況出現，先與孩子一起列出哪些情況的黑暗，他比較不害怕（比如電影院、廁所），最害怕的是晚上靠近家的巷口，這些是用來想像漸進的一個指標；接下來就是放鬆訓練，讓孩子可以在需要時，很自然就做放鬆動作，最後讓孩子在放鬆狀況下、以想像方式要孩子從最不害怕的情境（電影院）開始想像，慢慢減低其恐懼。系統減敏法一般需要使用的時間很長，也有其一定順序，如果真的孩子類似恐懼的情形太嚴重了，還是請專家來協助較佳。

(三) 代幣制或次級增強（token economy or secondary reinforcement）

使用孩子喜歡的貼紙或象徵獎勵的物品（卡片或是記號）作為「代幣」，與孩子商量哪些表現可以得到獎賞、又可以兌換什麼東西或特權，而孩子的行為可以讓他自己或是父母親記錄，實行一段時間之後結算成果、然後施予獎勵。父母親在家裡常常會希望孩子把自己的功課做完、或是協助家事，這都可以拿來作為獎勵的目標行為。代幣制的執行要有效果，主要還是增強物的可欲性、執行的一致性，也要適時將計畫做調整或改變，以防孩子對獎勵失去興趣。許多代幣制的獎賞，可以把家人一同的活動放在裡面，不僅增進家人的情感，也達到想要的目標。

父母親在使用「代幣制度」時，也要注意一些施行的方式。運用「集點」或是「獎勵卡」讓孩子因為好行為得到獎勵，而「兌現」的方式不一定要是實質的東西，可以用活動（比如說下棋、出去玩、看電

視等），甚至把家人的活動也安排進去（像是聽音樂會、郊遊、出去用餐），把其他社會性的獎賞加進來效果更佳（比如說全家出遊就有許多社會意涵在裡面），或是將家人也包括在計畫中，彼此可以互相支持（如減重計畫可以母親邀請孩子一起來做，效果會更好）。「代幣制度」不一定由家長擔任制度的執行者，父母也需要鼓勵，孩子也可以做這樣的動作，例如說母親工作累了一天回家，可以跟孩子說：「媽媽今天好累，可不可以給我一個愛的擁抱？或使用搥背卡？」當然「代幣制度」不需要用得很長久，孩子或是家人已經習慣了，也遵照一些不錯的生活規則，「代幣」的存在就不是很必要。

(四) 行為改變技術

「行為改變技術」（behavior modification）指的是運用前面所說的增強原理，讓行為達到改變（可欲行為增加、或是不可欲行為減少）的一系列有組織的執行計畫。施行行為改變技術需要一段時間，而且每一次設定的目標行為不要太大、否則只是徒然增加失敗的機會；計畫的規劃也要具體可行，每週或隔一段時間做適當修正，效果會相當好，當然家長有興趣做，也要投入相當的時間與精神，因此如果家長認為值得一試，不妨嘗試一下。

行為改變技術有執行順序，在以下的篇幅會用一個實例（增加孩子協助做家事的次數）來做說明，家長們可以先行在自己身上使用，效果出現之後，再將成功經驗運用在孩子或其他家人身上。

1. 觀察行為、並劃出基準線 （baseline）

以一個禮拜時間，觀察孩子每天主動做家事的次數，然後以基準線方式記錄，如：

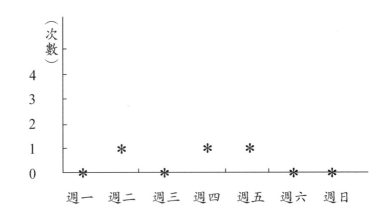

（次數）

```
4
3
2
1        *        *        *
0    *        *                *        *
   週一   週二   週三   週四   週五   週六   週日
```

　　從上面的基準線圖可以看出孩子只有在週二、週四、週五主動協助做家事，因此平均一週協助做家事次數只有0.4次（3÷7＝0.4），因此將執行「行為改變技術」第一週的目標設定為：每週平均主動做家事一次。下一週如果達到「每週1次」的標準，就可以在下下週將目標行為增加為「每週1.5次」，然後以此類推，但是如果下週依然未達「每週1次」的標準，就不要更動行為目標。

2. 目標行為

　　「主動做家事」是指不用家長吩咐或要求，孩子就會自行去將負責的家事（如洗碗、清理桌面）做好。在剛開始執行計畫時，目標行為以每週結算的平均值為準、做適度增加，不要一下子就把目標定得太高，很容易就失敗。

3. 增強方式

　　增強方式應該以能吸引孩子的增強物為準，在擬定行為改變計畫時，可以先去觀察或詢問孩子最喜歡的事物（包括喜歡的活動），然後將這些觀察所得做為增強的參考。增強方式可以分批進行，如一天結算一次，達到「主動做家事一次」，則獎勵孩子飲料一杯；以三天結算的話，達到平均標準就讓孩子去同學家玩；以一週為結算，平均達到標準，就與

孩子一起去書店等。在行為初建立時，不妨將增強方式以「日」計，然後再慢慢延後增強給予的時間（如三天一次或一週一次）。

(1) 一週結算一次，也留意增強物的吸引力有沒有改變，以此作為更改接下來計畫的根據。如果原來設定的增強方式已經引不起孩子的興趣、或是孩子想做家事的動機，就需要將增強方式做適當變化。

(2) 可以請孩子本身或其他家人協助作觀察紀錄，並且提供支持與鼓勵，讓孩子知道他的改變，大家也都看到。

(3) 可以邀請其他家人也參與計畫（如本例「主動做家事」），大家一起的感覺，會讓孩子覺得做起來更有趣。

(4) 小心使用增強物，不要讓它成為下一個需要做的行為改變目標。比如說，獎勵孩子喝太多飲料、體重增加過速，結果也需要做減重的動作了！

(5) 行為改變技術的執行要看到成果，必須要堅持一段時間（可能是一兩個月），因此家長心裡要有準備，不要太心急！

(6) 行為改變技術一旦達成最後目標（如一週主動協助做家事五次），慢慢將增強次數減少，甚至孩子已經不需要增強的加入，就主動做家事。

(五) BASIC ID

此外，另一位行為主義大師Lazarus（1997）提出了所謂的"BASIC ID"來說明人類的功能要從這幾方面來看其適應情況，包括了行為、感情、感覺、想像、認知、人際關係、與藥物／生理（Behavior, Affect, Sensation, Imagery, Cognition, Interpersonal relationships, Drugs / biology），也就是說，人類行為或功能運作要有較為周全的評估，就必須把這些因素都考量在內（cited in Corey, 2001, pp.278-279）；如果我們根據這個觀點去看對孩子的教育與管教，以「孩子說謊」為例，就是除了要觀察其外顯行為（如說謊）之外，也要探索其感覺情緒方面對於此行為的反應（如悔恨、生氣）、生理上或五官的反應（臉發熱、手心發汗），有沒有因此做惡夢

1 8 2

或是類似鮮明的記憶揮之不去（想像）？對於說謊這樣的行為有什麼看法或評論（認知）？說謊影響了他與其他人之間的關係了嗎？或是以說謊來贏得與人之間的親密？（人際關係）有沒有生理或健康上的問題？運動作息或是藥物使用情形如何？（藥物／生理）等。

　　Lazarus（1997）還特別提到要做到短期又有效的處置，必須先檢視幾方面：衝突或是曖昧的感受（如說謊帶給孩子的衝突感覺），不適應行為（知道說謊不對依然做了），錯誤消息（消息來源有誤、導致說謊）或消息疏漏（消息不完整、導致以說謊為因應之道），人際壓力（怕失去友誼），外在壓力源（擔心自己的自尊或地位因此下降），慘痛悲劇經驗（不想與過去經驗面對面遭遇、因此採用說謊來掩飾），以及生理上的功能失常（自己生理上的缺陷不能自己，如「強迫性偷竊」）（cited in Corey, 2001, p.279）。當然行為治療基本上是站在「病理」、「功能失常」的角度來看行為，所以會注意到廣泛的評估，但是也給家長們一個很好的提議：許多事情的根源不一定只來自一方，有諸多情形與因素需要加以考量，而對孩子有更全面的了解，越能夠知道如何協助孩子發揮更多更好的潛能！

◉三、行為主義諮商學派在親職教育上的檢討與運用

　　Spiegler與Guevremont（1998）（cited in Corey, 2001, pp.260-261）曾就行為主義治療的特色做如下描述，本書作者則依據這些特色在親職教育上的運用與限制做說明：

　　(一) 行為主義是依據科學方法原則與過程，利用系統的實驗研究，將原則套用在人類身上；放在親職教育的使用上，是有具體目標、很系統化地評量其有效性，也就是目標明確、探行的方法也確實可行，而評估動作是用來改善其進行情況與結果的；例如：要孩子養成每天上床前刷牙的習慣（目的），在示範之後，每晚陪伴其做完刷牙動作，然後酬賞以床邊故事（進行方式），一段時間之後（例三天）如果上列的過程執行碰到困難，會妨礙期待的結果，就需要改弦更張、找尋更為有效的執行方式（評

估與改善）。

（二）處理的是目前所遭遇的問題，而不究既往，這也讓親職工作不會因為孩子過去的記錄或歷史而喪失了改進的機會，這一點是極具鼓勵作用的，因為每個人都會擔心自己的過去影響未來發展。

（三）身教重於言教，著重在做、而非說理說教，行動可以讓目前情況改變，有些情況是需要教導一些特殊技巧的，不是「不教而成」，比如天性害羞的孩子，雖然也很渴望有朋友，但是卻缺乏交友的技能，因此適當的社交技能的教導、並做適當練習與演練，可以讓害羞的孩子有交朋友的能力與自信。

（四）行為主義是在孩子的自然生活環境中進行，不是人工刻意安排的情境，這樣也讓孩子容易將所學加以有效運用。

（五）行為主義強調「自我控制」，也就是之前所提的「自我增強」，運用在親職教育中，就是要讓孩子會去行動，也評估行為後果，同時為自己的行為負責任。

（六）每個行為主義的運用都是因人制宜的，也就是會因為不同的孩子而做適度的調整，比如對每一個孩子來說，「糖果」並不一定就是最希冀的酬賞（增強），常常被處罰的孩子，體罰對他的效用就有限，有的孩子需要鼓勵、練習才敢踏出下一步，有的孩子可能在觀看他人的表現之後就可以自己履行，行為主義提供了這項彈性。

（七）行為主義的親職教育是親子合作的關係，而不是威權或上對下的關係，親子一起學習也一起成長。

行為學派的親職教育重點會放在環境的營造上，我們看到許多家長願意將孩子送到安親或補習班，講究孩子的學習環境可見一斑，甚至希望可以到某些老師的班級「接受陶養」，都是認可行為學派的做法。而「增強」原則的使用也是一般家長「用而不知」（常常運用卻不一定知道其原理）的慣常策略，行為主義的運用有其道理在，但是往往會因為「不知其所以然」而誤用，產生了非期待中的結果。家長藉由操控獎勵與懲罰的方

184

式來「塑造」孩子的行爲，固然可以收到較爲立即的效果，但是一味使用而不知變通，也有其缺失：包括容易讓孩子的行爲受到外在酬賞或處罰因素的影響，會太重視或一味挑戰他人的看法（爲反對而反對），認爲自己的掌控空間太小、比較沒有自我控制力。其實行爲主義學派到了Skinner手上的「操作制約」，已經將個體的力量加以考量在內，不視環境刺激爲唯一決定行爲的因素，而把個人對於自己行爲的「滿意度」承擔起責任來，因此希望所謂的「增強」從外鑠漸漸轉移成「內控」，這就是所謂的「自我增強」。我們在日常生活中也看到許多自我增強的例子，比如說孩子會因爲父母親的金錢獎勵而努力爭取好成績，但是後來體會到自己努力而獲得成功的滋味是很棒的，即使父母親沒有使用金錢或是社會性讚揚，也覺得感受不錯，這就是孩子慢慢學會了爲自己的行爲後果負責、也學會自我獎勵與增強；此外，孩子也許是在父母親的逼迫下去學習樂器，後來發現在演奏中有另一種自得、欣賞與歡喜，願意花時間作練習，讓技藝更精進，也是自我增強的表現。

　　行爲主義學派的許多理論與技術適用性很廣，家長希望佈置一個很好的環境，讓孩子可以在其中快樂有效學習與生活，特別是用在對於孩子的教育上，會千方百計找好學校、好班級、明星老師、好社區、好鄰居或是補習班，就是希望在硬體與環境的配合下，可以帶領出更佳學習成果，這也就是行爲主義的一種實踐；此外，家長在孩子表現良好行爲或成績時，也會十分慷慨地給孩子獎勵酬賞、帶孩子出遊等，這些都是增強孩子好行爲的做法；另外著重在練習與技巧的獲得，也是行爲主義成功的地方。由於行爲主義似乎把孩子的表現放在外力的使用上，特別是家長的酬賞或是處罰上，一旦孩子行爲出現問題，可能就會認爲是太過縱容、沒有約束，或是使用行爲原則失當，因此讓家長認爲只有更爲嚴屬才可能收效（Jensen & Kingston, 1986, p.80），這樣的處置效果可能適得其反！

第二節　現實治療學派

　　現實學派指出了一個成功的親職教育是教導孩子運用有效的方式，而不是無效的方式過生活，人要為自己的行為負責、也兼顧現實世界的限制與條件。現實治療學派主張一個人的生活與行為都是自己選擇的，成功的生活是與良好的人際關係有關，生活上之所以出現問題，主要是人際關係上出現了問題，而現實治療不將焦點放在問題的原因上，而是擺在一個人可以掌控的層面，所以是比較屬於問題解決導向的做法（Corey, 2001）。生活上出現問題是因為人以無效的方式試圖去解決問題，因此我們會抱怨、責怪他人、吹毛求疵，現實治療強調人的3R，指的是「責任」（responsibility）、「現實」（reality）與「對的事」（right & wrong）；人必須為自己的行為與生活負責，分辨出什麼是「我需要的」（needs）或「我想要的」（wants），許多人的煩惱受困於「想要」卻不是「需要」，「需要」是維持生存的必要條件，而「想要」是追索夢想、可欲的目標，讓生活更舒適。個人也根據現實的條件、選擇有效的方式去獲得自己要的，獲取的方式不是剝削他人的權利，而是要能做正確的判斷、做對的事。人需要有個被認同的身分（identity），最好是「成功的認同」（successful identity），也就是可以獲得他人的喜愛與接受，要不然就變成「失敗的認同」（failure identity）（Baruth & Huber, 1985）。

　　人的行為動力主要是源於需求的驅使、追求需求的滿足，而基本需求包括有生理與心理兩個層面：生理——是為了生存所需的；心理需求方面——隸屬與愛（要愛、有愛的性、分享與合作）、權力（人類要權力的需求高過其他動物，而這個權力的需求卻常與我們的隸屬需求衝突）、自由（要滿足自由的需求，就要常常有施與受的互動）與樂趣（玩樂也可以學習、增添生活趣味），而我們的腦袋就像一個控制系統，會監控我們的需求是否獲得滿足，如果沒有，就會讓我們有不舒服的感覺。但是我們有時候並不是採用直接的方式來滿足我們的這些需求，因為每個人的需求不

同、滿足的方式也有差異，我們會做選擇來讓自己感覺好過一些，但是我們並不一定就了解是哪些需求要被滿足，也因爲我們做了選擇，因此我們就要爲自己的選擇與行爲負起責任，但是人的許多問題與困擾，也正是因爲做了錯誤的選擇與不願意負起責任（Corey, 2001; Glasser, 1984; Glasser, 1998）。

◉現實治療學派在親職教育上的檢討與運用

將焦點放在孩子的問題行爲上，基本上對於問題行爲的消減或是改進無補於事，倒不如把重點放在「如何解決」上，這也是現實治療學派強調的「不聚焦於徵象上」、而注意「如何採取有效的因應方式」的道理；此外現實治療強調「涉入」（involvement），可以讓孩子知道父母親是關心在乎的，也願意協助他們，像是孩子做功課或是勞作，父母親的關切與願意參與（不要越俎代庖），傳達的是對孩子所從事的事情有興趣、也願意分享；也由於每個人要爲自己的選擇負起責任，家長可以做的就是協助孩子開發更多可行的選擇機會，在孩子做了錯誤選擇時不要聲嚴氣粗，而是協助孩子檢視有沒有可以挽回或是修正改善的地方，此外也一起看看有沒有其他可能的選擇。

家長的鼓勵對於孩子來說，是很重要的支持力量，現實治療也強調「永不放棄」的觀點，這裡也點明了在親職教育工作中，父母親也是永不放棄的角色，受到支持與關愛的孩子也願意做努力，孩子再怎麼資質差、不夠聰明漂亮，但是因爲是自己的孩子、也就是自己的寶貝，是自己的寶貝就值得繼續關愛！孩子也是希望所寄，有希望就永遠有改善的可能。這一點也可以對照人本學派的「積極關注」來看。

孩子需要朋友、怕被隔離在外，因此可能使用許多物質的贈與方式（給文具、或讓朋友玩自己的電動玩具），希望贏得他人的友誼，但是他人的回應卻不是如此，所以讓孩子覺得很沮喪，儘管感覺如此不舒服，但是孩子還是持續做下去；家長發現這個問題，可以明瞭孩子要有所歸屬的需求，只是他採用的是無效的方式，因此父母親可以提供其他可結交朋友

的技巧或途徑，也鼓勵孩子去嘗試、做努力，站在孩子這邊給予支持。孩子在做這些努力時，不免會有失敗或是結果不滿意的地方，嘉許孩子所做的努力，也鼓勵引導孩子去享受做的過程，不要完全以結果論英雄。

　　Glasser（1984）提到人為了要逃避責任是非常有創意的，可以編造許多意想不到的藉口或是方式，來企圖達到目的。譬如說有個高中生，這天學校要檢查儀容，但是他忘了去理髮，而且時間也已經不允許去剪髮了，所以就向教官說自己有位大伯過世，因此為他守喪，教官信以為真，但是也經由老師傳達悼念之意，但是卻穿了幫、父母親也氣得七竅冒煙！對於這樣的情況可以怎麼處置呢？孩子只是因為不想被記過，所以編了這套謊言（自尊與自由的需求），孩子這樣做之後心理也不好過（愧疚、丟臉、不安），但是家長認為他大逆不道，而且違反誠實的家訓，因此如果將矛頭指向「說謊」的行為，戳破謊言也無濟於事，可能會讓孩子更不願做改變或是堅持「說謊」的正當性，那麼可以問孩子除了找藉口之外，有沒有其他的解決方式？也許孩子會認為下一次就說實話好了，但是會被記過，這雖然負起了該負的責任，但還是不舒服，可不可以先請假外出一節課，去學校附近理髮，然後再去接受檢查？還是讓教官檢查，也請求可以翌日再接受複檢的機會？孩子也會有自己想到的其他方法可以補充，最後讓孩子在這些選擇中，做一個最有效的決定。家長不會因為孩子偶爾的犯錯，就否定了孩子的一切，繼續提供關愛與照顧，也適時放手、讓他去經驗。

　　現實治療在親職上的運用也由於太注重「解決方式」，不太去了解其可能的前因後果，所以有時會沒有機會讓孩子的情緒先得到宣洩，而削減了其解決效果。孩子之所以採用了無效的方式來滿足自己的需求，可能有其內在因素（比如生理問題或是遺傳基因上的病理因素在），有時是十分複雜的，有必要去釐清歸因，才能有更好的處置。另外，「好壞」的評估可能每個人或有不同，如果單是以家長的標準來做批判，不免也會不公平或爭議性（如家長認為讀書最大，限制孩子選擇朋友的「品味」），因此有必要去了解孩子對於事情的感受與看法，接下來的解決方式或意見才容易受到重視，要不然家長的努力也是白忙一場。

父母親可以做的 ─────

(一) 對於孩子的行為與表現,要「看到」才算數,不要隨意猜測。

(二) 儘管行為是評量的工具之一,也不要忘記去思考行為背後的可能因素。

(三) 以身作則。

動手與動腦 ─────

1. 讓自己做一個改變行為的計畫(如唸英文時間),依照「行為改變技術」的原理。

2. 用五分鐘運用「漸進」方式去實驗一個行為的塑造,如「去黑板上寫字」,與對方討論一下實驗心得。

3. 請列出在家中曾經看過父母親使用過的「增強方式」。

第六章

親職教育的各家看法—認知取向

　　認知取向的諮商理論強調一個人的想法可以影響他的感受與行動，因此改變一個人看事情的方式，就可以讓其產生行為上的改變。中國人是很具強烈認知取向的，但是也因此可能囿限於「知而不行」或「知易行難」的陷阱，運用在親職教育上，常常就會發生「知道卻做不到」的遺憾！目前的許多認知取向都已經不以認知為唯一主軸，而是加入了「行動」的因素，讓其理論與臨床工作更為契合。本章節中會依序呈現「認知行為學派」、「溝通交流分析學派」與「焦點解決學派」。

第一節　認知行為學派

　　認知行為學派是結合了之前所談的「行為學派」與「認知學派」的觀點。「認知學派」著重在一個人如何將吸收的資訊加以處理、分析、了解、歸檔與運用的過程，而在心理諮商上，認知學派是指一個人是如何看事情、做解釋，而這個解釋會影響到一個人的行為；相對地，一個人的行為也會影響到他的想法，因此「處理訊息」方式與「如何行動」、甚至「如何感受」，是互相影響的。將這個理論用在親職教育上，就必須做至少三方面的考量：行為、認知與情緒，我們會把焦點放在前二者上，但是並不表示「情緒」不重要。

　　我們一般的生活經驗是「看到才相信」（to see to believe），但是認知行為理論所說的卻正好相反──「相信就看得見」（to believe to see）。舉例來說，如果相信鬼神的人，會容易看到神跡或鬼影，而一個人的行為（如「有人看我」），卻可以在不同的人身上發酵不同的效果與行為（像是「他好像恨我」、「他欣賞我」、「他覺得我很奇怪」或是「他很欠扁」等），這樣「解讀」結果不同，可能引起的情緒（像是「很氣憤」、「很歡喜」、「很難受」或是「很討厭」）與行為（像是「瞪回去」、「微笑」、「低頭」、或是「揮拳過去」）也就有差異。我們在生活中的許多經驗也是如此，在還沒有做之前，就會假想許多情境、然後就

躊躇不前，但是一旦去做了，卻發現實際沒那麼困難，到底是因為這件事比「想像」中簡單，還是自己能力很強？阻礙我去動手做的原因在哪裡？可不可能是我對於這件事的「認知」與「想法」？這些「想法」沒有經過事實驗證，可能就是「非理性」的想法，而非理性的想法是會影響到我們日常處事功能的，人有理性思考與非理性思考的能力，端賴個人會如何做評斷與決定而已。

　　理情行為治療學派（Rational-Emotive-Behavioral Therapy, REBT）創始人Albert Ellis曾經提出幾個人們常有的破壞性非理性想法（cited in Corey, 2001, p.300），它們是：

(一) 我「必須」要生命中重要他人愛我或贊同我，才有價值

　　如父：「我說什麼，孩子都當耳邊風，我這個老爸沒價值！」子：「我反正做什麼事，我爸都不喜歡就是了，我又能怎樣？」

(二) 我「必須」要把工作做得很完美

　　如父：「如果我要，我就是要一百分，少一分我都不要！我跟太太都是博士，怎麼可能出這樣一個不成才的兒子！」子：「我怎麼這麼笨，竟然這樣的題目都會算錯！這是白痴都會的題目！」

(三) 我需要別人對我絕對體貼與尊重

　　如父：「你那個什麼態度？過來，再給我做一遍！」子：「哪有這樣的爸爸，好像陌生人！」

(四) 如果我不能得到我要的，就太可怕了，我不能忍受

　　如父：「我只是希望你好好唸書，難道這樣做錯了？」子：「我就是不可能贏過我哥，他是最完美的，我永遠別想贏他！」

(五) 逃避生命中的難題比面對它容易多了

如父：「反正每個人有每個人的命，孩子長大了自然會去想，我又不能做什麼？一切聽天由命吧。」子：「我覺得不見面大家反而好過，沒有衝突就是好消息。」

不合實際、邏輯、彈性的「非理性信念」可能是承自父母親的身教言教，也可能是自己慢慢自我灌輸來的，但是人依然需要為自己的困擾行為與感受負責。Ellis的「非理性信念」與認知學派（cognitive therapy）的創始者Aaron Beck所說的「自動思考」（automatic thoughts）是異曲同工的（Trower, Casey, & Dryden, 1988），而Ellis除了注意非理性思考的辯論之外，也注意一些相輔讀物與行動作業的重要性，但是Beck基本上認為個人的「領悟」能力會產生行動上的改變。Beck發現我們思考上的認知曲解主要是（Beck, 1976; Corey, 2001）：

1. 亂下定論（arbitrary inferences）

通常是將事情想像得很糟糕、甚至「災難化」，因此認為對於結果沒有力量去改變，就灰心喪志。如「天啊，我忘了給孩子送便當，她一定餓死了！」

2. 選擇性推論（selective abstraction）

故意忽略掉其他訊息，而專挑一些線索來形成結論。如：「你才考九十九分，我還有面子當你爸嗎？」

3. 過度類化（overgeneralization）

把單一事件的結果也運用到其他相似的情況中。如：「上次你就是因為說錯話被記過，你就不能乖乖不開口嗎？」

4. 誇大或小覷（magnification and minimization）

如「是啊！我媽說我連地都不會掃，虧我要去當兵哩！」

5. 個人化（personalization）

把不相關的外在因素都攬到自己身上來。如：「孩子出事了，一定是我昨天沒有注意到，是我太不小心了，我真該死！」

6. 標籤或是標籤錯誤（labeling and mislabeling）

用自己不完美或是過去的錯誤來斷定自己的現在或未來。如：「以前我就不是好學生，我當然也不可能是好媽媽。」

7. 兩極化思考（polarized thinking）

「全有或全無」的思考方式。如：「孩子沒有被編在好班，也不要冀望她會考上大學了！」

◎認知行為學派在親職教育上的檢討與運用

　　理情行為治療學派要我們去思考自己的生活中有多少的「應該」、「必須」、「絕對」？這些想法會讓我們的行為與感覺都因此受到拘束與影響，雖然想法不容易改變，但是如果可以從行動中得到一些驗證，也許就可以慢慢改變想法，想法一旦改變，接下來的做法與感受就都不同了！認知學派觀察發現我們常常以為自己想的就是真的，卻自困在有限、無效思考的牢籠裡不可自拔！心理學上有所謂的「比馬龍效應」，說明了家長對於孩子的期待可能會影響到孩子對自己的看法與能力，而就往家長「期待」的方向發展，認知行為學派也提醒家長留心自己不合理的意念，因為這也會傳達給孩子，甚至像Ellis所說的，孩子自己也會灌輸自己這些信念。

　　認知行為學派將焦點放在一個人的想法上，固然在許多地方可以看到

*1
9
4*

其適用性，但是在親職教育中常常是「辯論無效」，親子之間的許多不同理念與生活習慣，不是經過「合理辯證」就可以說服對方的，但是想法的改變的確也是很好的一個起點。比如說家長不會在孩子不聽話時，就認為孩子是要「故意挑釁權威」，檢視一下自己可能先入為主的認為孩子「應該服從」父母親才是好孩子，這樣的觀念是不是也會窒息了孩子的發展與表達自己的機會？把「孩子應該服從父母」的想法改成「孩子有自己的想法也是不錯的」，也許處理類似這樣的爭執上，就會有較適當的方式；也可用其他行動試驗的方式讓孩子去冒險、學習新的事物，而不會因為自己「既定」的思考，影響了後續的行動。此外認知學派的「提供不同思考方向」或是「幽默」態度，也是親職教育中可以善加利用的概念。

第二節　溝通分析學派

　　Eric Berne（1910-1970）創立了溝通分析學派（Transactional analysis, TA）。「溝通分析」顧名思義就是著重在家人的溝通與了解功夫上，溝通分析將人際之間與個人內在架構中的互動模式做了深入的分析與探討，我們在親職教育的實務上，也常常聽到家長們提到家人溝通、親子溝通的問題。曾有人將溝通分析理論放入「精神動力理論」中（如Michael Jacobs, 引自Stewart, 1992；邱溫譯，民89），因為它談的不只是人際之間的關係、也深及個人內在的不同自我狀態，甚至溝通分析學者也認為「溝通分析是一種人本——存在主義的心理療法」，但是本書作者將溝通分析放到「認知行為」中做說明，是因為在實務運作上，溝通分析是需要了解到一些基本專用語言，以及在實際操作時的經驗，所以刻意將其歸類到這個領域裡，以便做對照說明。如果可以明白溝通分析的一些理念，對於家人之間的溝通、或是教養孩子與人相處的社會能力上，都可以獲益良多。首先，這個學派談到的是人有被看見、希望得到注意的需求，這就是所謂的「撫慰」（stroke）。一個人的許多表現都是為了爭得「撫慰」（利用「遊

戲」來得到撫慰），這與個體心理學派的「認可」是差不多的，孩子希望得到重視、得到關愛，才可以得到最佳的成長，而「生活腳本」也可以對照個體心理學派的「生命型態」來看，但是最主要的還是從「自我狀態」引申出來的「溝通分析」（transitional analysis）。

😊一、撫慰（stroke）

指的就是認可的需求，包括身體上的與心理上的，可以藉此來建立與他人的信賴關係、學會關愛他人，這與個體心理學派的「認可」觀點是一致的，也就是人都希望被看見、而且是看到好的部分，如果對於好的努力沒有受到認可、可能就會朝向相反的方向。撫慰是生存所必須，人們也以交換撫慰來保障自己的生存（Steiner, 1971）；撫慰通常是藉由人與人之間的互動來做交換的，比如說在發現孩子會做出讓人失望或是生氣的事情時，可以先去與孩子談談、瞧一瞧孩子的努力情況如何，不要就只是認為孩子是壞的，孩子都希望是父母親的寵兒，他如果要故意惹父母親生氣，一定有背後的原因，這些行為動機在個體心理學派的「了解孩子行為的動機」一節提到，在溝通分析學派裡也提到相似的概念，就是「正向的撫慰」與「負向的撫慰」。「正向撫慰」包括得到喜愛、讚許、溫暖、鼓勵等等激勵人的行為，負向撫慰則可能是澆冷水、指責、嘲諷、貶抑等的回應，但是儘管是「負向」撫慰，總是比一點撫慰也沒有要好，這也證實了許多孩子可能在得不到父母親的正向撫慰時，寧可尋求「負向撫慰」，可能遭來毒打或是凌虐，或是讓孩子覺得自己沒有價值、不重要，這總是比「被忽略」要好，而被虐待的孩子以獲取「負向撫慰」的方式來求生存，雖然聽來令人心痛，但對他們來說，「有」總是比「沒有」要好啊！

😊二、生活腳本（life script）

Berne認為生活腳本是一套繁複的溝通，本身可能一直重複，會花掉一生的時間。之前提到Berne的「生活腳本」觀念與「生命型態」相似，是一個人在童年時期就已經規劃的，而腳本受到實際生命歷程中個人遭

傳、父母因素與外在環境的影響，腳本是父母親加諸在孩子身上的，而孩子也有能力丟棄掉這些原先有的版本，重新開創自己的生命腳本（Stewart, 1992; 邱溫譯，民89；pp.78-79），這就與Adler的「生命型態」稍有區別，因為「生命腳本」是童年時就「被決定」的，需要經過成長之後的「再決定」過程（或是「打破腳本」）做適當修正，而「生活型態」卻是從頭到尾朝向一特定目標、始終一致。「生命腳本」的觀念可以用來解釋我們自幼襲自父母親的價值觀，父母親用約束、禁止或是讚賞鼓勵的方式來指導我們是非對錯，這些方式有的明顯、有的隱諱不彰，常常只是一個眼神或是口吻，孩子都可以學到裡面蘊含的意義，然後慢慢地將這些價值觀內化吸收成為自己的價值觀。以這個觀點來看，溝通分析學派也呼應了精神分析與個體心理學派的理念，認為早期父母親的親職品質的確對孩子的未來有極大的影響！

　　Berne認為「腳本」是父母親強加在孩子身上的（Stewart, 1992; 邱溫譯，民89），孩子在年幼、生命經驗受到限制的情況下，往往會錯誤詮釋了父母親的用意，而將其轉化成自己的價值觀，感覺上好像是很早之前就已經將自己一生要走的路都預見到了，影響腳本的因素不只是小時候來自父母親的影響、自己的詮釋，還包括遺傳與環境，以及自己的決定（Stewart & Joines, 1987; 易之新譯，民88），即使小時候做了錯誤的決定，還是可以在後來領悟覺察之後，再度做修正，所以也預留了改進的空間。

◉三、自我狀態（ego-states）

　　是人格結構的模式，包括父母（P-parent）、成人（A-adult）與兒童（C-child），有別於精神分析學派的三個自我狀態，因為P-A-C是指在「自我」（ego）系統中的認知、感覺與價值觀（Berne, 1966, cited in Stewart, 1992; 邱溫譯，民89）。「自我狀態」指的是一個人與他人互動時的情況，每個人都有這三類自我狀態，其中的「父母」與「孩子」是受到過去經驗的影響而存留下來的，其中的「父母」是模仿而來、而早年的自我狀態則是「兒童」的，目前的自我狀態就是「成人」，而每一類自我狀

態都有固定一套的行為表現方式（Stewart, 1992; 邱溫譯，民89）。模仿父母或是類似父母角色人物的行為、感受或態度就是「父母」狀態；為適應目前所遭遇的情境與環境的自主行為、感受或態度就是「成人」狀態；而由童年時期所留下來的一套行為、感受或態度就是「兒童」，也就是一個人同時都會有這三類自我狀態存在，只是其所占份量與強度不同而已。我們的父母狀態又可以分為撫育（nurturing parent）與控制（controlling parent），兒童狀態分為自然（natural child，不受父母影響或努力不受其影響的）、反抗（rebellious child）與適應（adapted child，受到父母影響的），都是反映了幼年時所接受經驗的一些記憶與行為模式。Eric Berne 也抱持著與個體心理學派相似的看法，認為人的早期經驗會影響到一個人的人格成型，但是人還是有能力去開發新的可能、做新的決定。

　　「父母」的自我狀態包含著許多的社會期許與要求，所以有許多的「應該」與遵守的原則（Corey, 1995），也就是我們會依據我們認為父母親會做的反應來表現，這個「父母」狀態當然師承自我們自己原生家庭的父母、或主要照顧人，對於我們早期生活的影響，也會連帶地一直影響我們的內在世界。「父母」可以是關愛或是挑剔的，會關心、照顧他人、以他人的需求為首要，就是表現出「父母」的狀態；老是認為不行、不夠好、希望更好，也是「父母」的表現。

　　「成人」的自我狀態指的是當下的自我狀態，比較理性、客觀，也就是從事實面去衡量、少用情緒，與一般成熟年齡沒有相關，不是說非得到達法定成人階段才會有這些行為。「成人」的自我狀態在處理事務時很需要，但是可能也因為一切以資料為批判標準，少了溫暖人性。

　　「兒童」狀態包括了感受、衝動與自發行為（Corey, 1995, p.328），「自然」的兒童會表達情緒、有衝動、開放、生意盎然的，一切都是很直覺、沒有受過訓練或汙染；而「適應」兒童則是遵守社會規範、表現出吻合他人期待的模樣，會被認為是「乖巧」的部分；而「叛逆」的兒童就是相對應於「適應兒童」、不墨守成規也打破規則，是一種對於權威的挑戰，或許是「凸顯」自我的表現。

　　自我狀態是一種能量的流動，也就是不固定的，但是也有人因為習慣只使用單一個自我狀態、而造成了「絕對」或「持續」的自我狀態（excluding ego-state），這是一種「僵化」、並不是最佳的自我狀態，也許是因為平日要求或是家長教養的不同，會助長了其中一類或兩類的自我狀態，相對地，也就壓抑了另一類或兩類自我狀態；比如說，凡事要求孩子不能意氣用事，甚至限制表達情緒的機會，孩子可能會讓人覺得很理性、不輕易動怒，但是也壓抑了其自發性、創意的兒童部分，凡事喜歡批判、嘲諷或是控制、照顧，展現的就是父母狀態。將這些「自我狀態」運用在親職教育上，也就是父母親可以藉由對於自我的了解、以及自己在某個時候的自我狀態，可以讓彼此或是與孩子做更有效、建設性的互動。父母親也許習慣了「成人」的自我狀態，因此表現出來就很冷靜、平和、不帶感情，舉例來說，爸爸介入去調解孩子的爭論，希望保持很公平，所以就在聽了雙方說詞之後，「裁定」孩子各自回房去反省，但是因為沒有興趣聽到孩子情緒的部分，不能同理到孩子的心境，因此自認為處置公平，卻不是很適當的，孩子可能會口服心不服，而這個紛爭雖然暫時獲得了解決，但是下一次還是會發生，孩子也會學到在父親面前假裝父親處置得當、可能私底下依然互相爭鬥；而同樣的情境，如家長很生氣地叫道：「很吵耶！滾回房間去！」（表現「父母」自我），孩子會認為是父母自己情緒失控、沒法子做處理才會這樣。下面的篇幅就用來說明幾種溝通模式（Stewart & Joines, 1987；易之新譯，民88）：

◎四、溝通型態

　　溝通交流分析最著名的就是Berne所提出的「溝通型態」，他認為我們一般人用溝通方式交換訊息，但是也有內含的其他撫慰需求在，而這樣的情況也存在於我們所玩的「遊戲」裡。溝通型態可以由不同的「自我狀態」來分析解釋，知道在不同溝通型態裡，每個人所呈現的自我狀態，比較容易了解在溝通過程中，彼此的需求為何？進而可以做建設性、提供適當撫慰的溝通交流。

(一) 互補溝通

「互補溝通」就是指彼此之間的互動是符合期待中的、也是可以持續下去的，孩子與父母、孩子與孩子、或是成人與成人狀態之間的溝通，基本上都可以繼續下去，不會中斷。如：「媽媽，我想要出去玩！」「好啊，走吧！」

(二) 交錯溝通

「交錯溝通」是指彼此間的互動沒有發展成所期待的，容易造成溝通的中斷，除非另一方做改變，溝通才可能會繼續下去。像是孩子（自我狀態為「成人」，期待對方的反應也是「成人」）說：「這一題怎麼寫？」但是家長（自我狀態是「父母」，期待對方的反應是「父母」）的反應是：「你自己應該要去弄懂的！」孩子自覺無趣、摸摸鼻子走人，溝通也就不會持續下去；但是如果家長這邊又接下去說：「你看，我會不幫你嗎？來，給我看看。」家長的自我狀態改成「成人」，溝通就可能會持續。

(三) 曖昧溝通

溝通的方式都含有社交層面與心理層面的意味，但是在曖昧溝通裡，真正要傳達的不只是字面上的意思而已，這些字面意義會因為臉部表情、語調、手勢或其他非語文性的訊息而將字面意義做了改變。例如：我們用不同語調來說以下的句子：「你可以出去玩。」接收到的訊息不一定就是「可以」出去玩，甚至可以變成：「你出去玩就給你好看。」的意思。這倒是可以與稍後要介紹的「家庭治療」中的「要求式」訊息做比較。

◉五、心理遊戲

指的是人們在溝通時，固定採用的一種重複曖昧的溝通模式，而這個溝通模式的結果是可以預期的。為什麼需要這種幾乎看起來沒有建設性的遊戲呢？Berne認為遊戲可以讓一個人的身心達成穩定的狀態，也就是玩

遊戲可以讓我們引起他人注意、確定自己在他人眼裡的地位，可以用來獲取滿足我們需求的手段、也可以製造假象親密，以及打發時間（Stewart, 1992；邱溫譯，民89，pp.71-72）；而心理遊戲通常是我們小時候用來獲取自己想要的東西的手法，但是隨著年齡增長，我們會發展出不同的方式。我們在家庭中也常常玩一些遊戲，遊戲可以是家人用來維持或是營造親密的方式，可以自中獲得樂趣（fun），固然人們會用遊戲方式獲得撫慰，但是基本上是負面結果多於正面結果，因此可能的話，以其他方式來獲得撫慰比較好。

◎六、心理地位

指的是一個人心目中對於自我與他人價值的評估，來看自己所處的「地位」如何，包括了四種心理地位——我不好你好（I'm not OK, you're OK.沮喪的心理地位）、我不好你不好（I'm not OK, you're not OK.精神分裂型的心理地位）、我好你不好（I'm OK, you're not OK.偏執的心理地位）、我好你好（I'm Ok, you're OK.健康的心理地位），而每一種遊戲與腳本也都是依據這四種心理地位來運作的（Stewart, 1992；邱溫譯，民89，p.83）；Harris（1969）也說明了孩子在成長過程中會經歷這些階段：(一)沒有安全感、覺得自己一無是處，而別人說的就是對的（我不好你好）；(二)孩子開始可以獨立行走，父母親不再像以往那般呵護，孩子感受到被拋棄、困難重重（我不好你不好）；(三)孩子開始學會鼓勵自己、治療自己，不需要一定自父母那裡得到認可或安慰，這是一種自我救贖的措施（我好你不好）；(四)前三種地位是以感覺爲基礎，進入第四種就是加入了自己的思考、信念與行動，孩子自己在實際經驗中習得能力、也重新做決定，不再視自己爲受害者（我好你好）（pp.67-75）。

◎七、溝通交流分析在親職教育上的檢討與運用

家人之間的親密互動是一種尋求「撫慰」的方式，可以從中覺察到自己與孩子想要的是什麼、自己是否能夠提供？在溝通之中也可以觀察到孩

子對於自己的看法（心理地位），做父母親的可以以這樣的了解做基礎，進一步與孩子建立更親密、健康的關係，而發展清楚明確的溝通型態，也是溝通分析的一大貢獻。此外，溝通交流分析也提醒家長自己的許多信念、價值觀甚至成見，都會無形中灌輸到孩子小小心靈裡，甚至變成孩子未來生活的遵循藍圖，因此除了檢視自己的行為可能會受到不同詮釋之外，也要給孩子適當的鼓勵與支持，讓他相信自己有能力、可以做一些想要做的改變與努力。當然將溝通交流納入親職教育也是可以實施的方向，只是要進行這些分析的確是需要有相當的訓練才可能。

　　溝通交流分析學派的許多觀點可以用在親職教育中、家長的自我覺察與行動改變上，而也可以經由像是「溝通型態」、「生命腳本」或是「遊戲分析」的方式來看到家中成員不同的撫慰需求與可能挫折，進而了解到應該如何因應才可以讓彼此關係更坦誠、親密。溝通交流分析學派自然也與其他學派一樣遭受到批評，特別是它將複雜人類行為過於簡化、以及複雜語言的使用（Stewart, 1992；邱溫譯，民89，p.83），都可能是影響其普遍化的原因。溝通交流分析也已經開始在許多機構或是教育單位實施講習，其許多觀點還是需要經過實際的運作、驗證才懂得如何操作，不像其他學派的理論一樣，可以很快了解、上手，也許更熟悉其原理後，運用在現實生活上的可能性更多。

第三節　焦點解決導向

　　焦點解決的理論是將焦點放在「能夠達成」的可用行動上，不去探討原因，而且相信每個人都有解決問題的能力，也運用不同角度的思考，對問題作新的詮釋，因此是結合了「人文」、「認知」與「行為」三個取向的重點，運用在親職教育中，會讓苦於管教艱難或是覺得無力的家長，重新去認識、肯定孩子的能力，營造鼓勵、正向的氣氛，給彼此關係注入新生力量。Adler學派的處置方式就是：先找出孩子行為的「動機」與目

的，然後可以知道如何做修正？而焦點解決諮商不重視找到原因，而是採取較爲行爲學派的實務觀點，去運用不同的方式來處理所遭遇的問題。

☺ 一、焦點解決的假設

焦點解決（solution-focused）是針對「解決」而非「問題」而採行的方式，在親職教育中，許多的需求或是親子間配合度的問題會產生，但是父母親在「愛之深，責之切」的情況下，常常會對問題的解決採用了重複但是無效的方式，有時候只是把問題弄得更糟而已！焦點解決提供了另一個向度的思考，可以用來順利解決家庭紛爭或是孩子的行爲問題，而且強調「成功」的「例外」經驗、注入希望，也讓家長從孩子小小的改變中、給予支持鼓勵，讓孩子可以做更大的改進與學習。

焦點解決的原理是放在幾個假設上，先來看看這些假設的邏輯，再來看看使用在親職工作中的實際運用（Berg & Miller, 1992; Murphy, 1997）：

(一) 認爲人是會使用自身資源去做最好的運用，不強調問題，而強調解決方式。

(二) 充分利用個人的優勢、能力與資源來做解決問題的努力，接納與尊重個人對於問題的看法，把遭遇問題的個人視爲問題解決的最佳要素。

(三) 節約原則。方法既然無用，就應該捨棄，並採用不同的方式去解決，也就是不浪費時間與精力在無效的嘗試上。

(四) 改變是不可避免的。小小的改變可以造成「漣漪效應」，就像是水壩要崩解，常常只是一個小洞的問題，重大的改變也是從小的改變開始。

(五) 聚焦在目前與未來。過去已不可挽，把重點放在問題的解決與未來發展才是主要。

(六) 合作關係。威權式或單向的要求與建議，通常收效不彰，如果了解當事人對於問題的看法，然後自他的立場來看問題與目標，可能比較容易取得他的合作與協助、也容易完成目標。

父母親在處理孩子的問題時，常常試過某些方法，但是即使效果不佳、還是持續使用下去。比如孩子每每玩完就不收玩具，母親可能會先用

提醒的、後來用要求的，再過來可能就用吼的，但是孩子不收玩具的情形依然沒有改善，有的母親在吼完之後、精疲力竭，乾脆就自己去收拾了！本來要讓孩子養成負責的美意，現在都付諸流水。焦點解決導向的看法就是：既然無效，就應該放棄這個無效的方法，改用其他不同的方式（假設三）。

　　當然親職教育中父母是主角，因此可以運用父母親現有的資源與優勢、想出解決問題的方法就是第二步。現在就要請這位母親想一想：有沒有其他方法可以用上？不是針對「問題」來思考，而是「解決方法」（假設五），這還要配合母親本身現有的資源與優勢來做（假設一）。假設這位母親想到了以下的幾個方法：

　　(一) 不再提醒孩子收玩具，而是在孩子沒有收玩具之後，收到高處或是孩子不知道的地方。

　　(二) 先協助孩子一起收拾玩具，然後希望慢慢讓孩子負責大部分的收拾工作。

　　(三) 跟孩子約定玩玩具的規則，比如玩完一樣就要收拾、才可以玩第二樣，或者是一次只能玩三種玩具，也要商量沒有遵守規則就受到的處罰（也要具體）方式。

　　(四) 暫時不訓練孩子收拾玩具，而是好好欣賞孩子玩玩具時的樂趣，甚至加入去玩，享受親子同樂。

　　(五) 與孩子討論或實驗怎麼收玩具最有效率的方法。

　　(六) 與孩子玩「丟玩具」進玩具箱的比賽，看誰得分最高。父母親的創意常常是因為孩子的「刺激」，這裡所謂的「刺激」沒有負面的意思，而是指孩子出一個「問題」、讓父母親去思考「解決之方」，這也就是Alfred Adler所謂的「是孩子訓練我們當父母」，也就是最近聽到的電視廣告詞說「我是當了爸爸才知道作爸爸的」！焦點解決諮商，注意到「從不同觀點來看同一件事情」，而且最好是從「正向樂觀的觀點」，鼓勵的也是彈性與創意，而且以「有效解決問題為第一優先」。

　　看看這些方式，較之以往提醒或用吼的有不同，這就是「改變」，

儘管改變的幅度不大，但卻是一個很好的開始，也可以從此出發，造成更大、想要的改變（假設四）。如果把孩子也包括進來、一同商量或執行問題解決的行動，就是「合作」關係（假設六），聽聽孩子本身對於問題解決的看法與作法（假設二），配合他的想法與方式、來試圖讓他達成會負責的目標，這樣子由於考慮到孩子自身的意見，執行起來的成功率更高！因此就之前收拾玩具的案例來看，父母親當然也可以有不同的處置方式，比如說一定要讓孩子養成收玩具的習慣，不妨徵求孩子的意見，請教孩子有沒有他所使用過「最有效收拾玩具的方法」？當時是怎樣？也許孩子可以是這一方面的專家哩！不妨就頒給他一個「玩具終結者」的封號或獎項！

　　有時候孩子也明白自己遭遇的問題不是單純、容易一下子就獲得解決，他自己也會灰心喪志、提不起勁，焦點解決諮商提供一個「奇蹟式問題」，也就是「萬一有一天你醒來，你所擔心的這些問題全部不見了，你會看到什麼？別人有什麼改變呢？」舉例來說，孩子覺得自己數學不佳、很討厭數學，但是已經補習了、也每天多花時間在做準備了，成績還是不理想，當然覺得無望！可以同孩子一起談：「如果有一天你醒過來，結果發現數學已經不是你的問題了，你會發現有什麼不一樣？」孩子也許會說：「不可能。」鼓勵他只是去假想一下、無傷大雅的！然後孩子也許說：「如果真有那麼一天，我會發現自己突然變聰明了！上數學課也不會這麼痛苦，吸收東西能力增加。」

　　父母：「那麼我們可能會怎麼反應呢？」

　　孩子：「你們就不必每天唸我、擔心我試考不好，每天盯我也喘不過　　　　　氣來！媽媽也不會每天跟爸爸吵補習費了。」

　　父母：「所以數學問題一消失，好像很多人都覺得高興了！」

　　孩子：「是啊！」

　　父母：「你說上數學課很痛苦，有沒有比較起來不太痛苦的時候？」　　　　　（找尋「例外」）

孩子：「不考試的時候。」

父母：「除了要考試，還有沒有其他時候比較不痛苦的？」

孩子：「聽得懂、老師也不打人的時候。」

另外還可以使用「尋找例外」的方式來進行問題解決，以上例來看，問孩子有沒有過「數學不是問題」的經驗？

孩子可能會想到：「有啊，小學的時候。」

家長：「哦，是怎樣的情形？」

孩子：「老師講得很清楚，還會讓我們做遊戲。我就喜歡老師，會喜歡做數學。」

家長：「跟現在有什麼不一樣？」

孩子：「老師每天都會考試、每天打人。」

家長：「你會希望老師不要考太多試、不要打人。」

孩子：「對呀，不然很多人都會跟我一樣，再也不碰數學了！」

家長聽到了孩子的困擾，也聽到了一些阻礙學習興趣的因素，這樣子與孩子一起商量出解決之道就更容易了！

◉二、焦點解決觀點在親職教育中的檢討與運用

焦點解決很適合使用在學校情境，因為：(一)是短期、講究時間效率的；(二)針對解決方法作處置，比較聚焦、容易看到成果；(三)減少抗拒、尋求合作；(四)將孩子視為轉變的主體，少了因為權威而產生的抗拒；(五)不找原因，針對目前行為作改變，小改變可以造成更大的改變；(六)營造鼓勵樂觀氣氛，增加學生的自我強度（邱珍琬，民91，pp.iii-v），而對應在親職工作中可以發現幾個相似點：(一)父母親希望講求時間與效果，也希望在短時間內看到成果；(二)父母親比較希望可以針對問題的解決方式，而非探討原因；(三)讓孩子與父母親合作，而不是對峙、敵對；

(四)不用威權的壓制，而是希望孩子可以主動做修正與改變；(五)只要有改變都是好事，何況還可以看到更大的改變；(六)維持樂觀正向的家庭氣氛，讓生活在其中的成員都可以很自在快樂，也相信孩子有能力處理面臨的挑戰。以下就焦點解決的觀點如何運用在親職工作上的做法作一些解釋與建議。

(一) 不強調問題，而強調解決方式

如果孩子有問題出現，許多父母親的做法通常是開始指責、尋找錯誤，這樣的做法讓孩子很灰心、甚至不存可以改善的希望，有的甚至就會因為父母親的「否定」，而不願意往改善的方向表現。孩子有問題或是挑戰，這是人生現實，父母親不要因此而誤植了「人必須要完美才可以受到肯定」的觀念給孩子，而是針對問題做下一步的處理、才是重要，何況許多問題並不一定找得到原因，把注意力放在解決問題的努力上可能更切實際！舉個例來說，如果孩子數學不行，不要去問：「你為什麼不會？」而是：「讓我們來看看怎麼『會』好不好？」

(二) 充分利用個別孩子的優勢、能力與資源，來做解決問題的努力，也接納與尊重孩子對於問題的看法

把孩子看成一個有能力的人，孩子也需要別人認可他的能力，而且以後的人生、在沒有父母親的陪伴下，還要面臨許多挑戰，孩子還是必須要親自面對。孩子在遭遇到困難或問題時，一定嘗試過一些解決的方式，只是這些方式或許沒能達到想要的結果、或者是根本無效，因此父母親的角色就是協助孩子找到更有效的解決方向、也鼓勵他做的努力。孩子對於問題會有自己的看法，父母親不必刻意去否定，因為不是當事人，可能很難去理解事情的複雜性，花時間先去聽聽孩子對於問題的觀點如何？有疑問就提出來讓孩子澄清，不要急著給建議、或是代替孩子去處理。例如：孩子上數學課時，碰到朋友不理他的問題，父母親先不要說：「沒關係，另外找朋友就好了！」而沒有關心到孩子的心情，也許孩子很重視這段友

誼，不願意放棄哩！父母親也許可以問：「你後來怎麼做？」「結果如何？」孩子決定的做法，父母親如果有一些關鍵考量，像是孩子可能會遭受到屈辱或是拒絕，可以先給孩子提醒，鼓勵孩子去做解決問題的努力與行動，也不要忘了關心孩子的情緒，家長也可以提供不同方向的詮釋，給問題一個新的定義，如：「你帶罐頭去學校是因爲營養午餐難吃，你自己就想出了這個解決方法，我認爲你很有創意，只是老師不一定欣賞，所以他認爲你在搗蛋搞笑。」

(三) 方法既然無用，就應該捨棄，並採用不同的方式去解決，不浪費時間與精力在無效的嘗試上

父母親會習慣使用某些管教方式，像是重複述說、處罰，但是效果不大、甚至根本無效，卻又不捨得放棄，這樣惡性循環之下，父母親也變得很無力、沮喪。因此，提醒父母親及時放棄無效的努力與行動，改以其他方式來處理。焦點解決會用到一招叫做「尋找例外」，對於常常失敗的父母與孩子來說，這個「例外」通常就是他們忽略掉的成功經驗；父母親可以（鼓勵孩子）回頭想一想自己曾經成功的情況是如何，當時注意到了其他條件的配合嗎？可不可以再試著做做看？例如：孩子抱怨母親嘮叨，就可以問他：「有沒有媽媽不嘮叨的時候？是怎樣的情形？可不可以描述一下？」然後根據孩子對於「例外」的描述，與孩子一起探索爲什麼「不嘮叨」會發生？有哪些條件具備的情況下就不會出現？比如孩子說：「那次是我主動把功課寫玩，媽媽就不會唸我了。」這也可以指引孩子行動的方向，而且因爲是孩子自己發現的「原因」，他也比較願意合作、嘗試作改變；也可以鼓勵孩子以不同的方式去解決問題，父母親自己也可以採用不同的途徑來思考、解決面臨的教養問題，甚至以不同的解釋來看問題：「我倒認爲你帶罐頭去學校吃不是怪胎，而是你在解決問題，因爲大家都認爲學校的營養午餐太難吃了，但是卻沒有人想到解決的方法，你卻想到了帶罐頭去。」

(四) 小小的改變可以造成更大的改變，大改變也是從小改變開始的

孩子如果對於問題的現狀不願意改變，其實逼迫他也無用，如果是出自孩子自發的意願，那麼改變的成功率就越大。如果孩子本身的經驗與能力不夠，就很容易被失敗打倒，甚至就不做任何嘗試，因為「不做不錯」，因此父母親可以運用「奇蹟問題」，如「假如你有一天醒來發現不再為自己的成績煩惱了，你會看到什麼？」這樣的假設問句，可以引導孩子去思考自己想要的目標，以及伴隨而來可能的解決方法，孩子可能會說：「我就可以很高興去上學，老師同學也不會用異樣的眼光看我。」接著可以問：「以前的經驗中有沒有過類似這樣的情形？老師同學不用奇怪的眼光注意你？那是怎樣的情形？」（尋找例外）。

(五) 把重點放在問題的解決與未來發展上

不追究過去，才會有希望！父母親如果常常「抓」到孩子犯錯，往往下意識地就把以前孩子相似的錯誤也提出來，讓孩子覺得很絕望，好像自己再怎麼努力也無濟於事！要避免讓孩子產生這樣的歸因，就要將重點放在「目前」對問題的「解決」上。之前提到的「奇蹟問題」是其中一個方法，此外也可以讓孩子作一些觀察與反省的功課，協助他的問題解決，如要試圖解決手足間的爭鬥，家長可以說：「下一個禮拜，只要弟弟來你房間的時候，你先不要吼他，仔細觀察他在做什麼，然後記錄下來。」或者可以說：「可不可以請你幫我觀察一個禮拜，看弟弟做了一些好的行為，然後記下來？」孩子可以從這些作業中，看到家長希望他看到的東西，或是無意中發現一些新的事實，還會思考到自己行為帶給別人的影響，這都有助於問題的處理。

(六) 尋求合作關係

孩子雖然會服從父母親的指示，但是當他們自己慢慢有能力時，也

會希望用自己的方式去試試看，家長可以鼓勵這樣的嘗試。培養孩子獨立作業和與人合作的能力，都是很重要的，「合作」應該是自小就由家庭教育中開始，也不宜只是口頭上的教誨，而如果要求孩子做改變，最便捷的方式就是「尋求孩子的合作」，如果孩子不願意配合、改變還是有限的。Murphy（1997）強調，要取得青少年的合作，可以試試幾個方法（p.61）：

1. 採用「大使」觀點

表現出對於問題的好奇、困惑與試驗性的推測，請孩子協助釐清問題與情境，如「我很好奇你在朋友之間這麼吃得開，有什麼特殊方法嗎？」

2. 配合孩子的語言

用孩子描述問題的用詞，可以更貼近孩子的情緒、讓他知道我們了解，如：「你說老師很龜毛，可不可以仔細舉例說明一下？」

3. 配合孩子的立場

了解孩子對於問題解決的信念與處置的理論，如：「你覺得只要他不惹你就沒有問題，要怎麼讓他不來惹你？」

4. 運用推測的語言

運用解決問題或改變行為的暫時性推論，如：「如果你跟人爭執的時間減少了，會有什麼不一樣？」此外，運用孩子喜歡的活動、人物或是讀物，來做一些「轉移」與「譬喻」，也可以達到贏得合作的目的，如：「你很喜歡打電動，打電動的技術有哪些是跟學校的學習差不多的？」或「如果你的偶像Coco今天來到這裡，你想她會給你怎樣的建議？」

(七) 鼓勵其他資源的加入與支持

許多孩子所面臨的困難，不是家長單方面的努力就可以解決，還需要

其他學校與社區資源的協助，比如孩子被老師視為「擾亂秩序」的「壞學生」，這就不是家長去說服老師或是學生可以奏效的，而是家長也需要去取得教師或其他相關人士的合作，譬如家長可以要求老師「請告訴我，我的孩子在什麼時候表現好的行為，至少請先給他一週的機會。」其他像是社交、學業方面的問題，也是需要團隊努力的，家長可以善加利用。

　　焦點解決諮商將重點放在孩子本身的能力、對於問題的看法、以及解決問題的努力上，而且在時間與精神的花費上較節省，這些是此學派的優點，而如果嫻熟、也靈活運用這些處理技巧在親職工作上，其效果是很驚人的，只是如果需要搭配其他資源或人力的協助（如教師、配偶與手足），還不一定可以獲得，有時候家長的情緒不是處於最佳狀態，也可能會影響到平日努力處理事情的一致性，而對於一些積重難返的問題，也不是短期之內可以收效。雖然如此，也不能就否定了焦點解決的良善美意，還是有許多值得肯定與付諸實行的價值。

父母親可以做的

(一) 列出孩子的優點與進步的地方，擺在自己的書桌前，提醒自己。

(二) 與孩子玩腦筋急轉彎的遊戲，學習、也教育孩子從不同角度做思考。

(三) 提供樂觀正向具體的鼓勵（也包括給配偶）。

動手與動腦

1. 做一個動作，請同學猜五個可能的原因與想法。

2. 敘述一個曾經經歷過，但令人感覺不舒服的事情，然後讓自己從另一個方向來解讀。

3. 去訪問五個人，關於「好生活」的定義。

4. 向小學生詢問「腦筋急轉彎」的問題三個。

第七章

親職教育的各家
看法—動力取向

　　動力（dynamics）取向主要是指個體或系統內在的互動架構與分析，著重的是「動力」與「能量」（energy）的流動和出處，這些動能的流動主要功能是企圖「平衡」個體或是系統內的結構狀態。因此，本書作者特別將「精神分析學派」與「家庭治療學派」放在這一類別中。

第一節　精神分析學派

　　精神分析學派很注重兒時經驗、個體與父母親的關係，以及人格發展的青少年前階段，運用在親職工作中，有其堅持的重點。精神分析學派的理論認為孩子是從父母親的互動與角色上學習與人相處、對自己性別角色的認同，而親職管教方式如果太過嚴厲，可能會導致孩童後來人格發展的缺陷、也影響到成年後的生活功能；父母親如果在教養孩子的過程中要求太苛、無法適當滿足孩子的需求，可能就會讓孩子的發展停滯或是變得神經質，而現代父母為了避免這樣的後果，卻演變成了盡其所能去滿足孩子的需要，因此在教養方面表現出太過縱容的情況（Jensen & Kingston, 1986, p.80），孩子因為立即可以滿足其需求，因此就變得比較焦躁、速食、自我中心，對於韌性與耐力的培育是很大的阻礙。

　　精神分析學派用在實際治療工作上的原則，也有一些可以作為親職教育的提醒，包括治療時間固定、定時開始按時結束，用在親職教育中是提供孩子「安全穩定」的感受，包括餵奶定時間、固定的照顧人，還有穩定、變動不太大的環境；此外，治療師會鼓勵當事人的移情（transference），也是提醒家長可以對孩子的情緒表達態度開放，就更了解孩子的內心世界；此外，精神分析師在治療時作夢的解析、賦予許多事物象徵性意義，父母親在擔任親職工作時，可以注意一些象徵性動作的意義，比如說蹲下來與孩子說話，孩子會比較沒有威脅、比較平等的感受，而跟孩子一起愉快吃飯或用點心、也是「照顧」或「滋養」孩子的象徵；有些孩子比較不擅於口語的表達，也可以請孩子用比喻方式說明，家長可

以去體會這樣譬喻的用意，也都是很好的溝通管道。

　　精神分析學派的一些理念也常常運用在親職教育之中，最重要的是它很注重個體的發展歷程，也將各歷程會遭遇的挑戰與需要克服的任務指出來。

◎一、發展階段與任務

　　精神分析的兩位大師是Freud與Erikson，都談到個人生命的發展，Freud將重點放在生理上的滿足，而Erikson則加入了社會文化的因素，也就是體會到人不是單獨存在的、而是受到其他人與整個大社會的環境影響。本節會將Freud與Erikson的發展階段做解釋，另外加入父母親在孩子各階段可以努力的親職事項。Freud將一個人的發展分為：

(一) 口腔期（出生到一歲半）

　　著重基本生存、飲食飽足的滿足，如果這些需求沒有獲得滿足，可能會導致「固著」（fixation）的行為，造成往後人格發展上的不信任、拒絕、難與他人建立有意義的親密關係。父母親在孩子這個階段要讓孩子有生存條件上的滿足，不要刻意讓孩子挨餓受寒，慢慢對於餵食與換尿片的警訊敏銳、也做適時反應，還要注意到擁抱、逗弄、關心等心理層面的需求。

(二) 肛門期（一歲半到三歲）

　　除了滿足排泄方面的舒暢需求之外，這段時期也是孩子學會自我控制的一個時期，孩子學會獨立、嚐試到自我的力量、也開始發展一些負面的情緒表達，Freud提到最多的，是孩子的大小便訓練，如果父母親太過嚴苛，孩子可能在往後發展出慳吝、刻薄、僵化的性格；反之，如果父母親過於鬆散，孩子的性格可能會發展成懶散、邋遢、反抗權威等。家長對於此階段的孩子，可以多多鼓勵、讚許孩子的努力、容許孩子做適當的探險，也慢慢讓孩子學會自我照顧的能力與習慣，孩子開始會說「不」，並

不表示他們「開始不聽話」，而是有了「自我」的觀念，要開始發展屬於他們獨特的生活形式了！家長可以開始用說理的方式解釋，不要過度仰賴權威式管教。

(三) 性器期（三到五歲）

孩子發現男女生的不同、會探索自己的性器官，會在探索自己身體中獲得興奮與快樂，也是孩子對於同性父母親學習角色行為的重要階段。孩子開始接觸其他同儕團體，也有了與家人之外的人許多互動的機會，這是孩子拓展社交能力的開端，當然也會開始嘗試到人與人間的許多微妙與衝突，家長就是最好的安慰者與顧問；這時候的孩子也會開始區分各自所屬性別群體，父母親可以教導一些男生女生的分別，但是不必限制孩子刻板的角色行為，可以讓孩子知道適當的自我保護與防衛。

(四) 潛伏期（六到十二歲）

此期正值孩童就學階段，孩子迅速發展自己在家庭之外的關係（包括同儕情誼）、也開始學習，把許多精力都花在遊玩與學習新的事物上，他們精力旺盛、但是也很容易疲累，Freud認為這只是將「性」驅力隱藏起來，加上此階段孩子為了要吻合社會期待，「超我」（道德我）的發展會將屬於「本我」（性原慾）的一些衝動壓抑起來。孩子開始知道遵守一些社會規範，也會有許多的疑問產生，學習能力正在拓展、也開始會讓一些家長注意到需要留意的問題，學業上的要求、友伴關係、對自己的能力與看法都會蜂擁而來，父母親要注意到對孩子期待的適當性，與孩子的關係也需要慢慢從上對下的威權、轉變為朋友與「共學者」的角色。孩子也開始嚐到失敗的滋味，父母親如何讓孩子學習到失敗是過程的一部分、不是全有或全無，培養其堅持的意志力也很重要；身心健康當然也包括身體的保健，而規律的運動習慣不僅讓孩子身體強健舒適，相對地，也可以培育其堅忍的毅力、甚至對抒發壓力相當有效。

(五) 兩性期（十二到十八歲）

　　是性慾再度甦醒的時期，加上生理上的成熟，青少年已經有性行為能力與表現，部分可以用「手淫」方式來獲得性衝動的滿足，而在與伴侶（異性或同性）的交往中，發展出維持較久的親密關係，也在與人分享的經驗中學會愛人，在挫敗中學會面對與因應；雖然性驅力的甦醒讓許多青春期的孩子在這段時間增加了許多壓力與困擾，但是這段時期也是理想性最高、創造力最為勃發的階段，所謂的「少年情懷總是詩」，固然有些創意很無厘頭，但是善加引導也可以發揮許多潛能。孩子還需要適當的陪伴與了解，許多屬於青春期的苦悶或孤單都會出現，父母親在與孩子相處時，不要忘了自己也曾經經過這段青澀歲月，多一些同理與分享，也要關注到孩子壓力的來源可能更複雜，同時要為未來的生涯做決定。而孩子可能在此期間有了初戀情愫，鼓勵他們以健康、公開的方式去認識彼此，適當的性行為與保護措施也要加以留意。

　　而Erikson相對地將之前這五期分成（括弧內為每個階段的重要發展任務與未達成會產生的後果）：

(一) 嬰幼兒期（信任與不信任）

　　嬰兒基本上是靠照顧他的成人提供生存之所需，因此基本生存條件的滿足，自然可以讓嬰兒對於照顧的人、還有外面世界產生較大的依賴與信任感，如果未能達成就會有不信任、甚或敵視。

(二) 兒童早期（自主與羞愧懷疑）

　　孩子開始學會爬行走路、也會離開照顧人身邊做適度的探險，意會到自己的能力與限制，如果遭遇失敗也會有羞愧、懷疑自己能力、不如人的感受。

(三) 學前期（主動與罪惡感）

開發自己能力、主動去探索的動力繼續，孩子在遊戲中發展自己的多方能力（控制物品、與人互動、制定規則等），父母親容許其有適度自由去冒險，孩子也對自己的自信提升。

(四) 學齡期（勤奮與不如人）

探索周遭世界的行動繼續，有一些基本技巧能力與成就，也在努力後體會到成功滋味，然而如果屢次遭受挫敗，情況就相反。

(五) 青少年期（自我認同與角色混淆）

是從童年過渡到成人的轉型期，擺脫以往跨到另一個生命階段，有許多需要適應與挑戰的地方，知道自己是誰、要的是什麼，也塑造屬於自我的獨特風格。

另外Erikson還延續了Freud的「兩性期」：

(六) 成年早期（十八到三十五歲，親密與疏離）

建立與人的親密伴侶關係、甚至組成家庭、延續下一代，如果不能達成這個任務，可能就要孤獨過一生。父母親在孩子這個發展階段會比較關心到學業、職業與交友對象和婚姻的議題，也發現孩子有他自己的世界與忙碌的生活，不免會有些失落感，因為擔心太多、甚至深謀遠慮，與孩子也會多了衝突情境，同時發現孩子不一定要回到這個家來，對於孩子的掌控更難。家長開始要安排沒有孩子在身邊的生活，也要重新找回自己的生活，父母親每天有自己該做的行事曆，孩子也會比較放心去發展、衝刺！

(七) 成年中期（三十五到六十歲，延續與停滯）

除了延續自己家庭的任務之外，還需要擔負起家庭之外的「傳承」工作，通常事業已經達到一平穩狀態或是頂峰，對於社會有相當貢獻，如果

未能達成，可能就會產生停滯不前、被卡住的感覺。孩子在這個階段幾乎都已經成家立業、甚至在事業發展的巔峰，孫輩也開始出生或已經上學，父母親與孩子家庭的關係可能是最重要的，同住或是不同住，都可以思考出比較兩全其美的辦法，現在的家長已經開明許多、不會刻意要求孩子待在同一屋簷下，孩子也開始回饋父母、擔心父母親的生活與健康，所以一般希望可以住在子孫附近，家長此時就要在自己的想要與孩子親密、讓孩子保有自家空間與自主性之間作適當彈性的拿捏，做個可愛的老人家就是最好的。

(八) 老年期（六十歲到死亡，整合與失望）

生命回顧期，會開始檢討自己這一生的成敗與滿意度，如果與自己希冀的有很大出入，對於自己的生活沒有「完整」的感受，可能就會失望、沮喪、悔恨，甚至覺得自己白活了。孩子已經分枝散葉，也各自有了自己的家庭與生活，年老的家長要開始面對配偶或是伴侶的死亡，也許有的需要照顧到孫輩、重新承擔起養育的責任，大多數家長可能就想要做一些傳承生命或家族歷史的工作，將自己肩上所承擔的交付給下一代繼續，同時開始檢討自己一生的榮辱悲歡、將一些未竟事業完成，希望可以做完整的結束。

◉ 二、人格建構與注意事項

精神分析學派最重要的觀念是人格的構成，將人格分為「本我」（id）、「自我」（ego）與「超我」（super ego），人初生到這個世界上時，是完全「本我」的，也就是追逐生存條件的滿足、一切依直覺行事；後來「自我」的機制就慢慢培養出來，用來調整「本我」與外在現實世界的平衡，也就是開始有大環境力量的涉入影響；「超我」指的是生存社會的「道德」與規則，一個人畢竟是生活在人群之中，必須要適度遵守大家共同的行為規範。父母親在教養孩子過程中，也大半是依循著這些階段來進行：首先是滿足孩子的基本生理需求，後來會慢慢協助孩子調整現

實生活的一些情況（如餵奶時間的調整），孩子自與父母親和其他人互動之中，學會分辨好壞、可容許與禁止的一些行爲規則，也會用這些標準來評量自己的價值。如果家長只顧著讓孩子爲所欲爲，孩子就可能處在「本我」的狀態中，比較無法顧及到他人的需要，呈現的可能是自私或受到孤立的情況；但是如果孩子太依現實情況在動作、事事妥協，也不見得是好事，因爲無法充分發揮個人風格、遷就意味太濃厚，孩子自己也不會滿意；但是如果全然遵照最高的道德標準來要求、有完美傾向，孩子的本我與直覺部分被刻意壓抑，生活對他來說只是義務與責任，也太辛苦！家長主要還是把重點放在孩子「自我」統整力量上，讓孩子的自我增能、行爲恰當。

◉三、焦慮與防衛機轉

「焦慮」是行爲的驅動力（Corey, 2001），因爲有焦慮，所以才會採取行動去因應焦慮，也因此有了所謂的「防衛機轉」（self-defense mechanism）。防衛機轉包括有（Corey, 2001, pp.71-73）：

(一) 壓抑（repression）

將不符合社會道德或痛苦的感受、意念，刻意排除在意識之外，以爲這樣就不存在了，如曾經被父親痛打，但是那些記憶都不見了。

(二) 否認（denial）

不承認或拒絕面對，以爲只要自己不去認可，事實就不存在了，如「我沒有偷吃，你們誣賴我！」。

(三) 反向行為（reaction formation）

做出與心裡所想的正好相反的行爲，因爲擔心被責罵或是不被喜歡，如討厭新生弟弟把父母親的關愛搶走，但是在父母親面前卻表現得非常友愛弟弟。

(四) 投射（projection）

不承認屬於自己、也不願意接受自我的一部分，然後將這個不喜歡的部分怪罪到別人身上，如自己不喜歡吃青菜，就指說是弟弟把青菜弄掉了！

(五) 替代（displacement）

把想要發洩的衝動或怒氣轉移到一個比較安全的對象身上，如被同學欺負、但是打不贏對方，回到家就揍妹妹出氣。

(六) 合理化（rationalization）

找一個好的理由來解釋自己的行為，如考試考不好，說是老師出題超出範圍。

(七) 昇華（sublimation）

把性衝動或是攻擊性的慾望，導入一個可以被接受的行為上，如很生氣想打人、但是知道打人不行，所以就選擇去跑操場三圈、讓自己冷靜下來。

(八) 退化（regression）

害怕承擔責任或是遭受到重創，認為外在世界很恐怖，想要退回到自己依然受到保護、呵護的時代，如受到性侵害的孩子退縮到自己只有三歲的時候，會尿床、吸吮手指。

(九) 內化（introjection）

將他人的價值觀或是標準，沒有經過消化、全然吸收成為自己的，如生長在暴力家庭的孩子也在學校以暴力方式欺凌他人，因為他將暴力視為處理事情的方式；或是對待他人很有禮貌，因為父母親也是這樣對人。

220

(十) 認同（identification）

將他人的價值觀或是行為轉化為自己的標準，也身體力行，「認同」與前述的「內化」多了一個個體自己的評斷，如喜歡爸爸對待母親的貼心，也會學著這樣對人體貼、甚至希望未來一半也是如此。

(十一) 補償（compensation）

將自己有所不足的部分努力去彌補、改進，或是在其他方面表現更好，以補償某方面之不如人，如體力不行的孩子會努力成為球員、或是在功課上獨占鰲頭。

◎四、精神分析學派在親職教育上的檢討與運用

精神分析學派的兒童經驗、人格塑造、以及不同發展階段的特質，給親職教育很多的提示，其對於防衛機轉的解析，也可以協助父母親了解自己與孩子的行為背後的可能動機與作用。在親職教育上運用最多的，就是父母親的互動關係對孩子性別角色行為學習、未來人際關係的影響。

精神分析學派為人詬病的地方，在於喜歡將許多行為導向「病態」與「性慾」方面，這一點如果用在親職教育上，會讓人有悲觀的想法，好像人是很被動地受制於自己的生理結構、過去的兒時經驗、還有不知是何物的「潛意識」。然而自積極面來說，精神分析強調父母親的楷模作用、親子互動的品質與性別角色的學習、早期親職功能影響孩子後續成長與發展、親職重在「自我」功能的妥善發揮、性驅力與精力的流動與調整等。精神分析學派讓父母親去正視人的性本能、創造的力量、以及成熟人格的重心在於「自我」的機制。

第二節　家族治療學派

　　家庭是孕育個人成長的最初也是最重要的搖籃，歷來的心理學家也一直注意到這一點。家族治療學派是著重在人與社會網絡的關係，認為個人不可能獨立於環境之外，必須將其周遭環境考量在內，包括環境的建構、個人與他人互動的關係及情況，尤其是個人的原生家庭，而如果個人發生問題，可能只是突顯家庭失功能狀態之一斑而已！家族治療學派將整個家庭視為一相互關連的系統，可以牽一髮而動全身（Corey, 2001; Goldenberg & Goldenberg, 2000），一個家庭的運作不是各自獨立的，而是有其操作規則，家庭內的不同次系統彼此間的關係與互動，也會影響整個家庭的運作，而因為一個家庭是一個運作有年、有其制性規律的系統，因此家庭的主要功能都會朝向讓整個系統可以重新恢復平衡的方向運作。家族治療學派的看法，推翻了一般將問題歸為個人、忽略其所處環境的觀點，對於治療來說，的確有其貢獻，而我們也在臨床實務工作上發現到有這樣的情形，也就是通常如果學生或是孩子出現問題行為了，可能孩子本身只是將家庭問題「表現出來」的徵兆、或者是家庭問題的「代罪羔羊」而已，真正的問題往往可以追溯到家庭、父母親親職的功能問題。

　　在談到家族治療之前所提的個體心理學派，也是基於這樣的觀點，將整個家庭納入治療對象。倘若以家族治療的觀點來看親職教育，可以發現（Corey, 2001; Goldenberg & Goldenberg, 2000; Nichols & Schwartz, 1995）：

◎一、家庭規則的建立常常是隱而不形、行之久遠的

　　一個家庭系統都有其行之久遠的運作規則，而這些規則通常是看不見的，甚至是需要「踩到才知道地雷埋在哪裡」。有人發現父母親注重孩子對外禮貌的表現，因為自小到大，父母親對於自己與他人或長輩的拜訪，常常是表現在待人接物的要求上，這是比較明顯的，然而比如說本來回家時間都差不多，但是有一次卻晚了一些（例如：十點），父母親就會嚴重

關切，因此這個家庭規則可能是回家時間不能晚於十點。也就是說，每個家庭在初形成之時，還是處於調整、紊亂的階段，男女雙方基本上是運用自己原生家庭的模式與規則在生活，後來就會慢慢發展出自己家庭的一些規則出來，特別是在第一個孩子出生之後。如果可以開誠佈公讓所有家人知道這個家的一些原則與規定，甚至以家庭會議方式商討必要的更改或變通規則，可以讓家人行為有據，也願意遵守、維護家的特色。

當然家庭規則的背後通常都有其要表現的價值觀存在，價值觀就是父母親想要傳承給下一代的東西。當詢及家中有沒有特殊的規則在運作時，許多同學都可以說出一二，包括「我們家吃飯都要人到齊才可以開動」、「別人送的禮物，孩子不能擅自拆開，必須要讓爸爸先看過才可以」、「如果孩子爭吵，父母親不會介入，而是要我們自己去找出相處的方式」、「我們家爸爸管大事，平常事情都找媽媽，媽媽有需要商量的才會找爸爸」等。

◉二、親職的「適當性」與「速配性」（match）可以是成功的關鍵

家庭治療強調整個家庭系統之外，也不忽略個人的重要性。個人可以自家庭得到需求的滿足（如食物、衣物、關懷、安全、歸屬感等），主要的家庭氣氛營造與需求提供人還是父母親，孩子與父母親之間的脾性相投、互動通暢，孩子的需求可以得到適當、適時回應，彼此的關係亦會更佳；每個孩子的脾性氣質不同、需求也不同，常聽不少父母親說：「我的孩子吃軟不吃硬」或是「對這個孩子，總是要多講幾次，他才會認真聽進去。」可見父母親也很明白不同孩子需要被對待、要求的東西或程度不同，因此所謂的「速配性」就是指彼此間的配合程度如何。

◉三、注意代與代之間的傳承關係

家族治療注意到家族間代代相傳的一些價值觀、規則、問題與秘密，我們除了看到生理上的傳承（基因、長相、身高、疾病等），也看到

價值觀（書香傳家、利益輸送、正直、助人或其他）、心理層面（氣質、個性等）、溝通互動（封閉或開放）等等其他層面的傳承結果，這當然也說明了我們在自己身上看到上一代的影子，也在孩子身上看到傳承自我們的影子。

☺四、權力結構與互動

家庭的結構，基本上是一些不同次系統的結合（如父母、母子、手足）、有上下的階層（hierarchy）或倫理關係，彼此之間感情雖然親密，但是也有自己的空間（所謂的「界限」－boundary），既然是「權力階層」、自然就有力量大小之分，所以有力量薄弱的與其他力量的結合（所謂的「三角關係」－triangulation－聯合另一人對抗一人），如弱勢的母親結合長子的力量來對抗父親。通常這種權力結構也可以經由「家族圖」（genogram）看出來。

☺五、失功能家庭

通常是家人彼此間的互動溝通模式趨於閉鎖性，而許多失功能家庭的現象都是先出現在孩子的不適應行為上。比如平日乖巧的孩子突然變得不可理喻，追究其原因，可能是因為父母最近因為經濟問題常常吵架，孩子希望以自己的行為來吸引父母親的注意力，所以有這些不尋常的表現。一個家庭的溝通互動模式如果不開放，也就是一方面拒絕外面新資訊的進入、也用不變通的方式要求家庭成員遵守，許多的問題都會接踵而來！因此一些家庭治療學者或臨床專業人員，有時就必須邀集重要家庭成員出現、協助練習新的有效開放式溝通、甚至重整整個家的權力階層結構，來解決原來的問題。許多同學在課堂上表示自己家庭結構是很傳統的父權，因此大半都與母親較親，當試著改變原來家中的互動模式（先從自己開始之後），會發現其他成員的反應也隨之改變！這也正是家庭治療學派希望達成的目標──改變部分，可以帶動所有的改變，也就是系統間是休戚相關的！

2
2
4

◉六、每位家人與其他家人之間的「界限」

　　「身體」就是最基本的界限；「界限」規範的是人與人之間倫理的分際以及情緒的投入，包括所擔任角色的職責與限制。在一個家庭之中，除了有「你」、「我」的「個體性」（individualism）之外，還有情感親密、有歸屬感的「我們」（we-ness），即使是最最親密的人，也讓彼此保有獨立的「自我」，以及可以共享親密的「我們」，這也就說明了每個人有其獨立與主體性，也有可與人共通或共享的空間。一般健全家庭的父母親，可以在不同需要的場合扮演不同的角色，他們是父母、朋友、哥兒們、遊伴、老師、教練、保護者，但是依然拿捏得住分寸，不會因為角色僵化而失去彈性，表示家人之間的界限是很具彈性、有功能的；但是如果彼此界限不分（所謂的「過度融合」—enmeshed），關係界定有問題，可就會進退失據、沒有分寸，造成所謂的「父不父、子不子」。相反的，彼此間好像陌路（所謂的「過度疏離」—estranged），表現出來的就是一家人不像一家人，家只是一個「旅館」或「住宿的地方」，沒有血濃於水的親密。運用在親職教育上，父母親也要注意與孩子之間關係的界定，即使與孩子感情很好，但依然是「父父子子」、各有所司，孩子不會取代父職、或是父親成了受照顧的依賴人，當然也不是彼此之間沒有什麼正向親密交流、好像路人一般；這樣子的彈性界限，才可以讓孩子去發展其獨立人格，也在同時有所歸屬、不會覺得孤單或被拋棄。許多家庭的功能出現問題，就是角色的界限出了問題，出現虐待的家庭，不僅是孩子或是妻子（丈夫）的身體界限被侵犯了（肢體虐待家庭），有的甚至是個人人權受到脅迫與剝削（性虐待或是老人虐待）。

◉七、家族治療學派在親職教育中的檢討與運用

　　雖然家庭治療模式是依據「問題」家庭的治療與修正著手的，但是也有許多可以讓親職教育工作者與父母親更了解家庭動力與結構應該注意的地方，而家庭治療學派著重家人間與外面世界的「溝通」、以及家庭結

構與其權力關係，將個人與周遭文化等因素納入考量；家庭系統是變動不居的，也就是會因為成員的關係常常有一些小小變動出現，但是會回歸到原來的「平衡」狀態（Papp, 1983），儘管外來刺激與資訊一直不斷由家人或是媒體新聞等管道帶進來，但是家庭都會極力維護其原本的和諧與安定，如果光只是由家庭系統本身來「消化」這些新的資訊與刺激、沒有配套的措施做協調機制，等到這些壓抑下來的「刺激」達到了一個燃點，可能就會造成家庭的大紊亂或是崩潰。舉例來說，家中一份子老是出差錯、逃學，本來家庭會以忍耐接納、或是主動出面解決的方式來處理這個個案，但是如果有一天這個孩子犯罪殺人了，家裡再也不能以往常的方式處理同樣的問題了，這個家就會面臨分崩離析或是解體的危機，可能是家長也不理會了、兄弟手足不再視其為家中一份子，整個家突然停滯起來。如果以這個案例重新來過，家庭會努力去了解孩子偏差行為的原因、積極去做適當的處置，家庭也因為孩子長大的緣故，許多處置問題的方式做了持續性的微調或改變、以適應家中成員不同的需求，那麼也證明了這個家庭系統有處理問題或危機的能力，不會因為平日不做最好處理，反而讓累積的壓力在一夕間爆發不可收拾！

　　家庭治療學派讓我們看到一個人的成長發展與家庭是休戚相關的，家庭的運作與功能有其一定的規則，家庭的結構也有其作用，然而家中每一個成員也都受到家庭的影響，當然個人也影響到家庭，家庭與個人之間是互惠的關係。如果個人出現問題，不能只是針對個人做治療，應該要把整個家庭的現實情況考量在內，然而在實際執行中的確有其困難存在，因為很難說服家中各個成員都參與治療，許多都還是母親與孩子出席而已，但是至少希望，這些親子配對所學習到的新資訊與解決問題方式，可以運用到自己家庭、也可能帶動其他成員的改變。

父母親可以做的

(一) 做一個「家族譜」，審視一下自己原生家庭與目前家庭間有無相似、相異處。

(二) 看看自己目前擔任的親職工作，有多少是承襲自原生家庭裡的母親與父親？感想與領會為何？

(三) 在擔任親職工作時，也不要忘了照顧到自己的需求。

動手與動腦

1. 請教父母親家庭歷史，也可以繪製一個「家族譜」。

2. 請同學做角色扮演，協助你在課堂上重新組合一個自己的家庭，與其他同學一起檢視自己的家庭建構與互動方式。

3. 進行「親密大作戰」計畫，將自己想要修補或是增進家人關係的目標付諸實現。

第八章

男女大不同？

　　這一章將重點放在與「性別」有關的議題上，在談論這個主題之前，很重要的是，要把「性別教育」先做個說明與釐清。「性別（角色）教育」（gender education）應該是囊括在「性教育」（sex education）的大標題之下，一般教育體系中也會做這樣的安排。從以往到目前的性教育，許多教育機構都將重點放在生育、健康或醫療方面（Centerwall；何雅晴譯，民91），而不少文化社會依然避諱談性，但是當我們看到許多媒體與社會新聞都在「炒作」與性相關的議題，包括壯陽、性趣、女性身體等時，似乎還暗示與瀰漫著父權至上、性只能說不能做的矛盾觀點，只是透露了女性可以「解放」自己身體的權利增加而已！德國女性主義者Alice Schwarzer（劉燕芬譯，民90）在她的《大性別——人只有一種性別》一書中提到：性行為是具文化教化與學習意味的，受到心理社會的影響大於生物性驅力，而每個人都至少是雙性的，所謂的「異性戀」可以說是社會文化強迫壓制的產物（p.54）。

　　我們一般說的「性別」（sex）主要是依據生理上的構造差異來分的，分成「女性」與「男性」，然而「性別角色」（gender）根據的卻是社會方面的期待而產生，也就是說不是天生自然、而是後天教導訓練的成果。以前的社會因為分工的緣故，把不同性別擔任的工作、角色都做了劃分與規定，成為一種習慣之後，就形成了「男性」與「女性」專屬的「刻板角色」（stereotypes），如果有人逾越了這種性別劃分的舉止行為，就可能受到懲罰、或是社會性的制裁（被其他人孤立或是鄙視、指責）。父母親對於不同性別的態度與潛移默化，會深深影響著孩子對於自己、自己性別與親密關係的看法與作法，不可不慎歟！新一代受到女性主義、人權運動衝激的父母親，看到自己原生家庭中的男尊女卑、甚至性別歧視不公平（生活、職場或其他領域）的對待，也不希望自己的下一代承襲或重蹈這樣的痛苦，但是卻在自己的親職工作中無形地「灌輸」了孩子同樣的觀念！那麼，要有怎樣的改變才可以不讓歷史重演呢？父母親的身教與宣導當然最重要！而研究也指出跨越性別界限的男女性，在適應力方面都呈現較佳狀態，也就是說可以兼具兩性特質（androgynous）的人，在心

理健康的分數較高、適應力最佳（O'Heron & Orlofsky, 1990, cited in Liebert & Liebert, 1994），這似乎也提醒了新一代的父母在教養下一代時，鼓勵「適性向」或能力的發展比鼓勵「適性別」的發展更重要。

　　本章會就性別差異迷思、可能教養方式與需求不同，與性別平權教育的實施，以及與性別相關心理疾病等方面作論述與探討。

第一節　性別的基本差異與迷思

　　有不少研究針對不同性別的個體作調查比照，目前證明的事實包括：初生時女嬰的生理與神經方面的發展較男嬰為佳，女嬰學走路、生理成熟度也較男嬰為早，而男嬰方面，在心肺功能與肌肉組織的發展較女嬰為佳；但是男嬰的死亡率高過女嬰，而男嬰與女嬰相形之下，比較容易罹患遺傳上的疾病、有發展上的遲滯或是對疾病的抵抗力較弱。這些基本差異，最近的腦神經醫學都有陸續證明研究（Carter, 2002; Moir & Jessel, 2000），發現主要是因為男女的腦部構造與賀爾蒙分泌及影響的結果，也就是有生理上的原因，只是這些差異在實際的社會教化過程中，又受到過分強調或是「偏差化」，使得兩性差異更大（洪蘭譯，民89 & 91）。女孩子在嬰幼兒期到小學早期階段，語言文字的發展顯然較同齡男孩子為佳，然而小學後期到青少年階段的差異就很小或不明顯了。而在小學中年級左右，男孩子在視覺空間上的能力就發展快速，到中學時期數學能力就更佳。男孩子比較容易展現攻擊行為、喜歡競爭式的活動，女孩子的攻擊較不直接、傾向於使用社會性力量或人際關係來作為攻擊他人的手法；對於成人的要求，女孩子服從性較高，但是男孩子有較多面、彈性的反應方式（Hetherington & Parke, 1999, p.590）。

　　當然，也陸續有一些研究結果是不一致的，包括男性活動力是否高於女性？女性是否較為依賴？男性喜歡冒險或做一些危險活動、而容易遭受到家庭或是人際方面的壓力？此外在文獻上常常提到的迷思，也就是沒有

科學根據的,事實是女性的自尊心並不比男性低,女性沒有比男性精於背誦的科目,女性與男性在接受暗示或建議上無差異,女性成就感不比男性為低(Hetherington & Parke, 1999, p.590)。

　　男性與女性天生遺傳與生理上的差異,造成了後來的若干不同行為表現,但是基本上男女性的角色行為,主要是受到社會期待與價值觀的約束,父母親在孩子出生之後,也不免以孩子的性別作了不同的教養要求與行為標準,比如Fisch(1976, cited in Galinsky, 1987)與Ricks(1985)就發現父母親對於女孩子的態度比較傾向照顧關愛,對男孩子則傾向鼓勵活動、尤其是大動作的活動,而這種趨勢一直延伸到孩子進入青少年期(Montemayor & Brownlee, 1987; Power & Shanks, 1989; cited in Snarey, 1993)。就溝通內容來說,男性會將話題放在活動上,女性則是放在關係上;對男性而言,說話就是傳遞或交換訊息,對女性來說則是互動;男性喜歡在談話中著重在理性論點,女性則傾向感情與關係;男性用談話來達成工具性目標,女性則是為了與另一人更親密、完成表達性目標(Tannen, 1990)。

　　性別角色主要是「社會化」的產物,而所謂的「社會化」就是個人將社會所期待的行為加以學習、內化的過程與結果,與生理上的性別無關(Basow, 1986)。女性的社會化過程,一般說來是植基於男性社會化之下的子題,連一般的發展或是道德發展也是以男性發展為主要脈絡(Gilligan, 1982),自然不免有偏頗,以這樣的角度來看女性的成長與發展,也就需要特別注意文化上的因素。男女性的社會化也是自出生之日就開始(像是男嬰以淺藍色被巾、女嬰以粉紅色被巾包裹),尤其受到父母親的對待態度影響最大,目前的研究結果包括:(一)父母親自小就鼓勵男嬰的活動、不鼓勵女嬰也如此;(二)母親較常以語言方式回應女嬰,而以動作回應男嬰的需求;(三)父母親對於男嬰給予較多刺激與回饋,女嬰則較少;(四)男女孩到三歲左右就會選擇「適合」其性別的玩具,這也是延續自父母親早期對於孩子玩具的選擇而來;(五)男孩子比較喜歡活動、女孩子則是傾向與成人發展親密關係;(六)父母親鼓勵男孩子的成就、競爭或攻擊性的行為與野心,對女孩子則否;(七)鼓勵男孩子較早獨立自主、

控制結果與負責任；(八)父親對於男孩子性別期許較爲傳統，也較喜歡以體罰方式管束男孩；父母親對於女孩則是可以容許身體的親近，給予較多溫暖，而父母親也比較信任女孩；(九)父母親對於女孩子的行爲要求與監控較多，雖然對於女孩子的非刻板性別行爲較能容忍，但是依然期許女孩子「表現得像有規矩的女士」一樣。除在家庭裡是如此，在學校裡社會化的運作還是持續如：(一)教師對於男同學的反應也多於對女同學；(二)男女生在學業成就上的表現自六年級起就開始有較大差異，主要是因爲女生必須在與人的關係和智力成就之間作選擇；(三)男女生對於自我形象的關切點不同，女生關心自己的外表、男生則是關心自己的效能與成就。這些種種加上傳播媒體的大肆渲染，只有更加重刻板印象的成形而已，而女性的「無力感」也因此加深，與其對自我的看法有密切相關（Lewis, Hayes & Bradley, 1992, pp.58-61）！

　　Piaget（1965, cited in Hetherington & Parke, 1999）認爲遊戲是個人社會化的一個前導，也就是孩子們自遊戲中去慢慢了解社會的規範（包括對於不同性別的期許與要求）、懂得與人合作，也從「自我中心」掙脫出來，而孩子對於遊戲規則的認同，在九歲之前是當成聖旨、不敢違抗，但是後來也發現其實遊戲規則只是社會契約的一種，只要彼此遵守協定就可以，所以失去了其絕對性。孩子「性別角色」的社會化，家長與其他社會機構都是擔任負責的媒介，年幼孩童所使用的玩具，有許多都是刻意配合孩童性別而選擇的，在孩童的的遊戲中，我們其實也可以看出一些性別刻板的端倪。Lever（1978, cited in Hetherington & Parke, 1999）以觀察法研究孩童的遊戲，她歸納發現的結果爲：女孩子的遊戲較男孩子不複雜，而女孩子的遊戲參與人數不超過十個；男孩子喜歡從事競爭意味的遊戲，而且是面對面的挑戰，女孩子喜歡合作式的遊戲，即使是競爭比賽，也是以輪流方式居多。她因此認爲男孩子的遊戲提供了男孩子處理不同情況、與人無關的制度性事物的練習機會，也學會了將個人目標與團體目標結合、增進技巧、以及學習領導者的技能，因此也在競爭中學習自我控制；女孩子的遊戲似乎是以「建立關係」或是「維持親密」爲主要目的（Cole & Cole,

1993）。

　　我們之前提過，一般人容易把「性別」與「性別角色」混爲一談，前者指的是生理上的區別，後者主要就是所處社會文化的約束，也就是說「性」是天生的，「性別」行爲的養成卻是後天社會文化的產品。心理學家佛洛伊德（Sigmund Freud）與楊格（Carl Jung）都說過，人與生俱有兩性的心理特徵，只是因爲後天環境的薰染與訓練，讓男性與女性朝向了不同的發展方向。這些強調男女性間的區別，主要是「性別社會化」的結果，而偏偏也有些學者專家還刻意去擴大這些差異，如John Gray（1992）就認爲男女基本上就有一些差異，他用男人來自火星（Mars）、女人來自金星（Venus）做比方；權力、能力、有效率、成就是男人認爲很重要的，因此男人會竭盡所能來證明自己的這些能力與技巧，也用這些來定義自我；而愛、溝通、美麗與關係是女性認爲最重要的，也因此會以自己的感受分享、與人的關係來定義自我。此外，男女對應壓力或問題的方式不同，男人要花一點時間自處（所謂的「洞穴時間」），女人則是希望說出來、同時有人聽她說。這必須要考慮到在傳統社會與心理學總是將男性定位爲家庭與社會之間的媒介、提供家計、擔任管教的工作有關（Levant, 1980），而這也就是Parsons與Bales（1955, cited in Levant, 1980）將男性與女性角色區分爲「工具性」與「表達性」的主要原因。

　　哈佛大學的Carol Gilligan（1982）批判Kohlberg的道德發展研究是有性別歧視的，因爲Kohlberg只研究以男性爲對象的道德發展，然後將之套用在女性身上，不將女性所擅長的關係能力擺進去，沒有針對社會文化與依據男女性別被要求的不同而看其道德發展的情形。女性被教育成較傾向「他人導向」（other-oriented），也就是以他人的觀感爲批判自己價值的標準，而男性則是傾向「自我導向」（self-oriented）、對於自我價值較有掌握。舉例來說，英國某大學做一個刮鬍子與刮腿毛的研究，調查結果發現女性對於自己刮傷腿毛會歸咎於自己技術太差，男性對於同樣刮傷鬍子的情形大多認爲是刮鬍刀有問題（China Post，日期不詳），歸咎原因一個是自責（對於自己沒有自信）、內化（internalized）；一個是責怪他人

（認為自己不會出差錯）、外化（externalized）。

第二節 性別特質與發展

　　早期對於男女特質的研究發現：父親的功能發揮最大在於男女性別角色行為的學習（Russell, 1978），而「兩性兼具」特質的人在行為表現上較具彈性，也就是「兩性兼具」特質的父親與母親都比較容易表現出照顧溫暖的行為（Bem & Lenney, 1976; Bem, Martyna, & Watson, 1976; cited in Russell, 1978）。男女性特質依照Carl Jung的說法，本來就是存在每個男性與女性身上，只是因為社會對於兩性的刻板要求與規定，使得兩性的行為受到制約（表現符合期待的就獎勵、反之則處罰），女性與母親的關係可以持續下去，但是男性就必須與母親有所區隔、甚至被要求分離以突顯對於男性所要求的「獨立自主」（Chodorow, 1989; Pollack, 1998）。男性與女性從事教養下一代的能力沒有因為性別而有差異，主要是因為「情勢所需」（the demands of the situation），以Redican（1976）與Mitchell（1974）等人對於恆河猴哺育幼猴的觀察研究也指出：當母猴不在時，公猴也會挑起照顧下一代的責任（cited in Russell, 1978）！最近由一位學者Dee Higley與其團隊在「國立健康局」（National Institutes of Health）所做的相似研究也發現：幼時缺乏雙親照顧（有依附）的恆河猴，很容易在成年（四歲）之後染上酒癮（China Post, Sunday edition, 8/18/02, pp.1 & 3）。因此可以推論的是：是誰照顧沒有多大關係，而是照顧的品質。

　　兩性的區別主要是人為的分化，使得個體不得不依照社會的要求做調整，也隱藏或壓抑了不被讚許的表現。父母親對於孩子的人格特性與才能的深入了解，鼓勵其發揮潛能，不受刻板性別印象的影響，可以讓孩子充分發展「兩性兼具」的特質。然而父母親因為也受到社會期待的影響，不免會有許多壓力，但是時代在進步，許多原本制式傳統的角色觀念也慢慢在接受考驗與檢視，父母親可以有更廣的心胸去接納、支持、開發，甚至

2
3
4

示範非性別刻板印象的行為，相信孩子也會因此受益！因此父母親可以努力的是：

一、檢視自己的性別刻板印象，多些自我覺察行動與改進，包括自己是否有很明顯的「重男輕女」，甚或「重女輕男」的偏見。

二、用不具性別刻板的方式來教育孩子，男孩女孩享受平等待遇與要求，注意身教與言教的一致性，盡量做到公平，與孩子討論的時候是維持平輩、相等的關係。在生活中接觸到的許多議題，也可以作為與孩子或是家人一起討論、辯論的主題，甚至可以單就「性別」來看問題，將焦點縮小，可以看到更多！

三、孩子會因為已經受到社會期待與要求的制約，不可能馬上配合家長「兩性兼具」的教育方向，不妨也依照男女性的特質先去做了解與處理（如與兒子打過球後再討論關心事項），循序漸進、不躁等以求。

四、不要以「性別」為藉口來要求孩子的行為或表現，比如說「女孩子應該要端莊一點」、「男孩子怎麼可以哭？」等，而是因為行為的緣故，如「請不要把腳放在茶几上，不衛生」或「每個人都會有情緒，哭是正常的表現，我想你一定是很難過了」。

五、提供孩子的學習楷模不限性別，包括鼓勵去看不同性別的傳記人物故事，鼓勵從「能力」與「抱負」的角度去學習，而不是以性別論斷成敗。每個性別的經驗都有其價值，不會因為是屬於男性價值，其價值就高一些。

六、孩子如果因為自己表現的行為不符合典型性別行為（如男孩子比較容易表現出情緒化、哭、較注重與人的親密關係，或是女孩子很決斷、有衝勁勇氣、喜歡打球），而受到他人的批評或異樣眼光，父母親要立即做善後處理的工作，必要時可以請批評的對方一起來探討；如果是學校老師有這樣的情況，可以直接與老師面談，表達家長的關切與期待，但是事先告知孩子、取得孩子的諒解很重要。

七、釐清「力量」與「性別」是不一樣的，固然男性自青春期開始，生理上（尤其是上半身）的力量就開始超過女性，但是「力量」的其

他來源不是僅止於生理上的，其他包括對於自己的信心、看法，還有對於能力的把握，學術或職業地位，意志力、關愛、正義或道德勇氣等等，都可以表現出個人的力量，鼓勵孩子培養自我的信心與力量。

　　八、鼓勵孩子開發與發展非典型性別的能力與興趣，比如女性可以鼓勵其往數學、物理、釣魚、運動、觀看天文景象等方向發展，男性則是編織、說話、文學等，孩子選擇學習方向或志願，還是會受到大環境中對於性別制式要求的影響，家長要能做最好、最重要的支持，孩子才有可能堅持下去。

　　九、儘管女性是在「關係」中成就自我、男性是在成就裡完成自我（Miller, 1991），但這並不表示女性就要拒絕「成就」，男性就要割捨「關係」，雖然社會化的影響力是不能一時幡然改變，但是父母親可以做最適當的教育與補充，因為男孩子也需要維繫適當的親密關係、才不會憂鬱沮喪，何況人類社會是需要合作與相互依賴的，女孩子也要成就一些什麼，才可以感受到自我的價值與貢獻。

　　十、不要強逼男孩或女孩表現出不同典型的行為，因為有時候地點時間不對、他們要承受的壓力很大，像是在同儕都在場的時候，男孩子不希望母親擁抱他，因為他還要向同伴交代，讓他當眾出糗也不是家長樂意的。

第三節　性別與情緒教育

　　在教養過程中，有許多研究也發現父母親對於不同性別孩子的情緒教育是不同的，母親比較願意花時間跟孩子談情緒的部分，而且對於女孩子更是如此（Adams, Kuebli, Boyle, & Fivush, 1995），父親雖然也對女孩子談到情緒的部分、但是著重在「悲傷」的情緒（Fivush, Brotman, Buckner, & Goodman, 2000），好像女孩子的悲傷情緒比較容易被接受、或表現出來一樣，而男孩子的「氣憤」表現是較被容許的！有研究針對幾種情緒來看

親子的互動，發現男孩子比較不會談到或是直接就否認「害怕」的感覺（Hudson, Gebelt, & Haviland, 1992），這也許與我們一般對於性別的期待有關，就是認為「害怕」應該不是屬於男性情緒表現的內容（Fabes & Martin, 1991），因為表現出「軟弱」、「不堅強」，這就如同女性被要求不能生氣一樣（Lewis, Hayes, & Bradley, 1992）！在臨床工作中也發現：男性比較容易表現出氣憤的情緒，然而在氣憤情緒底下，卻有其他真正的情緒在作祟，包括感覺羞愧、不公、失敗、無能力等。女性似乎在情緒表現上較受到寬容與鼓勵，也因此表現出來的情緒種類就比男性增加許多！

關於父母親對於孩子的情緒教育，在最近幾年的親職教育中也強調（Denham, Zoller, & Couchard, 1994; Fivush & Kuebli, 1997），雖然一般說來，會把女性歸為「表達性」較強的族群、著重的是與人之間的和諧關係；相對地，男性就呈現較多的「工具性」行為，這反映在問題解決的模式上尤其明顯！女性遭遇到問題，會希望找個人談一談，有時候只是談一談、對方會聽，情緒上就較為舒緩、甚至初步問題就得到解決；男性不同，男性在聽到朋友有困難或問題時，習慣為對方想辦法，也就是把焦點放在真正「解決問題」上，忽略了情緒的部分，但是這也意味著「情緒」是不重要的（Lewis et al., 1992），因為與問題解決無關；但是習慣這樣處理的結果，卻相對地沒有關照到男性的情緒需求、以及女性可能需要適當解決問題的建議。這是以往若干心理臨床學家與作者提出的男女天生差異的問題，認為男性是「工具導向」（instrument-oriented），也就是一以解決問題、以目的為宗旨；而女性是「關係導向」（relation-oriented），希望可以與人有聯繫、在聯繫中尋求自尊與安慰（Parsons & Bales, 1955, cited in Levant, 1980）。在日常生活中，男性也發現自己與同性朋友不太能談論自己的問題，反而發現女性很能聽他說明事情始末，這也許是在同是男性面前會顧慮到男性的能力或是面子、對方的印象與看法如何；而女性也會覺得男性太急著把焦點放在實際問題的解決上，反而忘了去體會當事人的心情，所以會認為是「雞同鴨講」，而女性在與同性分享問題與困擾，卻需要真正的問題處理建議時，反而對方不能幫上忙。

Pollack（1998）長期從事男性研究所得的結果是：男性也需要發洩情緒、做適度的宣洩與表達，然而卻因為社會期待與內化標準的關係，逼使他們採取壓抑、否認的方式，卻也相對地造成了情緒上的困擾、失控與心理疾病的產生。因此我們可以做這樣的結論：無論男性或是女性，都可能是刻板性別社會化的犧牲者！

既然母親對於孩子的情緒開發擔負的責任重大，也暗示著母親本身的情緒對於親子關係、孩子情緒管理的決定性。當然這不是意味著父親對於孩子情緒的發展與管理就不需要注意，夫妻間的互動與情緒表現，還是孩子學習的最重要楷模，當孩子看到父母親的和諧與尊重對待，自然也學會如何控制與抒發情緒；如果父母親動輒惡言相向、大打出手、情緒不穩，依照社會學習理論來看，孩子自然「沿襲」雙親處理情緒的方式、如法炮製！現代的父母親對於男女情緒的表達與教育，有比較寬容的趨勢，但還是偶爾不免會承襲上一代對於男女刻板期待的影響、有了一些無形的限制或不當的鼓勵。其實對於孩子的情緒教育，父母親的以身作則依然是很重要的，父母親本身對於情緒的表達很鼓勵、也持開放態度，甚至沒有刻板要求男性一定要堅強、不能哭，女性可以撒嬌、哭鬧，而是鼓勵孩子去體驗各種情緒，進一步願意教導孩子如何分辨情緒、表現情緒與適當管理情緒，這都是不分性別的。

在親職教育中，把情緒「正常化」是很重要的，也就是說情緒無所謂好或壞，情緒就是情緒，隨著年齡與經驗的增加，我們會學著「延宕滿足」、調整與適當抒發情緒，因為情緒的正常表達與管理，也是健康生活中重要的一環！

第四節　性別與心理疾病

以前Freud在其臨床治療經驗中發現，某些心理疾病是「專屬於」女性特有的，像是「歇斯底里症」，之後有些心理學家也附和這個說法，

沒有將當時文化與時代背景納入思考，即使是現在的《心理診斷與統計手冊》（Diagnostic and statistical manual of mental disorders, 4th ed.,或DSM-IV）裡，也會發現某些心理疾病彷彿有性別上的差異，但是現在的臨床治療師會把社會大環境的因素考量在內，希望可以減少許多的誤導。我們可以解釋爲什麼有許多心理疾病與性別有關的可能影響因素，比如說社會比較允許女性表達情緒，期待女性是比較依賴的，因此也發現女性的求助行爲遠高於男性，這種趨勢的影響之下，當然會「發現」女性罹患心理疾病的特別多！而較「屬於」女性的心理疾病包括「憂鬱症」、「飲食失調」、「邊緣性人格」；反之，社會要求男性要表現出堅強、有力、有成就，所以我們發現在「反社會人格」、「強迫症」等等暴力宣洩的心理疾病統計數據上，男性居多數。以下篇幅僅就女性比較容易罹患的心理疾病「飲食失調」（eating disorder）與「憂鬱症」（depression），以及男性較易被診斷的「抗拒或挑釁行爲」（oppositional defiant disorder）做簡述，也把對象放在兒童與青少年身上。

☺一、飲食失調症

Wooley與Wooley（1979）認爲「瘦」已經成爲一種道德標準，也就是說越瘦的人受到的喜愛與好評比胖的人多，而體重或身體形象也已經成爲評量「自尊」的重要指標（cited in Capuzzi & Gross, 1989）！許多的傳播媒體中，都把女性的身材當成商品，用來展示（如香車美女的汽車廣告、流線型訴求）、推銷（美容、減肥、隆乳藥品或食品）、甚或污衊（男性發洩性慾、展現雄風的成果）！女性的身材在眾多資訊的推波助瀾之下，已經不是個人的事件了，而是成爲一種女性「共同的命運」。女性對於自己身材的不滿意度也遠遠高過男性同胞（Leon, Carrol, Chernyk, & Finn, 1985, cited in Capuzzi & Gross, 1989），而多數女性也認爲自己比理想中的體重要重更多（Fallon & Rozin, 1985, cited in Capuzzi & Gross, 1989）；不只是胖的人想減肥，連一般身材的人也趨之若鶩！許多人爲了減肥，眞是用盡了方法，包括節食或絕食、催吐、使用瀉藥、吃減肥藥、抽脂術、抽菸或是嗑

藥，不一而足！這也說明了「瘦」成為衡量女性魅力與美麗的重要標準，而這些都是社會文化所形成的壓力使然。女性對於壓力的處理方式也因為文化因素的影響，比較不會向外宣洩，而是比較多採取向自己（內在）攻擊的方式，因此也會發現到比較多的自我傷害行為（如憂鬱症、自殺傾向等）。

　　國內對於青少年階段的高中職做過類似的調查，也發現許多年輕女性已經有飲食失調的傾向，估計共約有五萬人有這個毛病，男女比率為一比九（China Post, 3/27/00, p.20），實際數字應該比這個結果更高，因為青少年階段是相當重視外表與同儕的眼光的。根據美國國內的統計，罹患飲食失調症的女性人口占了85%到90%；飲食失調症裡又分「厭食症」（anorexia）與「暴食症」（bulimia），其中罹患「厭食症」的患者有五分之一左右會死亡（Roth, 1995）。但是現在因為許多傳媒也將男性的身材與能力結合在一起，已經有不少男性也有了飲食失調或是服用藥物（如類固醇）來保持「男性形象」與「男性氣概」的習慣；而運動員更容易罹患飲食失調（Pope, Philllips, & Olivardia, 2000;但唐謨譯，民90；Romeo, 1994），對於將自己的信心放在身體外形上的人，或是自我表達有困難的人，也是飲食失調的危險族群（Lawrence & Thelen, 1995）。

　　在男性的肌肉慢慢成熟，被等同視為「男性氣慨」的同時，女性卻要為自己日漸成熟豐腴的身體與體重覺得自卑、羞愧、不對勁（Striegel-Moore, McAvay, & Rodin, 1986），這是對女性的一種不公平。飲食失調基本上還是以女性患者居多，如木匠兄妹合唱團中的妹妹Karen就是飲食失調的犧牲者，其中的「暴食症」（如英國黛安娜王妃）指的是在極短時間之內大量進食、然後又害怕這些食物會讓自己發胖，於是就採用激烈手段、如催吐或是腹瀉，讓剛剛吃進去的食物在最快時間內排放出來，有些人一天之內可以自行催吐好幾次，造成食道與胃壁因為常常受到藥物刺激、沒有吸收功能，後來造成極重度營養不良或器官衰竭，甚至讓腦部掌控飲食功能的機制失調，最後即使是用強制灌食也已經無效。

　　早期發現飲食失調的徵象，也可以及早做處置，Gross與Rosen

（1988）發現可以用憂鬱沮喪、不佳的身體形象、以及社會焦慮來預測飲食失調症（cited in Capuzzi & Gross, 1989），而Striegel-Moore等人（1986）也發現有幾個因素與女性飲食失調有密切相關，包括：(一)完美主義的性格；(二)相信體重是非常重要的；(三)家庭對於個人的高期待，而且重視外表條件；(四)天生體質有過重傾向（如父母親的體重）；(五)沮喪又有低自尊問題。

厭食症與暴食症不同，但是也有一些相似的地方，下面會將厭食與暴食症的情況列表說明（Capuzzi & Gross, 1989, pp.175 & 177）：

飲食失調	心理特徵	行為特徵	生理特徵
厭食症	低自尊 自殺想法 扭曲的身體形象 服從性強 完美主義 僵化行為 害怕食物或體重增加 憂鬱沮喪 否認問題存在 過度成就表現 焦慮 要控制身體的感覺強烈 冷漠 情緒變化大	過度的體能活動 疲倦 與家人衝突 孤立（刻意與家人或朋友疏離） 強迫性運動 過度使用瀉藥或利尿劑 喜歡獨自進食 吃過多（會為家人煮東西與控制家人飲食） 常常想到食物與吃東西 睡眠困擾	體重下降過多（15%以上） 營養不良 對冷的感覺敏感 思考能力減退 心臟停搏 懶散倦怠 蛀牙或牙週病 臉毛與體毛增加 頭髮皮膚或指甲問題 對飢餓、飽足感與其他身體覺的感受不正確 電解質不平衡（衰弱） 關節疼痛（坐或站有困難）
暴食症	低自尊 覺得不自在、困窘 焦慮 憂鬱沮喪 情緒變動大	衝動控制問題 自我沉溺的行為 喜歡獨自用餐 不誠實（說謊） 偷竊食物或錢財	正常體重 貧血 牙齒問題或壞了 喉部有慢性疼痛 電解質不平衡

飲食失調	心理特徵	行為特徵	生理特徵
暴食症	將自我價值放在體重上 需要他人的讚許 過於關心體重與身體形象 害怕大吃大喝、怕失控 自殺傾向與企圖	濫用藥物或酒精 使用催吐、瀉藥、與利尿劑 常常想到食物與吃東西 減少一般的活動 社會孤立 大量攝取含碳水化合物的食物 濫用瀉藥或利尿劑	脫水 不正常心跳 疲倦、冷漠、容易生氣 食道方面問題 呼吸或吞嚥困難 低鉀血症（血液內鉀量過低） 不健康、身體一直微恙 可能有心臟破損或食道炎、腹膜炎

　　飲食失調症的預後情形不佳，特別是厭食症，因為病患對於自己外表與食物的一些信念很難改變。通常治療的重點會放在：協助病患對於自己的身體與問題有較為實際的看法，可以接受合理的體重，學習控制自己的體重、不要有傷害自己的行為，也需要學習如何處理壓力（Jaffe, 1998）。

◉二、憂鬱症

　　儘管女性較之男性願意說出自己的感受或問題，但是女性罹患憂鬱症的比率依然高過男性，這可能與女性在社會的地位與處理事情的內控方式有關（不像男性以對外宣洩的方式，而是對自己）。許多研究認為憂鬱症是正常青少年生活的一部分，因此在臨床上常常被忽略（Garrison, Shoenbach, & Kaplan, 1985, cited in Capuzzi & Gross, 1989），而有研究者發現青少年族群女性患憂鬱症的人數比同發展期的男性多二到三倍（Hart & Thompson, 1996），當然家族的遺傳因素也不能忽略；也因為青少年的善於掩飾，因此許多的症狀其實是求助的表現，卻往往被忽略，像是易怒、過動、攻擊行為或偏差行為、身體病痛或裝病、飲食失調、肥胖、學業成績低落、害怕上學、沒有動力、退縮行為或睡眠問題等（Capuzzi & Gross,

2
4
2

1989; Pollack, 1998）。許多因素也可能造成憂鬱症的發生或嚴重性，像是長大之後對於周遭環境的無力感加深、家庭關係薄弱、學校競爭激烈、不能從生活中找尋意義等。而青少年族群除了身心發展與適應的壓力、學校課業、家長期待、家庭功能失常、自尊低落、或是生命中有重要失去（如搬家，朋友出國、親人過世或生病）等等複雜因素的摻雜，都可能引發進退失據、情緒的困擾（Jaffe, 1998）；對於年紀更小的兒童來說，可能因為不知如何形容這樣的情緒，而多半用行為宣洩方式表現出來（Schwatz, Gladstone, & Kaslow, 1998）。

憂鬱症的一般徵象可以有以下幾點（DSM-IV, 1994, p.327），但是也不要忽略之前提到的青少年掩飾技巧、或是表現出憂鬱症的行為不同：

(一) 經常心情不好或常哭（自我陳述或他人觀察；孩童則是易怒）；

(二) 對於許多事情失去當初的興趣；

(三) 體重有極大變化（過重或過輕）、胃口大增或大減；

(四) 失眠或睡眠時間很多；

(五) 身體或動作上的表現很激動或是遲緩；

(六) 疲累或失去精力；

(七) 覺得自己無價值或極度的罪惡感；

(八) 不能專心或思考能力減退，表現得沒有決斷力；

(九) 一直想到死亡或有自殺念頭與企圖。

◉三、抗拒或挑釁行為

許多人會認為青少年階段的許多反抗權威行為可能是一種爭取自我認同、獨立、不依賴成人的表現，但是如果這些行為一直持續到成人，甚至演變成更嚴重的攻擊行為，如傷害他人或破壞他人財物的行為（行為違常），就可能在成人階段出現「反社會人格」與犯罪行為（Barkley & Benton, 1998）！抗拒或挑釁行為在兒童期出現的機率，男童遠高於女童，但是在青春期之後，兩性就都差不多。根據美國《心理診斷與統計手冊》（DSM-IV, 1994）的標準，「抗拒或挑釁行為」可以從幾個方面來判定

（pp.93-94）：

(一) 常常脾氣失控；

(二) 常與成人爭論；

(三) 常常主動積極地反對成人的要求或規則；

(四) 常常故意擾亂他人；

(五) 常常因為自己的錯誤或不良行為而怪罪別人；

(六) 很容易發脾氣或覺得他人很煩；

(七) 常常生氣、憎恨；

(八) 常常表現出鄙視或報復行為。

　　兒童期出現挫折忍受度低、不能延宕滿足（想要什麼，就要立刻得到）、踢打等（Kronenberger & Meyer, 1996）；青春期的抗拒與挑釁行為，可能是社會學習，或是認知不當、歸因有誤的結果（Friedberg & McClure, 2002），也因此提醒了家長培養孩子情緒管理技巧、與問題解決能力的重要性。父母親碰到孩子不願意服從、或是直接挑戰父母或師長權威，自然會覺得不高興，但是只要能去聆聽、了解，沒有先入為主的批判來對待，就可以適時做機會教育，讓孩子也學習到與人合作、尊重他人及維持自尊。許多的挑釁或叛逆行為，不是真正要反對，但是卻讓家長最頭痛，而家長還常常會看到以下的行為表現（Barkley & Benton, 1998, pp.10-11）：

　　(一) 常常要與孩子爭執對立，像是上床睡覺或去學校，即使最後孩子都知道必須投降還是一樣；

　　(二) 在與朋友遊玩時會堅持自己的玩法；

　　(三) 為芝麻小事與人爭論不休；

　　(四) 可能會說謊以逃避責任；

　　(五) 喜歡回嘴或頂嘴；

　　(六) 對某些人會毫無理由地有敵意；

　　(七) 不理會他人的命令或要求；

　　(八) 常常有違規行為；

　　(九) 嘲弄或是鬧別人，只是為了好玩；

（十）常常因為生氣就損壞物品或做自我傷害動作（像閉住不呼吸、撞頭）；

（十一）對父母親不尊敬（尤以母親為然），而這些惱人的行為如果不加以處理，很多都會繼續帶到後來的成長階段。抗拒或挑釁行為的影響因素可能來自：孩子本身的個性，家長與孩子互動的歷史，家長的個性，以及其他家庭環境相關因素（Barkley & Benton, 1998）。

家長們在面對孩子的抗拒行為時，Barkley與Benton（1998）建議不妨採用一些步驟來做處理：

（一）先想清楚自己最重視的是什麼？例如：是與孩子爭我贏你輸、還是想要與孩子更親密？

（二）要想清楚才採取行動，不要刺激一來，就在衝動下做了決定。想想有沒有其他處理的方式，如果還沒想清楚，就暫時離開現場或喊停，等想到下一步怎麼做了，再行動不遲。

（三）想想孩子的立場，會比較了解孩子行為背後的動機。

（四）停止抱怨，而是去思索解決之道。

（五）採用「大聲思考」（think aloud）的方式，將自己的想法大聲說出來，有助於釐清自己的情緒與思緒。

（六）設立一致的行為邏輯結果。

（七）給孩子第二次機會做修正。

第五節　適當的性別教育

「女性主義」是倡導性別平權很重要的一項社會運動，也是目前政府與學校在施行性別教育會納入的觀念，因此在這個章節會以女性主義諮商理論的一些主張與實務做為親職教育施行的參考。女性主義者強調性別行為不是天生遺傳，而是後天環境、教育約束而來，有濃厚的政治意味。在講求性別平等的現代，對於子女親職教育也必須包括「適當」的性別教

育，所謂的「適當」不是依據性別來要求、規劃，而是讓孩子可以充分了解自己是誰、社會大眾對自己的性別要求期待與限制，然後可以努力去活出自己想要過的生活！

　　女性主義治療的意義包括：了解性別歧視社會的有害影響，女性社會角色的衝突，開發女性自療（self-healing）與照顧的內在資源與能力，不是依據以往治療的性別歧視，破解治療關係中的權力迷思，對女性當事人與治療師做較好的治療配對處置，對於弱勢女性族群的了解與協助（可以提供治療師的自我發展經驗），除了治療之外，鼓勵與開拓女性成長與支持管道（Butler, 1985）。

　　許多男性將女性主義者稱之為「大女人主義」或「恨男人」主義，暗示了女性主義是為了「反」男性而來，其實女性主義最重要的訴求是「人權」而不是「婦女權」，但是因為目前社會的「人權」觀念其實是關照了人口的一半——男性而已，因此提出「女權」的訴求可以比較具體、也凸顯訴求目標。講到性別平權教育，就必須談到「性別教育」，其中應該含括的內容是：男性與女性生理差異（包括性教育、安全的性、性病知識與預防），男性與女性的自主權與界限，親密關係與同／雙性戀，性別和平共處與尊重（包括如何做好「好的分手」），性騷擾與性侵害等等。

　　「性教育」是性別教育中不可或缺的一環，到底性教育的實施又應該如何進行？根據統計，一般人的性教育知識來自於同儕、媒體書籍的最多，最後才是學校教育與父母親，這也顯示了性教育的確沒能在教育第一線發揮其功能。心理學家Alfred Adler（盧娜譯，民91）認為性教育如果在學校施行，有時會忽略了個別差異與不同個體的需求，而他也不贊成家長過早、或是提供「過多」的知識，反而會妨礙孩子的發展，因此建議父母親採較為被動的方式，也就是先了解孩子發問的動機、只提供孩子需要的知識；此外，Adler也建議家長不要在孩子面前有太親暱的肢體動作，也不贊成父母親與孩子同房共寢，然而這些建議有些拿到現今社會已不敷使用！

　　孩子需要的性別教育不只是社會化性別的部分，還有性教育的相關內

2
4
6

涵（包括性成熟、性慾、滿足性慾方式、身體自主權、性別法律相關議題等），只是靠家長的親職教育，有許多不敢說、或是知能不足的部分，需仰賴學校或社會教育或者是正確資訊來源補足，家長也要不恥下問、願意求助相關單位或資源，也協助孩子循正當與正確管道獲取知識。

第六節　女性主義在親職教育上的檢討與運用

　　女性主義的許多觀點，可以用在親職工作對於孩子性別敏銳度的培養與適性的教育上，包括：(一)讓孩子清楚女性在生理、心理發展與社會文化期待等議題，以及目前女性在社會上受到壓迫與不公平待遇的現實；(二)女性對於自身處境與身為女性經驗的自我覺察才是改變的開始；(三)覺察社會與文化上的許多性別議題與性別歧視的情況；(四)以培養自身的能力為主，而非以性別為主的生涯選擇，也不因孩子性別而有不同對待或是期許；(五)營造平等自由與智性的家庭風氣，家人可以分享許多生活經驗與省思；(六)日常生活與其他人互動過程中，注意偏見或是歧視語言的使用；(七)讓孩子形成自我獨立的價值或評價系統，相信自我的力量。

　　當然目前大社會的男性至上主義依然瀰漫，甚至可以看到社會或政治人物的「沙文主義」橫行（如享受一夫多妻的生活、卻要求女性的始終如一，女性身體是商品），這些都是妨礙人權平等教育的最大障礙，再加上對於性別刻板印象的持續堅持，還有少數女性族群以「身體自主權」為由，傳播性行為可以紊亂的訊息，環境的壓力的確不容忽視。但是由於許多女性（特別是受苦的女性）都開始願意走出來、發出自己的聲音，這個情況有改善的趨勢。比較可怕的，反而是女性家長自己已經身歷其境、嚐受到因為性別而來的差別待遇，卻依然以這樣的枷鎖來要求下一代！

父母親可以做的

(一) 了解社會對不同性別的要求與限制，也要檢視自己的性別偏見或刻板印象。

(二) 重視孩子的情緒經驗，容許他做適當的表達與發洩。

(三) 以孩子的能力與發展為宗旨，而不是以「性別」定終身。

動手與動腦

1. 請將你對「男性」與「女性」的第一直覺寫在黑板上，然後檢視自己可能存有的刻板印象。

2. 分別觀察女性與男性在交談與同性友伴關係中的互動情形，得到什麼結論？

3. 做一件不符合自己性別刻板的行為（如女性大剌剌走路、不拘形式張開大腿的坐法；男性撐洋傘走在路上、或是找同性或異性哭訴），然後觀察對方的反應。

4. 去檢視、列出平日使用的髒話中，有無男女性的不同？

第九章

家庭經驗與傳承

　　孩子最早的社會經驗是在自己的原生家庭，因此家庭經驗就是孩子許多學習與影響的出發站，到底父母親要把什麼經驗傳承下去？又如何將這些經驗傳承下去？寬嚴鬆緊之間的分寸要怎麼拿捏？的確是值得思考的議題。本章將就家庭價值與相關重要經驗（尤其是學習）的教育授受，做簡單的敘述。

☺收手放手都是愛──做孩子學習的導師

　　孩子會長大，孩子剛出生時與滿一週歲之後，差別很大！父母親回想一下孩子出生時只會吃喝拉撒，到一足歲的牙牙學語、東爬西逛、一刻不得閒，就會有很大的感慨。現代的父母親對於孩子的教養，甚至是在出生之前就已經開始，而坊間所謂的胎教的確有其道理在，母親的情緒會影響到其內分泌，也會間接影響到胎兒，目前在坊間流行的，像是注意母親懷孕時的情緒、播放古典音樂等，都是企圖提早良性的影響。孩子在母親肚子裡時所聽到的音樂或聲音（包括母親的心跳），在他／她出生之後都有安撫的作用，主要原因可能是因為熟悉。此外，聲音的節奏與旋律變化，也會影響孩子腦部的活動（曾燦焜，89年演說）。胎兒在母體的最後三個月是腦部發展最關鍵的時期，因此母體子宮內的環境對胎兒相當重要，胎教說明了「環境」的重要，尤其是指「人」（即母親體內）的環境。的確，孩子是在胚胎期甚或受精之時就已經開始發育，由於與母親以臍帶親密相連，母親本身的身體狀況、生活情況，都會影響到孩子的發展；母親罹患德國麻疹，會導致孩子肢體不全或死亡；母親在懷孕六週內接觸到輻射（如X光照射），孩子也可能會有障礙或死亡；母親是愛滋病患，會垂直影響到孩子，父母親的遺傳疾病（心臟血管疾病、癌症、精神疾病等），也會在孩子身上發現或潛伏；母親抽菸，孩子會比一般的孩子容易醒來，醒來的頻率也較高；即使母親在懷孕之前攝取咖啡因過多，也會造成孩子安靜時間短、易怒、容易興奮；母親嗑藥、酗酒，都會在孩子身上出現負面結果。以母親嗑藥來說，孩子自出生之日起就患了毒癮、而且容易夭折；母親有酗酒習慣所產下的孩子，在感官知覺上都較為遲鈍

（Willemsen, 1979, cited in Santrock & Bartlett, 1986），或容易產生「胎兒酒毒徵候群」（fetal alcohol syndrome, FAS），也就是孩子的中樞神經系統會有問題，造成發育遲緩、智力低下，甚至是頭顱或臉部的畸形（Rosett & Sander, 1979, cited in Lefrancois, 1990）；這也暗示了懷孕的母親有不良惡習，連帶影響了本身懷孕期間的飲食容易出現問題，因此就影響到腹中胎兒。而孩子在酗酒或是嗑藥的父母親家庭長大，比較容易出現性行為紊亂或其他偏差行為（China Post, 9/1/02, p.6），也就是對自己行為比較沒有自制力。這些證據證明了親職教育可以說是在孩子尚未出生時，就已經開始發揮影響，而父母親的身教與提供的家庭環境是關鍵性因素。上述是母親對於嬰兒的負面影響，當然也有許多的正面加分關係，像是醫學上已經證實餵哺母乳的小孩在生理健康與腦部發育上勝於餵食牛乳的孩子（China Post, 9/26/2002, p.11），不僅證實孩子的免疫系統增加，孩子也比較聰明。

　　父母親的健康情況是影響下一代的最主要因素，受到最重要的影響是遺傳上的生理發展與智力，但是資賦優異的孩子不一定會成為最成功健康的成人，而天資聰穎也可能因為後天的失調而無法發揮到極致。孩子的學習過程中，最大的影響力量還是來自父母親與其所提供的環境，固然經濟上的因素也會影響到家長對於孩子的培育，但是父母親是否有心、有承擔才是最關鍵，只是花一大筆錢培養孩子的才藝、教育，卻將許多親職權交付他人，沒有花時間與心力經營與孩子的關係，影響力畢竟有限，而親職最重要的「關係影響」沒有發揮作用。

　　沒有所謂的「最好」的親職教育，所謂的「最好」就是親子之間「最適當」的教育與關係，當然基本上是以孩子為主體，做適時適性的教養是最為關鍵的。管教到底要如何拿捏才是適當？太嚴或是太鬆的標準在哪裡？當然收放之間就是需要智慧，掌握的分寸是很微妙的。

　　父母親對於孩子的關愛與管教，如果是嚴格、就是收手、捨不得放開，想要緊緊呵護，而相對地如果是放鬆、就是放手，願意忍受孩子不在身邊，讓孩子去發展自己的前程與生活。收手或放手，都是父母親愛孩子的表現，孩子年幼時，父母親比較容易採取收手的方式管教，而當孩子漸

漸成長，就必須要給孩子適當的空間與時間去發展，倘若應該收手卻放任、應該放手卻不捨，這就不吻合「最佳搭配」的教養方式，孩子可能就會不知收斂、任意胡為，或是割捨不下、牽絆拘泥。

第一節　家規與價值觀

　　孩子最先的社會生活是家庭，也因此父母親的互動、家庭價值觀與氣氛等，都是影響孩子的第一經驗，許多學派也認定家庭或父母經驗對孩子的影響甚鉅、甚至可以延續到成人之後，像是與母親之間的依附行為影響與人互動、親密關係與成家後和立即家庭成員的關係（王泳貴，民91；陳勤惠，民89），精神分析學派談的童年經驗與人格發展，溝通分析學派談的「生命腳本」與父母「內射」行為等，著重在父母親與家人所建構的經驗對未來生命與生活哲學的影響。

　　父母親的許多價值觀念與信仰，是透過家規在傳承運作的，也許是因為父母親重視，當然也希望孩子遵守，因此會在家庭相關的生活作息中特別注意；比如說注重一家人一起用餐，可能是希望像一個家，每個人都參與的感覺，或者是要孩子帶朋友回家，認為父母親有必要了解孩子交游的情況等等。許多父母親認為家規應該是有了小孩之後才產生，所以在被詢及家規如何時，會以小孩還未出世為理由、認為還沒有必要，其實仔細想想，夫妻組成家庭之後就已經有一些成文或是未成文的家庭規則了，比如對於彼此生活上的約束、與原生家庭的關係、經濟權與使用權等，多多少少都有了一些共識，而且也一直在做，只是自身沒有覺察到而已！根據口頭調查，研究生對於自己原生家庭家規的了解，許多都是從家庭的「儀式」得來的，例如：「我爸爸堅持全家一起吃晚飯，所以我知道一家人在一起像一家人是很重要的。」或「像是媽媽的生日，我們都要趕回去，如果不能趕回去，也要家人代為致意、送個小禮物表示什麼的，讓我們知道要懂得感謝、知恩圖報。」或是日常生活中的要求，像是：「只要是

有客人來家裡，全家人都要出來打招呼、陪客人，我爸媽認爲這樣才是禮貌。」「我們從小是不做家事的，父母親只要我們讀書就可以了。」

☻一、家庭規則

　　一個家庭有它運作的一些規則，這也是一個家庭希望營造的獨特氣氛與特色，有些家庭一定是全家人一起吃早餐或晚飯，有些是要父親這位戶長開動、才開始用餐，有家庭會每週或隔週一起出遊，或者是家裡食衣部分由母親負責、住行則歸父親掌管的職權等。家庭規則通常就是傳達了這個家庭的系統運作方式，讓一個家「經營」起來的基礎；在家庭初成立時，家規是由男女主人決定的，雙方都從自己的原生家庭「帶來」一些已經習慣的規矩，通常是需要一段時間互相適應與協調，然後才會產生一套新的規矩出來，就成爲新家庭的家規。如果孩子出生了，可能就會有新的規矩出來來對應產生變化的系統，父母親本來是「教」孩子家規，後來可以將孩子納爲協定家規的合夥人，讓孩子也爲這個家出一份心力！

　　但是一般說來，家長卻很少正式將家規列爲教導的項目之一，因此許多孩子都是在碰到「鐵板」或「地雷」之後，才意識到自己家有這麼一條「規定」。由於許多家規都是不成文的規定，也沒有用白紙黑字寫下來，因此當孩子因爲違反家規而受到處罰時，自然是很不心甘情願。如：

　　「弟弟搶我的玩具，我去把它搶回來，就被爸爸打，爸爸說我要讓弟弟，但是連我自己的東西都要讓嗎？」（家規：什麼事都要讓弟弟，反正年紀大的就是要無條件讓給小的。）

　　「我不知道晚上十點回來是『太晚』的，因爲哥哥都是十一二點才回來，但是後來有一次十點多回來，發現媽媽在等門，我才知道自己有『宵禁』，又因爲我是女孩子，所以不能跟男生一樣在外面待太晚！」（家規：晚上回家時間因爲性別不同，有不一樣的規定與約束。）

　　「在我們家我媽最大，如果我們要考學校、花比較大筆的錢，告訴爸爸沒有用，因爲他會說『去問媽媽』，所以慢慢地我們就只會找媽媽商量事情，不找爸爸了！」（家規：家裡媽媽說了就算，爸爸是不管部部

2
5
4

長。）

「我爸雖然很少說話，但都是他在做決定，我們就會跟媽媽先說，然後媽媽再去跟爸爸說，爸爸會告訴媽、媽再告訴我們，就這樣。」（家規：爸爸是一家之主，凡事都要向他報備，孩子只能經由母親「轉達」自己的要求，一切仍由父親決定。）

關於家規的訂立，許多是與孩子的管教原則相重疊的，父母親在孩子小時可以自行規定，但是有個原則要遵守，就是夫妻出招要一致，不能讓孩子覺得有嫌隙可趁、懂得破壞規則，那麼再嚴厲的規範都行不通。但是當孩子漸漸成長，他們在家的地位與責任也會隨著年齡成熟而慢慢增加，父母親要體認到這一點，讓孩子參與「決策」就變得很必要，唯有經過參與的過程，孩子履行的可能性才會更高，要不然他們會認為自己都是被「掌控」、「接受命令」的低下角色，為了凸顯自己的力量，就容易朝「破壞」規定的方向走！贏得孩子合作的重要步驟，也要注意到參與。個體心理學派強調「家庭會議」的重要性，甚至認為應該在孩子很小時就開始，這也是養成孩子尊重、合作與負責的機制之一；在家庭會議中，孩子的一票與成人的一票份量一樣，沒有因為他們年紀小，份量就打折扣！

家長的公平性很重要。即便家庭只有一個獨生子／女，也會對不同家長的對待有主觀的公平或偏私的感受（如：爸爸對我比較好），往往一個家庭有一個以上的孩子，對於家長的公平性就會更在意，因此家長的「盡量公平」非常重要！所謂的「盡量公平」就是「努力做到公平」的意思，在表面上做到公平，甚至在孩子有異議時，傾聽他們的解說或是家長說明清楚，這些也都有助於孩子的公平感受。畢竟手足關係是人生中最長的人際關係，家長也不希望自己的不公平對待，造成手足間的關係障礙，或讓子女往後成為陌路人，不相聞問！

而父母親的許多價值觀與傳承都是隱含在家規與管教方式上，雖然道德觀的建立一般是用教導、宣告或勸說、社會學習、以及角色扮演的方式（詹棟樑，民83）進行，更多則是孩子自己去經歷、詮釋，然後意會到的。許多孩子反應之前不知道家裡的規定，後來是「觸犯法條」、甚至被

處罰了，才恍然這條「規則」的存在，當然也意味著有「不教而成謂之虐」的成分，因此也是提醒父母親將家庭規則「明白化」會比較清楚、讓人信服，也容易遵守。此外，「家規」顧名思義應該是「全家共同遵守的原則」，沒有人可以例外，因此父母親不單是（協同）規定的訂立者，自己也要遵行，不要有「雙重」標準。

如果家長希望可以明訂家規，讓大家都知道遵循，可以思考幾個重點：

(一) 一家人共同決定，互相信守的成功率就增大。

(二) 具體、清楚、明白，不容易誤解。

(三) 隨著孩子成長、或是家庭的變化，可以適時將家規做協調與修正。

(四) 解釋家規背後的目的動機，也讓孩子知其所以然。

(五) 家長的以身作則與堅持（不是說說就算，或是只堅持幾次），家規才容易執行成功。

◉二、價值觀

價值觀主要是指一個人主觀認為生命中所重視與在意的是什麼（張春興，民78），可以反應出個人的需求，也是用來決定行動與未來方向的指標（Braithwaite & Scott, 1991, 引自李柏英，民91），是一種持久的信念，也與態度有極大相關（李柏英，民91）。一般對於價值觀的研究也歸類繁多、不一而足，例如王令瑩（民90）研究青少年族群的價值觀就有人際（與人相處、歸屬感、在團體中的地位）、心理（學習成就，自我能力的展現，安全感，對生活環境的態度與信念）、感情（家人與親密關係）、道德（指做人做事的原則）、生理（健康與體態）、職業（工作性質、收入與工作保障等相關議題）與人生（社會地位提升與自我實現）等；而更早期（中國心理學會，民76，引自鄭雅蓉，民89）對於青少年價值觀的研究也發現：青少年的價值觀反應出其理想性特色，認為最重要的是健康、學問、品德與友情，也仍保有許多傳統價值，但是也隨著時代的變遷有些傳

統觀念（如寡慾、老舊時光）也衰退，添加了一些新的如公德、了解自己。但是歸納一些研究結果，會將價值觀分為幾個類型：「理論型」（注重合理與科學探索）、「經濟型」（重效率與利益）、「審美型」（重視美與和諧）、「社會型」（重視與他人間的關係、他人的福祉）、「權力型」（重視統馭與領導）與「宗教型」（重視心靈慰藉與信仰）。

　　2020年的總統大選，造成了許多代間因為政治立場不同而親子疏離，這的確不是我們所期待的結果，為什麼為了他人的當選與否，卻犧牲掉了最重要的親情？或許只有在當前台灣或是美國前任總統川普（Donald Trump）任期內，才有的光怪陸離現象！政治立場與觀點也是價值觀的一部分，明智的家長們，不要因為孩子與我們的想法不同或支持的觀點不同，就認為孩子「不受教」，孩子的成長年代與環境的確與親代不同，為了重要的親情，傾聽與理性溝通很重要，因為政治通常是情緒性的產物，不要讓情緒破壞了最重要的家人關係！

　　價值觀的養成，包括雙親自己認為重要的處事做人原則的傳承，身教重於一切說教，如果父母重視學業、誠實、不作惡等等，自然也會在對孩子的要求、相處中表現出來，如果言教與身教是兩回事，這種不一致或雙重標準孩子都看在眼裡，也比較容易接收身教（也就是父母親所做的）所發出的訊息。有些價值觀的養成，也可以藉由為孩子選擇的故事書裡下功夫，許多家長在孩子小時會精心為孩子挑選名著或是童話，也願意花時間解答孩子可能有的疑惑，如果要孩子具有批判性的思考，甚至可以與孩子討論故事裡面感興趣的，或是因此而引發的議題，同時若與社會現象做對照，傳達一些家長們希望孩子注意的觀念、重要價值觀，也可以這樣利用。

　　父母親對於生活中重視的主觀意念，或在生活中表現出來，也可能會要求孩子重視，這種價值觀的傳承不一定是呈正向關係，也就是儘管父母親重視也強調什麼，但是有時候會適得其反，比如家長重視個人成就，孩子可能在父母親的生活中看到這種緊張爭鬥的生活模式、不願意步其後塵，因此有了一百八十度的大轉變、視個人成就如糞土。家長對於孩子價

值觀的影響只居其一，其他的因素還包括同儕關係、大社會環境中的許多
變數，因此即使是建立好的價值觀也會經過檢視與挑戰，父母親願意與孩
子討論、交換意見、也提供個人經驗與相關資訊，而價值觀的評價也需要
有特殊情境或議題的出現，才容易探究影響這些觀點的價值為何；即使只
是就「墮胎」議題，贊成者所抱持的是「平等」與「自由」，而反對者所
堅持的是「平等」、「家庭平安」與「內心和諧」，衝突組的是「自由」
與「內心和諧」的「不一致」（李柏英，民91，p.108），這就如同我們談
偏見與刻板印象一樣，平常不會留意到自己的這些觀點，一旦特殊情況或
議題出現，就可以考驗這些觀點的合理性。也因此，家長不妨養成與孩子
有談論與辯論的習慣，可以將自己的意見做表達、也吸取他人的觀點，讓
自己在做價值判斷時有比較周全的考量。

　　從上述觀點，可以知道價值觀的傳承通常是隱而不顯的，而家庭價值
觀可以包括哪些呢？依據若干研究結果，整理出有（Knox & Schacht, 1994,
p.574）：

(一) 尊重他人、尊重不同。

(二) 討論不同、並找出和平合作的解決方案。

(三) 堅持與毅力，不怕困難。

(四) 承諾與堅持所做的承諾。

(五) 維持一個人的人格完整。

(六) 對他人體貼，也儘量提供協助。

(七) 知道社區的需求，也有能力貢獻。

(八) 良好溝通。

(九) 家人共同一體的感覺。

(十) 有精神支柱或信仰。

　　我們中國的家庭一般比較重視(三)、(四)、(六)、(九)等項，當然價值
觀的養成不限於這些，其他有關美感、真誠、助人、金錢觀念、生活方
式、婚姻、信仰等價值觀，家長也可以刻意培養。隨著現在媒體開放、資
訊電子化與流通迅速，父母親也會發現自己的價值觀與孩子的有許多衝

突，通常父母親如果堅持己見，認為只有自己的想法是對的，而不願意去聽聽孩子的看法或觀點，常常得到的反應是「適得其反」；許多的價值觀不是經由「強逼」而來的，孩子慢慢接受更廣的資訊、有批判的能力，有時也會為了凸顯屬於「自己的」意見，而故意與父母親做對抗，家長往往覺得自己是輸家。其實最好說服的方式就是「溝通」，先放下自己想要灌輸的東西，專注去聽聽孩子所思考的邏輯，然後在這個過程中做適當的提問與釐清，父母也可以提供自己這樣思考的依據與證據為何？最後要記得留空間與時間讓孩子去思考。一項關於青少年與其父母親價值觀的比較發現：青少年對於教育、重要生命價值、信仰、偏差行為上的觀念與父母親多有一致，政治觀念上的價值觀約莫有一半相似，但是在金錢使用、約會行為的價值觀則較不一致（Bachman, 1987, Reed, McBrown, Lindekugel, Roberts, & Tureck, 1986, cited in Gecas & Seff, 1991），家長已成形、堅持的價值觀，也會隨著經驗與見聞有所修正或添加，孩子的情況也一樣。

有些家長自己有信仰，也讓孩子從小接觸，一般的宗教都是鼓勵向善，其實也是很好的一種精神寄託與生活哲學，讓孩子可以接觸宗教或精神信仰，也可以是家庭傳遞價值觀的一種方式，而且有其效果。然而也不要忘記培養孩子自我反省與批判資訊的能力，自我反省可以利己，讓自己更進步，也關照了他人，而一些正確的信念與信仰，也讓孩子在人生路途中多了一些堅持與方向。

◎ 三、協助家事

在倡導性別平權的現代，親職教育尤其影響巨大，因為孩子自小就在家庭中與父母接觸，也目睹雙親的互動模式，而這些都是將來孩子與其他人交游的基本知能。有人所謂的「新好男人」就是「會分擔家事的男人」，其實這樣的定義就很「大男人」。「家事」就是家裡的事，顧名思義就是家裡每一份子都應該承擔的責任，不應該「專屬」某一人的「功能」，而是身為家中一份子都可以做的貢獻，也不該有性別之分。孩子小時父母親可能要分擔較多家務事，然而孩子年齡漸長，也要開始表現得像

是家中一員，做家事就是很好的一種參與，也讓每個人對家有貢獻！

　　家長在孩子兩、三歲時，就可以開始鼓勵孩子為自己或家人做一些事，因為這個時期是許多訓練與習慣「慢慢形塑」的階段，做家事不僅可以讓家中每一份子對這個家有向心力與承諾，也讓孩子培養一些處理事務的能力，而孩子在慢慢發展自己能力的同時，其「利他」精神也開始萌芽！一般的父母親會希望孩子協助家務，理由是：可以塑造孩子的品格，孩子對協助家務有責任，父母親也需要協助，孩子也因此學會如何做家事（White & Brinkerhoff, 1981, cited in Knox & Schacht, 1994）；當然許多家庭還是傾向於讓女孩子做較多家務，多半還是父母親的要求，性別刻板印象的觀念依然根深蒂固（Benin & Edwards, 1990, cited in Knox & Schacht, 1994），但是父母親對於家事分配的做法可以讓這些刻板印象改變。家長養成孩子做家事的習慣，不僅讓孩子擁有做事、奉獻、自我管理與獨立生活的能力，未來孩子進入大學或與他人同住或工作時，更能夠展現其生活能力與修為。

　　訓練孩子做家事，就是嘉許他對於家庭的貢獻，適時培育了合作與其他許多能力，但是也要注意，許多父母親會以「實物酬賞」的方式嘉許孩子協助家事，這種增強的方式如果用得太多、其實很不適當，如果家事是一家人的事，就不應該是母親無償的工作，孩子做了就是額外的「有酬勞工」，無形中也讓孩子以為要他動手、就要「給」些什麼的功利心態。有些孩子甚至以協助家事為「賺取酬庸」的方式之一，這樣家事的立意就被破壞了！如果將前述在「個體心理學派」提過的「邏輯結果」加以利用，假設母親工作回來要煮飯，但是發現廚房裡依然留著前晚用過的碗盤沒有處理，而這是孩子們之前就協議負責的家務，於是母親可以說：「我很累、也很餓，跟大家現在的感受一樣，希望可以趕快吃到晚餐，但是廚房這麼亂、我沒有辦法工作，除非我有一個乾淨的空間可以煮菜，要不然我也沒有其他法子。」做家事在一方面也是培養孩子「與人合作」的態度，有助於其「社會興趣」的養成。

　　家事的分擔內容不一定要由家長親自指揮，孩子年紀尚幼時，可以以

邀請孩子幫忙的方式、給予適當的鼓勵與讚許，孩子年紀漸長，就可以分擔更多的責任與工作，家長可以與孩子們商量需要協助的事務，也可以用家庭會議的方式做合理分配，或是孩子之間自己做協調，如果有不合理的情況（如年長的孩子讓較年幼的手足做較多，年紀小的不願意做，或是工作與能力不搭配）發生，家長就必須出面了解、介入處理。

◉四、口頭告誡與其限制

　　許多情況下，孩子是聽得懂父母親語言告誡的意思，但是語言上的說教不要多，一多了就變成囉唆，而且也表示父母親「只是說說而已」、不會當真，要讓孩子知道父母親的態度是很認真的，可以給予口頭警告一次或兩次，如果孩子還是不聽，就用實際的行動跟進，不必要再叮嚀！舉個例子：爸爸不希望小華吃過晚飯後還出去玩，就告訴小華：「我希望妳在吃了晚飯以後，就待在家裡。」小華只是口頭應了一下，但是一吃過飯又要出去了，爸爸可以再提醒一次，如果小華依然要出去，爸爸就可以要求小華回到自己房間，甚至是帶領小華回到房間去。用行動是表示「我說的是認真的」。為什麼口頭告誡不要重複太多次呢？因為：

　　(一) 說多了就沒有「價值」，也容易讓孩子覺得不重要。

　　(二) 嘮叨太多次，許多孩子因此會出現「媽媽聾」（mother deaf）的情形，就是只要是媽媽（或其他成人）一開口說話，孩子的耳朵就「自動」關閉。

　　(三) 說太多次，說者與聽者都覺得很無趣、不耐煩。

　　(四) 重要的事情只要言簡意賅就好，提兩次就足夠了，頂多是再提醒一次。

　　(五) 如果擔心孩子閃神、沒聽清楚，就直接請孩子重述一次，確定沒有聽漏或聽錯就可以了。

　　許多父母親就是不願意體罰，認為這樣對孩子身心的傷害大，所以才採用口頭訓斥或責難的方式，有研究指出（Brenner & Fox, 1998）父母親運用嚴厲的口頭或是肢體的懲罰，最能預測孩子的心理疾病與偏差行為，因

此如何善用口頭訓斥也是要留意的，除了不必要涉及人身攻擊外，在執行處罰或是其他形式的懲罰（如剝奪特權）之前，有必要先做告誡或是警告的動作，目的是提醒，但是不必在出錯後放馬後炮說：「我不是早告訴你了！」感覺上沒有安慰，反而是幸災樂禍！

◉五、道德觀

孩子道德發展與重視生命中的哪些價值與親職教育是息息相關的。我們很少劃分一個科目來教育或培養道德，然而許多的社會正義都是需要藉助教育的力量，單單是學校教育成效不大！許多人看到目前e世代享樂主義、自我中心的價值觀很不以為然，到底這是時尚、還是人心變了、或是教育失去功效？社會道德的式微與大環境當然有關係，包括過度工業化、物質主義瀰漫，都市化所造成的人與人間關係淡漠，社會不平等現象更趨擴大，還有個人主義盛行等，如果說學校教育是守住道德的重要機制，倒不如回歸到家庭教育裡，因為基本上即使是在叛逆、自我最高漲的青春期，父母親的價值觀依然持續對孩子發生極大約束作用；縱使個體道德發展有兩股勢力在影響著（內在的良心與羞惡之心，外在的環境包括家庭、同伴、學校、媒體、法律規章等），但是成功的道德教育是可以抗拒外在的誘惑與壓力的。

Piaget（1932，引自Cole & Cole, 1993, pp.623-629）將道德發展分成三個階段：

(一) 前道德期（premoral stage）

出生至五歲，對於遊戲規則不太注意，而是樂在自己可以如何操弄手中玩具或物品。

(二) 道德現實期（moral realism）

六歲至十歲，開始會關心也尊重規則，認為規則就是權威所訂、不可變更，如果違反就會受到處罰。

(三) 道德互惠期 (morality of reciprocity)

從十一歲開始，會質疑遊戲規則，也不認為遵從規則是一定必要的，會考慮到行動的意圖，而不只是以行動結果為判斷依據，也就是會去體會到他人的感受與想法。

Kohlberg（1985）的道德發展分為三階（傳統前期、傳統期與後傳統期）六期（每一階有二期），這六期為：

(一) 服從與懲罰導向

逃避懲罰、以服從權威人物為尊，判斷好壞是以可見的行為結果為根據。

(二) 天真享樂與工具導向

為了得到酬賞而表現好行為，了解互惠的觀念（或是「抓背原則」）。

(三) 好孩子導向

希望贏得他人的讚許與維持良好關係，也開始接受社會規範，會考慮到行為的動機，不單是以行為後果為判定標準。

(四) 社會秩序導向

遵守社會規範，服從法律秩序。

(五) 社會契約、個人權利與民主法治

為了社會秩序與他人權益，個人之間的契約關係必須遵守。

(六) 個人原則與道德感

社會規範與個人內在價值都可以作為行為的參照，避免自責與他人批判，人們依據公正、同情與平等做決定，不一定需要得到他人的認可。

Piaget與Kohlberg都將道德發展視為認知發展中的一環（Cole & Cole, 1993），但是Kohlberg的理論也受到批判，如Carol Gilligan（1982）就認為這些道德發展是以男性觀點為出發，以男性的標準「獨立自主」為唯一依據，沒有考慮到女性的社會發展與期待（關係導向）不同，是有失公平的。儘管Kohlberg認為父母親的角色在孩子道德觀的發展上不是占有舉足輕重的地位，但是許多研究卻支持父母親一致的管教方式、討論與解釋、同理他人的感受、以及營造家庭民主討論或會議，孩子的道德發展較為成熟，也比較能管理自己的行為（Cole & Cole, 1993, p.632）。

道德觀主要是為了維持社會公正與福利，一般是指：(一)助人行為；(二)符合社會規範的行為；(三)將社會規範內在化；(四)同情、羞恥感、與罪惡感的激發；(五)對是非善惡的判斷，以及(六)將他人福祉置於個人利益之上（陳英豪，民74，引自詹棟樑，民83，p.612）。因此培養孩子的道德觀，除了注意到孩子的道德發展特色，還要知道幾個關鍵面向的運作，包括：培養孩子的同情心與同理心，對他人的感受有感覺；鼓勵讚許孩子的助人行為，可以從與家人的互動開始，也示範給孩子如何發揮助人的能力；社會規範的教導與說明，這也會牽涉到顧及他人利益；同情、羞愧、罪惡感是將道德標準內在化的結果，讓孩子自己可以「意識」到自己行為可能帶來的影響、是非對錯的評量準則如何之後，而做較為正確的判斷與動作。許多的道德判斷是需要在生活經驗中履行的，孩子如果沒有足夠的生活歷練，可能無法清楚明白應該怎麼做正確判斷，家長可以藉由日常生活中的小事件、媒體披露的新聞與觀點、或是書籍讀物做教材，協助孩子做更準確的決定。此外，即使孩子很能分辨善惡對錯，然而在許多外在因素的壓力下（如同儕、威權），可能就無法真正做正確決定或有所行動，

264

因此還需要培養孩子說「不」的能力，這也說明了所謂的道德觀還是需要道德行為來成就，不是只是意念上的抽象名詞而已！就如同Robert Coles（1986）對孩子的道德生活所做的研究也發現：道德發展還是要看個人是否有不同的社會經驗、擔任不同角色的機會，以及有機會聽到不同觀點的人的意見為主要決定因素（p.26）；孩子有能力觀察他人、也擔任自我行為與思考的觀察者，即使是生長在宗教氣息濃厚的家庭，也是需要在實際生活中不斷「練習」宗教的一些教義，才有可能成為堅定的信仰，特別是父母親的身教模範；而表現是否有道德觀，還不一定是以社會讚許的行為表現出來（如嚴守行為分際、表現出助人與慈善行為等），也可以用其他方式來表現（如鄙視、不與為伍等）（Coles, 1986）。

☺六、隱私權

美國這個西方國家重視個人隱私權，所以連在孩子嬰幼兒期，大都安排在與父母親不同的房間，中國的父母親基本上還是認為對於孩子的「產出」品質必須負責，所以管的比較多，無形中就會侵犯了孩子的一些隱私，然而有越來越多的父母親已經知道放手，與孩子之間保持適度的尊重與距離。我們在之前也提過，隨著孩子行年漸長，對於「獨立」與「自由」的需求更多，因此也需要給予適當的自我空間，何況以心理健康的角度來看，一個健康的人除了需要與他人做適當互動之外，也要能夠獨處。

家庭治療裡面有一個所謂的「界限」（boundary）觀念，也就是維持親子之間適當倫理分寸的一些準則。「界限」這個名詞有點類似我們所謂的「勢力範圍」，每個人都有自己的「勢力範圍」，包括自己的身體、房間、用品、財產等等，要進入或者使用，都必須尊重當事人的權利，如果在一個家庭中，自己的「勢力範圍」沒有受到尊重、甚至被屢屢騷擾、侵犯，不僅個人會感到不安全、焦慮、沒有自我，也是衡量一個家庭「不健康」的指標之一。個人的身體就是最基本的「界限」，其他像是個人的物品財產或是房間，都是屬於個人應該掌控的「範圍」。許多的家庭暴力或是家庭內性侵害案件，都是家人之間「界限」模糊、糾結（enmeshed）的

結果，造成父不父、子不子，沒有倫理分寸、職責不清，結果就是身體自主權及心理受到侵害。

　　隱私權理應受到尊重，當然也是有限制的，孩子漸漸成長，要發展他的獨立與特殊性，所以許多家長也發現孩子不讓他們知道的事情越來越多，有的家長因為自孩子口中問不出個所以然來，於是就會改採「暗」的方式，也許是趁孩子不在時，搜尋孩子房間、或是拆閱孩子的私人信件，國外曾經有父母親因為擔心孩子吸食毒品，因此在孩子房間內裝設攝影機的案例，這當然引起許多的爭議；現在孩子使用電腦的機會增多，有些家長還會去查孩子上的網站、電子信件等，深怕孩子上了不該上的網站、受到壞的影響或遭遇不幸（比如上色情網站、或遭網友誘拐離家或綁架）。所謂「事無隱而不形」，做過什麼都會無意中留下一些線索，或者是家長發現異樣，自然表現在肢體語言上，孩子其實是很容易察覺出來的。當然朋友之間的親密與親子間的關係是因為吐露自己的資訊（「自我揭露」）越多而更形親近的，家長當然希望知道孩子的一切，這是出於愛子之心，也可以用來衡量親子間的信任度，但是再親密的友人或是夫妻，都還是要保有個人的隱私與秘密的自由，何況是親子哩！窺伺他人不想讓別人知道的私我部分，其實也就是對對方沒有信心、不相信對方；當孩子覺得自己不能獲得父母親的信賴時，是非常有挫敗感的，也很容易就此破壞了親子關係。

　　不單是孩子的隱私權應該受到尊重，父母親的隱私權也是如此。父母親彼此尊重對方的私有空間、也讓彼此有獨處的時間，孩子看在眼裡，也就是最好的學習楷模。隨著孩子的成長，家長也要慢慢學著放手，一來是表示信任孩子，二來是鼓勵孩子去發展自己的人生與天地，適當尊重隱私權就是一例。

　　其實我們中國人是很注重自己隱私權的，但是在某方面卻可能妨礙到自己生活的品質。每個人雖然對於別人的私人生活會存有許多好奇、也會去探聽，或者是說說八卦，但是與西方文化的重隱私程度相較之下，還是有一些差距。我們在諮商臨床的工作中，常常碰到中國同學羞於啟齒、

不善向外人道的場面，但是問題已經這麼嚴重了，如果可以藉助專家的協助，讓問題可以增加解決的可能性，爲什麼不？只靠自己的一些有限資源在努力解決，當碰到處理的瓶頸、或是自己的限制時，往往會採用極端的方式試圖去解決，像未婚懷孕、遭受性虐待或強暴等，在自責的情況下很容易走投無路，卻又堅定認爲這是自己的「隱私」，不肯向外求助，釀成了自殺或是殺人的慘痛後果，這都是我們不願意看見的！

父母親要孩子尊重自己的隱私權、同時也要尊重孩子的隱私權，這是相對的關係，不能自己想要隱私的權利、卻要求孩子放棄同樣的權利，這是很難說服孩子的，也無法達到「尊重」、「民主」的教育結果。隱私權的培養可以怎麼著手呢？

(一) 孩子小時可能是由父母親爲他沐浴，孩子稍稍長大，除了慢慢訓練他自己開始學習洗澡之外，也可以教導孩子自己洗私處，這就是尊重孩子身體自主權的一種表現，家長可以說：「現在你會自己洗了，你自己可以洗（部位），其他媽媽（爸爸）幫你。」孩子如果都可以養成自己的衛生習慣與沐浴能力了，家長就可以讓孩子獨自去完成。

(二) 孩子長到小學三、四年級，可以讓他有自己的房間，也可以允許他將房間門關上的權利，更大一些可以讓他將房門上鎖；有些私人物品不希望他人看到或觸碰的，也可以有鑰匙鎖起來。

(三) 孩子的隱私權與父母親的監控應該可以並行不悖，因爲父母親還是孩子的監護人，只要家長對孩子本身與生活其他方面的了解足夠，平日的溝通也不錯，是可以較放心孩子處理其私人事務與隱私的。

(四) 對於孩子生活其他部分的了解，比如交友、功課或是社團活動等，平常維持對話或是討論的習慣就可以得知，甚至與孩子的朋友或是教師有固定聯繫；如果希望從孩子房間或是上網網站等得到有關孩子生活的情形，可以先讓孩子知道父母親的擔心與做法，孩子願意父母親進入房間聊天或是詢問，通常就不需要太擔心，主要還是家長細心的觀察與留意，可以讓家長在處理意外或突發事件時，有跡可循，也做迅速明確的處理。

(五) 如果孩子要在家裡與性伴侶發生親密關係，家長是可以出來阻止

或是預先約定禁止的，父母親可以說：「你現在住在我的屋簷底下，就不准做這樣的事。」但是有些父母親持不同的看法，認為孩子在家裡發生性行為，總是還在父母親的監控之下、比較不會出問題，這也是見仁見智了。

第二節　協助孩子學習

父母親最關心的還是孩子的學習情況，現代的父母尤其更不希望孩子輸在起跑點上，所以在孩子上幼兒園之前就已經煞費苦心，送孩子上雙語幼兒園或是標榜人本取向的幼稚園也是司空見慣。到底在孩子學習過程中，父母親應該擔任怎樣的角色？什麼樣的工作？或是怎樣可以讓孩子有快樂學習的童年？

每個人有不同的個性，來自不同環境，也搭配著不同的學習型態，因此學習其實是許多因素的共同運作結果。我們中國的父母親對於以往士大夫的觀念還是十分重視，認為讓孩子受到最好的教育，對其未來與發展較有幫助，這的確也是事實，但是不是所有的孩子都要走接受高教育的路？每一種行業都需要天才與專家，如果所有的人都去唸了博士、去擔任研究的工作，對於一個社會與國家的發展未必有利，因為還有其他的工作需要有菁英人才來做！我們最近因為經濟大環境的影響，許多大專畢業生除了所任非所學的困擾之外，還有許多工作都因為薪資不滿意、或是其他因素，造成「高學歷低就業」，只好引進外勞來協助經濟發展，但是又引來「外勞搶飯碗」的爭議，也讓政策執行者倍感無奈。正因為每個人有不同的個性、喜好與才能，因此每個人可以適才適所、各司所職，整個社會機制才可以運作順暢，這也說明了每個人都有他的價值與貢獻，所謂的「天生我才必有用」，實在不容妄自菲薄！

現在除了學校之外的許多學習機構，都如雨後春筍地發展，這些教育機制開放，也給了家長許多的選擇，當然家長也可以「在家教育」

2
6
8

（home schooling），自己教育自己的孩子、只要通過政府設立的認證考試即可。雖然有這麼多的選擇、可以協助家長教育孩子，但是許多家長也不免躊躇：到底應該讓孩子學多一點、還是學專一點？何況家長都有望子成龍鳳的殷切期盼，這些學校體制外的花費自然不少，而目前許多家長認為所謂的「開放」制度似乎又走了回頭路，變成有錢有閒的教育。日前一項對於父母親培養一個大學畢業孩子的費用估算，得花費超過一千萬，對於多「元」教育真是一大諷刺！作者曾經訪談小學三年級的孩子們（邱珍琬，民91），他們最大的擔心竟然是「時間不夠」，許多小朋友在正常上學時間之外，還有兩、三個補習班或安親班要上，週末、假日更不得閒，一些才藝的課程都是安排在這些時段，學校老師規定的作業要做、補習班的也不能忽略，所以孩子忙到半夜也算是正常。這樣日以繼夜，一般成人都有點吃不消，更何況是還在發育中的孩子！小學階段已經如此，更往上升級，補習只有增加沒有減少！

　　家長要影響孩子做有效的學習，首先還是要依照孩子的性向與興趣，作適度的開發與培育，另外，當然還是得還原到最根本的「身教」與「境教」。身教與境教基本上是不可分的，不是讓孩子去一個很適合學習的環境就是功德圓滿，回到家卻沒有兩樣，孩子最常待的地方還是家庭，將一些教育責任外放給相關機構，並不能因此推卸了家長應負的職責；如果希望孩子可以多花心思在課業學習上，父母親相對地也要在這方面多用點心力，不能只是口頭上督促、要求，孩子會沒有學習榜樣、也沒有動力。有個例子就是父母親老認為孩子不看書、自己卻可以一直看電視，如果要孩子可以自動看書，家長是不是可以犧牲掉自己看電視的活動、也與孩子一起閱讀呢？希望孩子可以動手學習，家長也不能以逸待勞。當希望孩子可以專心學習的時候，父母親是否也提供了這樣的環境給孩子？

　　家中環境的硬體安排也是很重要的，給孩子保有自己唸書、學習的獨自專注空間，也是父母親可以注意到的，有些父母親會安排一起吃飯的時間，那麼不妨也安排一起活動或閱讀討論的時間。此外，許多家長都希望住在「文化區」，這個道理就像是「孟母三遷」一樣，選擇有文化薰染

的大環境，除了許多正向條件的提供外，學習資源也會比較豐富、容易得到；家長會爲孩子選擇學校或老師，其實也是基於這樣的考量。

◉ 一、了解孩子的不同思考習慣或型態

一般孩童的思考發展是依循著以下的次序：

(一) 直覺動作

直接與周遭世界互動，如用手抓取探索、用嘴咬等，在動作中思考，因此常常會受到環境中其他事物的吸引而馬上轉變了注意力；此時的教導以行爲示範最佳！

(二) 具象思考

學齡前期的思考特徵，依照事物的表象與關係來進行思考，因此在這個階段要教孩子思考，是必須運用實物解說或示範演練較爲清楚（如加法用糖果數來呈現數目更佳）。

(三) 抽象概念思考

運用統整經驗後的概念來思考，也有判斷與推理（李丹編，民78）。對於思考的訓練與能力的養成，一般會針對問題解決、聚斂或邏輯思考、擴散或創意思考、推理判斷與作決定等來做標竿（Sternberg, 1998），正好可以給家長們對於如何培育孩子思考能力有比較清晰的方向，如果要讓孩子具備思考、判斷、解決問題的能力，家長們也要給孩子適當的引導與啓發，親子可以自由互動、交換想法，甚至一起研究問題的解決之道、或容許有「出乎意外」的答案，都是很好的訓練方式。

每個人會有不同的思考模式（forms of thinking styles），而這些思考模式主要是依個人的喜好來決定，一般歸納有四種思考模式，包括：

(一) 獨斷式（monarchic）

單一向度的思考，一次只能朝向一個目標、而且全力以赴的思考方式。

(二) 階級式（hierarchic）

會按照事情的輕重緩急安排優先次序，較具組織力。

(三) 寡頭式（oligarchic）

同時受到許多目標的吸引，也希望同時完成，因為所有的目標都被視為同等重要，常流於失焦，或覺得自己是「多頭馬車」。

(四) 無政府式（anarchic）

同時有許多需求與目標、過於簡化事物，雖然創意足夠，但是常常遭遇失敗。當然每個人的思考模式不會只是單一的、而是同時或多或少都存在，思考模式與能力的搭配很重要，想要有創意卻沒有這方面的能力，也是不成的。思考模式當然也可以刻意培養；不同的工作也需要不同的思考模式，因此也需要有彈性的潤滑（Sternberg, 1997）。

目前推行的教育改革，重點放在協助與開發孩子的主動思考能力，父母親自身所接受的教育可能沒有強調這一點、也不習慣，因此也可以與孩子一起學習。父母親在開發孩子思考方面可以做到：

(一) 鼓勵孩子動腦筋，而不是一味以灌輸方式引導。

(二) 聽聽孩子的見解，不要帶批判態度。

(三) 培養傾聽、分享，甚至可以辯論的習慣。

(四) 提供不同向度的資訊，也與孩子做公開談論、甚或辯論。

(五) 鼓勵孩子以不同角度做思索、探討，甚至運用腦力激盪的方式蒐集可行方法，然後在這些可行方法中找出一個去執行、也評估效果。

(六) 協助孩子做邏輯思考與推理、判斷，也試圖想出一些可以切實執行的解決方法。

(七) 在日常生活中不妨藉由許多的機會教育，鼓勵孩子與家長共同或是單獨去嘗試解決問題，事後共同檢討、改進。

(八) 陪孩子玩耍，也給予嘗試去做的機會。孩子是從玩耍中學會經驗與思考，也從中獲得樂趣。要讓孩子可以多加思考，就要有幽默好玩的氣度，在輕鬆的情況下，也是間接鼓勵了思考活動與彈性。

◎二、適度的文化刺激

通常家長在孩子還在襁褓中時，就會開始逗弄孩子、與孩子玩一些遊戲，孩子需要與人（初期是與主要照顧人之間的關係）有互動，這個互動可以讓孩子學習到很多，也促使孩子各方面更健全發展。但是有些家長也許是因為自己個性的關係，不太喜歡與孩子玩、甚至認為孩子太小不需要這麼做，而另一個極端就是不斷刺激孩子、沒讓孩子有喘息的機會，當然過度的刺激與過少的刺激對孩子的發展來說都不是好事，過少讓孩子覺得無趣，沒有培養適當的反應機會；過多則會讓孩子一直處於激動狀態，可能刺激未達相當程度，就引不起興趣、甚至就變得不想做任何反應，這些親子之間的互動也可以用在孩子的其他學習上。一下子讓孩子學很多，孩子應付不來、失敗經驗就多，可能容易就放棄，如果都沒有這些文化刺激、孩子可能就沒辦法有適當的發展，很簡單的例子是：不讓孩子與其他同齡的孩子有接觸的機會，孩子上了幼兒園或幼稚班時，就無法運用需要的社交技能，也許是自我主動隔離同儕團體、成了孤獨一匹狼，也或許對他人很排拒、害怕、甚或有攻擊他人的行為。

文化刺激不一定指的是書報雜誌，父母親就是很好的刺激與資源，現在資訊管道多樣、也不一定只有藉由書籍雜誌才可以獲得，但也因為資訊爆炸、種類繁雜，阻止孩子去探索是因噎廢食，倒不如讓孩子學會批判與檢視資訊的能力，功用更為長久。

◉三、有效學習

　　「有效的學習」就是適性適才的學習，適合孩子的性向、個性、才能、與發展階段，也讓孩子有適度成功的經驗。家長會希望提供一個良好的學習環境給孩子，硬體或是物質上的設備與支援，得要看家長的經濟能力，如果可以充分提供當然很好，倘若財物方面不足以應付所需，家長就需要找一些外在可用的資源，像是書店或是圖書館等公共設施，有些學校的圖書室以及讀物書報，都是可以善加利用的資源，而且幾乎是免費。物質方面的供應固然重要，但不是絕對的關鍵，最主要的還是家長願意營造一個學習氣氛，由自己領頭、孩子可以跟進模仿，像是全家一起看書、或是做一些學習的活動（如參觀畫展、書展），慢慢培養孩子的閱讀習慣，後來就會自動自發地學習，這樣子在孩子漸漸成長之後，也就不太需要去逼迫與督促。家長在最初的時候，也許是讓孩子嚐嚐學習的滋味（例如：畫圖、英文、樂器），孩子喜歡學習，可能是因為單純就是喜歡，喜歡老師的教學方式，與同學間的互動，或是好朋友也一起學，但並不是每一個孩子都是一下子就喜歡所學習的、或是願意堅持下去，特別是這些學習都需要專注與努力，而年紀越小的孩子，專注時間短，注意力比較容易受到外在干擾，因此如果只是要求孩子堅持下去，甚至以其他物質方面的誘惑來引領孩子繼續，效果通常只是短暫的，而有的孩子根本就不領情，家長當然就會發脾氣，甚至採用強迫手段要孩子就範，親子關係就受到很大的考驗。此外，要給孩子適當的練習機會去培養技巧或才能，也要孩子有這樣的認識，因為學習是多樣的，不要只是注重學術上的學習與成就而已，孩子要面對的是生活，生活技能是多面向的，要過好生活，自然學習也不能偏廢。

　　學習要有效，一般說來需要注意到幾個方面：

　　(一) 父母以過來人的身分，常常會提供給孩子一些學習的「撇步」（方式），鼓勵孩子去試試看一段時間（也許兩週或一個月），不要狃於急效、想要速成，也不要讓孩子輕易就放棄，而是提供適當的鼓勵與成功

經驗。家長也可以不要急著給建議，而是先問孩子他是怎麼學習的，相信孩子有能力去培養自己的能力，然後才依據孩子的情況給予較適當的建議方向。

(二) 家長提供的方式是容許做適當修正的，甚至鼓勵孩子依據自己的需求做若干修改，甚至可以與孩子研擬更佳的執行途徑。

(三) 給孩子嘗試的機會，如果想要讓孩子去學習其他才藝，鼓勵孩子參加活動或相關課程是一個好的開始，然後讓孩子去決定想要繼續下去的活動是什麼？一旦孩子做了決定，也要鼓勵他堅持下去，為自己所做的選擇負責，而家長則是站在支持協助的立場，在孩子有所求、或是碰到困難的時候出手相助。

(四) 了解孩子學習的特色（例如：喜歡用聽的、說的、寫的、喜歡變化或是不喜歡變化等），也留意孩子學習時，有沒有特殊的困難或狀況。

(五) 開發、也示範不同的學習方式，提供角色典範，讓孩子有機會去嘗試不同的學習策略。不同的科目或是技術，需要不同的學習方式，學習的型態固然是以偏好的習慣所養成的，不是以最有效的方式呈現，就暗示著有修正、彌補的空間。家長會聽到孩子說「我不喜歡背科」、或是「反正跟數字有關的都不喜歡」，這些陳述有幾點涵義：孩子在這些科目上有過失敗的經驗，說明不喜歡某些學習方式（死背、算式），以及孩子可能偏好的學習方式（理解、公式化），讓孩子知道並不是所有的學習都以一種方式來學習，是很重要的，也讓孩子知道彈性運用學習策略。

(六) 學業成就不僅可以看出孩子學習的多寡與優劣，還有一個是學習障礙的重要指標。如果孩子的學習突然之間落差極大，或是有些科目的成績變化很大，就需要詢問孩子在學校學習的情形，甚至去做初步的診斷或檢定，許多的學習障礙都是可以修正改善的，不要只是一味指責孩子不用功、太笨，在發現孩子可能有學習上的困難時，及時協助就是最好的，不要認為是家醜或是丟臉的事，個人的面子只是一時，孩子的前途可是一輩子的事！

(七) 不要以單一學業成就、或是筆試成績為評量孩子優劣的圭臬，因

*2
7
4*

為孩子的才能不同、表現也有差異，國文欠佳的孩子、也許是不喜歡背誦的學習方式，如果知道他喜歡科學，拿一些科學的讀物給他、可能興趣就出來了！許多孩子之所以某些科目的表現差異太大，很重要的一個原因就是只用一個學習方式來應付所有的科目，不知道其他可以彈性運用學習的策略，而學習策略與學習型態（模式）一樣是可以教導的。

(八) 注意過程與孩子的努力，不要只以最後的成敗論英雄。學習最棒的經驗除了成果之外，應該就是享受過程，雖然最後的結果可以用來檢視學習效果，但是效果不是「全有或全無」（all or none）的，絕大部分是程度多寡而已。

(九) 協助孩子對學習有興趣是第一步，最終目的還是希望可以讓孩子養成自己主動學習的習慣。在學校裡一位老師要面對幾十位學生，因此比較不容易關照到每一位學生的需求，但是相反的，家長就比較有餘裕注意到這些個別需要。孩子年紀越小，對於事物的專注力比較差、時間也短，但是這些可以慢慢鍛鍊，除了運用行為學派的一些理念與做法之外，父母親刻意營造安全、不易分心的環境，加上自身的示範，都是很重要的配套措施。

(十) 孩子年幼時，家長可以為孩子選擇讀物，也要慢慢教導孩子如何做選擇的能力；孩子長大也會自己選擇要看的東西，家長們也可以了解孩子目前流行或喜歡閱讀的是什麼？如果發現有需要注意的地方，也比較容易切入討論。

(十一) 學習可以是多方面的，甚至之前所提到的做家事，都是可以學習的技能。家長在日常生活中的許多示範與要求，像是有人來訪應該如何應對？吩咐的工作如何去完成？一個人在家要如何料理？如何利用郵局或銀行付款或是儲蓄等等，都是添加孩子能力與生活智慧很重要的方式。

(十二) 孩子如果特別對某些領域或是技能有興趣（如打網球、電腦或樂器），家長可以提供教練或學習課程，讓孩子的技能更增進、自然最好，如果家長有其他考量（如經濟不勝負荷、對孩子要學的有意見），事先的溝通與協調很重要。

(十三) 家長不要老拿孩子的成就或學習情況與他人做比較，當然也不需要在子女間造成「惡性競爭」，徒然造成孩子的壓力而已，也可能破壞了手足關係或誤導了孩子的價值觀。

◉四、培養孩子的創造力

現在教育改革中很重要的一環，就是希望也可以培養孩子思考的創意與彈性，因此有必要在這裡附帶提到。許多研究者也證實了家庭環境與教育影響孩子的創造力，父母親的民主、非權威的教養方式，給子女適當的自由，安排安全充裕的身心環境，多予鼓勵支持、避免太多批判，不過度保護等，都是有利於孩子的創意發展與表現（鄭英耀、王文中，民91）。父母親開放的觀念、幽默的態度、容許不同角度的思考與意見，都是可以成為孩子效仿的榜樣，這樣的民主自由氣氛，自然也可以養成思想開明達觀、不墨守成規的孩子。

當然現實生活中有不少創意思考的有形與無形障礙，這些包括了：(一)權威式、上對下單向的管教方式；(二)只有一個標準答案的教育；(三)不鼓勵多元思考；(四)只重視成果，不願意花時間與精力在過程上；(五)不尊重、不允許犯錯的環境與氣氛；(六)不重視個別差異與個人的獨特性；(七)只用一種方式來評量結果，甚至只有「成功」或「失敗」的評估（邱珍琬，民91e）。父母親可以留意這些環境或是人為的限制，儘量提供鼓勵思考、創新與彈性的環境給孩子，父母親自己是否重視創意的價值，也是關鍵因素。

構成「創意」的因素有四個，家長也必須要考慮到：創意的主體「人」（person，認知特質、人格、情緒與成長經驗），創意的過程（process，「如何」產生的？新的想法、不同組合、對既存知識的新想法），創意的成品（product，結果是新的，對社會有貢獻），以及環境壓力（environmental pressure，許多的創意是在環境或外在因素逼迫下，必須有所改變與創新）（Witmer, 1985; Feldhusen & Goh, 1995; Tardiff & Sternberg, 1988，引自邱珍琬，民91e）；運用在親職教育中，父母親要去了

解孩子的思考特性與習性，提供成功與失敗經驗，注意孩子的努力與過程，而不是以結果為唯一評量標準。在日常生活中，父母親的一些改變，如在「伴讀」時與孩子一起創造新的故事內容與結局，願意與孩子玩不一樣的創新遊戲，容忍孩子偶爾沒道理的無厘頭行為，與孩子去外面世界探索未知、經歷新的經驗等，都是很好的引導。

●五、媒體與孩子的學習和行為

由於目前傳播媒體與資訊的發達，孩子接觸電視與電腦的時間相對增加許多，加上一般家庭的電視機數量也超過一架，父母親對於孩子所看的內容可能會因為孩子長大、家長在家或是監督時間減少，而不太了解。電視節目中充斥著暴力與色情已經是不爭的事實（China Post, 5/4/00, p.4），一般家長除了比較在意電視內容外，也對年幼孩子看電視的習慣（如時間過久、靠得太近、邊寫功課邊看等）糾正較多，其實觀看的節目也是需要特別注意的，尤其是暴力色情或是不符合教育理念的節目，年紀越小的孩子越容易模仿，也可能就在日常生活中展現出來。Newberger（1999, pp.102-103）特別提醒家長們對於孩子看電視行為的注意事項：

(一) 多利用錄影機或是VCD的節目播放，而不是以電視台播放的節目為主，這樣子家長可以做較為明智的篩選。

(二) 可以多花時間與孩子一起看電視，藉此可以了解孩子所看的節目與內容是什麼，也針對所觀看的節目做討論、互相刺激學習，也增進親子情感。

(三) 減少以看電視為增強或是酬賞孩子的方式，改以其他方式（如一起出去打球、活動、或是下棋、閱讀）來作為酬賞，這樣家長也比較不需要抱怨孩子看電視時間過長。

(四) 不要用看電視的方式來讓孩子安靜、不搗蛋，如果孩子因此而減少其他興趣或嗜好的培養，家長不能輕卸責任。

(五) 看電視很容易上癮，也容易培養出不喜歡活動的孩子，對孩子的心智發展與身體健康都不是好事，家長要注意到看電視這種靜態活動與一

般活動間的平衡。

電視與媒體提供了許多最新近的資訊，但是也摻雜了混亂不清楚的價值觀，比如說社會殺戮新聞太多，會麻痺人的同理心，甚至認為這樣的爭狠鬥氣是正常，也會讓人誤以為世界很不安全。國內的電影或電視節目有分級制度，有線電視網雖然也有所謂的「鎖碼」成人頻道，但是孩子還是可以經由許多管道看到一些不適當的節目，其負面影響力之大，讓家長們不得不謹慎！本書作者願意在此提供一些小偏方，協助家長作一些動作：

(一) 先讓孩子選擇想要看的節目與時間（比如總時數一天不超過兩個小時，週末假日不超過四個小時），讓孩子會先去衡量自己應該在電視節目開始之前，把哪些應該要做的事做完、或告一段落，到時候就可以全心去欣賞。

(二) 陪孩子看新聞節目，可以在觀賞之間或觀賞完之後，一起討論這些新聞事件，提供孩子不同的思考角度、也可以順便釐清一些觀點。

(三) 安排一些全家都可以一起看的節目，可以增加討論的多樣性、以及親子間學習與親密的機會，孩子也可以體會到融洽的家庭氣氛。

孩子在網路及手機上的活動，通常較難掌握或監控，家長不妨以「了解」的態度先於「防堵」的措施。畢竟網路活動是現代孩子們缺乏實體互動（放學上安親班，不像以前可以到同學家做功課）、藉以建立與拓展人際關係的重要管道，同時也是認識與肯定自我的路徑（Boyd, 2014，陳重亨譯，民104），家長在下達禁令或是過於擔憂之前，先清楚孩子喜歡或常上的網站、做些什麼，可能有的陷阱或是上癮危險性為何，做適當的提醒與討論是最佳方法。

父母親可以做的

(一) 與孩子一起觀賞他們喜歡的電視節目，並花一些時間討論節目內容與領悟。

(二) 孩子隨著時間長大，家長們協助學習的項目也會有變化，父母親可以與孩子交換一些心得。

(三) 陪孩子上書店或是參與活動，可以享受親子的優質時間、了解孩子，也與孩子一起學習。

動手與動腦

1. 訪問三對親子或是夫婦，分別請教他們知不知道家裡有家規？如果有，是哪些？可不可以舉實例說明？並探問家規下的可能價值觀為何？

2. 問小學階段的小朋友，認為自己學習過程中，最希望獲得家長的協助是什麼？為什麼？

3. 做一個意見統計調查：國中與國小階段孩子所看的電視節目種類如何？

第十章

家庭溝通

　　在許多場合與家長、或是孩子對話，發現一個很一致的共同點：就是親子溝通的問題。孩子在說什麼，爲什麼父母親聽不懂？許多的父母親會抱怨孩子漸漸長大，好像與自己的關係也益形疏遠，除了我們在前面章節談到的不同發展階段的孩子會有不同的需求，我們也要注意不同孩子有不同的氣質與需要。有的孩子生性活潑、也願意說出自己的感受與看法，有的孩子害羞退縮、不善交際，有的孩子以行動來表達他／她的想法、有的孩子則是悶在心裡，因此即使是在與孩子的溝通上面，也不要要求孩子一定要「說」出來，只要能「表達」出來，不管用何種形式，其實就可以達到溝通的目的。

　　心理學上將一個人的「社會興趣」或是人際關係列爲心理健康的指標之一，如果與他人互動方面常出現衝突或問題、或是孤僻不合群，會影響到此人的身心健康指數與生活。一個人的人際關係發展，是以原生家庭爲出發，然後慢慢隨著自己活動能力的增加與範圍擴大，往外慢慢發展；就學之後同儕團體的影響力激增，尤其是青少年期之後，讓許多父母親覺得孩子好像與自己漸行漸遠，關係不像以前那般親密，尤其是母親們特別感受到孩子不像以往那樣需要她，也不會跟她說許多貼心的話了！一般而言，母親與女兒較有話說、溝通管道也比較暢通，母親與兒子間的關係變化讓作母親的更明顯察覺到，彷彿本來就不是像跟女兒一樣親密的關係，在孩子年齡增長之後更是明顯！溝通也是一種家庭規則與家人互動模式，如果家人之間本來就沒有習慣聚在一起說話，想要在一夕之間變得無話不談，畢竟是天方夜譚。

　　這一章會將焦點放在與家人之間的溝通上，如何做好親子間最好的溝通？應該留意些什麼？而發生衝突又該做怎樣的處理？都會以較爲具體的方式呈現。

第一節　優質時間

親子溝通或是家庭溝通的第一步應該是「肯花時間」給彼此，現在的父母工作忙碌，夫妻彼此要聚在一起的時間不多，如果還想要分給其他家人，沒有用心去「找」時間，就更不可能了！根據國內最近的統計，家長陪伴孩子的時間已經加速減少，或是回到家之後，各自忙各自的事；陪伴孩子的「優質時間」（quality time）是重質不重量的，人「出現」最重要，為孩子說床邊故事、或是讓孩子聽現成的故事錄音帶，其實就有很大的差別！多半的孩子並不是要聽故事，而是珍惜與家長「在一起」（being together）的時間，有些更費心的家長，更是每講一次故事都會與孩子一起創造新的「情節」或「結論」，不僅同享創作之樂、也開發了孩子的想像空間，另外還傳達給孩子父母親的開明與接納新知的態度。

「優質時間」著重的就是「用心」，願意為承諾做努力，因此除了去刻意安排親子或是家人相處的時間之外，在這段時間內還要「全心全意」、專心於這段相處，儘量排除一些可能會干擾的因素（如電話、他人打擾、訪客或未做完的家事等）。隨著孩子的成長，「優質時間」的使用不必要拘泥於一定的形式（如談話或說故事），可以改變成活動性質的（去爬山或是動手做菜）或是約會（去逛街、看展覽、吃飯），也不一定要全家聚在一起才算，父母親自己可以相約、或是親子共遊（處）、或是跟其中一兩個孩子一起消磨時間，都是可以善加利用的方式。

第二節　親子的良性溝通

親子溝通是最廣為討論的議題，許多坊間書肆的書籍或是社區講座都提出了許多不同的有效方式，許多家長也踴躍參加，但是也有家長反應，認為這些專家說的只是道理，在實用面上的有效性依然有限。許多家長在

參與類似的親職講座之後，也會將新學習的東西應用在自己家庭中，但是卻認為收效不大！細問之下，發現有些家長常常是因為面臨到棘手問題、很難處理了，才希望來這個場合裡「取經」，而且期待「一擊奏效」！如果一擊無效、或是效果不如預期，馬上就放棄，而且認為專家只是耍嘴皮子而已！我們已經明白親職工作是長期的、需要許多無以數計的耐心，用在管教或親職議題上又怎能一蹴而成呢？家長狃於急效、沒有給自己與孩子充分時間去適應新方法做改變，可能也把好的方法錯用了！再好的方法，也要經過一段時間的試驗，才可以估計其成效。

　　親子間的良性溝通，當然也是需要長久的習慣培養，有些溝通原則還是一樣。以下就良性溝通，整理各家觀點來做一些原則性的敘述（Egan, 1998; Gordon, 2000）：

☺ 一、傾聽

　　有「被動」與「主動」兩種。「被動」的傾聽有時可以傳遞一些積極的訊息，包括容許對方有「說出自己想法」的權利，也尊重他的意見。家長有時太「積極」傾聽，結果就在孩子還沒有完全表達完整之前，就加入自己的意見，甚至建議也不請自來了！孩子在沒有被聽到之前，是不容易聽建議的，因為他會認為父母親不了解狀況，再好的意見也是白搭！即使當時父母親不知道要如何做反應，只要「被動」地聽完，其實也是有其積極功能的。在「被動傾聽」的時候，孩子會感謝父母親願意花時間來聽，雖然不一定對於事情有所幫助，但是因為有人願意聽、情緒有發洩，許多問題也解決了一半！我們在臨床工作中，常常碰到一些當事人會對我們說：「很少有人願意花時間聽我們說話，一般人總是太忙。」在學校工作上，有時候學生只是來找我們說說話，而在陳述之中，他們自然也會發掘出解決問題的方法，甚至只是單純發洩了情緒也是有用的！

　　舉個例子來說：女兒從學校回來，找正在房間忙的母親。

　　女兒：「今天我在學校碰到以前國小的同學。」

媽媽：「哦？」

女兒：「我叫她的時候，她好像不認識我了。」

媽媽：「這樣子。」

女兒：「我以為她沒有聽到，就再叫一次。」

媽媽：「嗯？」

女兒：「她只是往我這邊看了一下，就走開了。」

媽媽：「唉。」

女兒：「我覺得好難過、又奇怪，我們以前這麼好，才兩年不到，怎
　　　麼她就不認得我了？」

媽媽：「是啊。」

　　「主動」的傾聽就需要一些訓練與練習，我們通常會運用「同理」的
聆聽技巧。請看以下這個案例：八歲小男生跌倒摔斷門牙，翌日告訴出差
回來的爸爸。

男生：「爸爸我昨天在家跌倒，牙齒流血了！」

爸爸：「哇，一定好痛！」

男生：「媽媽帶我去看醫生。」

爸爸：「結果呢？」

男生：「醫生就說我很勇敢沒有哭。」

爸爸：「流那麼多血、很痛，你是怎麼辦到的？」

男生：「我就是不哭啊！」

爸爸：「真是了不起。現在還痛嗎？」

男生：「不會了，你看！」（秀給爸爸看缺門牙的地方）

爸爸：（很仔細地看了一下）「哇！兩顆耶！」

　　同樣是男生向爸爸報告，可能會出現不同的反應，不同的反應也會有
不同的結果。

反應一：你應該要小心點。（警告或命令。小男生看了父親一眼，走
　　　　開了）

反應二：哦。（退縮。淡然處之，然後去做別的事，小男生可能就不
　　　　會再說下去）

反應三：你活該，我平常是怎麼教你要小心的？真是！（批判。小男
　　　　生臭著臉走開了）

反應四：你看看，現在長的牙很重要，你知不知道？跌斷了大門
　　　　牙，真是破相！（說教。小男生覺得自己把事情鬧大了！）

反應五：說你豬頭豬腦真是一點也沒錯！（責備。小男生認為自己就
　　　　是笨，自取其辱）

反應六：你是不是又玩得太過火了？（解釋。而且還是「定罪」，小
　　　　男生會覺得冤枉）

反應七：下次不會這樣不小心了！（保證。而且還暗示「不要再犯
　　　　錯」，小男生覺得挫敗、不被諒解）

反應八：是怎麼發生的啊？你說！（探問。但語氣已有責怪之意，小
　　　　男生會擔心受處罰）

Thomas Gordon（2000）提到一般父母親與孩子溝通的「十二種障
礙」（12 communication roadblocks, pp.49-52），上面的例子只是其中的幾項
而已，這裡再做較為完整的整理：

(一) 命令、指示、指揮

如「我不管你忙不忙，你現在就去做！」；孩子會認為自己渺小無
力、抗拒心會更大。

(二) 警告、勸戒、威脅

如「你不這麼做，你會後悔的！」；容易引起親子間的敵意，也表示
家長不尊重孩子。

(三) 勸告、道德訓話

如「你應該大方一點！」；孩子容易因為外在壓力而屈就，不會產生內在眞正的信服。

(四) 忠告、給建議或解決方法

如「聽我的就對了，你最好先去看看！」；表示對孩子沒有信心、擔心孩子的能力不能處理。

(五) 說教、邏輯性爭議

如「我吃過的鹽比你吃的飯多，不聽老人言、吃虧在眼前！」；表示成人都是對的、至高無上，孩子會覺得自己好像怎麼做都不對、無法討好成人。

(六) 批判、挑剔、不同意、責備

如「你這樣想是錯的，事情不像你說的那麼簡單。」；讓孩子覺得自己什麼都不行、很差、沒有價值。

(七) 誇讚、同意

如「你不是不聰明，只是努力不夠罷了！」；誇獎鼓勵也要具體、適當，要不然會產生反效果，孩子會解釋成負面的意義。

(八) 罵髒話、嘲笑、羞辱

「這麼大了還這樣，眞是小孩子！」；會讓孩子自尊低落，甚至不肯再做努力。

(九) 詮釋、分析、診斷

如「我知道你是忌妒某某，沒關係，這是很正常的。」；家長依照自

己的觀點任意做解釋，孩子會覺得不被了解、多說無益。

(十) 再保證、同情、安慰、支持

「別擔心，這次不行，下次再努力就是了！」；這種安慰與支持很膚淺、搔不到癢處，孩子會認為父母親其實都不懂。

(十一) 探測、懷疑、質問

「你真的打掃過房間了？」；對孩子不信任，甚至要孩子全然服從、沒有自己的自由意志。

(十二) 退縮、分心、幽默化、轉移焦點

如「反正不理他就對了，你是無敵英雄不是嗎？」；有時不能輕忽孩子的心情與情境，不適當的幽默會讓孩子覺得家長不在乎、不關心他的福祉。

然而「主動傾聽」還是要看當時的環境與實況而定，當孩子需要緊急的意見或是辦法時，有時候就需要直搗黃龍，要不然就失去時效了！比如孩子說：「這個要怎麼做啊？我明天就要交了！」他目前需要的是實際的技術支援或具體意見，可別漫不經心說道：「你是說你碰到難解的問題了？」，反而應該說：「我可以幫忙嗎？」或是「讓我看看。」可能較符合需要、也切中實務！

◉二、接納但並非接受

前述的傾聽就是一種主動表示接納的表現。接納並不是說同意或是接受對方的看法，而是「接受」對方有表達自己的權利，積極的接納可以表現在積極的傾聽上。「接納」可以表示出一種開放、尊重的態度，不預設立場，家長也可以比較客觀地聽取孩子的故事與心得。除了前述的同理心方式之外，還可以用以下幾種方式來表現：

(一) 使用開放式問句

　　雖然有些閉鎖性問句，像是「妳吃了還是沒吃？」、「你到底要還是不要？」聽起來好像是給了對方一個選擇，但是事實上並沒有！反而有許多強迫的意味，如果對象是青少年，正在企圖發展自己的獨立與自我時，最忌諱這種「強迫性選擇」（forced-choice），因為感受不到自由意志的徵詢意見，而是非做不可的決定。開放性就是尊重對方用任何方式或是說法來針對問句表示意見，像是：「你覺得如何？」、「怎麼說呢？」、「我倒想聽聽妳的意見。」

(二) 注意使用的語調與其他非語言訊息

　　人在說話時，不只是語句在傳達意思而已，其他身體的表現等都會同時傳輸一些意義；語調可以讓語句的意義完全轉變，「看起來」是贊成的，「聽起來」就可能完全不是那麼一回事！此外，肢體動作與表情也會傳達不同的訊息，比如抖腳或是眼睛看別的地方是表示不贊成、不在乎，眼神逼視則有強迫的意味，手勢不斷是一種個人習慣或是焦慮、說謊，聽的人會依據這些其他的訊息來「印證」說話人所說的內容一致與真實性，這也提醒我們身體語言與說話內容的吻合度很重要。

(三) 隨著對方的用語、或是使用對方的語言

　　孩子有他所接觸的次文化，有屬於他習慣的表達形式，這些也許是學校或是他所處的交遊圈子使用的溝通模式，表現出來與其他次文化不同的特色。父母親有時會認為孩子所使用的語言難登大雅之堂，但是也不能因此就抹煞了他們表達的權利，有時候家長也要進一步去了解孩子的生活圈與次文化，才可以得到更真確的訊息。使用孩子陳述時的語言，可以拉近彼此的距離，當然最好也要知道自己在說什麼，也不要刻意用得太多或是太假，更會讓孩子起疑。有時候「套用」一下，可以讓孩子知道你有用心去了解，接下來也會比較願意對你開放。舉例來說：

女兒：「他們說我的鞋子很ㄙㄨㄥˊ！沒面子！」

家長：「怎麼個ㄙㄨㄥˊ法？」

女兒：「就是退流行嘛！說我跟不上流行的腳步！」

家長：「哦，妳覺得呢？」

女兒：「我是覺得還好。」

家長：「只是別人這麼說還是覺得心裡不舒服，哦？」

　　使用對方的語言，不是降格以求，而是希望達到溝通的目的，何況也的確很好玩。如果裡面牽涉到不雅用語、而你也不希望孩子使用，可以說：「有時候用一些話可以更表達一些自己的感覺，我還是想用比較清楚的方式來表現，而不是單單情緒的發洩而已。」或是將用語轉成你／妳希望他／她也可以使用的，如孩子說：「我覺得心情很『幹』。」父母可以回應為：「你／妳覺得很不舒服、很生氣！」

(四) 不以單一方式或要求來做溝通

　　有些家長喜歡孩子可以跟自己直接談話，但是如果有些孩子不習慣這麼做，強逼只會造成反效果。我們在之前提過對於兩性要求與期待不同，因此也會影響到訓練的方式，像是一般會比較鼓勵女孩子說話、也間接不鼓勵男孩子發表意見。有些孩子拙於言詞，可能會用其他方式來表現，這當然也是可以容許的，不要單一以「說出來」為唯一的方式。有位家長曾經親自去向一位兒子的小學老師道謝，她說兒子雖然已經上了高中，但是平日卻很少說話，因此每當他有心事的時候，就會自己吹直笛，做母親的可以了解他當時的心境，因此特別來向這位教孩子直笛的老師致謝。這位家長可以細心體會到兒子是以吹奏樂器的方式表達自己的心情，也真是一位體貼孩子的母親！有的孩子紓解情緒的方式是用運動的，有的只要靜一靜不受打擾就可以了，有的需要別人問起，情況不一而足。孩子如果當時不想說，可以告訴孩子：「等你想說的時候，我在客廳。」這也是接受孩子有情緒是當然的，而父母親也會在一旁支持。

(五) 溝通要表達清楚，不要暗設陷阱

溝通的目的是讓對方在接收訊息時，可以很明白地解讀（decoding），因此在表達技巧上就需要努力，每個人都不是天生的溝通專家，許多的能力都是「爲」與「不爲」而已！要說明白之前先要聽清楚，也就是可以正確解讀所收到的訊息。我們人因爲關係親疏遠近之故，有時不免會有不切實的期待，像是親密關係或是家人之間，偶爾會假設對方可以了解、甚至「不言可喻」（有所謂的「讀心術」或「測心術」），但是相信連最偉大的心理學家都沒有辦法達到這種境界！說話時所用的語氣、呈現的語調、手勢、表情、身體動作、甚至語氣詞、停頓與否這些「非文字」的線索，都可提供語言文字之外的「解讀訊息」。

我們說話有兩種層面的表達，一種是字面意義（literature meaning）、就是像一般白紙黑字、寫什麼就是什麼的「報告式」（report）溝通；另一種是因爲關係而有深一層意義潛藏著的「要求式」（command）溝通；前一種簡單明瞭、不需要多加揣測，後一種往往就需要「體察上意」的功夫。舉例來說，報告式對話是：

家長：「今天放學我去接你。」
兒子：「在哪裡碰面？」
家長：「校門口太多人，我們約在那家超商轉角的地方。」
兒子：「好。」

而要求式對話就可能是：

家長：「今天要不要我去接你？」
兒子：「你不是很忙嗎？」（懷疑這句話的真實性）
家長：「去接你不要啊？」（好像我在用熱臉去貼冷屁股）
兒子：「我們又要怎麼約？」（試試看吧，不知道行不行得通？）

家長：「你會從哪裡出來？」（怎麼接？我可一點經驗也沒有！）

兒子：「校門口。」

（結果兒子習慣從後校門回家，家長等在大門口，雙方苦苦相等了二十來分，兒子認為家長又失信了，家長認為兒子不知道又亂跑到哪裡去了，回家見面之後，家長就破口大罵！）

可能是因為這位家長與兒子平常的對話都是這個模式，談話之間沒有去釐清彼此真正要傳達的意思，於是只好猜測，結果都猜得很糟糕！溝通當然是一種互動方式，以清楚表達出心意為最佳，親人之間不需要用「官場文化」來運作，委婉簡單就可以了。委婉是表示語氣與傳達溝通的善意，簡單則是清楚明瞭。

(六) 父母以身作則，適當地表達抱歉、感謝與原諒

親子之間沒有所謂的「面子」問題，家長的好楷模，孩子會學習到，如果家長為了面子死不認錯，孩子也會依樣畫葫蘆。第一次說「對不起」比較難，因為要克服許多心理障礙，但是只要自己的道歉是真心，就不會難出口了；千萬不要因為自己錯了、不肯承認，然後買一些東西做補償，孩子與家人不一定會接收到這個「歉意」的訊息。家人之間許多是會讓人容易認為是「理所當然」、甚至就是「不知感激」，越是親密的人，越是需要適當的潤滑劑，感謝對方為我做的、或是體貼的心意，都可以讓對方覺得自己有價值、受到接納與肯定；另外「原諒」也是可以做到的，雖然難度高一些，可是家人之間又有什麼好計較的？「原諒」最大的受益者其實是自己本身，因為不必浪費過多精力在情緒掙扎與怨恨上。

(七) 少用負面語言與肢體動作

家長常常在與孩子說話時不太願意花時間去做「婉轉」的陳述，總是「一針見血」說出不滿意或需要改善的地方，好像就把所有好的部分都一筆抹煞。使用負面語言太多了，所傳達出來的訊息就變成「拒絕」、「不

喜歡」，是相當令人沮喪、也很具破壞力的！家長不妨採用「正面」評價先說，然後再加上「可以更好」的建議，在態度上也要注意，不要爲了「說出」負面批評，而「敷衍」地講一些「優點」來做前導，這樣子很容易在肢體與表情上露出馬腳。

◉ 三、不要因言廢人、也不要因人廢言

我們一般說來不太容易將一個人所做的與此人的特性分開（separating a person form his/her deed），但是也因爲這樣，很容易就將一件事「渲染化」或是「過度類化」（overgeneralized）；孩子平常在學校就已經不免受到心理學上所謂的「月暈效應」或是「比馬龍效應」的影響了——只要成績好，其他一定不差；成績不好，其他也好不到哪裡去——已經十分不高興了，如果在家裡與家人的相處模式還是脫離不了這種制式的刻板印象，當然讓孩子覺得自己很吃驚！溝通要保持一種適度的彈性，我們本身受到自己價值觀與經驗背景的影響，不免會有一些既存的偏見與成見，有時就會成爲我們批判人事物的標準。以下這些句子相信大家都不陌生：

「我告訴你多少次了？東西不能這樣擺，你怎麼都教不會？牛牽到北京還是牛！」

「那個人說的話你也信？你給騙過多少次了？怎麼還是執迷不悟？」

「我覺得你的想法太偏激，你爲什麼凡事往壞處想？」

孩子如果常常接收到這樣的訊息，最後會連嘗試都不會，因爲他連自己都看不起自己了！做父母的因爲自己經驗或是年紀之故，常常會不由自主地「預測」孩子的未來，而這些預測常常只是根據自己對孩子的少數行爲、絕對的評價，很一致、不容許例外，孩子如果有不一樣的表現，偶爾還會冷嘲熱諷。所謂「智者千慮必有一失、愚者千慮必有一得」，每個人都有改變的可能，不要用「預測」來限制孩子對於自己的評價與未來的發展，許多孩子很容易就「對號入座」、喪失了衝勁！

◎四、不做歷史學家

不要把過去的錯誤又一直重複地搬上檯面，或是「不斷」提醒孩子曾犯過的錯誤，只要這次做錯，家長就會數落孩子以前也曾經有的紀錄，這會讓孩子覺得自己永遠「翻不了身」、氣餒沒有希望。如果孩子犯了錯，父母親的職責是除了糾正，還要示範教導正確的方式，如果是小錯再犯、是可以原諒的，因為每個人都應該給予第二次的機會，但是同時也可以檢討一下為什麼會再犯的原因？是不是上次的示範不清楚？還是有其他的因素？

◎五、不要預測未來

父母親還會做的一件事是「未來學家」，可以「預測」孩子的未來。雖然父母親的用心是希望孩子不要再犯同樣的錯誤、有很多的警示意味，但是孩子不一定就懂。例如：父母親會說：「你現在不聽我的話，以後你就知道了！」或是「你現在就這麼懶惰，以後一定是在街上乞討！」這樣的無邏輯推理，主要目的當然是「警告」意味濃厚，但是有時候孩子無法「聽到」話語裡蘊含的意思，於是就會造成誤解，甚至有的孩子會為反抗而反抗、反其道而行，比如說「好吧，既然如此，我又何必努力？」結果應該修正的行為沒有出現、反而變本加厲！

◎六、給機會，不要在未明白事實之前妄下定論或假設

孩子的語言表達不一定完整，如果再加上害怕或是驚嚇，更是不能將自己的意思表達清楚。例如：孩子說：「老師不給我飯吃。」家長聽到很吃驚，認為這是怎樣的變態老師啊！但是以常理判斷，老師不給飯吃應該有一些道理在，因此不必急著怒氣沖沖去找老師理論，仔細問孩子是怎樣的情形，給孩子機會將實情展現，讓孩子知道你會尊重他、聽他說完；萬一如果還不明白、再找老師明白詳情。也許是因為飯有問題、老師不要小朋友再吃，或者是飯掉到地上不乾淨等等。有些父母親對於孩子很沒有耐

心，如果明知孩子表達能力需要加強、卻又不給予適當機會訓練，孩子在這種挫折底下，自然不太會有更多的勇氣再去嘗試，因此為了一時的快速處置，反而剝奪了孩子可以學習的機會；在孩子表達之前，表情與情緒都要冷靜下來，不要表現出不耐煩、或是動輒打斷孩子的話，不清楚的地方也可以婉詞詢問，這也說明了父母親的表情很重要。

◉七、使用「我訊息」（I-message）

我們一般說話常常用「你」開頭，如果是責怪的話更是如此，感覺上好像就是擺明了要挑戰、或是一定是對方不對的態度，因為一聽到「你」就會讓人有防禦的心態，很可能就將耳朵與心房關閉，拒絕傾聽或接受將要說的一切。善用「我訊息」來傳達自己的意見，首先不會受到反彈或抗拒，接下來的溝通才有可能，「我訊息」表達了說話人的立場與情緒，而不是批判對方。例如：不要說：「今天客人來的時候你表現真乖。」而是說：「今天我覺得好高興，客人跟我很順利地談完了很重要的事。」

◉八、協助孩子解決衝突，也培養其解決衝突的能力

溝通的一個重要功能就是協調衝突，不是告訴孩子有衝突不好、所以要逃避，也不要積極鼓勵衝突的必然性，讓孩子以為攻擊是可以被容許的，因為衝突的存在是本然的事實，可以以較好的方式解決衝突，才是一種能力的表現。解決衝突的方式會在稍後做說明。

(一) 溝通原則

「溝通」（communication）這個字裡就包含了許多溝通的原則：

1. C（conscious effort）─有意識的學習

溝通的能力是需要培養訓練的，也就是需要刻意去學習，如果父母親的原生家庭沒有直接溝通的習慣、或是溝通不良，那麼可以從小開始養成與配偶、孩子直接溝通的習慣，孩子在觀摩學習、受過訓練之後，才會有

這樣的能力表現。

2. O（openness）─開放

開放的思想與姿勢。不要預設立場、拒絕接受外來的或新的資訊，許多的資訊我們不願意接受，是因為不熟悉，所以認定就是不好的，這不但阻礙了我們吸收新知的管道與能力，也是妨礙親子溝通最大的阻力！肢體語言也可以反映出我們的態度，如果身體表現出來的是封閉、拒絕的姿態（如還抱雙臂、身體側偏、眼神不願意與人接觸、或假裝忙碌等），容易讓人誤解溝通的誠意。

3. M（mutual process）─雙向過程

溝通是雙向的，也因此只有容許雙向平等的交流互動、良性溝通才會產生。以往的傳統親子關係，比較著重「上對下」的威權立場，通常是父母親說、孩子聽，「囝仔有耳無嘴」就是這個意思，這樣的「階級型態」讓孩子覺得自己更渺小、講話不受重視，當然也會影響到以後的溝通意願；因此當孩子小的時候（比如小二以下），可以蹲下來與孩子交談、站在與孩子差不多高度的地位，孩子比較容易開放，也較容易與父母親做對談，身段放下、可以讓親子關係更緊密。孩子如果「出招」、父母親就要做適當的反應，不要受到自己情緒的左右、想說時才說，不能給予孩子持續的回應，孩子會以為你不在乎、慢慢也就減少溝通機會。

4. M（message）─訊息

溝通傳遞的是想要表達的「訊息」，不管是身體動作、表情、所說的內容都有「詮釋」或補充訊息的功能，因此要看的不只是白紙黑字、或只是留意口語內容而已，還要注意到溝通者彼此之間的關係、表現的方式（如前述的「報告」或是「要求」）。

5. U（unique individual）—獨特的個體

尊重每個人是獨特的人、有不一樣的個性或是表達的方式。不要以統一標準要求每個人，男女或溝通有別、性格不同也可以有不同方式的溝通。有的孩子可以跟他談，有的孩子很少說話、但是會以行動表示，因此促成良好溝通的方法也不一而足！

6. N（need）—需求

與人相處、有隸屬感是每個人的需求，要與人溝通、讓人更了解自己、或讓彼此更親近，而需要溝通時的需求也許因人因時而異，有時候需要說說話、有時要一起參加活動、有時希望自己可以獨處一陣子再談，這都是可以協調的。

7. I（interpretation）—詮釋

每一個人因為經驗、成長背景、信念或是價值觀的不同，對於事情的看法也不一樣，因此親子可能針對同一件事，看法南轅北轍也不一定。聽聽看孩子對這件事情怎麼說，不要急著下定論，試著從孩子的觀點去了解他敘述的事情，就會減少誤解的機會。

8. C（context）—內容或環境

溝通的訊息或內容也會因為說話人語氣、或彼此之間的關係而有不同涵義，一般分為「報告式」與「要求式」，前者是「說了就算」，如「我喜歡那個老師，他人很好」，表示要表達的意思與所說的是一致的（我真的喜歡那個老師）；後者是「說了還要察言觀色」，也就是說，可能話裡有另外的意思要傳達，如「我說那個老師真是酷、我看沒有幾個人會喜歡他！」（我說的是反話、老師有夠爛，我才這麼說）。再者，切記不要「斷章取義」，要注意說話的前、後文關係；此外，所表達「內容」也許與當時的情境有關，可能有他人在場，不能表達真正要表達的，這也要留意。

9. A（acceptance）—接納

人與人交會互動最棒的地方就是可以聽到不同的觀點，如果希望別人尊重我的意見，當然我們對待他人也應如此。接納孩子有權利表示自己的看法，而他的看法也應該被尊重，不要一以父母親的話爲聖旨，認爲孩子說的都是無關緊要的事，孩子接受這樣的民主身教，以後也會用同樣態度尊重別人。

10. T（tolerance）—容忍

因爲別人的意見與我不同，我雖然不同意、但是沒有必要戳破，因爲許多的想法不是絕對的眞理，總是有變化的時候，孩子看法如果偏差太多，可以用舉證或說明的方式釐清。有時候孩子的表達因爲能力限制、或是情緒的影響，不能表達周全，父母親也需要忍耐、給他時間，不要太急促，很容易讓孩子覺得自己無能、甚至乾脆就不說了。

11. I（ingenuity）—眞誠

表現出眞心要溝通、要了解，除了態度要眞誠之外，也要說到做到、撥出時間來做溝通。溝通要以信任爲基礎，眞誠就是建立信任之門。父母親在與孩子溝通時，所傳達的不僅是了解與親近而已，還有父母親的生命態度。

12. O（observation）—觀察

觀察是許多功能發揮的第一步、當然也包括溝通。親子溝通的素材、時機有時候是從對孩子的觀察中得知的，知道孩子對什麼話題感興趣、什麼時候來跟孩子做分享與共處，這些都要有一些敏銳的觀察力；孩子的情緒如何？需不需要介入去關心一下？或是給他時間獨處？可以開他玩笑、讓他好過一點，觀察的功課很重要。

13. N（non-judgmental attitude）—非批判性態度

也就是在未了解之前、不要有成見或既定的想法，也不要驟然就下評斷！如果父母親在還沒有與孩子溝通之前，就有了先入為主的看法，孩子試過幾次之後，就會明白自己的意見不會受到重視，因為父母親是老闆，而自己的意見或看法都會被認為不成熟、或是錯的，孩子就沒有勇氣再繼續嘗試說明或表達了。

(二) 溝通五戒

1. 戒羞辱

不要在大庭廣眾之下讓孩子沒面子，不要用侮辱人格的字眼，也不要用三字經或髒話，這只會徒然引發不必要的敵意而已。

2. 戒忽視

不要忽視孩子想要說些什麼、表達什麼的意圖或動作，最好都能做反應，除非你確定孩子只是刻意要「引起不必要的注意」，才可以偶爾使用一下「忽略」的動作。

3. 戒讓對方猜測

溝通重在表達清楚，不要說反話（與自己意思相反的話）或「雙重否定」的話（如「我又沒有反對你出門」），前者讓人摸不清楚到底該如何，後者讓人不知道是贊成還是反對，那種困頓不舒服是很難過的，而且老實說，猜對的機率很小。

4. 戒語意不清

這是承上一個條件過來的。溝通要明白具體，最好再做澄清一次，不要語意不明、單方面以為自己意思表達完整了，如果所講的內容很重要，不妨就請對方將所聽到的說一遍，也可以做適當釐清動作。

5. 戒用命令口氣

命令語氣所含括的一個訊息就是「我對你錯」，聽的人永遠是一個「失敗者」或是「受害者」，權力的不均意味濃厚！有些人聽人說話時，會注意到口氣與說法，而不是內容，因此口氣可以和善柔婉一些，也可以邀請、請求或是撒嬌的方式，做一些變通，同樣可以達到目的。

(三) 衝突處理

人與人之間的相處與互動，由於彼此是不同的個體，在溝通上也有不同意見，因此有衝突是必然的，衝突表示不能解決的差異，有時甚至伴隨著緊張、敵意或是攻擊（Hall, 1987）。衝突的來源包括：行為引起的負面感受（一個人的動作或行為引起另一方的不快，比如爸爸將哥哥手中的玩具直接拿給弟弟），觀點或認知的不同（如孩子認為自己會照顧自己身體，但是媽媽卻要他穿上衣服），價值觀不一樣（如家長認為唸書比較重要，不准孩子出去朋友家，但是孩子認為朋友才應該居第一位），規則不一致（如家長認為孩子應該在放學後就回家，但是孩子認為只要在吃飯前回來就可以），領導權不清楚（彼此認為應該是對方做決定或負責任，如孩子沒交補習費、認為應該是家長主動去交的），與壓力（工作或是功課的壓力會讓人情緒容易失控、也會容易發生衝突）（Knox & Schacht, 1994）。

許多家長認為孩子在青少年期時，比較容易與父母親有衝突狀況出現，這裡必須考慮到青少年想要獨立自由、但是又需要父母親的經濟與情感支持的一種矛盾。青少年在認知上與父母親較不同的，是出現在「個人事務」與「強硬要求」上，比如說穿著與學校功課，家長認為「應該」穿得如何才恰當、學校功課會影響到未來發展，但是青少年的解讀會是：「這都是我自己的事，為什麼父母親要插手？」也因此許多孩子會認為自己的一切都是在父母親的「判決」之下（Smetana, 1989）。家長對於孩子的要求會隨著孩子成長，慢慢在交友或個人事務上放手，但是對於傳統的

道德或是需要注意的安全議題上還是持監管的態度；一般說來，父母親在嗑藥、喝酒與說髒話等議題上與兒子較多衝突，跟女兒的衝突則多發生在個人行為與事務上（Smetana & Asquith, 1994）。

孩子與父母親有衝突時，與母親的關係會繼續維持，因為母親通常會退讓，但是父親就會堅持自己的立場、很難妥協，因此Jaffe（1997, cited in Jaffe, 1998）建議父母親與孩子說明理由，不要老是訴諸「我是你爸爸／媽媽」的威權地位。

如果衝突發生，父母親可以怎麼做？

1. 與人有衝突時，知道如何做最好的處理很重要

衝突並不都是負面、不好的，再好的關係都不免有衝突存在，衝突也不一定就會傷害到彼此之間的關係，讓對方知道我們較負面的部分並不表示很糟糕（DeVito, 1999），衝突也意味著彼此間相互依賴的關係，表現了要改變的需求，以及問題存在的確實性（Trenholm & Jensen, 1995；李燕、李浦群譯，民94）。如何處理衝突、朝向「雙贏」政策、讓彼此可以有更清楚的了解，衝突其實可以讓關係更進一步。處理方式有許多，比如去了解對方的想法與感受，以「我訊息」來表達自己的感覺，知會對方、先離開現場、以免情緒失控，不要使用讓自己會後悔的方式處理、或是傷害對方自尊與人格的謾罵，暫時忽略、等氣消了再做處置等。如果一味逃避、不去處理衝突，可能也表示了挽回這段關係不重要（DeVito, 1999），相對地也失去了培養衝突解決能力的機會。

2. 學會處理人際間的衝突，就是一種能力

處理衝突也是一種能力，在國外的學校機構有「仲裁員」（mediator）的訓練，主要就是協助學生自行處理同儕間的紛爭，而不必藉由教師或其他成人的介入，讓問題更複雜。「仲裁員」需要了解衝突雙方的說辭、讓彼此有說明的機會，然後再進一步看看有無和平解決的可能、雙方可以做到怎樣的讓步？最後協調出彼此都可以接受的解決方式。

300

許多的衝突其實可以避免，不少人是採用「認知行爲」的方式來作處理，先是不要將對方的「批判」個人化（personalize），情緒上比較容易掌控之後，再去思考與對方的溝通與釐清，說話要具體（如「你表現得好像不專心聽我說話」，而不是「你的態度惡劣」）、言行一致（避免發出的訊息讓人迷惑不解）、也要掌握說話分寸（不要誇張不實、或刻意傷害）（Trenholm & Jensen, 1995；李燕、李浦群譯，民94，p.475）。

3. 運用適當的幽默，可以潤滑人際間的關係

幽默就是自不同的角度來看事情，可以讓自己的思考跳脫出固定的模式、或是情境的限制，不要把事情太「嚴重化」，添加了協調的空間。幽默是從自嘲開始，當我們開始學會嘲笑自己的缺點與不小心所犯的錯誤時，就給了自己更多進步的空間，也比較能夠寬容對待他人、同理他人。

4. 學會溝通技巧，可以減少衝突機會

家長可以在家裡不同情境中，提供適當溝通技巧的訓練，家人間的衝突不能避免，正好用來做機會教育。家長不要因爲要「迅速」解決問題，而用威嚇或是強制手段，將衝突相關人驅走、做處理，反而讓孩子失去了學習的機會。如果父母親本身有意見不合的地方，可以以溝通、協調、妥協方式做處理，也可以讓孩子看到最好的示範。

第三節　中國人的家庭溝通

即便是最親密的人也會有意見不合的時候，因爲每個人都是不同的個體，在緊密的接觸與相處下，總會有摩擦或是理念、做法不同之處，因此難免會有衝突，然而並不是每個衝突都是具象化或突出檯面的，從之前的「溝通分析學派」提到人的溝通有「社會」與「心理」兩個層次，就可見溝通的複雜與不容易，特別是家人之間因爲關係與對彼此的期待，甚至有

更多顧慮，也讓溝通添加了許多困難度。

　　我國有傳統的親子倫理、上尊下卑的位階，下一代的子女往往不敢說實話、或是有違逆的情況發生，即便有，也只是私底下做，不敢將其表面化，這也是維持家庭「和諧」的重要價值觀，只是表面的「虛性和諧」（或「假和諧」），通常要付出極大的代價。家族治療學者Viginia Satir特別強調人有自尊與溝通的需求，而父母親與孩子的三角關係，通常是孩子發展其與人互動關係、對自我認同的關鍵（McLendon & Davis, 2002）。倘若家人是我們最親密的關係，而家人之間的溝通卻常常無法真誠、坦白，那麼一個人又能對誰展現真我？人際間的真誠與信賴又如何形成？

　　「衝突」也是溝通的一種方式，只是它的過程不是我們這個講究「和諧」民族的習慣，當然也預期其結果「不佳」，因此我們在日常生活中通常會規避可能衝突的發生，只是存在的問題不解決，問題還是持續存在，於是採取間接方式或就懸置在那裡，妨礙了彼此關係。

　　父母親是不同個體，當然也有意見不合的時候，然而子女也是家長互動的目睹者，他們會從雙親身上學會溝通或處理衝突，也會在之後將這些學習遷移到與他人互動過程中，不僅影響其人際關係、對自我的看法，也相對影響其快樂指數。因此：

　　(一) 家長若彼此意見不合，可以「大聲討論」，然而不要使用髒話或詆毀對方的字眼，因為是不當示範、也傷害彼此的自尊。

　　(二) 一旦衝突發生，其中一人可以平靜地說：「現在不適合討論，我們之後再找時間好好商量。」也可以向對方示意之後、安靜離開現場。

　　(三) 千萬不要在情緒上頭做出讓自己後悔的決定。衝突容易引發憤怒等不穩情緒，理性通常就無法有擅場之地，倒不如退一步、讓彼此有冷靜與理性思考空間，才有可能解決問題。

　　(四) 衝突時，不要急著將自己的意見表達出來，先聽聽對方怎麼說，也要讓他／她表達完整的機會，因此抱持著「無偏見」的傾聽是很重要的。

　　(五) 倘若認為自己較不擅長語言溝通，也可以用書信方式或傳簡訊等

科技，使用書信可以經由審慎思考後才寄（拿）給對方，多了一些考量，比較不會引發情緒上的刺激，當然也有人不願意看信，還是有其他的溝通管道，繪畫、卡片、歌曲、影片或手製物品等。

(六) 思考彼此之間的「公約數」，也就是彼此都重視與關切的部分（像是孩子、家人親密），這樣解決問題或妥協就有譜了！

第四節　網路成癮

網路世代的孩子是「手機原住民」，他們對於手機的依賴程度遠遠高於家長輩，因此網路與手機之使用，往往成為家庭溝通或衝突一個很關鍵的點，有必要在此作闡述。家長屬於杞人憂天一族，不太會先考慮到網路與手機的便捷或優勢，而是擔心或焦慮網路／手機帶來的弊病或上癮之可能性，這也不是空穴來風！

家長本身使用手機與網路的習慣最先起示範作用，倘若家長要針對網路或手機使用有所規範，自己也要以身作則，並與孩子一起討論、訂定出適當的規則（如睡前兩小時不使用手機、充電在客廳等）與罰則（如不遵守則沒收手機幾小時、或周末不得使用手機或外出）並確實執行，不要說一套做一套，很快就失去信用！

◉ 一、網路世代的迷思

由於網路使用已經成為生活中的一部分（所謂的「i世代」），每個人幾乎不能逃避網路的影響，然而也因為網路是人類發明，當然可以由人類掌控。以前孩子使用網路，多半是為了課業，然而現在似乎成為一種時尚與流行，常常在台北捷運上看到的場景幾乎是人手一機的「低頭族」，還有媽媽滑手機、把孩子忘在捷運上的新聞。一群人相約好辦個同學會，卻發現大家坐在餐桌前互相line給對方；許多人走在路上，眼睛盯著手機訊息、卻忘了欣賞路過的風景與人情，還常常發生意外或交通事故。如果

與人聯繫是人類最基本的重要需求，為什麼我們捨棄了與人面對面的真實接觸、卻訴諸於藉由網路來聯繫的「隔空」交流呢？

網路成癮已經是世界性的問題，美國人口有八分之一有至少一項的問題上網行為，2008年美國醫學會估計兒童部分則有五百萬人遊戲成癮，而亞洲國家中的中國、韓國與台灣也極為普遍（Young & de Abreu, 2011，林煜軒等譯，民102）。

◎二、網路成癮的致病因素

許多學者針對網路成癮現象提出可能的致病因子，它們是（Young et al., 2011，林煜軒譯，民102，pp.7-17）：

(一) 認知行為模式

用上網來逃避焦慮煩躁的情緒或現實，有負面思考的人常伴有自卑與悲觀，因此以匿名方式上網與人互動，藉此克服這些障礙。成癮式思考是在面臨困境時，不經邏輯思考的一種直覺，而成癮思考也需要一再練習而成為習慣。認知行為模式解釋了網路使用者形成習慣或強迫性上網，以及負面思考維繫強迫上網的模式。

(二) 神經心理學模式

由「中國青少年網路協會」心理發展研究院院長應力所提出。成癮與大腦神經傳導物質的變化有關，而所有的成癮（如性、食物、酒精或網路）都是由大腦內相似的反應所引起。非藥物的因素在開始使用藥物時，以及成癮速度上可能相當重要，而非藥物的因素與藥物的藥理作用有交互影響，造成強迫性的藥物使用。

(三) 補償假說（compensation theory）

由中國科學院（Chinese Academy of Science）心理研究所提出。像是用單一系統來評估學業表現，致使許多年輕人藉線上遊戲來尋求補償，或

是尋求自我認同、建立自尊心與拓展社交圈。網路成癮的學生有較高的孤獨感、較少社會支持，藉由線上的訊息交流來彌補現實生活中的失落，有些人在社交活動中不自在，在網路上表現自己或交友會較不焦慮。

(四) 環境因素

多重成癮的人最容易成為網路成癮族群，而使用網路對他們而言似乎是方便、合法又不傷身的方式。中國的教育體制也是造成青少年成癮行為的主要環境因素，加上父母親對子女的期待殷切，以及其他的環境壓力（像是離異、喪親、失業等），也都可能是造成網路過度使用的推手。國外研究也暗示了經歷過社會焦慮、憂鬱情緒或家庭衝突者，也是網路上癮的當然候選人（De Leo & Wulfert, 2013）。張立人（民103）提到網路成癮家庭的特徵包括：家長過度保護或過度期待，孩子太早受到電子產品的誘惑（少自我控制能力）、忽略親職、讓電子產品當孩子的保姆、兒童虐待或隔代教養。許多上網行為可能與工作之科技產品有關，然而卻也驅使網路使用的增加，最後就形成一種習慣，甚至成為強迫行為。

☉三、網路成癮的診斷與檢核

網路成癮形態基本上有五種：(一)網路遊戲成癮；(二)資訊超載（常常上網看資訊，無法判斷資訊的真偽）；(三)網路強迫症（如病態賭博或購物）；(四)網路性成癮（在網路上瀏覽有關性行為或與人做網路性愛）；(五)網路關係成癮（網路關係勝過實際的人際關係）（Young, 1999）。

網路成癮的核心特徵有：獨特感受（渴望上網、未上網時對網路念念不忘）、情緒改變、耐受性（滿足需求的限閾提高）、戒斷症狀（一旦不使用會焦慮難受）、衝突與爆發（容易與人有衝突及情緒爆發，復發上網行為）（Young et al., 2011，林煜軒譯，民102）。

低自尊與低自我效能者，常常與線上遊戲有關。線上遊戲玩家以成年男性居多（平均二十五歲），特別是角色扮演的遊戲。線上遊戲讓人

有成就感（升級、競爭）、拓展自己社交層面（一起參與遊戲的某種社會承諾、遊戲本身有閒談功能、自我揭露）、與沉浸感（改變外表、擴充裝備、扮演角色等），這些都有助於玩家的自我認同，但是卻無法將這些轉移到現實生活中（Blinka & Smahel, 2011，陳宜民譯，民102）。

　　診斷是否為網路成癮主要有四個判斷準則：(一)是否過度使用？通常與失去時間概念或忽略自己的基本需求；(二)有無戒斷現象？當無法使用電腦或手機時，會感到憤怒、緊張或憂鬱；(三)耐受性如何？需要更好的設備、軟體，或使用時間變多；(四)負面效應產生，像是爭執、說謊、低成就、社交孤立與疲勞（Beard & Wolf, 2001, Block, 2008;引自Young, 2011，林煜軒譯，民102）。

　　目前有不少網路成癮相關的診斷問卷，上網就可以找到，計分方式也很簡單。家長可以經由觀察或讓孩子自行填寫的方式進行，最好是兩者都採用，因為孩子可能會隱瞞自己網路使用的情況。最簡易的是Young（1998）的「網路成癮診斷問卷」（Internet Addiction Diagnostic Questionnaire, IADQ），檢視內容如下（依據自己半年內的情況做答，只要回答「是」或「否」即可，若答「是」的題目超過5題以上，就可能有問題，需要進一步做診斷與治療）：

1. 我會全神貫注於網際網路或線上活動，且在下線後仍繼續想著上網時的情形。
2. 我覺得平常要花更多時間在線上才能得到滿足。
3. 我曾努力過多次，想控制或停止使用網路，但是並沒有成功。
4. 當我企圖減少或是停止使用網路，我會覺得沮喪、心情低落或是情緒暴躁。
5. 我花費在網路的時間比原先想要花的時間還要長。
6. 我會為了上網而可能失去重要人際關係、工作、教育或工作的機會。
7. 我曾向家人、朋友或他人說謊，隱瞞我使用網路的程度。
8. 我上網是為了逃避問題或是釋放一些情緒（如無助、罪惡感、焦慮或沮喪）。

　　由於IADQ是屬於「自陳量表」，就是自我檢視的報告，只有自己誠實做答，才能夠了解自己上網的實際狀況，家人或他人的觀察也是一個切入點，大概可以了解孩子使用網路的眞實情況。

　　國內台大陳淑惠老師也研發了一個類似的自陳量表，內容大同小異，共有二十六題，依據網路成癮的核心症狀與相關問題編製而成。一般成人如果一天使用網路超過四小時（除去工作上必須使用的之外），也可能是網路上癮的候選人（張立人，民103）。

　　在臨床上遭遇的個案，最初都不是因爲網路上癮而前來治療，通常是因爲情緒上的問題（如憂鬱、躁鬱、焦慮、強迫症）而來求助，而再進一步評估之後才發現是網路上癮（Young, 2011，林煜軒譯，民102，pp.23）。倘若有多重上癮（如菸酒、毒品、網路）的當事人最容易有復發的可能，暗示其有成癮性人格與強迫性行爲的傾向，通常其經歷以下幾個階段、而且一直循環：(一)合理化自己的上網行爲（像是書念一天好累、讓自己輕鬆一下而已）；(二)後悔花時間上網、結果正事都沒有做；(三)認爲自己意志不堅，所以戒除了一段時間，回歸正常生活；(四)復發，就在壓力大或情緒緊繃時，容易回復原來的上網行爲（Young, 2011，林煜軒譯，民102，p.33-35）。

　　網路成癮也有一些共病（同時伴隨著其他疾病）症狀，青少年方面包括：酒精與藥物濫用、沮喪憂鬱、自殺意念、過動、社交恐懼、強迫症、反社會／攻擊行爲、精神分裂症或身心症（黃偉烈，民103）。

◉四、兒童與青少年網路成癮現象與實際

　　網路吸引青少年主要是因爲同儕壓力、互相炫耀（以達自我認同），以及網路可以提供的娛樂與功能，青少年面對壓力的因應策略有限，加上想要展現眞我（Beard, 2011，陳邵芊譯，民102，p.226），網路就成爲一個最佳管道。使用網路溝通的好處像是增加社會支持、與朋友聯繫較容易、或是產生新的情誼關係；網路提供較爲安全的人際互動平台，也比較不需要社交技巧（van den Eijnden, Meerkerk, Vermulst, Spijkeman, &

Engles, 2008）。有越來越多的研究發現：網路互動特別吸引人，對於那些想要陪伴、性興奮需求與改變身分認同的人而言，也營造了一種強迫使用的氛圍（Young, 1997, cited in van den Eijnden et al., 2008, p.656）。

　　使用網路者可分為「想要」（wanting）使用與「強烈渴望」（urge）使用兩類，後者就是上癮行為的表現（Utz, Jonas, & Tonkens, 2012）；上癮者通常是個性較害羞、內向，或是有社交障礙的人，網路所提供的自在感、安全、與效率，是特別吸引這些有心理社會困擾者的原因（Caplan & High, 2011，陳邵芊譯，民102，p.60）。

　　已有不少研究指出：線上遊戲成癮者與孤單、較低自尊或較高攻擊性有關，而且有較多的內化問題（internalizing problems），也就是指情緒上的焦慮或沮喪，或是轉為外化行為（externalizing problems），像是吸毒、酗酒等（De Leo & Wulfert, 2013）。此外，也有研究者提到網路上癮者被滑鼠所控制，將自己隔絕在外面現實世界的要求之外，同時也以虛擬方式替代了真誠情感與有意義的互動，這對於個人的發展有極大負面影響（Toronto, 2009, p.131），因為只有面對面的接觸才是人們發展終生深度互動與依附關係的關鍵（Winnicott, 1974, Eigen, 1993, & Beebe, 2005; cited in Toronto, 2009, p.119）。

　　網路使用呈現「好者更好、壞者更壞」的傾向，也就是現實生活中有較佳人際者，使用網路可增進其心理健康或人際關係，反之，若是人際較差者，使用網路反而影響其心理健康與人際（Kraut, Kiesler, Boneva, Cummings, Helgeson, & Crawford, 2002; Utz et al., 2012）。線上溝通（on-line communication）可能是成癮行為的主要因素（Caplan, 2002），特別是那些經常使用立即性的簡訊與聊天室功能者，而網路使用時間並不造成成癮行為（van den Eijnden et al., 2008）。

　　高雄醫學院柯志鴻醫師等人（民101）所做的調查發現，台灣國中學生有一成一左右、高中學生有一成八、大學生有一成三左右是網路成癮者。從這個數據顯示：國中是步入成癮的關鍵期，而醫師（民102）也表示，依據他的臨床經驗發現，倘若當事人到大四依然不能戒除網路上癮行

爲，很可能就會持續終生。依據不同國家的統計研究，網路成癮青少年盛行率至少在4.6%，大學生則介於13%與18.4%之間，一般大眾則是有6%至15%（Young、岳曉東、應力，2011，林煜軒譯，民102，p.6）。

◉五、使用網路的溝通與管理

許多家長對於孩子的溝通方面有一個較常遭遇的難題，就是如何讓孩子可以養成自律習慣，特別是上網或是使用手機時間，因此也將此議題納入來討論。

身處在網路時代，已經有許多教育者與家長發現，網路世代的孩子與他們有極大的不同，包括較自我中心、無感、甚至無同理心，對未來沒有什麼瞻望與期待，也不相信努力就會成功或是有成果（邱珍琬，民102）。這的確也是目前許多國家對於下一代的擔心。

家長對於子女網路使用的管理，在孩子尚未養成自律習慣以前，最好注意幾項（Sax, 2011，洪蘭譯，民100，p.86）：

(一) 將電腦放置在公共空間（如客廳），可以有利於監控。

(二) 要孩子了解使用網路與電腦是特權、而非權利，因此只要不遵守約定，就容易失去特權。

(三) 要孩子了解，知道他／她在電腦上做什麼是家長的責任，孩子需要知道家長隨時都可以窺視他／她在電腦上或手機上做什麼。

最重要的是：規定使用網路（包括手機）時間，不是平常上學日而已，連假日也都應該有所節制，因爲不良習慣也是從放縱開始。許多家長在孩子一放假，就全然放手，結果孩子熬夜「練電腦」，週一上午幾乎起不來。此外，現代家長很寵孩子，也很相信自己的孩子，孩子爲了上網說謊也不查，等到子女陷入網路深淵了才懊悔莫及！不是說相信孩子不對，而是要依據孩子過去的經驗、是否負責等歷史來看，而給予「適度」的信任。

家庭方面的壓力也是造成青少年逃避到網路的原因之一，因此家庭曾有或現有的問題也不能忽略，要做適當的處理與解決，而家族成員也有必

要理解爲何網路對某些人具有成癮性，家人協助青少年找到網路以外的興趣或習慣、一起消磨時間，適當的休閒娛樂、管理減少網路活動而多出來的時間（Beard, 2011，陳邵芊譯，民102，pp.240-241）。

強烈建議家長要去熟悉孩子網路使用的情形，甚至了解孩子使用網路的內容與習慣，不僅可以做爲親子互動與溝通的話題，也可以事先防止孩子誤用網路。因爲家長對於孩子使用的網路越熟悉，孩子也較不容易欺瞞家長，家長也做了很好防堵孩子網路不當使用的「守門人」工作。張立人（2014）建議家長要：(一)以身作則（家長使用網路要注意自己否有雙重標準）；(二)避免使用電子保姆（不要將孩子託付給電子產品）；(三)培養安全感與歸屬感，讓孩子願意待在家裡、與家人相處；(四)培養孩子廣泛的興趣，就不會常常沉浸在電子產品中；(五)給孩子適度的壓力、而不是凡事都代勞，要讓孩子有責任感；(六)尊重孩子，這樣孩子才會願意溝通、也學會尊重他人；(七)有效溝通，避免責備、控制、服從、討好等形態；(八)父母與長輩原則一致，避免不同標準；(九)建立網路使用規則。

一旦發現孩子可能有網路成癮的問題，即刻與學校輔導老師或身心科醫師聯絡，雖然戒癮像戒毒一樣不容易，但是需要專家協助與家人的支持與配合，絕不可輕忽！

⬥六、隱私權與親權的平衡

家長監督子女使用網路習慣與時間是預防青少年網路成癮的重要關鍵，然而子女也在「長自我」、需要有適當的隱私權與自主權，這就涉及到家長親權與子女隱私權的平衡，有時候也的確讓家長相當爲難。因此，家長的堅持與溝通非常重要，與子女之間商量彼此可以容忍與退讓的空間，只要子女一違反規定、就可以收回網路使用的特權，萬一子女不服，也有申訴管道，藉由家庭會議的方式，不僅可以誠實表達自己的意見與感受，也讓大家都清楚明白家規規定。一般情況下，因爲子女還在成長階段，我們還是贊成親權大於隱私權，適當的親權控管也是防堵孩子網路成癮的成功之道。

310

父母親可以做的 ——————

(一) 將下面問句做同理心的反應並且寫下來，也請你的孩子做同樣的功課，比照一下彼此的答案：

「我今天在上國文課的時候、被老師叫起來說我不專心，我以後不要再上國文課了！」

「我說等一下再整理，你為什麼一定要我現在做？你就沒有重要的事情要忙嗎？」

「叫叫叫，只會叫！老師根本就不知道自己多爛！」

(二) 與孩子分別做單獨「約會」，讓孩子覺得自己很特殊、受到特別的注意，也許是去吃個飯、逛逛街、或看個展覽，只是花時間一起消磨，不一定要談些什麼重要的事。

(三) 與孩子討論在學校或家中發生的衝突情況，然後問：「如果可以重新來過，你會做怎樣不同的處理？結果如何？」

動手與動腦 ——————

1. 訪問一位同學或家長，請他（她）分享一個與父母（或孩子）相處最溫馨的記憶。

2. 重建一個親子不良溝通的情境，現在可以用不同的方式讓結果不一樣，你會怎麼做？

3. 小組作業：寫一篇「吵架的藝術——將吵架變成建設性的溝通」，要列出具體可行的方式。

第十一章

學校生活與挑戰

第一節　孩子可以從學校經驗學習到什麼？

　　一個人在學齡期進入學校的生活可以長達十年以上，如果加上上大學的四年、繼續進修，可能就超過二十年。一般家庭的孩子可能在正式上小學之前就有學校的經驗（如幼幼班、安親班、幼兒園），但是這些學習經驗與小學的情況是不同的，雖然有不少家長已經讓孩子參與一些「學習」導向的幼兒園（如「雙語」幼兒園、或其他也「教學」的幼兒學校），但是基本上孩子是在正式進入學校機構之後才開始一些說讀寫的訓練。

　　孩子進入小學一年級，對大部分父母來說是很重要的一件事。因為孩子要開始與不同背景的同儕一起學習、要開始學會與人相處與合作、要面臨正規的教育訓練、也要開始「離家」去學會一些獨立自主的能力。家長擔心的面向主要是「學習」以及「與人相處」這兩塊區域：孩子會不會對學習有興趣？與人相處會不會遇到困難？

　　如果有機會到一年級新生第一天上學的教室去觀察，父母親通常就會看到鬧哄哄一片，孩子哭鬧、不要離開家長，或是奔跑不受約制，或是呆呆地望著別人等。因為許多家長幾乎會陪著孩子去上生平的第一堂課，在一年級新生的教室後面看見許多的家長應該不是奇怪的事，一年級老師就像是帶領童軍團的指揮一樣，總是要經歷許多的混亂與吵鬧，才慢慢「整軍」成功。

　　進入小學是孩子發展過程中很重要的「轉換」（transition）階段，就像進入青春期一樣，他們必須要將自己許多的生活面向做一些調整與改變。有些孩子之前沒有接觸太多同儕的經驗（例如是阿嬤或保母帶大），突然之間要與二、三十個人相處的確有其困難之處，因此也需要一段時間的學習與適應。孩子之前若無太多與同儕相處的經驗，一進入大團體中會驚慌失措，有些孩子會以暴力方式對待他人，因為一向是他／她「獨享」的玩具或遊戲，現在「竟然」有人要來分一杯羹，基於保護所有物的立場，就會有搶奪或護衛的動作，有時候不免會傷害到其他人；有些孩子會

突然之間不知道如何融入，就自己一個人、做個觀望者。通常的情況下，孩子會慢慢學習與他人互動、也開始交朋友，因此即便是上過幼稚園的孩子、有過團體經驗，也要有時間讓他／她去調整步調、重新學習。以前曾經碰到一位母親說將孩子接來帶在自己身邊之後，孩子去幼兒班竟然讓老師很頭痛，因為孩子將玩具占為己有、甚至欺負其他孩子，逼得老師要她帶回去，後來我詢問孩子之前是誰帶的、阿嬤又是怎麼帶孫子才明白，原來阿嬤只帶這個長孫一人，擔心長孫與其他孩子玩會弄髒、被傳染病菌，所以根本沒有讓孫子與他人相處的經驗，使得孩子可以與成人相處、卻不懂與同儕的互動方式，自然就出現問題！

　　到底孩子在學校裡可以學到一些什麼？除了課業與生活的學習之外，還有與人相處的智慧、培養容忍力或挫折忍受力（與情緒智商）、接納也接受不同背景的人與意見、看到自己所見不到的觀點、學習到不同的生活情況與智慧，也可多運動、活動的能力，還有學習領導或是與人合作的方式等等，不勝枚舉。有些家長會擔心孩子在學校受到欺侮、或是不受教師喜愛、甚至對於學習沒有興趣，有時候做得有點因噎廢食。我曾經接觸過一位女性家長，讓唸國一的女兒曠課超過數百小時、也不願意做請假動作，差點讓女兒面臨被退學與中輟命運，特別請家長出席、商議可以補救之方，結果這位家長卻開始批判學校教育的不是，還聲稱自己孩子不需要上學也可以考上大學！這是一個很矛盾的想法：其一，大學也是學校制度之一，其二，可以在學校學習的不只是學業而已！當我提出這些而那位家長仍堅持自己沒有做錯的時候，我問她有沒有考慮到「在家教育」（home schooling），她卻很明白表示自己沒那麼多時間與金錢做這樣的打算！後來與這位女同學談過幾次，女同學因為上課次數太少、與班上同學不熟，課業上也有點跟不上，造成她更害怕上學，這是一種惡性循環。家長的觀點或價值觀的確影響孩子深遠，不可不慎啊！我在美國有曾經遇到一位拿到雙碩士（英美文學與教育）的母親，自己負責讓三個兒子在家教育，所有的科目與學習都自己一手安排與擔任教學，平常也會安排孩子與附近社區的同齡孩子一起玩耍互動，三個孩子都帶得很成功，但是等到

老大要升高中的年紀，她還是堅持將孩子送入正規學校就讀，原因是：「他可以在學校學到更多，而那些是我無法讓他學習到的！」與人互動的交會經驗，就是最好的學習！

　　有些家長偶而會遭遇到孩子問這樣的問題：「我為什麼要學數學？（微積分？分數？）以後又用不著！」家長可以很友善又好奇地問：「如果你／妳可以告訴我你／妳未來做什麼？在哪裡？我也許就可以告訴你／妳（怎麼用）。」孩子雖然不解，但是也會了解這樣的邏輯，因為現在所學習的也許在未來工作或生活上使用機會不多，一來有備無患，二來可以增加生命的豐富性，誰又能百分百確定呢？

　　當然孩子在學校總是會遭遇到一些挑戰與挫折，有些他／她可以學著自己去因應，有些則需要師長的教導，家長也不要一以孩子的學業成就為唯一要求的指標，因為學業成績不會跟著孩子一輩子，其他的與人相處、人際網路、行事做人的態度，以及對生命的價值觀與任務，才是一輩子的資產。家長若是擔心孩子，就要積極介入孩子的學校生活與情緒健康，我所謂的「積極介入」不是老去找學校或老師「多關照」自己的孩子，而是很清楚、也去了解孩子在學校的各方面學習情況，也注意到孩子的情緒，有時候孩子因為人際關係的問題（如與好友吵架、或是被排斥），也會連帶影響其學習成績或結果。另外就是交友方面，不少家長會要求孩子「勿交損友」，但是單是以成績好、或是不做壞事作標準，還是有點模糊，因為這些標準其實都是家長自由心證的結果，缺乏客觀性、也較不能體會孩子的情況，倘若孩子學業成績不佳，他／她可能也自慚形穢、不敢與成績更好的同學交往，反過來說，對方也可能不將孩子放在眼裡，這樣的交友標準就是不夠具體、不夠同理。讓孩子有選擇朋友的自由與權利，而家長則負責監督與引導之責，甚至進一步去認識與了解孩子的朋友，不是更好？

　　家長的許多擔心其實不必要，只要做好一些預防措施、以防萬一，不需要將孩子保護得太周全，反而妨礙了孩子可以獲得的許多學習；學校教育可以提供孩子適當的成功與失敗經驗，讓他／她在這樣的氛圍下學習生命的現實、以及人性，這些都是豐富其生命的最佳配備。

第二節 家長與學校的關係

　　學校與孩子的學校經驗，對於孩子的發展與韌性是相當重要的，孩子待在學校的時間越久，可以學到的能力與適應行為就越多，而他們在學校所學到的技術、與人相處模式等等，對於孩子都有幫助（Cairns & Cairns,1994）。許多家長通常是在孩子上中學之前，與學校方面的聯繫較勤快，可能也是因為這個階段的老師是包班制，對於孩子的情況比較能掌握，而父母親也願意、比較有時間與學校方面作聯絡溝通；然而隨著孩子上了國中，父母親可能也在生涯事業發展的關鍵期，加上孩子自主性提高，也不太願意父母親干涉自己的事務，除非是有重大事情發生（如家長會、校運、記過、出事、學校成績等），否則家長也不輕易出現。有研究調查發現，許多偏差行為青少年的父母親，基本上都不知道自己孩子身在何處？所交往的朋友又有哪些？我們在媒體報導上也約略看到這種情形。父母親在孩子不同發展階段，與學校之間應該維持怎樣的一種關係？有什麼特別的地方需要留意與監控的？本章會就家長的觀點來探討與學校之間的關係，此外也會提到校園內的同儕霸凌行為，提醒家長們因應之道。

　　一般父母親在孩子上小學時關心最多，不僅按時接送、送便當、還緊密與學校聯繫；但是隨著孩子漸漸成長，父母親在事業生涯上也在努力打拼，與孩子的相處時間就相對減少許多，也直接影響到親子之間的關係。在親職教育演說的場合，常常碰到憂心的家長們，特別是有青少年孩子的家長，簡直就是對自己孩子的管教束手無策，是無力感最深刻的階段。家長本身除了對於孩子各階段的發展、需求與特質，要有了解之外，平日培養出來的親子關係強度，其實是最好的優勢，雖然青少年在青春期其活動範圍由家庭拓展到同儕關係，但是家依然是一個人最重要依靠與關愛的堡壘，只要孩子感受到家長其中一方的關愛，其受到同儕負面影響的程度並不會太大，因為儘管孩子這段時期與同儕的相處時間多，他（她）所在乎的也以同儕反應居多，但還是需要父母親的支持與指引，家長採取的態度

不是與孩子的同儕對抗，而是去了解孩子的這些同伴與其次文化。

家長對於子女的關心很周全，也希望可以照顧到全方位，除了在家與社區的範圍外，孩子上學之後，父母親也可以開始與學校有密切聯繫，除了可以關照孩子學校生活與學業發展之外，尤其對於孩子的交遊狀況可以去深入了解。聰明的家長會與學校做密切聯繫，但不是干擾教師教學，而是站在輔佐教師的立場，協助孩子的學校生活更為滿意稱心。

父母親可以怎樣關心孩子的在校生活、與學校有良性互動呢？這裡提供幾個思考方向：

(一) 從孩子小時就參與其學校生活，不是有問題、或是出了差錯才與校方聯繫。

(二) 關心孩子不同學習階段的適應情形（如上幼兒園、小學、中學、高中等），初期的主動緊密聯繫與問候之外，也要持續維持與老師、學校的聯絡，如果需要補習或是相關協助，也儘量提供。

(三) 參與孩子在校的重大活動，也隨時垂詢孩子在校的情形。不一定要問：「今天學校發生了什麼事？」可以由觀察或課程等其他線索引發話題，如：「今天有你最喜歡的英文課，有什麼新的活動或笑話嗎？」。

(四) 在老師或同學面前說孩子表現進步的地方，但不宜過度誇大，因為孩子也需要面子；相反地，也不要在孩子的同學或朋友面前損害孩子的自尊心。

(五) 如果孩子不希望父母親在同學或師長面前表現出被「視若孩子」或「沒長大」的行為，或是讓孩子覺得尷尬的動作，家長可以尊重孩子、不要做出來，例如：有母親會關心孩子、撫摸孩子的臉頰，如果孩子覺得不自在，問問孩子，孩子不喜歡就可以省去，不在公眾場合做這些親暱動作。

(六) 孩子有聯絡簿，儘量抽時間看孩子的聯絡簿，或是與老師在聯絡簿上做交流溝通。父母親也可以從聯絡簿中知道孩子的學習情況與內容，比較容易提供協助。

(七) 了解孩子的交往情形，這些資訊可以從孩子口中、來電中、或是

到訪的同儕情形加以了解，也可以問問老師或是同學。孩子出門「遊必有方」，家長要知道自己的孩子在哪裡、聯絡方式等。

(八) 不要單一以課業的成就做比較，每個孩子有自己表現不錯的地方，都需要成人與父母親的肯定。

(九) 不要單方面嚴禁孩子的交友，有些家長會替孩子篩選交往對象（比如說只能交功課表現好的、行為不良的不能與之為伍），但是只是禁止通常效果不大，孩子有時候為了凸顯自己的「自主」，反而會走與家長希望相反的路。

(十) 學校可以用到家長協助的地方（例如：義工媽媽、導護、家長專長等），父母親可以儘量提供貢獻，目前親師合作是很流行的主題，不少學校會建立家長專長檔案，在社團或其他活動中借用家長的長才。家長藉由這樣的機會，不僅能貢獻所長、有成就感，更可以有機會知道孩子在校情形，也會因此而讓自己的專長更精進。

(十一) 如果發現孩子有困擾或問題（如感覺統合失調、學習退步、情緒不穩等），家長可以尋求學校的協助；相對地，學校也可以讓家長留意、採必要措施。

(十二) 了解孩子喜歡與不喜歡的科目與老師，可能的因素為何？有沒有可以協助或安慰的地方？

第三節　霸凌行為

你的孩子在學校生活愉快嗎？有沒有受到同儕不公平的待遇或欺侮？許多孩子在學校碰到類似的事件，不會主動跟大人提出，擔心大人的介入會讓事情更複雜、情況更嚴重，也為了顧及自己的面子，有時候反而讓情況更糟！

電視卡通「哆啦A夢」裡就常常有霸凌行為出現，裡面的人物如「胖虎」與「小夫」都常常以不同型式的霸凌對付受害者「大雄」，不管是

搶他東西、揍他、或是不跟他玩、罵他等，都是霸凌行為。近日芬蘭一所高中發生的槍擊案造成至少八人死亡，主謀為一位十八歲的Pekka-Eric Auvinen，他本身也曾遭受同儕霸凌，因此最後迷於納粹的信仰，將其他人貶為次等人類，才釀成這樁悲劇（China Post, 11/9/07, p.1 & 2）。依據美國學者的統計，有四分之三的年輕人在求學階段曾經遭受同儕霸凌（Hazler, Hoover, & Oliver, 1991），而所謂的暴力的確是目前美國校園最憂心的議題（Arndt, 1994, cited in Hazler & Carney, 2002），一九九六年坦尚尼亞的亞瑟港有一名叫做Martin Bryant的男子，連續殺害了三十五條人命，後來一份精神檢驗報告中指出，Martin將自己的這個暴行歸咎於自七歲開始就遭受同儕霸凌的結果，他說：「沒有人要做我的朋友，我只要別人喜歡我而已！」Martin怕在學校被欺負而不敢去上學，而他本身也因此霸凌比他弱小的人，也會凌虐動物（Taipei Times, 4/10/2000, p.5）。美國時代雜誌（Time, 1/25/1999, p.28）也披露了一個小學五年級女生，在學校遭受同班鄰座男生罵髒話、企圖性騷擾達數月之久，後來因為父母發現一封自殺信、向校方反映，結果校方沒能有效阻止這個霸凌行為，雖然事經六年，女學生仍然處於消極憂鬱的情緒。霸凌行為可能造成的嚴重後果，除了上述的兩個例子可能造成反社會行為、或者是受害者的自殺之外，許多人會把這個不好經驗放在心上、一輩子的生活都受到干擾！Atlas與Pepler（1998）認為霸凌行為是一種「社會互動」（social interaction）的模式，意味著只要人與人之間的社會情境存在，就會有霸凌行為的產生；雖然有學者（Ross, 1996）認為霸凌行為其實也有正向的功能，可以讓孩子在與人交往互動的情境下，學會相處的技能與藝術，甚至可以培養挫折忍受力；大多數人可以在霸凌經驗裡恢復正常生活運作，少數人卻無法擺脫創傷的陰影。

◉ 一、霸凌行為指的是什麼

霸凌行為（bullying）又被稱為「同儕凌虐」（peer abuse, or peer-on-peer victimization）（Slee, 1995; Olweus, 1995; Hodegs & Perry, 1996; Rigby,

Cox, & Black, 1997; Hazler, 1998），最常在學校發生，小學與國中階段尤
其多，根據作者（民90a）的調查發現，國小階段霸凌者與被霸凌者比
例大約是38.8%與60.2%，同為霸凌／受害者有32.8%，也就是每十個人
之中有四位霸凌者、每十個人之中有六位受害者，而同時為霸凌／受害
者的，每十人之中有三人左右，較之西方國家的統計（霸凌行為比例為
9%—17%；被霸凌的比例是8%—33%）有過之而無不及。「霸凌行為」
最簡單的解釋就是「恃強凌弱」，但是一般說來沒有統一的解釋（Siann,
Callaghan, Lockhart, & Rawson, 1993）；Roland（1987, cited in Boulton, 1995）
認為霸凌行為：「是由個人或團體、直接加諸於一個在實際情境裡不
能防禦自己的個體身上，是一種長期的、生理或心理上的暴力行為」
（p.165）；而Olweus（1994）的定義包括三個要素：(一)刻意造成傷害的
侵犯性行為；(二)此行為是重複出現一段時間的；以及(三)人際關係中呈
現權力的不平衡（p.1173）。不少學者也支持定義霸凌行為中「刻意」的
重要性（Stephenson & Smith, 1992, cited in Cullingford & Morrison, 1995），然
而Cullingford與Morrison（1995）卻認為即使是非刻意行為所造成的傷害
也不能輕忽！整理不同學者們的定義歸納出來的是：霸凌行為是人與人之
間一種長期、刻意重複的生心理暴力行為，牽涉的兩造間有明顯的權力不
均。儘管霸凌行為不是一般人所樂見，但是卻長存於我們的文化之中，誠
如Besag（1989）提醒我們的：有些霸凌行為可能是文化的一部分，可以
被接受甚至鼓勵的，這包括了競爭比賽，因此「社會文化」因素也必須列
入考量（Olweus, 1984; Hoover & Hazler, 1991）。

◉ 二、霸凌行為的形式與性別差異

　　霸凌行為可以包括哪些？學者認為霸凌行為可以分「直接」與「間
接」兩種，所謂的直接霸凌就是以公然明顯的方式，使用肢體或言語形
式攻擊他人（罵人、出手打人、推擠動作、說髒話）；間接的霸凌是以
較不易發現的方式進行欺侮行為（如孤立、排擠、說人閒話等），或是
牽涉到利用個人的社會地位去宰制或改變他人對某一特定對象的看法。

因此霸凌行為涉及到肢體、語言與心理上的威嚇、甚至是刻意疏離（程又強，民84；Lowenstein, 1977; Olweus, 1994; Rigby et al., 1997; Swain, 1998），根據這些標準可以列出的霸凌行為有：對某人說髒話、吐口水、喊人不雅名字或綽號；身體上遭受侵害——踢、打、捏、故意碰撞推擠、或限制他人行動；調侃、戲弄、嘲諷、瞪眼或惡意眼神；遭受肢體或精神上的威脅；被拒絕、受人故意冷落、刻意讓某人落單孤立、不跟某特定人說話；貶損某人、散布謠言、刻意的沈默；東西被拿走、勒索恐嚇、破壞財物；做鬼臉、或是打一些惡意手勢（鄔佩麗、洪儷瑜，民86；Kikkawa, 1987; O'Moore & Hillery, 1989; Sharp & Smith, 1991; Whitney & Smith, 1993; Clark & Kiselica, 1997; Atlas & Pepler, 1998; Borg, 1998）。根據作者（民90a）的調查，霸凌行為在教師觀察結果的排行榜，依序是：說髒話、故意推擠、調侃捉弄、說人壞話、挑釁或其他形式的威脅，而學生的觀察結果是說髒話最多，接著是挑釁、調侃捉弄、說人壞話或謠言、再過來才是肢體威脅或故意推擠捏撞。霸凌行為的形式通常是由肢體霸凌、慢慢發展成以語言或是社會控制的霸凌為主，這也許與人類語言發展有關，而家長們也會隨著孩子的成長，對於肢體形式的霸凌更不能忍受，因此霸凌行為轉向「不明顯化」就是必然了！這也印證了文獻上的結果：口頭上的侮辱是發生頻率最高的霸凌行為（Sharp & Smith, 1991; Bentley & Li, 1995;鄔佩麗、洪儷瑜，民86）。

霸凌行為的發生通常為時甚短、隱而不顯，尤其是心理與精神上不直接的霸凌模式，老師與家長們都較難察覺，加上受害者、旁觀者都很少向成人報告，怪不得Smith（1991）視霸凌為「沈默的夢魘」（silent nightmare）！一般說來，霸凌行為發生在男生身上較多（Rigby & Slee, 1991; Boulton & Underwood, 1992; Boulton & Smith, 1994; Bentley & Li, 1995; Boulton, 1996; Genta, Menesini, Fonzi, & Costabile, 1996; Salmivalli, Lagerspetz, Bjorkqvist, & Osterman, 1996），這也反映了一般社會大眾對於男性侵略行為的容忍與期待。男生的霸凌對象可以是男生或女生，但是女生的霸凌對象通常是同性的女生（Sharp & Smith, 1991; Boulton, 1995）；男孩子比較容易受到肢體或恐嚇的霸凌，而動手或採取行動欺侮他人的，常常只承認自

己是喜歡捉弄別人而已；女孩子則是比較容易受到言語或是社會性的霸凌，特別是常常因為外表或社交能力因素而受到挑釁，女惡霸常常運用同儕的力量、藉以削弱某特定人的影響力，甚至孤立某人、刻意切斷其社會支持脈絡（關係霸凌）（Lowenstein, 1977; Sharp & Smith, 1991; Siann et al., 1993; Whitney & Smith, 1993; Mynard & Joseph, 1997）。Lane（1989）認為兩性霸凌形式不同，可能是因為霸凌行為對男性而言，是一種以「權力」為基礎的關係型態，是為了爭取或證明地位權力的活動；對女性而言，就可能是一種「歸屬」（affiliation）的問題，以霸凌行為來區分你我（cited in Clarke & Kiselica, 1997），因此霸凌行為其實也應該把社會文化的因素，也就是把性別角色的社會期待列為考量（China Post, 1/18/2000, p.11）。

　　在霸凌行為中，男孩子較多是擔任霸凌者、協助霸凌行為、或是在一旁慫恿助長聲勢的角色，而女孩子較多是擔任旁觀者與維護受害者的角色（Salmivalli, Lagerspetz, Bjorkqvist, & Osterman, 1996）。也有一些旁觀者後來成為霸凌者的一員，主要原因可能是害怕自己若不參與，就可能成為下一個受害者（Tattum, 1989, cited in Atlas & Pepler, 1998）。

◉三、霸凌行為的迷思

　　只有極少數的霸凌受害者認為學校會好好處理霸凌行為（約莫百分之六），而絕大部分的學生認為連老師都不太清楚霸凌行為發生的事實（Hazler, Hoover, & Oliver, 1992）。而作為父母親，你認為霸凌行為並不值得重視的原因為何？接下來作者會檢視專家學者們提出的迷思（Elliott, 1997，新苗編譯，民87，pp. 29-32; Olweus, 1994; Clark & Kiselica, 1997）並提出反駁的論點：

　　(一) 即使遭受霸凌，但是沒有受到傷害。任何形式的霸凌行為都是暴力的一種，也就是都會造成傷害，只是每個人恢復的情況與影響不同而已。

　　(二) 霸凌或暴力行為是成長中的自然現象，不需要多加注意，長大之後會自然消失。對於長期受到霸凌的個人又怎麼說呢？會不會就因此認為

這個世界是不安全的，往後人生的路會走得更膽戰心驚、深怕再受傷害？

(三) 有些家長或老師認為暴力可以讓孩子了解現實世界的景況，磨練孩子（受害）的性格，可以教會孩子（受害或霸凌者）防禦保護自己的能力。但是合理的訓練與折磨是截然不同的兩回事，前者可以讓孩子有能力護衛自己，但是折磨可能會讓孩子對周遭世界產生恐懼，甚至妨礙了他的正常人格發展。孩子對現實世界的看法不同於成人，也不像成人一樣有過處理許多事件的經驗，他們有限的人生閱歷，會讓他們在面臨霸凌這樣的處境時更為焦慮害怕（Hazler, 1996）。

(四) 尤其對於男孩子而言，可以經過這個階段而「淬鍊」成真正的「男人」。基本上以傳統男人大沙文主義的方式來定義「男子氣概」，鼓勵競爭、力量、暴力，很容易流為「以暴易暴」、「以暴養暴」的模式，讓孩子誤以為暴力是唯一解決問題的方式；此外，也容易導致下一代對於自己性別角色的刻板化。

(五) 有些成人在求學時代也曾為霸凌者，但是認為對自己沒有造成任何傷害。施暴者合理化自己的暴力行為，這種嚴重的否認，也可能會無形中教育下一代成為暴力使用者。

(六) 肢體有形的傷害才是傷害，其他方式的攻擊並不算。事實上許多肢體的霸凌行為都伴隨著其他形式的傷害、而且影響更大，像是言語上的侮辱、精神上的威脅迫害。

(七) 許多受害者都被威脅警告「不准告訴他人」，要不然相關人士都會受到傷害！這種「不能說」造成施暴者更肆無忌憚，而霸凌行為越演越烈！

(八) 霸凌行為比較容易在規模較大的學校或班級發生，小學校或人數少的班級就不必擔心這個問題。Olweus（1994）的研究結果並沒有這個因果關係，只要是在學校、人與人之間，就可能有霸凌行為的存在。

(九) 霸凌行為的發生是因為學業上競爭或是挫敗的結果。研究結果並沒有支持這個說法，霸凌行為不是因為學業上的爭勝或失敗而引發的報復行為，其動機不一而足！固然有些霸凌者不喜歡學校，但是霸凌行為與其

學業成就無關。

(十) **霸凌行爲的受害者通常是在外表外型上與眾不同**。事實上許多的受害者並不是因爲自己外表肥胖、怪異、削瘦或是有障礙才成爲霸凌的目標，研究上發現的是個人性格上的特質，包括焦慮與低自尊，反而是較有相關的。

(十一) **霸凌者只是外表讓人覺得很強硬，事實上內心是很沒有安全感、沒有自信的**。研究結果並不支持這個說法，也沒有發現霸凌者有較低的自尊。

(十二) **霸凌行爲在大都市比較嚴重，城鄉地區就大爲減少**。事實上霸凌行爲普遍存在，沒有因爲大城市或鄉村地區而不同。

(十三) **霸凌行爲通常發生在上學或放學途中**。雖然霸凌行爲在上學放學途中，也就是成人監控較少的地方比較容易發生，然而最常發生霸凌行爲的地方依然是學校內。

(十四) **霸凌者來自於社經地位較低的家庭**。霸凌者來自各種社經階級，與特定之社會地位無關。

(十五) **本書作者認爲，有些成人在發現霸凌行爲時，甚至會認爲是受害者「自找的」**。事實上根據文獻研究可以了解到：許多霸凌者是「知道」怎麼去挑可能的受害者，而且霸凌行爲多半是由霸凌者主動挑起的。

☺四、霸凌行為發生原因與發展因素

霸凌行爲隨著年齡的增長而有下降的趨勢（Rigby & Slee, 1991; Olweus, 1994; Genta, Menesini, Fonzi, & Costabile, 1996），可能是因爲年齡較小或年級較低的學童體型上的劣勢、社會地位的低落（Besag, 1989; Olweus, 1993b）、以及對於霸凌行爲的定義較爲曖昧模糊（Swain, 1998）之故，而隨著年齡增長，與孩童抵抗能力增加（Whitney & Smith, 1993），同情霸凌行爲的人越少（Rigby & Slee, 1991）也有關係。

霸凌行爲的發生原因有哪些呢？一般而言可以考慮三個方向：

(一) 遺傳因素

男性賀爾蒙較高、神經傳導問題等生理原因外，犯罪學上有所謂「天生罪犯」的XYY男性染色體的作用，但目前已被推翻，也有若干研究者指出，類似霸凌行為的侵犯傾向與「過動兒」有關係（Barkley, Shelton, Crosswait, Moorehouse, Fletcher, Barrett, Jenkins, & Metevia, 2000）。

(二) 環境因素

霸凌行為是人際之間的一種暴力形式，人與人之間的關係就是環境脈絡（context）的一種，而在之前所提到的「社會文化」這個大環境對於性別角色的要求、鼓勵競爭與比較，還有「觀察學習」、「模仿」，也是環境中促動霸凌暴力行為的可能因素，尤其是家庭中不適當的管教與養育方式（Scott, 1998），或是父母缺乏監控孩子行為的能力（Hetherington & Parke, 1999）。

(三) 個人因素

雖然說每個人都有求生存的動機、甚至是追求權力控制的慾望，但是並不是每個人都會以霸凌或侵犯的方式為手段，同樣地接受相似環境的陶養，也不一定會出現相同模式的行為或人格，在做選擇時，個人因素其實也占了很大的比重。

而Olweus（1994）的觀點認為霸凌行為的產生主要可能因為：

(一) 霸凌者本身需要掌控的強烈欲求

霸凌者似乎很能享受「掌控中」（in control）的感受，也樂於見到他人屈居臣服的模樣。

(二) 與教養環境有關

　　學會了以霸凌為手段或是解決問題的方式，典型的「以暴養暴」；或者是自己曾經遭受霸凌，因此對周遭環境懷有敵意，萌生報復心態（反擊型霸凌）。

(三) 霸凌的工具性功能

　　藉由霸凌行為可以獲得一個人想要或是缺乏的東西，包括被尊敬、特權、物質上的回饋。

　　Hazler（1998）強調霸凌行為是逐漸發展成形的，也就是說早期的預防與矯正很重要。兒童一般也在兩歲左右開始會擔心「所有權」（ownership rights）的問題，因此是所謂的「工具導向」的侵犯行為（instrumental aggression），然而行年漸長，侵犯行為就演變成以人為導向（person-oriented）的敵意行為（Cole & Cole, 1993）；隨著語言能力的發展，使用語言或社會性方式來做「關係性侵犯」（relational aggression）的也顯著增加（Hetherington & Parke, 1999）。

　　Olweus（1984）列出影響霸凌行為的發展因素，除了之前所提的個人氣質、主要教養人（特別是母親）的教養態度、基因的遺傳之外，還有同儕團體的影響（獲得贊同與支持、經濟效益、觀摩仿效）、以及傳播媒體的推波助瀾！

◉五、霸凌行為的影響

　　霸凌行為對於霸凌者、受害者與一旁觀看的人都有影響。對霸凌者而言，霸凌行為可能會延續到成人，對整個社會造成的傷害無以數計！有研究指出：曾為校園霸凌者的惡霸，在成年之前的「反社會」行為有增無減，成年期之後，其犯罪紀錄較之一般人要高出許多（Olweus, 1991）！霸凌者攻擊的暴力傾向，讓人際關係受損、造成孤單，或只是跟某些特定人在一起（包括參與幫派），也影響到其工作的持續性、以及家庭

（如暴力傾向、下一代的模仿）（Farrington, 1991, cited in Clarke & Kiselica, 1997）。對於幼年時期受到霸凌的人來說，成年之後也會碰到許多生活適應上的問題，譬如交通違規、酒醉開車、家庭暴力、犯罪等等（Gilmartin, 1987, cited in Hoover & Hazler, 1991; Husemann et al., cited in Hetherington & Parke, 1999）。

關於受害者方面，文獻上研究也較多。國小階段遭受霸凌行為的受害者，常常出現睡眠困擾、尿床、頭痛、腹痛等身體不適應狀況，也常常覺得悲傷難過（Williams & Chambers, 1996）；焦慮、過度敏感、警戒性高、孤單沒有朋友，甚至導致長期憂鬱沮喪（Gilmartins, 1987, Oliver, Oaks, & Hoover, 1994; cited in Clarke & Kiselica, 1997），以及缺曠課。根據Lee（1993）所得到的統計資料，每天約有十六萬學生是因為擔心被霸凌而不敢去上學，有的甚至以自殺來結束這一切（Roberts & Coursol, 1996）。而Brown（1996）發現有些受害者有「重創後遺症」（post-traumatic stress disorder, or PTSD）的徵狀出現，嚴重妨礙了日常生活功能。對於女性受害者來說，長期的影響可能延伸到成年之後，青春期困擾增加，懷孕、生產或罹患婦女病的機率亦大增，對於自己擔任親職工作沒有信心，甚至過度保護或是忽略孩子需求（Zazour, 1997；柯清心譯，民84）。

旁觀者除了害怕成為下一個受害者之外，也覺得內疚或無力感（Elliott；新苗編譯，民87）；在成人無法有效介入的情況下，更加深了他們的恐懼，可能會認為世界是不安全的、「權力至上」、個人價值不受重視、他人的感受不重要，也會質疑「合作」的價值（Gilmartins, 1987, Boulton & Underwood, 1992; Hazler, 1994; cited in Clarke & Kiselica, 1997）。受害者在學校受霸凌，也許會把挫折遷怒於其他家人，而有施暴動作，父母親不能做仔細探詢或有效處理，也會影響到家人關係（Ambert, 1994）；此外，其他的許多社會要付出的代價，除了經濟上對於受害者身心治療、教育上對霸凌與受害者的處置、財務上的破壞損失之外，還有其他無形的，例如：暴戾社會、犯罪、價值觀偏差等等，所費不貲（Scott, 1998）！

◉六、霸凌者與受害者

(一) 受害者特性

霸凌者又可稱之爲「校園小霸王」，而Lowenstein（1995）深信霸凌者是非常清楚要怎樣挑出可能的受害者。Olweus（1994）指出兩個類型的受害者，一個是「被動／臣服型」（passive-submissive），此類受害者本身讓人覺得很敏感、過分小心、安靜、孤單、沒有安全感、自視甚低、被欺負也不可能會還手的樣子，小霸王會說：「這種人就是欠揍！」。而另一種爲數較少的是「挑釁型」（provocative）受害者，這類型受害者給人的印象是焦慮不安、活動力高、惹人厭的，小霸王可能會認爲給這種人教訓，是「主持社會正義」的表現！

綜合研究者對於霸凌行爲受害者的描述（邱珍琬，民91g；Floyd, 1985; Kusel, & Perry, 1988; Hoover & Hazler, 1992; Olweus, 1992, Whitney, Nabuzoka, & Smith, 1992; Slee & Rigby, 1993a, 1993b; Siann, Callaghan, Lockhart, & Rawson, 1993; Perry , Rigby & Slee, 1995, Slee, 1995b; cited in Roberts & Coursol, 1996; cited in Rigby, Cox, & Black, 1997; Mynard & Joseph, 1997; Egan & Perry, 1998; Graham & Juvonen,1998; Zarzour：柯清心譯，民84），包括：

1. 體型的特徵

較爲弱小、體能差。

2. 社會支援

朋友較少，孤單、不受同儕歡迎。

3. 個性上

自信心低落、自責傾向、較爲焦慮不安、內向、安靜、害羞、退縮、被動、過分依賴、無力感。

4. 行為表現上

笨拙、缺乏社交能力、能力差、閱讀或學習障礙、表現具侵犯性。

(二) 霸凌者特性

霸凌者基本上是主動挑釁居多，但是也有「受害型」的霸凌者或謂之「被動性霸凌者」（passive bullies）或「反擊型霸凌者」，可能是因為自己受害而產生反撲的行為（Olweus, 1994），所以受害者也可能同時是霸凌者。一般的研究調查也發現，老師們比較明白受害者特質，對於霸凌者的特質就比較不一致（Atlas & Pepler, 1998），但是作者（民90a）的調查發現，老師對受害者與霸凌者的特質認同較為一致，但是學生的觀察就有不同，表示教師與實際學生觀察與經驗上的差異。雖然Siann（1993）並沒有發現霸凌者的人格特質異於他人，但是仍有研究者有一些結論出現（Lowenstein, 1977; Roberts, 1988; Rigby & Slee, 1993; Olweus, 1994, 1995; Zarzour, 1994, Mynard & Joseph, 1997;柯清心譯，民84）：1.體型上或權力上占優勢；2.個性上少有領袖特質、神經質、外向、衝動、不快樂、有統御慾望，較之受害者焦慮低、自信心強；3.行為表現上喜歡指使他人、過動、崇拜或喜愛暴力、不喜歡學校。社會支援方面的研究發現較不一致的結果，老師們認為霸凌者較不合群、人際關係較差，雖然學生普遍認為霸凌者與人相處較有問題，但也有很受同儕歡迎的、甚至功課成績佳（邱珍琬，民90a），這個結論似乎暗示了霸凌者不一定只是專屬某些表現較不如人或是品行較差的學生。

霸凌者與受害者都不是「快樂」的小孩（Slee, 1995a, 1995b; Mynard & Joseph, 1997; Scott, 1998），雖然霸凌者與受害者都屬於較不受歡迎的人物（Boulton & Smith, 1994），但是霸凌者比受害者較受到同儕的歡迎（Olweus, 1994）；霸凌者與受害者較一般學童有較多偏差行為（Austin & Joseph, 1996），霸凌者尤其對於他人肢體語言的解讀，呈現較為負面的反應（Dodge & Frame, 1982; cited in Rigby, 1994; Scott, 1998）；受害者從事規則性遊戲較少，通常是獨自遊戲居多。

◉七、家庭關係與霸凌行為

Zarzour（1997）斬釘截鐵地說，校園霸凌者不是天生的，而是家庭孕育的產品（柯清心譯，民84）。有哪些因素讓家庭與霸凌者之間劃上關連的呢？

(一) 家庭功能欠佳

缺乏家規，家長鼓勵侵犯行爲或是處罰沒有野心的行爲，家庭孤立於社區之外，父母管教太不一致或太寬容，雙親常不知孩子去向，父親常不在家，父母親的情緒波動不穩，家長對他人感受不敏銳、冷淡、或是忽視虐待孩子，家庭以看電視爲主要娛樂（吳武典，民81；程又強，民84；Lowenstein, 1977; Roberts, 1988; Oliver, Oaks, & Hoover, 1994; Rigby, 1994; Berdondini & Smith, 1996; Zarzour, 1997,柯清心譯，民87）。

(二) 家庭氣氛不良

父母親動輒爭吵或是冷戰，父母婚姻不和諧或是常有衝突的家庭，家庭不溫暖或凝聚力低，家庭氣氛僵硬、缺乏彈性（Oliver et al., 1994），霸凌者家庭屬於「過度干涉」（overinvolved）或保護型態居多，受害者家庭則是傾向於「過度糾結」（enmeshed），就是彼此之間關係過於緊密（Bowers, Smith, & Binney, 1992）；對於霸凌者與受害者來說，父親行爲的影響比母親行爲的影響力更深（Rican, Klicperova, & Koucka, 1993）。

(三) 家庭結構

某些特定家庭結構不一定會產生霸凌者，但是也有研究看到一些趨勢。Brown大學（1996）的一項調查發現：三分之一的霸凌者住在繼父母家中，將近四成的霸凌者來自單親家庭。由這個結果看來，可以明白孩子一般說來較少與成人相處機會，生活中也少有成人楷模可以學習，家長對於孩子的監控與管教也就較爲力不從心；而從另一個角度來看，孩子在缺

乏成人照顧的情況下，也必須保護自己、自理生活，霸凌行為也可能成為
一種防衛機制。

◎八、發現霸凌行為的徵象

　　霸凌行為的發生隱而不顯，因此學校老師也很頭痛，然而還是有一些
徵象可以提供必要線索，甚至引起成人的注意（Elliott，新苗編譯，民87；
Williams & Chambers, 1996; Zarzour，柯清心譯，民84）：孩子莫名其妙拒絕
上學或是有懼學症，不想獨自上學、擔心上放學途中會發生什麼事、有逃
學行為，學業成績突然落差很大、上課不專心；甚至有夢魘，身上有不明
傷痕，食慾不振、胃痛、頭疼、疲倦，衣物髒亂或遭撕裂，學用品或一些
物品遭受破壞，或是常向父母要錢、家中有財物不明損失，孩子有攻擊手
足的暴力行為；或是有強烈或異常倚賴現象，情緒鬱悶、苦惱、退縮、焦
慮、情緒失控，行為反常、有自傷或企圖自戕行為等等。

　　成人與師長的觀察發現，傾聽孩子的心聲是防堵霸凌行為的第一步
驟；此外，成人的有效介入與處理（Roberts & Coursol, 1996），可以讓霸
凌行為明顯減少。接下來的章節就會談論到預防與處理霸凌行為的有效方
法。

◎九、如何處理霸凌行為

　　就整個霸凌行為的防堵，最有效的還是整個大環境的配合，要把社
會環境因素納入考慮，不能視為個人之病態行為（Siann, 1993）；學校
本身鼓勵侵犯行為或是競爭的性別刻板文化，也應該著手袪除（Askew,
1989, cited in Rigby & Slee, 1991）；在實際處理上發現，不管是社區協同的
計畫、或是學區的資源結合，甚至只是學校單位的整體運作，其效果都
是最佳的（王淑女，民84；吳武典，民81；洪儷瑜，民84；梅秀梅，民84；陳
皎眉，民87；Clarke & Kiselica, 1997; Hazler, 1998; Olweus, 1991, cited in Walker,
Colvin, & Ramsey, 1995）；換言之，有系統的一套防堵與矯治，才可以防
微杜漸、一勞永逸，而不是挖東牆補西牆，頭痛醫頭、腳痛醫腳的零星處

置。此外許多研究顯示,對於霸凌行為的定義與認識不清,常常是處理霸凌行為時最大的阻礙(Hazler, 1998),因此首先要讓所有相關人員,包括師長、家長、學生,都可以明白霸凌行為是不被允許的,而且一旦發生就必定會受到重視與處置,大家都知道哪些行為是不被允許發生,而且會造成傷害的,自然就容易發現與判定霸凌行為,加上有系統的申訴管道與步驟,目睹或發現霸凌行為、甚至是霸凌行為受害者,都可以馬上讓主事者或單位注意,採取跟進策略或取得必要協助。很重要的一點是,研究文獻上發現許多霸凌行為的目睹或受害者之所以不敢聲張、或採取防護制止的行動,除了擔心被報復之外,主要是因為即使告訴大人,結果處理也沒有發揮效果,因此也就見怪不怪了(Boulton & Underwood, 1992; Olweus, 1991, 1993, 1994, cited in Clarke & Kiselica, 1997; Roberts & Coursel, 1996)!威權或是真正權責單位與成人的介入,才可以讓霸凌行為的處置收到遏阻之效!

學校方面對於霸凌行為的防制可以著力最多,因為霸凌行為發生最多的地方依然是學校。積極的防堵措施應該有:學校單位對於霸凌行為有明白清楚的校規規定與有效處理流程,並不定時做適當教育與宣導;消極的預防包括:校園內多一些開放區域、少些死角,增加成人監控機制。此外在學校可以有的配套措施包括:合作和善的校風、執行一致的處置機制、親師充分合作、對霸凌者與受害者的諮商治療、運用同儕力量設置的「小霸王法庭」(bully courts)、肯定訓練、同儕教學(peer tutoring or peer teaching)等。

◉ 十、父母親可以怎麼做

由於霸凌行為在成人有效的介入之後,才有可能有效遏止,因此家長與成人的留意與處理方式就變得非常重要。以下就針對家長可以著力的方向提出一些具體執行步驟:

(一) **家長要自我檢視對於霸凌行為的觀點**。因為自己曾經受到霸凌、但是認為沒有留下不良影響,然後可能在孩子遭遇同樣情境時,容易輕忽事情的嚴重性,甚至要求孩子要以暴制暴的反擊,這些都是不夠同理的表

現，也打擊了孩子表達的意願、斲喪孩子的自尊，更讓孩子覺得無力面對威脅及暴力！霸凌行爲既然發生，就是一種傷害，家長若希望孩子快樂成長，可以有獨立解決問題的能力，就先必須覺察自己對於霸凌行爲可能抱持的迷思。

(二) 家長在平日要注意孩子的行爲舉止有沒有異樣，**適時的關心與詢問是必要的；此外與孩子保持良性、開放的溝通也很重要。**孩子與家長之間有很好的信賴關係，會感覺到自己受到關愛與支持，在碰到問題情境時，也就比較容易向成人求助。同時結合家人的力量，像是在全家人共同聚會的場合，討論可以採取的行動，也讓孩子覺得得到支持、會比較不害怕；家人也可以使用角色扮演的方式演練一下情境，然後預習可以對應的方法，這樣可以減少臨場時的焦慮。

(三) **家長與教師學校保持良性互動。**這樣不僅可以知道孩子在學校做了什麼、有哪些朋友、表現得如何，也會在發現任何問題時，可以有足夠資訊做處置。由於霸凌行爲主要發生在學校環境裡，家長的重視也可以督促、落實學校做有效的對應與處理，這樣更能讓孩子在安全、愉悅的氛圍下學習與成長。

(四) **家長可以結合其他家長、配合學校的策略，利用社區可以獲得的資源，做更有效率的防堵與介入。**家長如果以一個獨立的個案，往往不容易讓學校眞正擬出有效的方法，而且力量薄弱、施行效果會差很多，因此在眾多家長的重視與要求下，學校就不得不重視這個霸凌問題的存在，團隊合作的動作與績效才會成形。

(五) **家長主動充實相關資訊與知識，**也回想一下自己在孩子這個成長階段可能遭遇到的困擾，提供孩子先一步的思考與警覺，也與孩子商量對應之策。孩子受到霸凌，在許多情況下是不會告知成人的，也許是擔心成爲下一個受害者，對方可能有一些威脅傷害自己家人的舉動，或者是讓自己在學校的日子更難過，可能承受更嚴重的霸凌，或是認爲報告大人是一種懦弱無能的表現。家長可以在看到相關霸凌的新聞，或是透過目睹或風聞霸凌事件的方式開始，詢問孩子的看法或感受，然後可以與孩子共同研

擬處理對應之道。孩子在有所準備的情況下，下一次不管是目睹了霸凌行為、或是自己受害，都會比較有能力來面對問題。

(六) **孩子萬一受到霸凌、或者是霸凌他人，家長的了解與立刻介入是很關鍵的。**先仔細聽聽孩子的解釋、同理他／她的情況，了解他／她的情緒，然後與他／她商討如果同樣情形再度發生，可不可以有不同的處理方式？有些孩子可能受霸凌的時間已經不短，甚至因為長久處在被威脅的情況之下，已經有自傷或是企圖自殺的危險念頭，這些更需要去了解他／她的心情。不要一以自己的想法來逼孩子「應該」或「不應該」如何，這徒然只是讓孩子更覺自己是無價值的，對於目前情境是無法、也無力改善的。

(七) **平常就尊重孩子跟他／她可能有的不同看法，**對於孩子有自己的觀點應予以適當鼓勵，也可以跟孩子交換不同的觀點、讓他／她可以培養更寬容的想法與更明智的判斷，孩子在這樣的訓練之下，在必須堅持自己的想法時，也不會猶豫，假如受到霸凌、甚至目睹霸凌行為，都會採取應該的行動，而孩子的肯定與自信態度，可以協助其在面臨霸凌或不公平的情境時，做正確的決定，也不容易成為受害對象。

(八) **家長是孩子最初也最重要的傚仿對象，**家長自己行為的表現就是最好的身教示範，家長的情緒失控、甚或暴力傾向，這些示範舉止都會讓孩子有「以暴養暴」或是「人是無力的」、「這世界是危險的」想法與作法，不管孩子後來成了以暴力解決問題的施暴者，或是容易成為暴力的目標，家長不能辭其咎！家長也可以教孩子一些轉圜的對應方式，包括從另一個角度看事情、幽默，這也是培養孩子為人處事與自我調適的能力。

(九) **如果發現霸凌情況嚴重，或是孩子已經受到極大傷害，家長也要知道求助的管道，**為孩子與自己、甚或家人做整理、復健與修補的工作。除了建立家庭與學校的支持系統之外，家長可以留意孩子的社交網絡，孤單或常落單的孩子容易成為霸凌行為的目標對象，孩子也可能結合其他有偏差行為的朋友，熟悉孩子的交遊圈、甚至與這些同學朋友有進一步的認識，比較能夠掌控孩子的生活狀態、適時做處理。

(十) 讓孩子了解人有情緒、也需要適當地表達或發洩，不以刻板性別角色行爲要求孩子（如男孩子要堅強、要有打架經驗、要學會堅強、不能像女孩子一樣哭哭啼啼等），此外讓孩子多些相關的情緒處理技巧，也是有幫助的。

(十一) **媒體網路的暴力資訊，可能會帶給孩子仿效的刺激或動力，也會讓孩子對於暴力行爲麻木、或害怕恐慌，家長對於這些管道資訊的篩選與管理是可以有正面效果的。**儘管電視電影分級，但是並沒有切實執行，加上現在網路咖啡廳的蓬勃興起，更是增加了家長掌握的困難度，家長也要具備網路知識與技巧，才可以知己知彼、掌控情況的全面。

(十二) **家長對於子女的管教要平衡，不能疏於管理、或是太過溺愛，**孩子在沒有父母關愛保護的情況下，必須自尋出路、自然容易誤用不適當的方式防衛自己，而在寵溺、過度保護傘下的孩子，沒有保護自己的能力、太過依賴，也容易淪爲被霸凌嘲弄的對象。不要在自己衝動情緒下管教孩子，因爲這樣不僅容易下了錯誤的決定、做了不智的處理。如果眞的很生氣，倒不如先離開現場，等情緒平穩之後，再做處理，這也點明了家長自身的情緒管理的必要性。

此外，Hazler（1996, pp.200-206）以研究與治療霸凌行爲多年的經驗，提出一些父母親可以採用的做法：

(一) **示範行爲**，讓孩子知道處理事情可以有許多方式，也願意嘗試新的問題解決。

(二) **修正家庭關係結構**，如果是疏離的家庭，多花時間與孩子相處、願意多投入與家人之間關係的改善；如果是太過「糾結」的家庭，也要試著讓孩子走出父母親的保護傘外，學會自己處理事物與應變能力。

(三) **管教方式與態度要一致**，才不會讓孩子無所適從。

(四) **汲取新的資訊**，父母親如果對於霸凌行爲有最新、豐富的知識，也比較容易介入做有效處置。

(五) **要將涉入霸凌行爲的一干人等也納入處理**，要不然只是針對受害者或是霸凌者做處置、效果不彰！也要了解孩子對於霸凌行爲的觀點，不

要一以自己的想法為宗，才較有可能對症下藥。

　　網路與手機的全盛時代，已經讓霸凌行為更無遠弗屆，甚至更嚴重！日、韓學生因為霸凌而輕生者不在少數，更遑論藉由網路操作，導致個人名譽受損、身敗名裂，甚至自戕身亡者！因為政治上意識型態不同、或為了選舉或利益而毀損他人名聲者更不在話下！政治人物與媒體領頭所製造的網路危機，較之校園或職場霸凌更值得重視！

父母親可以做的

(一) 與孩子共同討論學校生活的特色與需要注意的地方。

(二) 關心也了解孩子的日常生活與交友情況，稍有不對勁就要去了解清楚，並取得校方的協助與支持。

(三) 孩子的學習發生問題或是學業退步，可能不只是學習方面的問題，多方的探尋與了解，可以讓孩子的學校生活更快樂。

動手與動腦

1. 想想自己本身或是目睹他人受霸凌、霸凌他人的經驗，當時是怎樣的情形？現在你又怎麼看霸凌這回事？

2. 小時候被欺負、或是欺負別人，對你的後來生活與現在生活造成任何影響了嗎？

3. 各訪問五位國小與國中同學，對於「看到有人被欺負」如何作反應？看有沒有發展階段的不同？

第十二章

同／雙性戀

第一節　我的孩子是同志？

　　有個說法是現代許多父母親不擔心孩子吸毒、性濫交、功課不好，而是擔心自己的孩子是同性戀，這一點倒是可以說明了目前社會對於同性戀或雙性戀族群的看法與容忍程度的確不夠。儘管近年來媒體對於同性戀或族群有比較多的報導，坊間也有同志相關書籍的出現，有調查顯示年輕e世代似乎對於同性戀者的接受度也逐日增加。六年前，知名同志作家許佑生與同志戀人葛瑞公開舉行婚禮，過去三年以來，台北市為同志族群每年舉辦「同玩節」，造成一時轟動，這些消息固然反映了國人對於少數性傾向族群的正面態度，但是仍然不免有許多對於同／雙性戀者的負面報導。有研究（邱珍琬，民90b）與報導發現，身處同一性別的學校（在台灣尤其是高中或某性別占多數的職業學校），好像同性傾向的比率較多，固然有些同志或是雙性戀者主要是因為生活方式的選擇，也就是出於個人意願，但是並不能證實同性環境為「醞釀」同性戀族群的溫床（如軍中、監獄），可能只是在那段時期需要感情的依附、卻沒有適當的對象，因此就會有類似同性戀的情形產生，這就是所謂的「假同性戀」，絕大多數人步出了清一色性別的學校，還是過著異性戀的生活；根據許多學術研究，並沒有發現這種因果關係，反而是對於性傾向是與生俱來的結果證據較多，一般心理與諮商學者也希望可以在生理因素上找到結果，而最近腦神經醫學的若干發現，也似乎給同志「生理」因素一些證明（Seligman, 1993，洪蘭譯，民91），這不僅可以讓身為少數性傾向族群的人少些社會壓力，也可正向地認同自己，當然也會讓父母親少了許多自責與愧疚。

第❷節　同性戀是遺傳？

　　男孩子或女孩子表現出不是典型的男／女性行為，並不表示他／她就是同志，許多男孩子因為行為較細膩、體貼，而被稱為「娘娘腔」或「同志」，女孩子被認為不夠女性化、嫁不出去，可見儘管我們已經朝向性別平等的方向努力，希望可以多一些人性尊嚴，但是刻板的性別期待依然很難突破！一般社會對於女孩子之間的情誼容忍度比男孩子的要高，也許就是認為女孩子本來就是「關係導向」，重視與人之間的接觸，而男人之間的親密只能限制在某些場合才能表現（如球場）。

　　現在仍有許多父母親還會因為「教養」出了同／雙性戀孩子而不免自責，認為是自己前輩子做錯了什麼事、才會有這種「報應」；雖然有些研究追溯到同／雙性戀者的原生家庭，認為男同性戀者與父親的關係都比較疏遠，與母親的關係較為親密，但是近年來有越來越多的研究指出，這是沒有決定性的結論，或許有部分原因是因為看到自己原生家庭的同性父（母）親恐怖的面貌（如家庭暴力、感情不堅貞），因此害怕與異性之間的關係，所以才發展出了同性傾向，但這裡還是要強調的就是即便如此，這還是個人的選擇。基本上同志或雙性戀者很無辜，因為這不是他們可以「選擇」的性傾向，而是與生俱來的一種本能，他們害怕去承認自己是同志、因為不能面對自己（同性戀恐懼），也擔心一旦自己的性傾向曝光了，不僅會失去父母手足朋友親人的支持，還會讓自己家庭蒙羞！對於大多數異性戀者而言，性傾向是理所當然的，自然不會為此所困擾，但是一旦發現自己與「眾」不同，就有很大的焦慮與壓力！然而，「性」（包括性傾向、性認同）也是自我的一部分，自己不能正視接受這一個部分，就是否定了自己的一部分，生命就不完整、不真實（Kroger, 2000）！一個同志從懷疑到肯定、接受自己性傾向，通常要花費一到三十三年的時間，而在青少年到早期成年階段是最常自我認同為「同志」的階段（McDonald, 1982, cited in Hunter, Shannon, Knox, & Martin, 1998），也可以看出在青春發

育期的生理成熟與心理親密關係追求的需求之下，同雙性戀者最能意識到自己性傾向的不同。社會大眾彷彿對於女同志之間的行為比較容忍，對於男同志的容忍度就比較低，可能也是基於一般對於性別刻板印象與期待的結果。

性傾向只是生活的一部分，如果是天生如此，就像是膚色種族不同一樣，是上天賦與的遺傳因素，就不應該有不同待遇。孩子的性傾向不敢曝光，除了擔心社會的壓力、會讓自己生活更為難過之外，孩子其實更擔心在家人知道、卻不能諒解的情況下，被家人嘲笑、疏離、拋棄，甚至必須離開最關愛的家人，活生生割捨掉家人與他／她的情感連結（Kurdek & Schmitt, 1987; Savin-Williams, 1989; Wells & Kline, 1987），成了孤單的一個人！同雙性戀者向家人或他人現身，最希望是能夠與人更親密、也希望可以面對真實的自己，有研究指出（邱珍琬，民90b）家人接納度高的同／雙性戀，在成長路上與未來對應壓力的能力，都比不被家人體諒的同儕要高！

☻一、同性戀的迷思

一般社會大眾對於「同性戀」一詞還有許多顛撲不破的迷思，許多的迷思都是灌輸而來、沒有經過科學的驗證，包括了：

(一) 娘娘腔的都是同性戀

許多外表看起來很男性氣概的也是同性戀，因為他們也擔心別人看出來，所以就反其道而行、表現得更男性；行為比較不男性的、或是心思比較細膩的，可不一定就是男同志，這只是個人特質的不同，而他們願意表現出自己纖柔、比較女性化的一面，但是不能因此就推論其性傾向不同。

(二) 中性打扮的女生都是同性戀

與前一個迷思一樣，中性或是男性打扮的不一定是女同志，固然有些較為傳統的女同志會將自己裝扮成男性的模樣、甚至還更改成為男性名，

但是一般的女同志不是肉眼觀察就分辨得出來的，而許多的女同志還是非常符合一般人對於女性的刻板印象。現在的社會固然已經較進步開放，有越來越多人願意接受不同性傾向的人，但是基本上還是希望「不要跟自己有任何瓜葛」的心態下；將自己比較不一樣的性傾向顯露出來，畢竟不是一件光彩、安全的事，所以基本上，性傾向與大多數人不同的，不會做外觀上容易讓人看出的打扮。

(三) 同性戀是一時迷失，可以加以改變

有些家長會認為自己的孩子本來好好的，一定是受到外來的誘惑（「變壞」）才改變了性傾向。很有趣的是一般家長都會「假定」自己的孩子是「異性戀者」，對於性傾向的觀點是採兩點（異性戀與同性戀）的極端制，因此當發現自己的孩子可能不是「異性戀」時，受到的驚嚇就很大了！「同性戀」不是因為一時的迷思，如果孩子因此「變成」了同志，只能說是時候到了、孩子成熟了，願意接受自己的性傾向，也認為只有自己接受、才能面對真實的自我，不必像以往遮遮掩掩。

(四) 同性戀都是家裡有問題的孩子

孩子性傾向與眾不同，並不表示這個家有問題，許多有問題的家庭也沒有因此就出現「同志」孩子，同性戀族群的家庭背景與一般異性戀者同、沒有特殊。

(五) 只有異性戀者有「同性戀恐懼」（homophobia）

「同性戀恐懼」就是害怕自己會是同志，也擔心同性的人與自己太親近或讓自己「變成」同志。「同性戀恐懼」不只是發生在異性戀者身上，同性戀者本身也有，因為意識到「異性戀」社會的不友善，因此也擔心別人「看透」自己的性傾向，因此反而壓抑、遮掩得更厲害，甚至表現出「歧視」、「厭惡」同性戀族群（電影中「American beauty——美國心、玫瑰情」裡的鄰居父親就是一個案例）。一些異性戀者表示「可以接受」

同志族群，可是有項「但書」──只要不與我有任何牽扯，當然可以做朋友，這個觀念就是「同性戀恐懼」的表現。同性戀者不是看到同性就如「餓虎撲羊」般去追求，同性戀者的戀情也與異性戀者一樣，有自己的選擇標準。

(六) 同性戀者都是肉體的交流居多，特別針對男同志族群是如此，彼此很少有真感情、而且戀情很短

同志族群由於人數少，親密伴侶的選擇自然就較少，但是並不是每個同志都是一以肉慾滿足為主，雖然有研究將男同志的「多彩」性行為歸納為「性認同」過程的一部分，可是也不能就此認定男同志「濫交」，性對象紊亂也不只是同志的專利，異性戀者所在多有，主要的擔心可能是性病或其他傳染病的考量。

(七) 愛滋病只發生在同志身上

愛滋病雖然最先是在同志族群中發現，但是愛滋病不是同志的專利，而是性濫交或保護不足的產物。男同志的肛交行為的確比較容易傳播愛滋，可是歸咎到最基本的問題，還是在於「不安全」的性；目前罹患愛滋病的異性戀者已經迅速增加，並不亞於同性戀者。

◉二、檢視自己對於同志的迷思

許多人對於同志的迷思可以藉著以下此情況做檢視依據：（Gartrell, 1983, cited in Goldenberg & Goldenberg, 1994, p.204）

(一) 大部分的男同志在外表與行為表現上是女性化的，而女同志是較男性化的

事實上許多的男同志與女同志都與一般人無異，不是在外觀上就可以斷定。

(二) 大部分的同志伴侶在他們的關係中都沿用了男性／女性（或主動／被動，0號與1號）的角色

反而一般的同志伴侶在性別角色上的劃分比較不明顯，許多家庭事務與觀念意見也是傾向於「平權」，角色的扮演也很有彈性、採「相對」的標準。

(三) 所有的男同志都是性行為紊亂的

前面提過同志性行為、尤其對男同志而言，給人比較紊亂的感覺，但是異性戀者又何嘗不是如此？

(四) 男同志相信自己是女人錯裝在男性的身體裡，而女同志相信自己是男人錯裝在男性的軀體裡

不一定，雖然許多有「性別認同障礙」（裝錯身體）的人最後選擇做了同性戀者，但是基本上與同志還是有所區隔的，而且大部分的同志還是寧可維持自己的原來的生理性別。

(五) 大部分的同志如果經濟情況許可，會希望做變性手術

沒有，延伸自上一個敘述，只有「性別認同障礙」（Gender identity disorder）的人，希望可以藉由手術的方式讓自己的「身心」一致（邱珍琬，民91f）。

(六) 大部分的男同志是戀童症

不是，戀童症是精神疾病的一種，他是以未成年的男童為性行為對象，一般的同性戀者不是這樣！

(七) 同志是人們做的選擇

有些同志是因為與異性有不好經驗、或是失敗挫折才自己選擇走同志

的路,但是畢竟還是少數,因為「刻意選擇」這麼一條艱辛窒礙的路來挑戰自己的人太稀少了。

(八) 大部分同志對自己的性傾向都覺得不快樂,希望可以轉換成異性戀者

有些同志是這樣,但是同志族群最大的障礙與不快樂不是來自自己的性傾向,而是置身於敵意、歧視的異性戀為主的大環境。

(九) 諮商師報告說,將同志轉換成異性戀成功率很高

一般的專業諮商師已經明白性傾向不是可以「轉變」過來的,如果是因為之前不好的經驗而導致做了這樣的決定、希望可以過更真實貼切自我的生活,當然諮商師義無反顧;家長們也不必去相信以改變性傾向為標榜的治療師。

(十) 大部分的同志可以從他們的穿著與表現上認出來

不是,如第一項陳述,外表看得出來的可能只是極少數傳統型的同志,比較少人願意在這個敵視同性戀者的社會「異軍突起」,成為矚目或被攻擊的箭靶。

(十一) 同性戀行為是不自然的,因為在其他動物身上並沒有發生

事實上同性戀行為發生在魚身上最多,其他動物種類也有、而且不在少數,同性戀不是人類唯一的專利。

(十二) 同性戀是遺傳缺陷的結果

目前仍有許多科學家希望「找出」同性戀的原因,但是許多研究都證明同性戀者沒有所謂遺傳上的缺陷;相反的,許多同志的才能也一直在歷史上留名、受到注意。

(十三) 同性戀者賀爾蒙不正常

這一點也沒有得到科學上的證明，到底是因為男同志女性賀爾蒙較多、女同志男性賀爾蒙較多，尚無定論。

(十四) 所有的男同志都有專制、強勢的母親，而有弱勢、被動的父親

有些研究發現這樣的趨勢，但都是以極少數人為研究對象，推論會有問題，當然也有研究者沒有得到這樣的結論。

(十五) 同性戀會影響到人類種族的繁衍

誠如電影「侏儸紀公園」裡，在知道培育的都是雄性恐龍之後、竟然發現有卵，主角之一就說：「生命自然會找到出路」一樣，由於絕大部分的人依然是異性戀者，而且現在科技發達、孵育下一代的方式有許多，不會妨礙到人類種族的延續。

(十六) 所有男髮型設計師、室內設計家、以及芭蕾舞蹈者都是同志

我們在許多社會組科系或是影劇藝術圈發現不少同志，但是儘管如此，統計起來這些行業大部分依然是異性戀者的天下，因此沒有結論，也許有人會說是不是同志比較有藝術天份？或者創作變成他們的一種發洩或出路？目前沒有這樣的結果。

(十七) 同性戀是一種可以治癒的病

同性戀不是病，也已經從《心理疾病診斷與統計手冊》（DSM）裡剔除，因此沒有治癒不治癒的問題，只有去協助因為性傾向而有困擾、影響到其生活與適應問題的人才是重點。

◉三、也需要關心的一群

　　同志運動近年來在台灣本土如火如荼地展開，然而大眾對於此一族群的認識與尊重，仍然有極大落差，在學術研究上尤為缺乏！青少年階段是許多同性／雙性戀者在「自我認同」上掙扎最艱苦的階段，而「現身」（coming out）通常就是此族群人願意「接受」自己性傾向、趨向「認同整合」的主要關鍵，許多研究顯示（如Harry, 1993; Troiden, 1989）：男同志「現身」早於女同志，但是對男／女同志而言，大約都在青春期或十五到二十歲出頭之間（Lewis, 1984; Minton & MacDonald, 1984; Cates, 1987; Troiden, 1989; Newman & Muzzonigro, 1993）。

　　男女同志或雙性戀者的「自我認同」，對他們的人格發展與自我概念是十分重要的，但因為所處「異性戀為主」的大社會環境，在許多方面都受到極大阻撓與壓制。而根據美國的統計，每一百人中，有四到十七個人是同志或雙性戀者（Gonsiorek, Sell, & Weinrich, 1995），比例不低，在親職教育的內容裡，實在也不能忽視這些所謂的「少數族群」（minority）。隨著社會的開放與進步，心理健康服務的需求將與時俱進，許多站在第一線的家長們都需要了解同志／雙性戀族群的現實與實際，不僅在面對孩子的性教育時可以做開明溝通，而在孩子需要時也可以伸出援手。

◉四、同志／雙性戀自我認同發展模式

　　了解同志的「性認同」或是「現身」過程，可以比較清楚這些少數族群所面臨的困擾與挑戰。Cass（1979, 1984, 1996）所發展的「現身模式」——「性傾向認同形成」（Sexual Identity Formation）是最受到後來研究者注意的，主要是根據「人際協調理論」（Interpersonal Congruence Theory）而發展出來，是以三個向度來看「現身」過程：自我知覺、行為覺察、以及覺察他人的反應。一共分為六個階段：

(一) 困惑迷惘（identity confusion）

對於自己的想法感受覺得很迷惘，不知道為什麼自己的感覺不一樣，像是同伴們都在傳「男生愛女生」或「女生愛男生」的時候，自己卻沒有特別的感受，甚至發現喜歡的對象正好與大家期待的相反。

(二) 比較（identity comparison）

會開始比較自己與其他人的不同，哪些地方不一樣、為什麼？也因此會主動或被動地去找答案。

(三) 忍受（identity tolerance）

經由外來的一些資訊，自己刻意地比較，發現自己「可能是」同志，有害怕與衝突、甚至會故意去漠視或企圖改變，發現這些企圖只會讓自己更難受時，只好接受這個事實。

(四) 接受（identity acceptance）

掩飾或是喬裝「正常」是很難受的，也發現自己與他人之間的親密度受到考驗，要成全這樣的親密，就必須「坦然接受」自己是同志的這個身分，雖然不是公開，但是自己先要承認「同性戀」是自己的一個重要部分。

(五) 引以為豪（identity pride）

認為自己是同志沒有什麼好羞愧的，只是這個社會的人沒有開放到可以接受這些少數族群，自己的獨特性要受到尊重，有些被忽視的權利也應該極力爭取，不因為「不同」而沒有力量，這個階段會將「異性戀者」視為不同國的人。

(六) 統整（identity synthesis）

不會因為自己的不同而排斥異性戀者，明白一些不能忍受同性戀者的人是他們的自由，沒有必要因此而歧視或仇恨異性戀者，自己的價值也不需要靠他人來成就，自己很驕傲可以做自己，而不是因為自己的性傾向。

Cass的現身認同過程中，會分析每階段可能的選擇反應，不是單一以「成功」或「失敗」來論定，因此也增加了其在實際運用上的可信度（Hunter, et. al., 1998）。

另外Newman與Muzzonigro（1993, pp.21-22）綜合各家說法整理出了三個階段：

(一) 感受期（sensitization）

感覺到自己的與眾不同，也會因此去或不去找答案印證。

(二) 覺察困惑期（awareness with confusion, denial, guilt, and shame）

知道自己可能是同性戀者，卻有許多複雜情緒伴隨而來，迷惑、否認、有罪惡感、覺得丟臉，這是因為受到「異性戀是正常」的一般想法所影響，也就是所謂的「同性戀恐懼」。

(三) 接受期（acceptance）

知道自己的同性傾向，可以接受，包括「現身」動作，並與自己相同的人有更好的聯繫與隸屬感。值得一提的是，之前的研究者多半認為「現身」只是一個單一事件，然而Rust（1996）卻強調應該是一個終身持續的過程。

◉五、同／雙性戀青少年現身過程的阻礙

　　由於青少年階段是處於性生理成熟與「性認同」相當關鍵的階段，有許多家長也發現孩子在此期間「出現」了這些問題，一般家長的反應是「否認」、或是消極「不予承認」，當然也有家長想要「弄清楚」，但是卻不知道下一步該怎麼做。

　　「現身」或「出櫃」（coming out，coming out of the closet）是對他人吐露自己是同志或雙性戀者的過程，也是尋求他人認可自己的價值、及希望得到社會接受的一個期許與需求，對於同志本身而言是相當重要的（Goldenberg & Goldenberg, 1994），也就是說讓其他人知道自己是誰，除了是對自己生命的真誠接納之外，也希望其他自己在乎的人可以知道真實的我、接納我這個樣子，與我有更親近不虛假的關係。雖然普遍而言，男同志在現身認同過程中，較之女同志要艱難、遭受的壓力較多，多半是因為大社會對於男女角色期待的因素，對於男性的要求較多也嚴苛，認為男性應該「獨立自主」，是可以獨挑大任的，男性間的親密不應該發生、因為有違男性氣慨，而女性之間的親密，是較被社會認可、允許的（Esterberg, 1994; Sears, 1989）。「現身」是終身持續的歷程，不是只要說出自己是同志或雙性戀者就結束。對於「性別不適症者」（也就是生理性別與心理性別不一致者，如男性想改變性別成為女性，或反之），以往是需要兩年的緩衝期（以欲改變性別的方式生活、慢慢調適，若適應良好才執行生理上變性的手術），目前也朝向不需要動變性手術的方向發展，只要當事人以自己認為較舒適的方式過生活即可，當然也需要社會更進步、更寬容做為關鍵促成因素。

　　「現身」過程中，同志或雙性戀者會有選擇性地讓他人知道自己的性傾向，這是基於安全、不被排拒、減少焦慮的考量。根據調查，男女同志選擇向好友「現身」的居多，最擔心向家人（尤其是父母親）吐露自己的性傾向，因為有許多負向的後果可能會接踵而來（Savin-Williams, 1994），包括被拒絕、斷絕關係、羞辱、言語或肢體虐待，造成許多同／雙性戀

3 5 0

青少年會以其他像離家、逃學、性濫交、嗑藥、酗酒等等「宣洩」行為（acting-out behavior）來抗拒這些壓力與焦慮，甚至企圖或想自殺、以結束這些痛苦（Coleman, 1989; D'Augelli & Hershberger, 1993; Proctor & Groze, 1994; Rotheram-Borus, Hunter, & Rosario, 1994; Schneider, Farberow, & Kruks, 1989），所以儘量不露出「馬腳」是最安全的方式，至少不會對自己與家人造成傷害，也因此有研究者稱這種逃避、不對家人表明自己性傾向的舉動是「在櫃子裡的戲法」（juggling in the closet），就是保持與家人的地理空間距離、或只是維持最低限度的聯繫（Brown, 1989），換言之就是維持曖昧模糊的空間，反而是讓彼此都比較可以接受。而在家人裡面，兄弟姊妹是比較容易現身的對象，父母親方面通常會找母親做現身對象，而不少母親也可以因為孩子的坦承、願意多了解這個族群，甚至擔任「說服」丈夫接納孩子的重要功臣（邱珍琬，民90b）。「現身」的主要目的是希望可以讓彼此關係更親密，有必要讓對方知道自己的性傾向（自我的一部分）（Hunter et al., 1998, p.84），當然這之中所遭遇的阻礙是很多的。青少年階段由於還需要在經濟與情感上依賴家人，因此「現身」的負面後果更令同／雙性戀青少年更覺得不能承受，許多的同志就因此延後了對家人的「現身」時間，而是等到自己有經濟能力了、可以獨立自主了，甚至是找到親密支持的伴侶了，才願意對家人做現身動作；但是萬一「現身」會影響到他們賴以謀生的工作，可能就會更小心謹慎。

同志或雙性戀青少年現身過程，遭遇最大的阻礙仍然在既存的「異性戀主導」的社會（Isensee, 1991），包括「同性戀恐懼」、暴力事件（Hunter, 1990, cited in Hunter, et al., 1998）、或虐待等；而雙性戀者的立場可能更受到挑戰，因為大家都要選邊站，但是雙性戀者為數不多、卻又不能決定是屬於哪一邊，因此也同時遭到異性戀者與同性戀者的排擠，在治療的臨床經驗中，一般會希望當事人「專注」於其中一邊，這樣在認同與歸屬的需求上比較容易獲得滿足，現在的情況也有所不同。

Newman與Muzzonigro（1993）在整理研究者的結論中也發現，同志「現身」的影響因素包括：性別因素、異性戀／同性戀經驗的多寡、雙

親對同性戀的態度、以及與父母之間的關係（p.216）；而此兩位研究者也發現，來自較為傳統保守家庭的同志青少年，是最感到孤離的。也就是說對於自己性別（男同志比女同志有較多顧慮）、想要現身對象的性別考量，通常男同志對於女性現身較多，也認為女性較能接受這個消息；當事人本身的同／異性戀經驗（加上經驗的好壞感受）；父母親對於此一族群的態度保守則現身困難度增加、反之則減少，也因此當事人會用不同方式「探知」父母親的想法；保守傳統的家庭對於性別的刻板印象更深，家人也比較不能接受這樣的事實，而當事人也深怕引起家庭風波。

Rofes（1989）針對目前美國教育界對於同／雙性戀族群的許多需要改進議題提出看法，包括：不同性傾向的成人沒有提供鼓勵支持的環境（甚至刻意排擠與否認），缺乏提供大眾有關此族群特殊需要的資訊，學校單位不敢提出或面對有關的爭議性議題（p.450）。而Kielwasser與Wolf（1992）二氏，發現同志或雙性戀者與異性戀者一樣，多半是自大眾傳播管道上獲得性知識，然而分析結果卻發現，同志與雙性戀觀眾的需求沒有被照顧到（Hust & Rodgers, 2018），反而有意無意中被污衊扭曲，使得此類族群的人更難找到健康的角色模範！

◎六、協助同／雙性戀青少年應注意事項

Cass（1979）也曾依據其所發展的六個「現身階段」，提醒心理諮商工作人員的輔導策略，是根據同志認同階段所做的對應策略，其實也可以用來提醒可能面臨到這項考驗的家長，包括：

(一) 協助孩子重新定義所謂「不同」的意義

每個人都不一樣，當然也包括性傾向。重點在於「不一樣」不會造成人的優劣，而是在於一個人怎麼接受、也發揮自己的獨特性與潛能。

(二) 避免太早予以標籤、試著去肯定孩子的感受是正常的

青少年在現階段有許多對於自我了解做試探性的動作，也可能包括性

慾與性感受，由於生理的成熟在此期勃然展開，加上媒體或是接觸資訊的炒作，不免會有許多相互衝突的資訊出現、也讓青少年覺得很迷惑，家長如果碰到類似的疑問，可以與孩子一起去研究、判斷，同時同理孩子此時可能有的一些情緒感受。

(三) 處理孩子的孤離感、被排斥的感受、焦慮與害怕，提供角色模範，協助孩子建立或開拓支持系統

孩子發現自己的性傾向是少數的、弱勢的，再加上看到這個族群所遭受到的待遇，以及大社會、甚至身邊家人的負面反應，很早就知道這一條路不好走，也因此害怕、焦慮等情緒很早就會出現。家長不妨提供一些現存或已逝的同志角色楷模（影劇圈或是國外成功人士），甚至協助孩子找尋一些自己心儀的偶像（不必以性傾向爲考量），做爲傚仿對象，說明性傾向只是人的一部分、不是全部，一個人最重要的還是做自己，成就自己想要達成的目標，過自己想要的生活！

(四) 解析負向的經驗、談論「曝露」性傾向的擔心、如何作「現身」的決定、提供認同過程模式與採取措施、促進人際關係技巧等

如果孩子覺得不自在，不必急著做現身的決定，因爲現實世界仍有許多的阻礙與歧視，現身可能也會影響到他（她）的人際關係、未來工作環境等，將現身的決定權交給孩子，也協助孩子發展更佳、更自在的人際與親密關係，不要讓孩子成爲一座孤島，因爲情誼好的朋友比較不會在乎孩子的性傾向如何、反而是很大的支持系統來源。

(五) 教導安全的性行爲、肯定自我價值與提升自尊

親密關係的發展也是很重要的認同與歸屬的需求，教導孩子安全、保護自己的性行爲，也是一種自尊尊人的表現。孩子在眞誠維繫的關係中，有助於自我價值的肯定，也會有較大的力量去抗拒外來不友善的眼光與對

待。同性戀人數少，加上可以公開認識交友的場合不多，要找到真正契合的親密伴侶的確不容易，這也是家長可以協助釐清的，同志的親密關係尋求與一般異性戀的發展其實差不多，不必急於一時。

(六) 支持其自我接受是同志、避免與異性戀者之間的「二分法」（抗拒或排擠非我族類的觀念與行為）

不管孩子的性傾向為何、都是父母親摯愛的寶貝，這個保證與關心的傳達對孩子是最重要的，家長沒有分別心、孩子也比較容易以這種態度來對自己與他人。接受自己的性傾向就是接受自己的一部分，一個人才算是完整，每個人都不一樣，不必特別以性傾向來分，自己做區分了、就由不得別人會同樣做區分了。

(七) 最後是協助當事人作自我統整的功夫

很清楚自己是誰、想要完成的使命與願景又是什麼？人生的重點不在於性傾向，而是這個人本身。愛自己、疼惜自己、發揮所長，也關切周遭的人事物，對他人與社會有所貢獻，做自己想要做的自己！

Gover（1994）根據長達二十年服務青少年族群的經驗，建議社會各階層都應提供同志的角色典範，以為同志青年的學習效法楷模，學校單位可以就教育（尤其是正確資訊的提供與宣導）、校園安全、輟學預防、與提供諮商服務等方面來作努力。另外，也要提供同志學生同儕支持與可以從事的娛樂活動，以減少其孤離感；Robinson（1991）也認為運用同志支持團體為最佳資源是首要之務。學校目前有一些專業的諮商師可以協助孩子做這樣的工作，家長們當然也可以尋求學校的支援，如果發現學校因為孩子的性傾向問題而有不公平待遇、也不需要保持緘默，為了孩子的現在與未來、身心的健康需求，家長是有立場與權利要求的，倘若學校沒有這樣的專業人才可提供協助，也可以求助於相關社工與諮詢單位或人員。

Fontaine與Hammond（1996）提醒諮商師要注意青少年同志在此階段，經濟與情緒上仍需要家庭的支持，而「現身」可能會帶來極大的騷

亂，讓青少年同志無形之中又多了許多壓力，因此有必要讓當事人知道是否採取「現身」動作的考量；當然不免有些家長不能接受孩子是同志的事實，甚至進一步以斷絕關係或是經濟支援的方式要脅孩子「幡然改變」，使得孩子的困挫又加深一層。許多青少年同志不會因為性傾向問題而來主動求援，卻會因為一般常見的沮喪、逃家或逃學、自殺等問題出現在諮商室，這些情況都可以提供諮商師注意、當然也可以請家長留意。此外，諮商師對於每個當事人的治療方式與進展，應視個別當事人的需要而作調整，不具批判性的態度，提供青少年有關親密行為與性別角色的相關資訊，了解發展階段的性實驗行為與性傾向之區別，協助當事人了解「同性戀恐懼」的社會現況與因應之道，應對與處理當事人本身的同性戀恐懼，支持也尊重不同生活型態的選擇，鼓勵也協助仍處於「困惑」與「曖昧」情況中的同志／雙性戀者（Cates, 1987; Krysiak, 1987）；當然家長也可以有權利知道孩子去接受協助的感受與進度。在這裡還需要提醒一點：有些家長有懷疑，但是不敢自己去了解，所以就請求學校輔導老師協助，但是有家長卻有「不良」意圖——希望學校老師可以「扭轉」或「改變」孩子的性傾向，甚至加諸壓力給輔導專業人員，這樣子讓專業人員的立場很為難，因此專業輔導人員其實也需要與家長做適當的溝通，因為大家都是為了孩子好，既然要協助的對象一致，要達成共識與合作比較簡單。

◉七、父母親對於同／雙性戀子女的因應態度

既然性傾向絕大部分不是自己選擇的結果，身為家長處於異性戀為多數的現代社會，更應該成為子女最重要的支持與依靠，不要讓孩子成為孤單奮鬥、被社會汙名的對象，嚴重影響其身心發展與生活。

父母親如果懷疑孩子有同性戀傾向時，對於兒子的態度可能會較為擔心、也嚴厲，也會想盡方法去「扭轉局勢」，萬一發現已經是事實，有許多的否認、生氣、自責會隨之而來，甚至有的就會提出條件、與孩子作交換或交易。男同性戀者的社會處境之所以較之女同性戀者困難，主要是因為女同志比較不容易被發現，而且一般人對於女性之間的親密與「關係導

向」的特質比較認同、接受，也習以爲常，但是對於男同志的不能容忍，還是傳統對於男性角色期待的要求使然，這種情形也會反映在父母親的態度上。

父母親發現自己的孩子性傾向不同，會有怎樣的反應與較爲明智的處理方式呢？以下會針對這些典型反應與因應之道做說明：

(一) 有些父母親，先是自我譴責、認爲一定是自己或上輩子做錯了什麼事才受到這樣的「懲罰」。父母親必須要擺脫掉這樣非理性的想法，因爲孩子的性傾向不是因爲遺傳或是「罪愆」的因素而來、更不是因爲父母親做錯了什麼事情的「報應」，雖然少部分可能與家庭的互動及功能有關，但是絕大部分是沒有這樣的因果關係的。到底孩子的性傾向起源與原因爲何，父母親也許不需要去了解、也沒有這個必要，但是最先要去除自己的罪惡感與羞愧，才可進一步協助孩子。

(二) 檢視自己對於性傾向弱勢族群的一些迷思與刻板印象爲何，這也許可以協助父母親更了解自己的激烈情緒，然後才可以對於孩子的性傾向與困擾做進一步的了解，協助自己釐清一些迷思、也可以幫助孩子，因爲孩子也需要你了解他的一部分——他／她的性傾向、他／她是誰。如果父母親本身不了解不同性傾向，孩子也無法與雙親做適當的溝通，因此父母親在這方面做知識的吸收與擴充是非常重要的。作者曾碰過一位家長本來從憤恨、自責、不了解，慢慢自己也去接觸，後來可以說服固執的丈夫，一同與孩子做溝通了解，解除了家中的危機。

(三) 有些父母親甚至就採取了激烈的行動，企圖「阻止」或「轉變」孩子的性傾向，許多父母親也會在此時尋求精神醫師或是心理治療諮商的協助，威脅斷絕經濟支援、斷絕親子關係也是常有的（Harry, 1988）。如果父母親認爲採取激烈行動就可以扭轉孩子的性傾向，除了無功而返之外，其實只是讓親子之間彼此關係更爲惡化，有許多同志就是因爲家人不諒解，甚至逼迫其作「轉換」（如「轉換治療」——以電擊的制約方式，強迫兒子對同性產生厭惡害怕、抑制其生理衝動）而被迫離家、永遠不與家人聯繫，有的甚至以自殺來結束這些痛苦，這樣子一來，親子雙方都是

3 5 6

輸家。如果父母親認爲怎麼說還是自己的孩子，儘管性傾向是屬於少數、但是並不能改變彼此血緣關係的事實，因此願意與孩子維持或是擁有更好的關係而做努力。

(四) 少數的同志是因爲自身的選擇，也許目睹了父母親的惡劣關係、有過與異性之間的不良經驗（包括受到性侵害），因此做了與同性發展親密關係的決定；如果可以與孩子做適當的溝通、或是修復工作，當然也可以去嘗試，但是無論結果如何，不要預設立場——比如說要達到改變成爲異性戀者才算成功。孩子會長大，前面有更多事情都需要他／她自己做決定，生活方式也是他／她選擇權利的一種，只要他／她能過得好，不就是父母親所希冀？當然父母親會想到如果孩子選擇這一條路，可能會過得比較艱辛，可以對孩子表達自己在這方面的關切，而孩子如果可以負責自己的選擇與生活，也是一種成就，不是嗎？

(五) 如果孩子還在成長期（尤其是青春期），或是就讀於單一性別占絕大多數的學校，也許他／她的性傾向還不穩定，青少年期的性實驗也正好可以確定自己的性傾向，但是性傾向不同者早已在五、六歲時就已經發現，只是在青春期賀爾蒙勃發的情況下，想要發展親密關係時，會較意識到自己不同的性傾向，而特別顯得焦慮。以青少年來說，有時候在當時的課業壓力下，反而可以暫時「緩解」對於性傾向的焦慮，而轉移到課業上（邱珍琬，民91b）。我國已於2019年通過同婚法，也是與時代趨勢俱進的做法，然而實際執行上仍需要多年實務驗證與修正。在目前多元性別的時代，性認同固然是個體認同的一部分，隨著時代的演進與開放，社會的接受度更高，反而是家長本身需要接收新的資訊，聽聽孩子的真正心聲，給予正確的知識或協助，不要成爲阻礙孩子發展與未來的絆腳石。青少年期的「性實驗」，倒不一定就此「定」終身，所以可以與孩子做開放溝通、了解彼此的想法、提供相關資訊，陪伴孩子成長，也是父母親可以做到的最好親職工作。

(六) 如果孩子不願意跟父母親吐露心事，可以求助於孩子信任的老師或心理諮商專家，讓他協助孩子做自我整理與給予支持。當然在選擇諮商

師或治療師時，父母親可以要求某領域的專家，有些治療師可能自己接觸的案例不多、也有自己的一些迷思或偏見，這些都可能會影響到諮商與協助效果，所以必須留意。

(七) 孩子的性傾向可能也讓他在生活上碰到許多挫折，比如同儕的異樣眼光、欺凌、排擠或取笑，師長的不諒解與不公平對待，甚至是社交生活上的孤單、心靈上的寂寞，父母親與家人的支持就變得非常重要！

(八) 父母親也可以檢視自己對於男女性別刻板印象的觀點與要求，是不是也會造成孩子的另一種壓力？會不會自己也對於兒子的細心體貼貼上「娘娘腔」的標籤、或是有意無意之間要求兒子「男性化」的行為表現？雖然在外表上不太能看出是否是同志，然而一般人對於同志的迷思依然存在，像是較為女性化的就是男同志特徵、女同志可能較為陽剛粗線條等，其實正因為如此，許多同志會刻意表現出符合其性別角色的行為，這也是他們自己的「同性戀恐懼」，也許是掩飾真我的一種「社會期待」的表現。

(九) 自己接受孩子是同志的事實，也協助孩子接受自己的性傾向，可以向孩子保證自己對他的關愛，不會因為他的「不同」而有所改變。此外，也協助其他家人對於不同性傾向的了解與接納，甚至可以多做相關宣導，為孩子爭取更多的生活空間與接受度，這也包括人權與法律上的層面。美國有同志父母與同志孩子父母親的支持協會，消極面是了解自己的孩子與此弱勢族群的現實與困境，積極面是責成相關法律與政策之擬定推行。我國可能因為社會風氣與傳統之故，雖然沒有這樣「大喇喇」顯明的支持團體出現，相信慢慢也會有這樣的需求，這也需要關心與相關族群人士的努力。

(十) 協助孩子成就他／她的潛能、他／她希望成就的人，不要以性傾向為評量標準。愛孩子是因為他／她是孩子、與我們有血緣關係，因為他／她是獨一無二的人類。

父母親可以做的 ────

(一) 檢視自己對於孩子的行為有哪些要求？根據的標準是什麼？

(二) 父母親可以列出自己認為屬於典型男性或是女性的行為，你是支持還是反對這些劃分？原因是什麼？必要時，可以舉辦家庭式的辯論會，讓每個人都可以發表自己的意見。

(三) 了解孩子在成長階段中對於自己的看法與轉變，也可以針對同／雙性戀做一些探索與釐清。

動手與動腦 ────

1. 訪問一些朋友對於不同性傾向的看法與原因，可以藉此了解一般人對於少數族群的觀點。

2. 在看到相關性傾向的新聞時，與孩子做意見交換，問問孩子對於這些族群的看法，也做必要的釐清。

3. 用「完成語句」的方式，讓不同年齡層次的人（每層次五人），請他們列出屬於自己的男性與女性特質。

第十三章

家庭暴力與
性侵害

*3
6
0*

　　近來媒體有許多家庭暴力的報導，許多也牽涉到家庭亂倫事件，加害者幾乎都是受害者的親生父親或繼父。許多父母親仍然相信「棒下出孝子」的原則，認為孩子「不打不成器」，但是適當的管教可以讓孩子懂得自律，過度就可能會讓孩子失去安全感、信心、以及對他人的信任，變得退縮或是暴力！「家庭性侵害」一直是家庭裡最大的秘密與禁忌，一旦發生，其影響可能持續一生，而通常受害孩子年紀尚幼、受害時間甚長，學齡期的孩童可能會出現許多不適應的行為或徵象，而青少年則會有較多的「宣洩」（acting out）行為出現，包括逃家逃學、嗑藥、酗酒、性行為紊亂、甚至自傷或自殺！

　　家庭中出現暴力行為，許多都是男性，因此一般人都認為男性可能是因為男性賀爾蒙的緣故，「天生」就較具侵犯性，在《心理疾病診斷與統計手冊》（Diagnostic and Statistic Manual of Mental Disorders, 4th ed. or DSM-IV, 1994）裡，有一項「反社會性人格」（anti-social personality），根據統計，是男性多於女性，而不少與衝動控制有關的心理疾病，也是以男性所占比率居多；一般人的觀念也認為男性可能因為性賀爾蒙（睪丸素酮）的關係，所以比較衝動、喜競爭、暴力傾向，但是我們或許該把社會文化因素考量在內，有沒有因為社會這個大環境特別容忍或要求男性有勇猛、侵犯的表現，才顯現出所謂的男子氣概？人類學家Margaret Mead曾經在新幾內亞群島做過研究，發現在這些群島上的居民，對於男女性的角色行為要求與現在許多社會恰巧相反，那兒的女人當家、男人負責教養子女等家務，也沒有出現現代社會典型青少年叛逆的行為（引自Lefrancois, 1990）。因此攻擊性不能只推給基因或是睪丸素酮等內分泌腺，一個人所生存的大環境也要列入考量。

　　近幾年全球經濟衰退，失業、犯罪率急遽增加，加上COVID-19疫情肆虐，自殺或是暴力行為也呈等比級數上升，尤其是家庭暴力幾乎每天都會出現在社會新聞上。經濟不景氣的變因，會讓生存其中的個體也受到相對壓力，如果平日家庭的功能已經未能發揮、個人情緒管理欠佳，就很容易引發許多的家暴事件。

第一節　家庭暴力

　　家庭暴力的普遍性到底如何？以美國為例，每年受到親密伴侶傷害的就有兩百萬婦女，也就是每十對夫妻或親密伴侶裡，就有一對牽扯到家庭暴力，因此家庭暴力是造成美國婦女受傷的第一大原因（cited in Kaplan, 2000），而美國醫學學會（American Medical Association）在一九九二年的估計更高，平均有25%的婦女受到伴侶的暴力虐待或攻擊（cited in Kluft, Bloom, & Kinzie, 2000）。研究發現家庭暴力與種族、社經地位、信仰沒有關係，反而是貧窮會增加其發生率，而家庭暴力的再發率很高，不是一次的意外事件而已（Kaplan, 2000）。當然家庭暴力的種類有許多，夫妻之間、父母親對孩子、或是孩子對父母親、手足之間、甚至祖孫間，或者是對家中老年人或是沒有行為能力的人的虐待，也就是住在一起有血緣關係的人施予其中一方或是雙方互相的肢體或言語衝突、心理或精神虐待、財務控制、行動限制、甚至性虐待，都可以包括在家庭暴力的範圍之內（Kaplan, 2000）。我們一般比較熟悉的，而大部分也是經由報章媒體的報導得知的，就是夫妻不合、父母打孩子或是性虐待，其實在施行肢體虐待或暴力的同時，語言或精神方面的凌虐常常伴隨出現。

　　家庭暴力可能會延續到下一代，也就是孩提時曾經受到暴力虐待，成長之後也會成為暴力型父母，或是年幼時受到暴力管教，長大後也發現會有偏差或是犯罪行為（Gelles, 1980, cited in Gelles & Conte, 1991; Widom, 1989）。最容易受到負面影響的自然是家庭中的孩子，除了承受直接暴力傷害的子女之外，家暴目睹兒也受到負面影響（如人際關係、信任感、自我價值等）。家暴目睹兒包含了：直接在暴力現場目睹過程、聽到家人爭吵或施暴（家具破裂或哭喊）聲音、看到暴力過後的狼藉現場、或是事後聽人講述等。這也許說明了「以暴養暴」的概念，到底是因為遺傳還是環境使然？行為主義學派者會認為是由環境中觀摩學習的結果，孩子在成長過程中，除了暴力之外，沒有看到其他處理問題的適當方法，因此在處理

相似的問題時，自然而然以習慣熟悉的方式做處置。

　　家庭暴力絕對不是失業或是個人因素引發的情緒問題而已，許多都是因為「權力」與「控制」的因素在居中運作，特別是性侵害或性虐待的案件，而又有哪些危險因素造成家庭暴力呢？依學者的歸納有（Kaplan, 2000, p.50）：

　　(一) 受害者與加害者之間的權力不均關係（包括個子較小、年紀較輕、或是較為瘦弱）；

　　(二) 加害者本身有沮喪情緒或藥物濫用的行為；

　　(三) 女性成為出氣筒；

　　(四) 家庭有壓力事件發生；

　　(五) 家中孩子多於四位，且彼此年齡相距密集；

　　(六) 年輕或是單親家長；

　　(七) 社會孤立；

　　(八) 兒童期曾暴露在家庭暴力的經驗。

　　第一個危險因素說明了家庭暴力的本質，也是家庭系統學派所強調的「權力平衡」，當家中成員（特別是夫妻）的關係有明顯不均，特別是以男性為主導的家庭，而其中一方（通常是男性）又有酗酒或是藥物濫用的心理疾病，就很容易找到一個目標（通常是女性或小孩）做暴力的出氣筒；家中正好有一些緊急情況或事件發生（如家長失業、夫妻勃谿、子女問題等），在情緒失控的情況下，暴力更容易發生！年輕家長可能本身沒有準備好育兒教養的技能，也容易爆發管教上的問題，單親家長或因工作加上親職責任雙重壓力之下，也很容易有情緒掌握的問題；而許多的家庭暴力都發生在支持系統很差的家庭，因為缺乏延伸家庭或是親朋的協助，這個家庭就很容易以最直接直覺、便捷的方式處理家中爭執或問題，而暴力就是其一。許多研究顯示，曾經經歷過家庭暴力的孩子，在長大甚或成年之後，也會以暴力方式來解決問題（Campbell, 1993），曾經遭遇家暴的青少男容易成為下一個施暴者，而青少女則成為受害者，可能是因為許多家暴行為人是男性、受害者為女性之故（Jankowski, Leitenberg, Henning, &

Coffey, 1999）。這也許是社會學習論者所謂的「觀摩學習」，也可能是認為暴力是解決問題的一種「便利」方式。我們在本章主要是針對未成年孩子的家庭暴力來探討。

家庭暴力依據精神分析學派的說法，可能是一種「替代」（replacement）的作用，也就是家中的父親或母親因為外在所施加的壓力（工作不順利、經濟壓力、夫婦起勃谿、家庭不睦等），但無法對於施壓的那方發洩，於是就找了一個比較「安全」的對象，把壓力或是不滿發洩在此人身上（如孩子或妻子不會反抗）。行為學派會認為應該是「觀察模仿」的學習結果，可能是小時候看到父母親之間的不斷衝突，自己或許也是受害者之一，但是成長之後，在問題出現、需要解決卻無法收到有效結果之時，卻又沿用了當時自己認為不對的方式來因應，這也就是為什麼教育學者很擔心的「身教」問題；父母親的以身試法，無形中也教育了孩子：暴力是解決問題的唯一方法！孩子不經思考地就運用了「習慣」的方式，他們沒有去思考其他可能的轉圜之道。家庭暴力依據家族治療的理論，還是會針對家庭結構的僵硬、權力結構制度，或是家庭系統運作中的平衡作用來做解釋。

對於家庭暴力的防治，除了讓加害者受到適當處罰與治療之外，主要還是放在受害者身上，也就是保護受害者不再受到傷害，教導受害者如何保護自己的安全，又如何因應可能的暴力危險（Kaplan, 2000）。美國有一項針對性犯罪者的統計，發現目前受刑人中，有56.1%是曾經在幼年時期也遭受過性侵害或強迫性行為的受害者（Bloom, 2000），這一點也暗示了早年的創傷經驗，在沒有加以治療處置的情況之下，可能引發成年後性犯罪的動機；而同樣地，也有研究者發現早年受到暴力侵害，有可能發展成反社會性人格（Luntz & Widom, 1994）。

◎一、家庭暴力的型態與影響

家庭暴力牽涉到的主要因素是「親密」與「控制」（Campbell, 1993），而不是情緒不好而已。家庭暴力有個惡性循環模式：暴力行為→

363

降溫、蜜月期→壓力與緊張開始累積→引發事件→暴力行為。比如說丈夫打孩子→打完之後家裡平靜下來，丈夫可能會向孩子道歉→生活照舊。但是許多的壓力慢慢在累積→孩子成績單發下來，正好是丈夫在工作上不如意→打小孩。這樣的模式如果沒有經過中間介入的處置，會一直循環下去（Gerard, 1991）。

有些家庭暴力到末了會演變成「兇殺案」，也就是受害者最後採取了積極的手段將加害者消滅，以求一了百了，或加害者一時失控，失手打死人！雖然家庭暴力已經是屬於刑事事件，但是國人普遍的認知上，還是將它視為「家庭問題」，甚至執法單位也會希望以息事寧人方式，要當事人自行協調解決，有時候會延誤適切處理的時機；當然有些人報警處理家暴只是希望給施暴者一些警告，後來還是自己撤回案子、不了了之，也會讓處理的警察人員認為白忙一場，就減低了警戒心。最近很流行一個叫做「冷暴力」的名詞，在華人家庭中也常見，指的是配偶或家人之間，運用語言攻擊、嘲諷，甚至貶損對方人格，或是疏離與刻意冷漠對待方式，希望對方能夠屈從自己的要求。家長會以不愛或收回愛的方式，來要脅孩子屈從，甚至以不溝通或不理會等方式對待彼方，造成整個家庭氛圍都不對勁，這種心理／精神的凌虐，家中成員因此而受害的情況，不比實際上的肢體暴力要小。

家庭暴力對於受害者的影響，最明顯的就是身心創傷，不僅對自己的價值感減低，對於人與人之間的關係沒有信任，也可能影響到以後對於親密關係的發展。當然肢體暴力的同時，也伴隨著語言（鄙視、污衊）與心理或精神的暴力，這些對於受害者的傷害更多。

◉二、家庭暴力受害者的可能徵象

基本上家庭肢體暴力的受害者以女性（妻子）居多，但是也會擴及到孩子，許多女性的家暴受害者選擇繼續待在婚姻裡的原因是「保護孩子不受到傷害」，因為她擔心如果自己這個「出氣筒」不在了，丈夫一定會找無辜孩子洩憤，但是當孩子目睹母親受傷害，其實也間接成為暴力受害

者。家庭暴力受害者可能出現在行為上的徵象，可以作為進一步診斷的參考，包括：(一)曾有過濫用藥物歷史，或是最近藥量增加；(二)曾有過墮胎或流產紀錄；(三)有過因傷害就醫或是送急診室紀錄；(四)一直生病；(五)與朋友或家人疏離；(六)自殺或自傷企圖；(七)曾經有受虐紀錄或曾經是虐待者；(八)上過法院或是有警方保護的紀錄；(九)不能做決定或選擇；(十)藏有可以用來傷害虐待者的武器（Gerard, 1991, pp.104-105）。一般我們比較常在孩子身上觀察到的一些可疑現象有：不明傷痕，孩子會不管天候如何、總是穿長袖長褲，情緒沮喪或是容易動怒，表現出退縮孤離或是侵犯攻擊行為，嗑藥或是其他危險性行為出現，翹課或逃學逃家，表現出害怕或過度警戒狀態，會傷害自己或企圖自殺等。

◉三、家庭暴力處理

在家庭裡，家長對於孩子的管理最好可以少用體罰，也不在自己盛怒之下做任何處罰動作，因為在自己情緒失控的情況下，常常會不小心傷害了孩子！家中有暴力就是不對，不是施暴者之一的家長就要知道先帶孩子遠離暴力可及的範圍，與自己的原生或延伸家庭有緊密聯繫，這樣在緊急時可以獲得支援與求助。「愛」與「控制」是兩回事，不要為施暴者找理由，這只是姑息養奸，最後的結果反而更加可怕、坐大。有些孩子被忽略，也會採用這種被處罰的「負向」方式獲得父母親的「認可」，甚至會故意去惹家長生氣，這雖然有點病態、不可思議，但卻是事實。因此這兒有幾點建議可以供一般家長參考：

(一) 家庭規範清楚明白，也將不遵守的後果先行告知與釐清。

(二) 對於孩子的管教，要父母雙方先協調好一些規則，如果一方情緒較激動、可能會失控，另一位家長就可以做安撫與替手做管教。

(三) 親子關係會影響到孩子受處罰時的感受，因此平日溫暖的親子關係比嚴厲的管教更重要。

(四) 孩子即使做錯事，也要給他解釋申訴的機會，甚至給予第二次修正機會。

(五) 如果家長一方很容易失控、也容易以暴力處理事情，其他家庭成員要先保護自己避免可能的傷害，也可以請家中其他較具公信力的長輩來勸說、緩頰。

(六) 一旦家中有人因為暴力而受傷，就要趕快做處理，首先是保護已受害者繼續受害（必要時請親友照顧），再則要顧及其他可能遭受池魚之殃的人，安置之後不管是受害者本身或是目睹暴力者，都要積極尋求相關機構與專家協助，不要以為這只是「偶發事件」、而失去了警戒心。

家庭發生暴力行為，第一要務就是防止下一次暴力的發生，所以要保護可能的受害者（不只是受害者而已），同時也要將加害者做隔離與施予適當治療。如果加害者最後還是要與受害者回到同一個家庭（重聚），加害者方面要謹守不再使用暴力，知道如何處理壓力與情緒管理、溝通技巧的訓練、適當的安排家庭共處與娛樂時間、以及危機處理等；受害者方面要注意到保護自己的許多方式、求助的對象與緊急電話、其他家人與支持系統的介入、肯定訓練、釐清自己與家人的界限等。

家庭暴力已經不是單純的家庭事件，尤其是連續性、習慣性的暴力事件，社區大眾都應該有道德勇氣主動去做干涉與處理，而相關單位也要設計出一個有效可行的處置流程，警政人員也應該要有關於家暴這方面較為完整的訓練，還有社工單位的後續諮商治療與安置作業都要搭配。一旦家中有暴力發生，最不願求助的就是家人，因此相關延伸家庭的成員可能就必須要協助勸說或作處理，至少先自受害者與負責照顧孩子的非施暴家長開始著手。

第二節　性侵害

性侵害也是屬於家庭暴力的範疇，在這裡特別提出來，主要是因為裡面所牽扯的因素很多，也是目前許多媒體披露、卻沒有做全盤或深入了解的。在這個章節裡，作者將性侵害分為兩個部分來討論：(一)家庭內性侵

害與(二)家庭外性侵害。

☺ 一、家庭內性侵害

　　根據美國一九九五年與一九九六年的統計，全國的父母親有1.9%左右曾經遭受性侵害，而女性受到性侵害的比例又比男性多出三倍（Bloom, 2000）。家庭內發生的性侵害案件其實是占比例最高的，而施虐者通常都是與受害者有親密血緣關係的人（Russell, 1988, cited in Brown, 1991; Stiffman, 1989），國內的情形亦同（約占五成左右）。很多人不能想像為什麼應該是充滿關愛、保護溫暖氣氛的家，竟然可以成為性侵害發生的場所，這也說明了家庭內發生性侵害事件對於一個人的負面影響更嚴重！性侵害的發生對象可以是夫妻之間（通常是夫對妻）、親子之間（父親或繼父親對子女、母親對子女）或是手足之間（比如兄對妹）。

　　一般說來，性行為的發生應該是兩廂情願的事，但是以父權為主的社會裡，妻子與孩子都是「財產」之一部分，也就是可以「任由宰割」，男主人要有性行為、也採取主動方式，女性就必須「配合」，沒有所謂的自主權；儘管進展到現代的民主社會，基本上還是男權至上，這也造成婚姻中的許多性暴力發生！以前我們的民法還規定「夫妻有履行同居義務」，丈夫在妻子離家之後，還可以登報「警告逃妻」，要對方回來行使「同居」義務！現在有比較民主人權的作法，認為性行為是兩方的一種協議，也是尊重彼此的一種方式，所謂的「強迫行房」也就是性暴力。當然要認定與處置夫妻之間的性暴力案件，還是需要很長的一段路，因為夫妻之間的親密行為，很難由第三者裁定，裡面曖昧模糊的地方太多了，即使鬧到法庭，院方也希望可以私下和解了事。這種處理方式，可能也間接讓婚姻暴力獲得無形的支持與增強，幸好目前法律對於性暴力或是性侵害的定義較為明顯具體，有法為屏障，應該會有更多的人權受到保護！

　　家庭內性侵害目前常常在報章媒體上出現，許多都是父親加諸子女的案件，令人髮指！家庭內親子之間亂倫事件的傷害性高過其他，主要原因就在於加害者與受害者之間的「關係」。

◎二、家庭外性侵害

家庭外性侵害通常指的是強暴案件,其性質是偶發事件、極少像家庭亂倫事件持續很長一段時間,牽涉到的因素有性慾與權力控制。但是不可否認的,即使是家庭外的性侵害案件的加害人,很多都是與受害人熟識的,年輕人碰到的「約會強暴」也是其中之一,有計畫性的強暴案件很少。

第三節　兒童性侵害

本章節主要針對兒童受害者的性侵害爲主題,探討其影響與治療。

◎一、兒童期性虐待與其影響

國內的兒童性虐待案件在近來的社會福利法通過之後,彷彿也慢慢受到一般大眾的注意,然而由於許多的性虐待案件都是發生在家庭內,或者加害者是受害者所熟識的人,還有一般文化上的「禁忌」,加上兒童未達法定年齡,有其生理與心理上的實際限制,也因此其曝光率就更爲銳減!以是觀之,可以推測許多受害者仍然默默承受著身心的煎熬,卻不爲人知。兒童在遭受這麼長期又痛苦的經驗,產生許多負面影響,而許多的影響或徵象是與重創後遺症(PTSD)相似的,本節呈現次序是以兒童性虐待的影響、與PTSD的關係、目前的處置治療方向、以及諮商員應注意事項,希望可以提供父母親了解性虐待情況,萬一孩子不幸遭遇類似事件,可以對受害者的身心狀況與可能影響,知所因應與了解,也知道如何去請求協助。

◎二、兒童性虐待普遍性

兒童性虐待在最近的社會案件中,常常出現,根據國內去年的統

計，所有虐待案件中有11.3%是兒童性虐待案件，九十六年至一〇九年的統計，六成四的被害人未滿十八歲，兒少受害八成是熟人所為（親子天下，民111），較之美國的發生率，似乎略低了些，也許有人會認為是不是近年的類似暴力案件愈來愈多了，或是社會價值觀的改變驚人？而最可能的原因是：有更多的人注意到暴力事件的發生，也有更多的受害者在成人之後願意挺身而出、揭發真相！婚姻或家庭暴力中，有不少部分牽涉到性虐待，只要不是當事人意願所發生的親密性行為，都可以是性虐待的一種。根據許多文獻的報導，許多的性虐待案件是發生在家庭之中，而施虐者常常就是家中與受害者有親密血緣關係的人（Russell, 1988, cited in Brown, 1991; Stiffman, 1989）。

　　性虐待的處理，在經過發現之後，往往要經過一些醫療與法律的程序，做檢驗與確定，然而事情發生之後的重建自我或復健工作，通常需要花費較長的時間與投注許多心力，要不然，可能對受害者本身有許多事後的影響（Kempe & Kempe, 1978; Edwall, Hoffmann, & Harrison, 1988; Capuzzi & Cross, 1989; Singer, Petchers, & Hussey, 1989）。國內許多警察機關，還特別設立性侵害的專責人員負責性侵害案件的接受、處理與保護，但是接下來的後續心理復建工作，仍待心理諮商治療的專職人員來接手。在國外擔任諮商治療工作期間，作者曾經接觸過若干與性虐待有關的案子；其中一位是目睹自己四個月大的妹妹被父親性虐待的八歲小男孩，突然之間彷彿退化成兩三歲的孩童，不僅沒有自理的能力、常常有驚嚇的表情與恐懼，語言的能力幾乎喪失；一位是六歲半的過動兒，因為母親的男友常常不適當地暴露自己的身體、或在孩子面前有親密性行為的表現，使得小男孩也學會了一些不當的性行為，還會去騷擾周遭的其他人；當然還有「成人存活者（adult survivors，指兒童或青少年期曾遭性侵害的成人）」，有記憶空白、不明究裡的身心症、親密關係困難重重等問題。前面所舉的個案，廣義說來也可以是性虐待的受害者（Ledray, 1986），因此不一定是直接接受性行為的受害者，才是所謂的性虐待受虐者；甚至有研究者在定義上，把對某人說對方不想聽到的髒字這種行為，也包含在性虐待之中（Fitz-

Gerald, 1986）。

　　不管背景、文化、社經地位或種族的不同，兒童性虐待的情況是普遍存在著的（Friesen, 1985; England & Thompson, 1988）。調查統計的數字雖有些許的變動，但是一般而言，在滿十八歲之前的美國人，每四個人之中就有一位女性曾遭受過性虐待，男性是每十個人之中有一位（Friesen, 1985; Holtgraves, 1986; Dolan, 1991），比例不可謂不高！根據美國「全國兒童虐待與忽視中心」的估計，約莫有十萬個兒童，在成年之前遭受過性虐待（Ledray, 1986）。

　　性虐待，特別是亂倫（incest），在許多社會中是一種「禁忌」，也就是一旦發生了，多半是沒有被揭露出來，然而這層神秘的面紗，卻因為近幾十年來的婦女運動、女性主義運動、兒童福利的推廣、以及最重要的是許多受害者紛紛勇敢站出來，而漸漸被掀起揭露，失去其神秘性（Walklate, 1989）。許多研究者把研究焦點放在「家庭內」發生的性虐待事件，或者是父親——女兒之間的亂倫事件上（McBroom, 1981），因為家庭內父女間的性虐待，被公認為是對受虐者傷害最大的（Courtois, 1988; Brown, 1991）；Herman、Lewis與Hirschmann（1981）估計近親亂倫約占了女性性虐待案件的五分之一到三分之一的比例（cited in Figley, 1985），也就是說，家庭內的性虐待案件之多，釐清了一般人認為只有一些不認識的「老不修」（dirty old man）才會對女性（尤其是年幼的孩童）性侵害的迷思，因為事實顯示：絕大部分的加害者是認識受害者的（Driver & Droisen, 1989）。

　　性虐待所包含的行為包括有強暴、利用孩童拍色情照片、任何牽涉到一個大人與一個小孩的性行為（或是牽涉到一位未成年孩子與年齡差距在五歲以上的人發生性行為）、甚至是說髒話也算（Fitz-Gerald, 1986），而Brown（1991）更指出任何形式的性虐待都是一種「刻意的傷害」（intentional trauma）。許多西方國家，對於性侵害事件已經有警覺，也越來越重視，研究對象與治療的方向包括對於受害者、性犯罪者、以及他們的家庭，而許多的文獻資料都集中在對曾在童年或青少年期遭受性侵

害的「成人存活者」作研究（Kolko, 1987; Bass & Davis, 1988; Beverly, 1989; Driver & Droisen, 1989; Meiselman, 1990; Wills Brandon, 1990），也就是強調：既然這些受害者在經歷了這些重創的生命事件之後，已經可以慢慢走出那個陰影，重新拾回自己，過有意義、自己想要的生活，而不自限於「受害者」的角色。性虐待的加害者主要目的可能不是因為性，而是一種不安全感所引發的權力慾望，急欲與人有所接觸，而採取了激烈攻擊手段（Gartner, 1999）。

◉三、兒童性虐待的影響

(一) 性虐待對女性的影響

　　兒童期遭受性虐待，對於受害者而言，又如何斷定它的嚴重性呢？學者們提出了一些判定的標準，包括了虐待持續時間長短，發生的頻率次數，牽涉到何種形式的性行為，有無暴力的涉入，事件初發生當時受虐者的年紀，加害者的性別、年紀與受害者的關係，當時的受害者在虐待行為中的角色是被動還是主動，家中與家庭外的支持系統又如何，以及父母親對此事件的反應（Courtois, 1988; Hunter, 1990; Groth, 1990）。另一學者Russell（1986）則認為應該也要把受害者是否同時遭受到其他形式的虐待（肢體、言語、或精神）也列入考量。

　　誠如Hunter（1990）指出的，性虐待事件對於受害者來說，對其生命或生活的全面都有影響；Bolton、Morris與MacEachron（1989）把性虐待的影響歸類為四個方面：

1.性行為方面的問題

　　性功能失常或停滯，強迫性性行為或逃避性行為，對於屬於性與非性（sexual and nonsexual）行為感到迷惑，可能有侵犯性的性行為或誘引的性動作，也有雜交或罹患性病的可能。

2. 情緒上的困擾情況

無望、焦慮、覺得有罪惡感或羞愧、人格違常或性格上的問題、憂鬱、低自尊、情緒表達失常、不信任、孤離自己或對他人懷有敵意。

3. 行為上的問題

出現逃學、離家的行為，極差的人際關係、自毀的行為、自殺的想法、衝動行為、強迫性的習慣、不切實際的想法或退縮表現、很容易再度淪為受害者、嗑藥，以及過分活躍。

4. 兒童時期的困擾

睡眠的問題、擔心或害怕、學習上的困擾、退化的行為，以及呈現身心症的情況。

Courtois與Watts（1982）兩位學者所作的研究則歸納出生理、自我認同、自尊與性功能四項影響。

性虐待對於女性受害者，可能更加深了其身為「弱勢團體」（vulnerable population）（Sgroi, 1988）的悲劇與不能掌控的無助感（Orr & Downes, 1985）。King（1983）在治療性虐待受害者的經驗中，發現受害者表現出焦慮、生氣、沮喪的情緒反應是極為普遍的，而其他人可能會有身心症的徵狀出現，或過度使用「合理化」、「小化」（minimization）、壓抑、戲劇誇張化（dramatization）等防衛機轉，還有極少數的受害者會採取行動來對抗這個悲劇事件；簡化環境、知覺感受不正確、控制或壓抑的情緒表現（Webb, 1983），解離症狀（dissociation）、出竅經驗、麻木、自我形象扭曲、低自尊、自責、覺得自己不行或不好、與人之間界限模糊、自傷或性上癮行為（Butler, 1985; Friesen, 1985; Wills-Brando, 1990），或者是有進食困擾（eating disorder）、過度肥胖（Ledray, 1986; Engel, 1989），選擇有凌虐傾向的人為伴侶（Mayer, 1985），精神崩潰或失常（Oliven, 1974），多重人格違常（Coons,

1986; Root & Fallon, 1989），嗑藥、施虐受虐的性幻想、常感疲憊、對性失去興趣（Briere, 1989），對人的不信任、與人很難建立良性健康的關係，欠缺擔任親職育兒的技能（Trachtenburg, 1989）。Ward（1984）以新加坡人為研究對象，也發現了女性受虐者在心理創傷方面所受的影響最為顯著；Wooley與Vigilanti（1984）認為對於受害的女性而言，她們的世界觀可能會呈現很模糊，難以分清對錯的情況。也就是說，兒童性虐待經驗對於女性受害者而言，其心理與情緒上都出現嚴重問題，不單單只是生理上受害而已（Verleur, Hughes, & de Rios, 1986）。

　　根據Friesen（1985）的發現，父女亂倫事件的受害者，會出現一種「忠誠」與「被背叛」的兩難情境，也就是掙扎在對父親的忠誠與被父親的背叛、與對家人的忠誠和背叛家人之間的矛盾衝突，也因此她們對於「愛」與「性」的分野很難釐清、倍感困惑。Hazzard（1983）和Isensee（1991）特別強調女性性受虐者的人際關係（尤其是與異性的關係）、以及對「性」（sexuality）的看法與表現，是受到最嚴重破壞的部分。

(二) 性虐待對男性的影響

　　雖然男性較之女性少受到性侵害（3成比7成，親子天下，民111），但是其影響比女性受害者更為嚴重，主要是因為社會一般對於男性性別角色的要求自主、獨立、以及「同性戀恐懼」等等的緣故（Finkelhor, 1984）；把社會文化列入考量，可以確定男性遭受性虐待的案件應該比預估的多，因此似乎也要承受更長期的傷害（Engel, 1989），而男性受到性別刻板印象的影響甚於實際的侵害行為（Estrada, 1990）。男性受害者對於性虐待的反應有：在行為表現上有許多的宣洩行為，像破壞公物、自毀行為、侵犯性的性行為、極力想表現出自我控制的傾向（Kiser, et al., 1988; Hunter, 1990; Meiselman, 1990），甚至是成人之後，更容易涉及同性戀行為（Finkelhor, 1984）；在心理層面上，男性受害者有悵然若失、難與異性建立親密關係或以性來與人建立親密關係，很難表達非性的感受或情緒，自責、對於性喜好（sex preference）或性別角色的困惑、同性戀恐懼、覺得

374

無力、解離現象、不信任、用自我懲罰或是傷害他人的方式來發洩怒氣、PTSD徵狀（Finkelhor & Browne, 1986; Engel, 1989; Hunter, 1990; Meiselman, 1990; Olson, 1990; Isensee, 1991），壓抑的怒氣與敵意、發展任務上的缺失與「假性成熟」（pseudomaturity）（外表看似一切理性、成熟，但內心卻未長大，有許多害怕）（Froning & Mayman, 1989, cited in Hunter, 1990）。

　　Boisso、Lutz與Gray（1989）比較男女受虐者，發現男性基本上比女性的自我肯定要強，但是兩組共通點是：覺得無意義感、缺乏自我效能、沮喪、對自己的生命不能掌控。一般說來，男性受害者較多「外顯化」（externalized，表現出來）的行為，而女性受害者則是「內隱化」（internalized，把破壞力朝向自己）的行為較多（Hazzard, 1983; *Mayers, 1985*; Ledray, 1986）。

(三) 性虐待對兒童與青少年的影響

　　遭受性虐待的孩童，表現出罪惡感、焦慮、害怕、沮喪、氣憤、敵意、覺得被背叛等情緒，經歷了不適合其年齡層的性行為、注意力問題、極差的自我形象、孤離、被迫早熟、壓抑、退化、感受解離、分辨不清「性」與「關係」之間的界限、對於自己生理上的反應有掙扎與迷惑、身心症、失眠、學習困擾、可能有歇斯底里的痙攣產生（Hysterical seizures）（Capuzzi & Cross, 1989; Carnes, 1983; Dixen & Jenkins, 1981; Meiselman, 1990; Wittet & Wong, 1987; Yates, 1982）。

　　在較年長的兒童方面，會有比較公然的宣洩行為表現、未婚懷孕、複雜的性關係或從事性交易、逃學逃家、嗑藥、自毀、自殺或是犯罪行為、否認或壓抑、歇斯底里、易怒、覺得丟臉（Dixen & Jenkins, 1981; Edwall, Hoffmann, & Harrison, 1988; Kempe & Kempe, 1984; Meiselman, 1990）。

(四) 兒童性虐待與PTSD

　　兒童期遭受性虐待或侵害行為，無疑地對於個體而言，是生命中的重大創傷，而且較之一般的天然災害（像地震、洪水、飢荒）、或無意

造成的人爲災難（車禍、飛機失事、建築失當的房屋倒塌）後果更嚴重（Lawson, 1995），兒童期性虐待的「刻意」與「人爲」爲其受害者又增加了許多負向變數；而自八〇年代以來，許多學者紛紛對於兒童期性虐待與PTSD之間的關係與發展作研究主題，也得到相當的證實（Deblinger, McLeer, Atkins, Ralphie, & Foa, 1989; Meiselman, 1990; McLeer, et al., 1992; cited in Lawson, 1995）。Goodwin（1985）認爲PTSD是可以貼切形容性虐待受害者的，因爲受害者在事件發生過後，仍然在日常生活中，一而再、再而三地重新經歷體驗到悲劇發生時的情況（不管是在夢境裡出現、平日腦中出現不能控制的入侵畫面、或者是受害者的身心解離狀況），而所謂的「第二級徵狀」（secondary symptoms）也出現頻繁，像自主神經系統的過度活動、過高的警覺性、憂鬱、情緒突爆、對於親密關係的處置顯現無能或不適當等等。Kiser與同僚（1989）研究男性受虐者，發現這些人在很早期就表現出了PTSD的徵狀；而由於發展的階段不同，學齡前的孩子較容易表現出焦慮的症狀，包括PTSD（Kendall-Tackett, Williams, & Finkelhor, 1993）；甚至是如果在性虐待行爲之中有暴力與脅迫的因素存在，產生PTSD的情形也會增加（Wolfe, Sas, & Wekerle, 1994）。

　　如果以前述性虐待對於男女受虐孩童的影響來看，許多徵狀的顯現是吻合PTSD的診斷規準，然而是不是全部符合《心理疾病診斷與統計手冊》（DSM-IV, 1994）上的標準，研究所得的結果可能不太一致（Lawson, 1995），雖然在DSM-IV裡，另外增加了對於兒童可能出現徵狀的描述，但是由於診斷工具仍然不是很完全（有若干類似的診斷工具，如Spitzer等人依據DSM-III-R所編制的The Post Traumatic Stress Module of the Structured Clinical Interview for the DSM-III-R），一般說來，PTSD之認定仍是依據訪談、觀察、問卷結果，而許多仍是靠記憶回溯（retrospective）的方式進行，其眞確性亦讓人存疑；因此大部分的研究仍是依據診斷手冊上的三大項目進行判定，分別是：侵犯性徵狀（intrusive symptoms）、逃避性徵狀（avoidance symptoms）與自主神經徵狀（autonomic hyperarousal symptoms）（Astin, Ogland-Hand, Coleman, &

Foy, 1995）。

　　如果依以上PTSD的三個向度來看上述兒童期性虐待對於個體的影響，可以綜合歸納為：

1. 侵犯性徵狀

　　包括一直重複創傷事件的夢魘、性慾化行為（不適合其發展年齡的性行為或動作、或誘引性行為）、擔心或害怕、焦慮、無助無望、（對愛與性、愛與關係、愛與傷害、性與非性行為）迷惑、注意力渙散或不能專心、妄想或不切實際的想法、把周遭環境簡化等等。

2. 逃避性徵狀

　　知覺或感受不正確、記憶空白（或壓抑記憶）、沮喪徵兆、感受或生理上的麻木、情緒表現的失常與不適當、對於自己的現況或未來覺得灰色無望、解離與出竅症狀、自戕或自傷行為、嗑藥、宣洩行為、退化行為、逃避性行為、退縮、自我孤立、覺得不行或無能、壓抑、過度使用防衛機轉等等。

3. 自主神經徵狀

　　睡眠問題或困擾、脾氣突然發作或不穩、高度警覺（擔心周遭事物）、過度的驚嚇反應、誇張表現或歇斯底里、沮喪、過分活躍、有強迫性行為（例如：雜交、性上癮或強迫性習慣）、容易衝動、身心症等等。

第四節　家庭內性侵害及處置

◉一、哪些家庭容易發生家庭內性侵害

　　性侵害的發生，Rencken（1989, p.18）認為首先要把我們目前大社會的動力結構考慮在內，包括：

(一) 以男性為尊的父權社會

女性與孩童這些弱勢族群成為當然的受害者，主要原因是父權的情結在作祟，使得在家庭中也呈現「權力不均」的現象。父權的主導操控，也會使家庭內性侵害長久以來不見天日、成為家庭秘密，受害者不敢也沒有管道可以申訴求助，受害者如果是孩子，即使曾經向最能保護她的母親求助，母親也是無力無能的！

(二) 孩子無權

孩子在相較之下，無論就體能、心理、智慧與角色的發展上都是最無能力、權力最小的，也增加了其受害機率；而整個大社會對於孩子的地位不看重、也不相信他們所說的，孩子即使受到侵害、受了傷，也求助無門！

(三) 性負面社會（sex-negative society）

「性」只有在婚姻關係與繁衍下一代時，才被賦予正面意義，其他情況之下是禁止或是不敢讓「性」浮出檯面，而很諷刺的是，「性」在媒體與商業上，卻是常被用來販賣、促銷的主題！這不僅說明了「性」不只是用來表達親密而已，而是成為一種最有力、表現權力的武器。這樣的結果會造成性侵害更為私密、壓抑化，讓受害者更為痛苦！

(四) 相信懲罰是解決問題的方式

這在國內的情形尤然。對於犯罪者，我們使用最多的懲罰，認為只要關進監牢、與社會隔離就沒事，卻沒有在同時進行治療矯正的工作，犯罪者一旦假釋出獄，再犯的可能性大增，一旦犯行、又關進監獄裡去，這樣浪費的社會成本是相當可觀的！此外，如果受害者為孩童，因為大人不相信她／他的話，孩子可能因為說謊而受到懲罰，也無形中遏止了孩子求助的動力與管道！

根據一些臨床工作者與學者（Rencken, 1989; Kaplan, 2000）的研究結論發現，有一些危險因素可能造成孩童的性侵害：

(一) 第一胎生的孩子；

(二) 孩子為女性（特別是長女）；

(三) 孩子的父母中有一位不在家或是不能執行家務（如單親家庭、母親長時在外工作、母親常生病臥床或有精神疾病）；

(四) 孩子（特別是長女）在母親不能視事或是不在的情況下，成為「替代母親」的角色，被迫提早成熟、扛起成人的責任；

(五) 繼親家庭；

(六) 家庭生活亂七八糟或功能失常家庭（家人角色之間缺乏分際、沒有家規或倫理）；

(七) 加害者有酗酒或嗑藥習慣（或是無業，不負責或不成熟的人格）；

(八) 加害者在婚姻或是性生活上有不滿足（加害者在家中的地位可能是比較無力的，夫妻或親密關係中有權力不平衡）；

(九) 加害者是威權型的人格，把家人當成其財產的一部分，可以任意使用、操弄。

(十) 加害者在兒童期曾經目睹家庭暴力，或曾是家庭暴力或性侵害的受害者（可能把唯一學會的「問題處理方式」帶到往後成年生活之中）。

◉ 二、性虐待治療模式與效果

Harvey（1996）根據長期的臨床經驗，提出了一個較為完整的性侵害治療計畫，除了注意到人身安全的保護措施，臨床治療人員必須有適當充足的訓練之外，還要特別留意到受害者的自我傷害行為。由於許多的性侵害都是在受害者成年以後才有能力慢慢揭發吐露、失去了治療的先機，但是對於早期受創經驗的回憶方面，還是需要著力更多，因為有不少個案就是因為採用催眠療法喚起記憶，卻在法律上沒有受到認定！有些治療是必須要配合藥物的介入，才可以達到更佳效果（比如當事人已經罹患憂鬱

症、有強迫性行為出現），而許多相關的教育工作也要一併實施，像是關於受創經驗對身體、自我概念與信心、人際關係的影響，與重新適應生活的方式等，都需要讓當事人了解、才能知所因應。對於受害者的治療目標，一般希望可以達到以下幾點：發現過去對於威權的害怕而阻撓了目前對於創傷經驗的記憶，把記憶與感覺做再度的整合，可以忍受情緒的波動與焦慮，可以控制一些受創徵象，自我信心與價值的恢復，可以恢復與維持安全的人際關係，從過去的創傷經驗裡得到重新生活的能源，並轉換成正向的經驗（p.68）。

(一) 個別諮商治療

Friedrich（1990）強調個別治療就短期與長期的處置而言，都是十分重要的，而如果在當時有主要的支持系統，比如母親的支持，與治療師之間的和諧關係，較具指導性而又能提供支持的諮商師在側，加上受害者有能力溝通與容忍治療的緊張強度的話，會使得治療效果更佳！Brieie與Runtz（1987）肯定心理治療對於此類受害者的療效；對於年紀較為幼小的孩童受害者，尤其是對加害人的被背叛、出賣的情緒強烈，個別治療的模式是可以很成功地運用的（Jones, 1986）。Meiselman（1990）認為可以把近親亂倫的一些特質，以精神動力學的角度來解讀；Furniss（1991）指出對於受害者所表現的「性慾化」行為（sexualized behavior）——也就是把許多行為解讀為具有性的暗示或誘引的意味，行為主義的治療是可以收到極佳效果的，像正增強的使用，可以自「與性無關」（non-sexual）的行為中獲得滿足感，以及教導一些有關人際關係的技巧。

Brown（1991）建議使用「退化治療」（regression therapy）的方式，提供受害者有機會重新回到最初受害時的年紀、重新去感受，也把壓抑的完整記憶恢復起來，這個治療方式，McCann與Pearlman（1990）也持贊成的態度，兩位研究者相信：除了讓受害者在表達曾經有過的創痛記憶之外，配合視覺與情感層面的記憶，將會更有助於受害者走出創痛。也有學者使用催眠治療的方式在兒童受害者身上，可藉以恢復其自信與掌控的感

380

覺（Friedrich, 1990），而在使用催眠治療來發掘受創時的感受時，甚至有必要談到信任、協助當事人克服沮喪無助的感受、建立自我認同的能力，才可能恢復其自主性與對親密關係的信心。

Holtgraves（1986）建議在做個別治療時，諮商師要明白當時當事人家庭的動力情況，與當事人之間建立信任、同理、和諧的關係，認可與了解當事人的感受，建立當事人的自信。Long（1986）指出在治療過程中的重要關鍵事件，比如與受害者的母親取得合作，了解不適當的依附行為，對於當事人退化的行為予以治療，重新建立當事人對自己身體的感覺，甚至有的當事人會麻木、疏離自己的感受時，要予以感覺的教育或訓練。

Capuzzi與Cross（1989）對於性侵害的處置，提出釐清角色與責任，讓受害者的能力漸漸增強起來是很關鍵的，可以結合自助（self-help）或支持性的治療團體、教育，以及諮商等因素的話，其效果更佳！Faria與Belohlavek（1984）提出一個完整的治療方式，結合了認知、情緒、生理、及社交問題的解決，而Feindler和Kalfus（1990）則列了一些較為具體可行的方法，其中包括短期治療（以減少低落情緒的影響、增加與其他人的接觸）、線索——控制的放鬆訓練（減少社交孤立、控制心理上的衝動、協助情緒的表達，也協助當事人可以較為自在地談論性方面的問題）、系統減敏法、再教育、認知治療（修正非理性的想法），以及自我肯定訓練的配套模式。

(二) 團體治療

許多治療師建議使用團體治療的方式，也認為團體治療的適當使用，效果是最好的（Berliner & Ernst, 1984; Bulter, 1985; Joy, 1987; Tamura, 1989; Walker, Bonner, & Kaufman, 1988）。Friedrich（1990）強調在團體治療模式中，可以把許多處理性侵害的資訊與解決方式提供給受害者，也讓當事人在具有支持氣氛的團體中，嘗試新的行為與解決之道。Ganzarain（1988）建議用同儕團體的方式，讓受害者更容易把情緒表達出來、並且促使他們情緒方面的成長；而團體治療在增進自尊與「有所隸屬」的感覺

上，十分有用。Hunter（1990）認為團體可以有互助式的（像酗酒匿名團體，Alcoholics Anonymous，AA）、以教育為主旨的、還有結合同儕支持與教育的治療團體。

　　團體治療的優點是：減少孤立與羞恥、對於人的不信任關係的重建希望、滿足同是受害者本身無法滿足的需求、協助她們表達情緒感受、提供同儕支持（King, 1983）。Knittle與Tuana（1980）強力推薦團體模式的治療工作，他們認為在協助當事人減少自我傷害行為、解決情緒衝突矛盾、改善負面的自我形象、以及修正補足適合年齡階段的發展任務上，是極具功效的。Ashby、Gilchrist與Miramontez（1987）指出，團體治療可以提供學習楷模、以及團體共同努力達成相同目標的和諧力量，Mayer（1985）則認為，團體治療可以讓個人價值有所澄清、分享共通處、減少罪惡感與羞愧，把應有的責任放在加害者身上，建立肯定自我決定的行為，與認清並舒緩緊張情緒。Lew（1990）強調團體模式的成功植基於兩個關鍵：認清與了解發生的問題、提供安全支持的氣氛。

　　Baldwin（1988）提供的團體治療四階段是：認清也承認已經發生的事，掌控基本的需求（知道自己身體、情緒與生理上的反應），原諒與面質，把在團體中習得的一切，運用在外面的真實世界。此外，提供適當適齡的性教育，焦慮舒緩技巧，與學習應用處理危機的技巧和策略，都是必須包含在治療過程與項目中的（Berliner & Wheeler, 1987）。Brown（1991）建議除了傳統的諮商策略之外，善用創意的方式（像音樂、藝術、遊戲、動作、與日誌治療），可以協助不善於言語表達的當事人適當宣洩久蟄的痛苦與煎熬感受。

　　Friedrich（1990）相信，如果有男女各一的協同領導（co-leader）團體就更適合，不僅在責任分擔上較無壓力、適當的性別角色示範與互動情形，更容易破除當事人對於角色刻板印象（全好或全壞）的迷思。Hazzard、King與Webb（1986）建議在團體的情況中，成功處理一些主要問題是很重要的，包含有：覺得自己行為偏差與孤離的感受、社會技巧的訓練、避免了個別治療中的緊張情緒、可以談論私人的事情與感受、重建

與同儕之間的關係。

　　Mandell與Damon（1989）認為在選擇團體成員時，應該要注意到幾點：當事人有能力談論自身受虐的遭遇、有能力控制自己的衝動反應並且容忍團體中的限制與規則、適當的自我強度。McDonough和Love二者（1987）開了一個治療「方子」給團體治療的成員，內容有自我肯定訓練、角色扮演、心理劇、以及如果遭遇到父（母）親對當事人作性侵害時，應該如何應對的假設模擬。Sturkie（1983）的短期開放治療團體模式，重點除了集中在學習新的因應技巧之外，還有身體的察覺功夫、如何保護自身安全、與了解上法庭需注意事項等等（cited in Meiselman, 1990）；相對的，Damon與Waterman（1986）提供了一個短期的封閉治療團體模式，強調情緒教育與人際社交技巧。Walker、Bonner和Kaufman（1988）建議以認知行為治療為基礎，來增進當事人問題解決與做決定的能力；輔以藝術治療、閱讀治療、角色扮演、與寫日記的方式來讓當事人的自信心恢復。Coons、Bowman、Pellow和Schneider（1989）以及Salter（1988）相信單是團體治療是不足以達到最好效果的，他們堅信「一對一」的個人諮商是絕對必要。

(三) 兩人／三人治療

　　對於涉及家人的性虐待案件，處理父母與孩子之間的互動，對於預防受害者再度受侵害，是最重要的步驟（Burgess & Holmstrom, 1986）。Clark和Hornick（1988）相信受害者與非加害的母（父）一方、或受害者與加害者的配對治療，對於重新建立或加強親子的連結關係，是很有幫助的；Engel（1989）提醒治療師在採用這種配對治療模式時，特別要注意與加害者當面對質的震撼力，如果仍然有可能會讓受害者再受侵害的危險性時，傷害會更大！McDonough與Love（1987）二氏指出：如果在成功的個別諮商之後，施以這種配對治療的話，可以讓父母知道孩子所承受的痛苦與煎熬，可使受害人受惠較多。對於年紀較為幼小的孩童表現出來的「性慾化」行為，可以在親子的情緒都受到照顧的氛圍下，讓這種不適齡的行

爲獲得減緩與修正（Furniss, 1991）。

在父女亂倫的事件中，配對治療必須在設定適當的規則限制與重新定義父（母）的角色兩個先決條件下，才可能有較好的治療效果（Rencken, 1989）。Watts與Courtois（1982）認爲，在進行最初的治療處置時，與受害者的個別諮商之外，伴隨著父母與孩子的「三人治療」模式，是可以達到最佳效果的。

(四) 家庭治療

James與Nasjlet（1983）相信家庭治療依然是處理兒童期性虐待案件最爲有效的治療模式。Dixen與Jenkins（1981）認爲家庭治療緊隨在個人諮商後進行，可能對家庭亂倫的受害者會有較好的效果，Sgroi（1984, 1988）有附加的註解，認爲除非受害者家庭成員都接受了個別諮商，否則採用家庭治療就有其危險性；而家庭中的權力系統不平衡狀態，如果不能在家人一起出席時提出來討論，即使進行了個別諮商與團體治療了，仍不能改變既存的虐待形式。

James與Nasjlet（1983）建議在進行家庭治療過程中，可能包括三個階段：揭露─驚慌、評量─察覺與再建工作。Rencken（1989）認爲家庭治療的目標爲：了解此類性接觸、釐清加害者的責任所在、停止譴責受害者、改善家人溝通方式、釐清家人角色與職責、強調家人間的合作關係、每日家庭責任的分擔、享受家人相聚的時光，也減少家人對外的孤立關係。在家庭治療進行中，重要的議題包括：公開談論這件性虐待事件、定義家庭中個人角色與互動形式、訂立家庭短期與長期的目標、建立訪視的計畫（尤其是把受害人與加害人分開之後）、討論治療的進展，以及家人團圓後的適應問題（Pledger & Mclennan, 1988）。Meiselman（1990）的建議是應含括：評估每位家人對家庭的貢獻、權力的濫用情形、家庭與外界孤離的情況、擔心家庭之外的權威、家庭無法滿足的需求爲何，以及家人間的對談與資訊的提供及迷思的釐清。

家長發現家中有人可能遭受到性侵害，最好的處置步驟是先去了解

事實，也就是要仔細聆聽孩子的說法與感受，要相信孩子是在受苦、不要譴責孩子，因為孩子已經覺得很痛苦、有罪惡感了，父母親的處理態度會嚴重影響孩子對於自己與自我價值的看法。除了配合相關警政單位做必要的蒐證與檢驗工作之外，陪伴在孩子身邊是很重要的，而讓其他家人了解這個事件的嚴重性、受害者身心的狀態與感受、家人的諒解與協助都很必要，而善後的治療與復原工作也不可缺！

◉三、尋求諮商協助時應注意事項

並不是每位諮商員或心理治療專業人員都適合擔任性侵害的治療工作，許多治療師本身的迷思會妨礙到他／她本身的專業、也會波及當事人權益，還有，沒有經驗的治療師也無法做最好的處理，因此家長在選擇治療師時必須注意到一些條件：

(一) 有些治療師會怪罪當事人，認為當事人應該是具備了一些「引誘」被侵犯的條件，才會導致這樣的後果，這一點在沒有經驗的治療師身上特別容易發現。如果發現諮商師的驚嚇反應與不贊成的態度，就需要特別留意，可能這位諮商師根本沒有經驗，而他／她的這種態度當然會破壞與受害者的治療關係（England & Thompson, 1988; Driver & Droisen, 1989）。

(二) 要確定你所找的治療師對於類似創痛事件及對當事人的影響，有充分的了解與認識（Brown, 1991），也就是要對於性侵害有相當專業的了解與處置技巧。家長可以事先詢問心理諮商機構或徵求轉介專業人員。

(三) 家長也要注意許多受害者即使經過治療的處置，仍有可能會回復到原來的行為方式，而相對地增加了再受侵害的危險（Brown, 1991），這一點要與治療師充分合作，以防受害者再度受害的可能。

Driver和Droisen（1989）建議治療師要排除一些可能的障礙，包括驚慌的傾向、把焦點放在細枝末節與膚淺的事件上、來自公眾的影響，以及急著要為當事人做代言人的傾向（尤其是女性諮商師常常有這個情形），此外「非批判性的態度」（Butler, 1985），自身態度的檢驗，知道當事人可能有的痛苦感受，不要為當事人貼上標籤、而造成孤離的情況，接納

當事人是有解決問題能力的人（Courtois & Watts, 1982），角色模範的重要性，與在擔任個別治療或團體治療時的不同角色與表現（Furniss, 1991）。如果性侵害是發生在家庭裡，通常是因為家庭功能出現了問題，家長也必須認可這一點，為了孩子未來久遠的福祉，有意願參與家庭或是團體治療，讓治療效果更佳。而治療專業人員對此虐待事件對當事人、其家人、還有家人間的動力結構系統的影響、與一般功能失常家庭運作現象與處置的了解有其必要（Friesen, 1985; Everstine & Everstine, 1989）。

　　Thompson與Rudolph（1992）提醒諮商師在與性虐待受害者間信任關係建立的困難，而在安排當事人接受團體治療時，也要仔細考量當事人的準備度。

　　關於讓當事人吐露受虐事件方面，Collins與Gabor（1988）認為，提供支持的環境、協助當事人認知隱藏著的強烈情緒，以及與當事人訂立未來治療工作的契約很重要。另外，Dolan（1991）認為治療師的性別可能會影響到當事人的反應，因此讓當事人自己選擇治療師，可以免除這方面的負面反應；治療師與當事人之間的界限要維持適當的分際；治療師的自我揭露則視情況而定。Stone（1989）建議如果當事人為女性，在初次晤談時，安排女性諮商員擔任較為恰當（cited in Furnies, 1991）；Walker等人（1988）建議在團體治療中，以男性與女性治療師的搭配是最為妥當又具最佳療效。

　　對於本身也曾是性虐待受害者的諮商師來說，在治療上也有其利弊要考量（Dolan, 1991），Ganzarain（1988）所提到的受害者的「移情」現象，可能是關鍵。而治療師也要特別注意不要過分認同加害者、以及對於性關係細節的過分關注（Cahill, Llewelyn, & Pearson, 1991）。Feindler與Kalfus（1990）認為治療師應該注意自己對於性虐待的一些錯誤觀念，而要把注意力放在當事人成長任務的發展上，Figley（1985）認為諮商師對文化不同的察覺與能力是很重要的。諮商師在選擇治療模式時，可能會牽涉到治療師本身的價值觀，而諮商師在整個治療過程中所扮演的角色，可能是結合了治療師、調查員、備詢者、教育者與系統調節者（Friedrich,

3 8 6

1990）。

　　James與Nasjlet（1983）認為擔任性虐待受害者的諮商治療師，應該具有三項條件：具有基本溝通、確認肯定與面質的技巧，對自己的性慾覺得自在，以及對於情緒的表達不會覺得不自在；要明白近親亂倫的現象，一般人對於性虐待、加害者與受害人的態度，而且不能與當事人有性關係（Laidlaw et al., 1990）；對虐待事件責任歸屬的釐清（Leister, 1987），治療師結合專業權威與支持的角色是最具療效的（Sgroi, 1984; Shapiro & Dominiak, 1990）；Singer、Petchers與Hussey（1989）則認為當事人使用藥物、以及情緒上的劇烈轉變，可能與當事人處理問題的慣用方式有關，必須要注意。

　　Ward（1984）強調立即的危機處理是格外關鍵的；諮商師對於當事人不要抱持偏見或預設立場、不逃避令人痛苦的議題、保持真誠態度、了解當事人的道德標準、理解創傷所造成的影響，也適時適當使用行為治療技巧，這些都是治療成功的要件（Garside, Ward & Nagaraja, 1984）。

　　在不同文化中使用治療模式，是不是會有限制？而研究者又給予治療師什麼樣的建議？

◉四、文化的考量

　　Katz（1985）注意到西方諮商理論缺乏跨文化的考量，因為這些理論是植基於多數的白人中產階級的文化，而Herring（1990）相信文化上的誤解可能導致諮商師不願意去承認文化間的不同，而造成在治療上的不周全或不適當。由於治療理論間的歧異，使得少數族群很少利用心理健康方面的服務設施，而治療師對於文化的意義、限制與傳統的知識，是必須有基本的了解，才能讓更多當事人受惠（Courtois,1988）。Korbin（1991）指出：當處理兒童性侵害案件時，卻忽略了在這方面的跨文化資訊，這些社會情境的不同，可能導致對兒童性侵害案件的處理不當。性侵害案件在非西方國家中的情況，較少實際的調查統計數字，可能是因為這些受害者很少尋求家庭之外的協助機制的緣故（Mollica & Son, 1989），然而Greene與

Ephross（1991）相信團體模式是適用於不同種族文化背景的當事人。

　　Dolan（1991）指出，即使是在美國社會中，人們對於兒童性侵害事件，仍然希望能夠大事化小，而且怪罪受害者；Rush（1980）認為美國社會是個「性氾濫」（sex-obsessed）的社會，也就是說，青少年的性探索行為與活動，被視為是一種革命的象徵，而社會環境本身在性侵害案件層出不窮的情況下，其實是扮演著關鍵角色。Cohn（1982）指出許多心理治療師必須了解自己對於近親性虐待禁忌、兒童性騷擾與性慾等等的態度，多加了解與檢視，也就是諮商師本身受到自身文化環境影響、可能有的偏見與迷思，也要事先做審視工作。Hyde（1990）自女性主義的觀點說明，女性受限於文化上的約制（身處在男性主導的社會中，而又遭受性侵害），而必須承擔更多的壓力，這點也要注意（cited in Laidlaw, et al., 1990）。

　　對於亞裔美國人來說，傳統的「家醜不外揚」、不尋求家族外的協助等觀念，仍然深深地影響著他們的溝通方式。在Hong與Hong（1991）二氏對來自不同種族背景的受虐女性研究中，發現父母的權威仍然根深蒂固地深植在傳統中國人的觀念裡，孝順與家庭至上的觀念，是最顯著的特色，也因此影響到了受害者的身心與求助行動。McBroom（1981）也發現，亞裔中國人不太在公開場合談自己私人的事，對於問題的解決之道也重視具體的行為方略，這些都是很不同於西方文化重視開放溝通與過程導向的傳統。目前隨著一些法令的改變，性侵害已經變成公訴罪，只要是知道或是懷疑有類似事件發生，都可舉報相關警察機關，可以提供保護、舉證與心理治療的服務，然而因為許多心理治療依然非強制性，而許多家長仍舊認為只要不去想、不去碰就沒事了，這種錯誤觀念必須要澈底改變，才可以進一步保障受害者的權益。

　　兒童期性虐待的議題甚囂塵上，國內許多學術與福利機構已經開始關注、也協助這個族群，然而釐清人身安全與福祉先於禁忌或家醜的宣導，知道如何「發現」可疑個案，做進一步確認、接續的協助與治療動作，統整的協助系統與流程，相關機制的安置與保密安全性，以及法律的切實執

行，仍然是需要繼續努力的工作，而兒少性侵害或虐待，已經在立法的協助下，成為公訴罪，也就是只要民眾知道或是懷疑有類似案件，都可以報警處理，提升了犯罪的發現與預防，也保障了更多少數族群或弱勢的權益，深深切盼我們的人身安全與權益可以真正受到保障，甚而提升。

☺五、父母親是防治孩子遭受性侵害的第一道防衛牆

父母親身為孩子的監督保護者，對於孩子的行為舉止與生活，都會仔細關心與注意，發現孩子有異樣，就要有警覺，也去詢問與了解。在日常生活中，父母親就可以做一些預防工作：

(一) 教導孩子的身體保護、自主權觀念。

(二) 與孩子維持親密關係，以及良好溝通。

(三) 親子關係即使再親密，還是有自己的界限，家長有家長的職權、孩子有孩子應該表現的範圍，也就是父父子子、各司所職。

(四) 對孩子尊重，也在日常生活中做很好的示範。

(五) 留意孩子的交往關係，平日觀察也關心孩子的生活作息，發現孩子有異狀，就需要做探問與關心。

(六) 父母親對於平日出入家中的朋友是要可以信任的，即使很熟悉，也不需要讓對方自由進出孩子房間。朋友來訪時，最好大人都在家。

(七) 如果需要找保母或是他人照顧自己孩子，最好先打探清楚對方背景、他人口碑，值得信任最重要。

(八) 如果性侵害事件發生，要以孩子的福祉為最優先，配合警調單位之外，也需要慎選諮商師，家長本身與全家也要參與治療。

對於性侵害的預防勝於治療，受害者所承受的心理創痛，在沒有經過專業治療的情況下，有時會延續一生！由於連續性犯罪者的治癒情況很不樂觀，加上判刑不抵罪行，也造成了社會大眾的恐慌！

父母親可以做的

(一) 教導孩子正確的性教育、性別關係，如果自己覺得不能勝任，請適任的人來教。

(二) 關心孩子在學校與其交往的情形，只要父母親的態度不是批判、拒絕，孩子會比較願意與家長坦承溝通。

(三) 以社會事件或是故事方式，與孩子談論如何保護自身安全，助人雖是美德，也要懂得助人的時機與其他考量。

動手與動腦

1. 找一本繪本，主題適合教導小學階段孩子的身體自主權，並根據其內容做批判與改進意見。

2. 擬定一個三十分鐘的團體活動，實施對象為青少年，主題是「認識性侵害」，每個活動的目的、時間、進行方式、需要輔助教材都要列出。

3. 訪問一位家暴受害者（教師可提供資源），了解其心路歷程與未來展望，訪談方式可以以電話進行之。

第十四章

與孩子一起成長

第一節　要愛不要害

　　每個孩子都是父母親的寶貝，相對而言，父母親也是孩子最珍貴的親人，不管一對父母親教養幾個孩子，每個孩子都是很特殊、可愛的，父母親有特權可以看到孩子一個個茁長成熟，的確是很棒的經驗與恩賜！孩子的生命與父母親的生命，在生活互動與關照中都會對彼此有影響。這一章要將重點放在親職教育中的管教與「生命教育」上，將許多生活面向以較為長遠的眼光來探討。

　　做父母不容易，要教養出理想中的孩子更難，父母親都是做了父母親之後才開始學做父母，因此犯錯是必然，只要不要犯太大錯誤、傷害了孩子，其他情況都可以在嘗試錯誤中，慢慢汲取經驗與智慧。如果知道一般父母容易犯的錯誤，「他山之石可以攻錯」，至少消極方面可以提醒父母親，積極面可以讓父母親去思考如何改善。

◉一、管教十戒

　　坊間許多有關教養孩子的手冊或是書籍，其中一本與個體心理學派理念若合符節的，就是Kevin Steede的《父母十誡》（Ten most common mistakes good parents make）（陳娟娟譯，民88），下文會依據Steede的觀點加以闡述。Steede（1998）曾經提出父母常犯的十個管教方面的錯誤，以下篇幅會稍對每項作說明：

(一) 灌輸孩子負面的信念

　　要求完美、讓孩子誤以為自己的成績可以贏得父母親的愛，不鼓勵表達負面的情緒，要讓自己受到所有人的喜愛，以及不允許犯錯或求助。孩子在這種要求的環境下成長，對自己會沒有信心、有時會表現「動輒得咎」的害怕。

(二) 過度注意孩子的不良行為

孩子都希望引起家長的注意，這表示受到喜愛與讚美，但是如果一味只注意孩子表現不佳的地方，不僅讓孩子對自己沒有信心，也錯誤引導了孩子爭取注意的方法。正面、具體、注重努力的稱讚，也留意孩子的失敗是否為能力不足或沒有準備好的緣故，甚至有時候在孩子違規行為發生太多時，還要特別增強孩子不犯錯時的行為，這也是行為主義學者會使用的一種增強方式。正面具體的鼓勵，可以讓孩子重拾信心、樂觀學習！

(三) 教導孩子前後不一致

父母親教養態度的一致性，不只讓孩子知道規則與限制所在、信任父母親，願意切實遵守規定，也讓他們感覺安全，因為事情是可以預測的、不是雜亂毫無次序。

(四) 不和孩子溝通

威權型父母不在乎孩子的感受，一以自己的需求為依歸；說教型父母告訴孩子「應該」如何做或感覺，不去探討孩子真正的想法與感受，是最容易讓孩子與父母疏離的作法；苛責型父母只在乎自己的面子或成就，不鼓勵孩子爭拔直上的努力；安慰型的父母只會做一些不痛不癢的撫慰動作，不想深入了解孩子。孩子在感受到被傾聽之後，許多的抗拒與不快都會消失或是學會處理自己的情緒，父母親要聽到內容，也要聽到孩子所表達的感受。

(五) 過度保護孩子

不僅剝奪了孩子學習的機會，甚至鼓勵孩子過度依賴；孩子可以經由「自然結果」與「邏輯結果」去學習，孩子多一份能力，其在社會中生存的能力就大增。

(六) 和孩子對立

孩子為了凸顯自己的存在，有時會為了反對而反對，其實不是真正想與父母親敵對；手足之間的爭吵、或是家庭事務的決定，都可以藉由「家庭會議」的方式尋求解決，這是取得孩子合作、並尊重孩子意見的民主作風！與孩子刻意對立，受傷的是雙方，賠掉的是家庭！

(七) 無效的懲罰

平常多讓孩子有選擇的權利，這樣可以避免不必要的親子爭執，但是有時候就必須有一些罰則的存在，以維護其他遵守規則的人的權益。不在盛怒之下做處罰動作，不當眾執行處罰，也要避免辱罵，如果是因為能力不足而違規，就必須要先加以教導、訓練，孩子才能在日後不重蹈覆轍。

(八) 沒有以身作則

父母本身沒有所謂的「雙重標準」，而且前後態度一致，自然能夠贏得孩子的信任，身教是力量最大的潛移默化，孩子細膩敏銳的觀察，常常表現在日後的模仿動作上。

(九) 忽略孩子的需求

有些特殊孩子需求不同，父母卻常常因為不了解而認為孩子品行不良，像是過動兒、學習障礙、憂鬱、或是焦慮恐慌的孩子，此時最好尋求專家的協助、釐清情況並做適時適當的補救與治療，讓孩子的成長路走得更順利！

(十) 忘了保有童心

孩子的成長只有一次，他們也希望可以與父母親家人有最好的關係。孩子在年紀尚幼時，父母親除了司照顧保護職責之外，很重要的就是玩伴的角色，適度的幽默也可以讓孩子學會面對人生的態度，而當孩子年

紀漸長，父母親的諮詢顧問角色就更明顯了！

◉二、負面父母

一個人在成長過程的早期階段，對於自我的價值與看法往往是比較他人導向的，也就是會較重視他人對於自己的評價、以他人的評價來「決定」自己的價值，而年紀漸長，也慢慢培養了自己的能力與自信，會漸漸把評價的力量收回到自己手中，但是仍不免受他人眼光的影響，而也有許多人可能因為環境、經驗或是個性，一直到成年也無法建立對於自己的信心、一以他人的意見為意見。影響孩子對於自己看法的最大與最先的力量當然也是來自父母（或照顧者），而孩子在童年階段的父母親，有哪些表現可能對於孩子的自我觀念或價值產生負面的影響呢？Frey與Carlock（1984）（cited in Capuzzi & Gross, 1989, pp.102-103）特別提到幾種型態的父母親，可以與之前Steede（1998）的相對照，有異曲同工之妙：

(一) 要求完美的父母親

孩子做的都不夠好、給孩子很大的壓力，甚至讓孩子覺得自己怎麼努力都不能討父母親的歡心，因此自暴自棄。

(二) 不一致、也沒有設定界限原則的父母親

一致與一些規則的決定會讓孩子有安全感、減少焦慮，如果父母親的反應前後不一定、甚或朝令夕改，孩子不知道標準或規則在哪裡，當然也談不上遵守，因此就一直過得戒慎恐懼、人心惶惶，不能確定對或錯、可以還是不行。

(三) 不能給予孩子正向回饋與鼓勵的父母親

父母親都是抓錯誤、看到不好的一面，孩子頻頻受到打擊，當然就覺得自己不行，而對他人可能也會有敵視或攻擊的表現。

(四) 不會傾聽的父母親

孩子的意見不重要、父母親最大，孩子沒有受到尊重、也沒有表達自己意見的權利，當然孩子就會覺得自己渺小、無足輕重。

(五) 拒絕型父母親

拒絕型的父母親讓孩子身心受創最爲嚴重，有時候比肢體的虐待還要嚴重，拒絕包括不能提供孩子適當的生存需要（食物、關愛、安全感等）、無法照顧孩子（父母親生病或不在家）、死亡、離婚或是忽略，都可能是表示拒絕，這讓孩子覺得自己不被關愛、沒有價值，甚至會造成孩子對自己的憎恨與不在意。

(六) 做了不良示範

父母親不能適當扮演與擔任自己親職的角色，孩子以父母爲學習對象的時候，也會不喜歡自己那個樣子。

(七) 不能協助孩子去適應

在瞬息萬變的現代社會中，許多價值觀的混淆與衝突，往往會讓孩子不知道遵循哪些原則，此時父母親的價值引導與釐清的角色就分外重要，如果父母親在這個功能上的發揮有限或者無力，甚至自己也是處於混沌迷濛的情況下，結果就更糟！

(八) 硬生生將孩子套入某個模式中的父母親

沒有依據孩子的性向或是個性，硬生生要孩子遵循某些路徑或是行爲模式去走，甚至要求孩子完成自己未竟的夢想，很容易就限制了孩子的發展，而孩子也因爲所做的不是自己喜愛或適合的，而感覺挫敗、也瞧不起自己。

(九) 允許也支持拖沓的父母親

不要求孩子按時完成某些要求的工作、沒有讓孩子有適當的自我管理訓練，孩子也容易覺得自己好像無法完成什麼、沒有成就感，對自己也沒有信心。

這些學者的共同結論包括有：灌輸孩子負面的信念、對孩子吹毛求疵，教導孩子前後不一致、沒有一個界限或規則，不和孩子溝通或不聽孩子說話，以及忽略孩子的需求（所謂的「拒絕型父母」），這些都是負面的親職。

第二節　生命教育

親職教育最重要的部分不在於教養出傑出孩子，而是讓孩子知道如何過有意義的生活，因此親職教育在許多的面向都是親子共同成長的同義複詞。親子可以有一段共同分享的生命階段，其實就是一種幸福，而可以在生活歷程中體會與歷練生命，也是不可多得的緣分。

生命的現實面，孩子從娘胎出生之時起，就已經開始了解與經歷生命，之前他／她是在母親子宮內安穩生活，一旦脫離了習慣安定的母體環境、降臨到這個世界，先是生產時經過產道的痛苦擠壓，然後就必須開始自己呼吸、自立更生，同時也適應外面的新世界！成長固然是一連串的探險、焦慮、新鮮與害怕的組合，但是也有學習成就的驚喜與自豪。

一、生涯與生活的規劃

生涯不是只有選擇喜歡、可以適任的工作或職業而已，而是要包括工作、生活型態、休閒、不同角色的協調、與同事和家人關係、個人嗜好與興趣、學習與進修教育、退休計畫等等。協助孩子自小就開始計畫自己

未來生活的型態，做必要的準備，可以讓孩子的生活有目標、也減少了徬徨耽擱與摸索的時間。家長會希望孩子唸好書、有發展性工作、有好的生活，但是許多孩子沒有看到這麼多、這麼遠，因此可能只會認為父母親只是「逼」他們唸書，以為「書中自有黃金屋」！當然孩子的生命經驗不像成人，會侷限到他們對於生命與自己願景的看法，這也無可厚非，而也因此父母親的角色就變得很重要，他們可以是孩子「生命的導師」。

「生涯規劃」的觀念，在我們考試領導教學的社會中比較晚才受到重視，許多人開始「正視」自己想要的生活時，最明確的可能是投考高中或職校、在高中選擇組別、以及大學填寫志願之時。但是有多少人可以選擇自己的「第一志願」？因此許多人就花了許多時間在懊悔自己沒能如願上「最喜歡的」，卻忽略了人生其實還有其他很好的選擇與發展，不是以第一志願定終生。

固然賴以維生的「職業」與生涯發展關係最密切，但是隨著工作而來的家庭生活、家人關係、教育與進修、休閒、以及退休生活都有緊密的關聯，而這種種就構成了一個人的生活型態。一個人希望在這一生成就什麼？成為怎樣的人？對社會有什麼貢獻？希望被人家記得什麼？這些都是一個人的「自我實現」方向，如果可以早些清楚了解自己要的是什麼，就可以做較有系統的規劃與準備，而一個人想要的東西或成就，可能也因為年紀或是觀念改變而有所變動，事先的規劃也可以協助個人做一個彈性的生涯計畫、確立較為實際的目標來滿足自己的需求，雖然「計畫」趕不上「變化」，但有準備總是勝過倉促不足！Danish與D'Augelli（1983, cited in Zunker, 1990, pp.81-82）針對如何擬定生涯計畫提出了一個架構，包括：(一)了解、認清所需技術發展的層面（有問題解決、做決定、做計畫等技巧，設定目標的過程，以及生涯資源與利用）；(二)做決定技巧（明白個人特質，遭遇生活挑戰時不同的決定策略）；(三)找出協助系統（公設或私人生涯諮商地點、資源、與教育或職業訓練的提供，社會支持系統）；(四)找出就業市場的需求與如何運用的方式（包含了未來工作角色的了解）；(五)找出與生涯和生活相關處理技巧（職業滿足的條件、壓力來

源、行爲的修正配合、與壓力處理技巧）。Zunker（1975）的研究發現一般人有幾個與生活型態有關的考慮方向，它們是：財務取向（希望生活舒適、社交生活活躍、有聲望地位的職業），社區取向（希望可以積極參與社區活動、服務他人），家庭取向（結婚有家庭、強調孩子的學業成就、提供家人舒適安全的生活），工作成就取向（挑戰性的工作、與不同的族群接觸、希望對社會有很大貢獻），工作領導取向（在工作中有其領導地位、聲望與影響力，在工作升遷上有相當潛力），教育取向（可以經由閱讀與進修或專業上成長、成爲家長會一員），建構工作環境取向（喜歡固定工作時間、壓力小、有足夠休閒、沒有太多工作上的責任），休閒取向（有許多機會可以度假、從事自己嗜好的事），流動取向（可以常常去旅遊、可以常常變換工作地點與性質），中度安全取向（低壓力、工作步調緩慢、可以輕鬆過日子、低財務危險），戶外工作休閒取向（喜歡在戶外工作、或是享受戶外休閒活動）（cited in Zunker, 1990, pp.84-86）。每個人想要過的生活方式大約可以從這些方向來看，而工作與職業的選擇也可以以這些面向來做考量。

　　當然生涯的選擇就包括要考慮到自己喜歡的生活方式（如壓力多寡、室內或戶外、升遷機會、經濟收益、可否兼顧家庭與事業、希望得到成就或富裕生活、固定或是彈性上班時間、對社區貢獻或是個人成就等等），在專業知識與技能上的準備，相關技能的學習與獲得，進修管道與機會，市場需求的考量等條件。現在社會與經濟現實，已經不是專才就可以獲得生活的滿足，可能還需要第二專長或是夫妻都工作，才可以享受較爲舒適的生活，生涯選擇的最初可能會考慮到自己的興趣（如喜歡資料、數字、還是與人互動）、個性（喜歡獨立作業、還是團隊合作）、潛能（或性向），再則就要把較爲現實的因素（經濟現況、市場供需、經濟收益、事業發展升遷可能等）納入思考，而知識與技術的日新月異，在職進修或是更進一步的生涯發展技能都是必要的。

　　家長們對於孩子未來生涯發展的考量周全者，就不會只單就職業類別、聲望、收入等做標準而已，還會注意到孩子要怎樣過生活、過得好的

方向去做考慮。在孩子年紀尚幼時，可以多鼓勵他們去發展自己的興趣、探試能力，甚至開始作有計畫地培育，也要在「維生」技巧之外，多一些生活樂趣與哲學的身教及薰染。

◎二、生命教育從認識死亡開始

　　我們國內的許多生命教育課程，都是從「死」開始，明白提醒也告訴我們「生命是有終點的」，而事實是我們從出生之日起就開始步向死亡，因為有「死」、生命的意義才凸顯（Kierkegaard, 1843, cited in Marrone, 1997），也有相關研究指出：對於會看到「還剩下的時間」（time remaining）的人對生命持比較正向的態度，而只回味過去的人對於死亡會比較害怕與焦慮（Keith, 1981-1982, Pollak, 1979-1980, cited in Marrone, 1997）。存在心理學家Yalom（1980）說得好：「學著好活就是學著好死，反過來說，學著好死就是學著好活」（p.30），可以為存在主義下個最佳註腳。雖然在親職教育中的生命教育不一定要硬生生自死亡開始，但是家長不避諱死亡的必然，而以學習、了解、珍惜的角度來看，給予孩子正面的生命意義就非常珍貴。生命過程裡，我們有獲得、也同時有失去，「得」的另一面是「失」、「失」的另一面是「得」。父母親對於死亡的態度，對孩子影響深遠；「死亡」在東西方社會都是禁忌的話題，但是卻是目前親職教育中很需要添加的一環。目前許多的社會現象，都經由媒體與網路的大量披露，許多的生命現實都難逃過孩子的眼光，嗑藥、飆車、縱火、自殺或謀殺、車禍與其他天然災害等等，許多兇殘畫面或是消息的湧現，死亡變成一些沒有意義的數據、甚至是家常便飯，不僅容易麻痺觀眾，也間接透露了生命的微弱、不可預期，甚至不必珍惜。

　　一些大學生在敘述死亡之所以讓人產生恐懼焦慮，主要是因為死亡是「未知」的、擔心沒有知覺、喪失一切、或是不捨得，畏懼死亡是因為沒有好好活過，有太多未竟事業，怕徒留遺憾！然而也因為死亡之不可測，與「未知」、不知其具體形貌，所以才有新鮮感、平添生命趣味！如果可以清楚看到、了解死亡的面貌，就更容易接受「死亡」只是一個生命必經

的程序（邱珍琬，民91d）。

　　Eddy與Alles（1983）認為，經由對死亡的檢視，個人會更了解、珍惜與尊重生命；也可以藉著有關死亡的事實資訊，釐清個人的價值觀，減少對於死亡的焦慮，甚至更熱情地去努力過生活；另外還可以協助個人對於死亡的內在情緒得到理解、承認，除了知道死亡為生存的事實之一外，也發展出自己的一套生活哲學（p.9）。而實施生死教育的必要性主要是：關切個人之前未能解決的事物，關切個人目前正在遭遇到有關重要他人的生死事件、相關醫護或協助人員的工作需要，以及希望可以更為有效因應他人或是自己的死亡與哀傷，甚至發展自己滿意的生命哲學（Kalish, 1985, p.297）。也就是生死教育主要是希望「利生」，不僅可以協助個人認清死亡的事實與面貌，知道可以做的因應方式與調適，也希望可以經由自我檢視與體驗，更知道珍惜與創發生命，活出自己想要的人生！而生命教育（包括死亡教育）是不一定要靠學校系統來施行的，家庭就是最佳的施教環境與場所。

　　存在心理學家（「意義治療」的先驅）Frankl（1986）就認為死亡讓生命有了積極意義，而生命意義可以從創造（藝術、服務、培育人才）、經驗（體會生命的真善美，給生命不同的意義）與對生命中的有限選擇因應的態度（在生命過程中可以有不同的領悟與參透，甚至受苦也有其意義──知道保護自己的生命、經歷不同感情知覺、會去思考生命給我們的考驗與學習機會）來獲得。另一存在諮商大師May（1981）也指出人們對於生命有限的覺察，讓其生命力與創意更能發揮（引自金樹人，民87），當死亡已經是迫在眉睫了（或是體會死亡的必然），就不會將心思與體力浪費在細枝末節上，而會比較有方向、願意承諾、全力以赴！Yalom（1980）對於臨終病人瀕死經驗的研究，發現病人將死亡視為「危險的轉機」，而因此有許多個人的成長，包括：重新安排生命中的優先次序，不再去理會一些細枝末節、不重要的事，生活變得有重心、精采；解放的感覺，可以選自己想要做的事做，不需要去迎合他人、做一些自己不想做的事；強烈感受到「活在當下」；很能感激與欣賞生命中所發生的事件；可

以與親密的人做深度溝通，也不需要虛應故事、流於膚淺；比較不會害怕人與人的關係，也比較不怕被拒絕、願意去冒險嘗試（p.35）。

　　作者曾在課堂上問過學生：「不死的世界像什麼樣子？好處是什麼？壞處又在哪裡？」學生認為不死就不會有生離死別，但是也會有浪費生命、無聊、人口爆炸等問題出現，人們不會珍惜、也不會去成就一些事業。「死亡」會讓人覺察時間與人際關係的可貴，會想去做最好的利用，會體驗也珍惜，也會懂得把握與及時行樂（也包括盡孝、說抱歉、表達感激）；這也說明了「死亡」雖然給了我們限制，但是也給予我們許多積極的生命意義與發展空間，讓我們跳脫虛假，真誠面對（Yalom, 1980）。

◎三、「死亡」觀念的發展

　　對於死亡的觀點會隨著年紀漸長慢慢了解、成熟，兩、三歲的孩子不喜歡看到動物死亡，但是很容易將死亡與睡眠混淆；六歲以下的孩子一般不會認為死亡是生物普遍的最終結果；七、八歲之後孩子對於死亡的「不可逆性」（死了就不會再活過來了）會比較清楚。依據Nagy（1948）（cited in Santrock & Bartlet, 1986）的研究也發現：三至五歲的孩童不承認死亡的存在，六至九歲的孩子知道死亡會發生、但是只發生在若干人身上，九歲之後的孩子就肯定死亡的確實存在、而且不能回頭。也因此，一般的心理學家或臨床治療師也建議對孩童不必隱諱死亡，通常成人會擔心死亡的壞消息帶給孩子的負面影響，但是多半大人也是諱死忌說的，死亡許多恐怖的面向，其實都是成人因為自己害怕、所以將其形容得可怖不堪。青少年時期是會對死亡做最直接挑戰的階段，年輕氣盛的時候會企圖展現自己的能力、甚至去做挑戰或控制死亡的嘗試，表現出來的可能是對於疼痛或死亡不在意，希望可以減少自己對於死亡的畏懼，這也是自我防衛、企圖掩飾自己對於生命不存在的焦慮，我們目睹許多飆車族的表現可見一斑！

　　雖然說死亡是生命最主要的焦慮來源，人類最終的關懷就是覺察到死亡的不可免，也因此會創造出許多的防衛機轉來讓自己減少一些焦慮

（Yalom, 1980）。死亡也是人類唯一的公平，但是死亡的觀念對一般人來說還是很不切實的，因為以「技術」層面來說，都是較為遙遠，然而一旦面臨到家人或手足的死亡，死亡面貌就極為清晰迫近了！我們一般人會在面臨雙親的死亡時，才確實明白自己可能是下一個。如果知道死亡不可避免、也不知死亡何時降臨，那麼死亡教育的積極意義就在於：如何把握當下還有氣息的時間，努力去做自己想要做的事，也很珍惜生命賦予我們這樣的機會，把每一天當成生命中的最後一天來過，就不會去計較一些芝麻瑣事與心機，會從較為巨觀的角度來看所遭遇的事物，心態變得更寬容，生活過得很坦然！

第三節　生命所要成就的課題與任務

　　生命課題包括：知道自己想要成為怎樣的一個人、不能成為怎樣的一個人，知道自己「能」與「不能」、「潛力」與「限制」、發掘自己的獨特性，也欣賞他人的特點。有人說「活動活動，活著就是要動」，活著與死了的最大差別就在於：只有活著才可以成就一些事情，死了只有讓人記得曾經做過或還沒有做的事情。「生命教育」的範疇很廣，拿到親職教育上應該至少要有哪些內容呢？

☺一、學習接受人生的不完美，也享受這些不完美

　　雖然能夠很漂亮地完成一件工作或是作品，是一般人很希望達成的目標，但是世界上的許多人事物並不能這樣盡如人意，我們必須要與「不完美」共同生存。父母親可以讓孩子知道人生下來就是不完美的，而人的一生就因為這個不完美，所以可以學習許多、經驗許多，生命就是學習的過程。不要苛責孩子犯錯，因為人會犯錯，但是人偉大的地方就是有學習的能力，可以從犯錯中學習、並加以修正，讓下一次更好！

　　看看周遭的人事物，也觀察大自然中的傑作，不一定是「無缺

點」，但是無損於它的美麗與可愛。有障礙或缺陷的人，不是上天刻意的惡作劇，而是每個人都是不完美，但是卻都有生存的權利，這就是上天公平的地方！也許「比上不足、比下有餘」會讓我們好過一點，但是可以欣賞不完美或是缺點，就讓人多了一分美麗人性。就如Frankl（1978）所說（引自金樹人，民87），生命本身不具意義，而是有覺察能力的人類感受到生命的有限，願意為自己有限的生命創造出其意義來！生命的缺憾在於有死，還有其他的老、病、困挫與災難，但是這些正是人可以努力的理由——努力與掙脫現有的生命限制，活出自己的生命型態來！缺陷與不同讓我們學會欣賞、同理與寬容，接受自己不完美的樣子、喜愛自己，也才會願意做相當的承諾與努力，為更美好的遠景盡一些心力！從另一個角度來看，不完美也就是「限制」，在限制中可以更激發人的創意，從有限中尋求解決方法。

　　哲學家沙特（Sartre）說人是自己生命的創造者，自己的生命型態由自己負責。生來不完美是一個既定事實，不必因此怪罪父母親或他人，接受事實、也願意承擔一切的後果（成功與失敗），就是負責的表現。每個人的不完美也很獨特，我們找不出兩個相同不完美的個體，May（1953）說得好：人的存在有別於其他物體的就是人有個別性，而這個獨特的個別性只有靠「意識」與「負責」的選擇才能成就！「意識」到人存在的限制，然後做負責的選擇，才能完成這個任務（p.120），也因此人越能覺察，就越自由，覺察到自己的限制、與其他可以選擇的項目，所以才可以做自由的決定；誠如Frankl（1986）以集中營的情況做說明，雖然許多人都被關在一個陰冷污穢的地方，身體固然受到嚴重限制，但是人依然有自由，有人利用想像、宗教與期待的方式，讓自己的心靈馳騁飛翔，不會將心思放在目前狹隘、恐怖的情境，這也就是「覺察」自我處境→看到更多選擇→自由的人。

　　生命不管完不完美，最終還是要自己負責（結果），做或不做、失敗或成功，都是自己要擔起最後的責任，相似於中國人「蓋棺論定」的說法，沒有一個人可以逃避。

父母親可以在親職教育上用力的，就是讓孩子學會接受自己、包括自己所有的全部，也激勵孩子唯有因為不完美，所以人生才有許多可以努力的目標！

◎二、活在當下

人生要少些遺憾，那麼就儘量不要做讓自己後悔的事。活在當下除了劍及履及之外，也包括及時訂正錯誤、修補關係、以及道歉。過去種種不可追，以後種種也不能預期，我們唯一可以把握的就是當下的一切，去完全經驗有限的「當下」，做可以的努力，就會少留遺憾。而且「當下」很快就會成為「過去」，是稍縱即逝的，不允許拖沓。

「當下」的觀念可以讓人們充分去打開自己的感官與覺察，也投注充沛精力，不把時間與精神花在無意義的追悔上，也不必去夢想不切實際的未來，而是把握機先、該做就做。我們在日常生活中的體驗也是如此，當欣賞一個很棒的陶藝時，全神貫注、很興奮、感覺很美，這就類似Maslow所說的「顛峰經驗」（peak experience），當然這個感受一下子就消失了，下一次如果再碰見，同樣的感受不一定會再度出現，但是這種「顛峰經驗」就是生命中的一種領悟與體驗，給生命的衝擊很大！

我們俗話說的「今日事，今日畢」，用來做為存在主義的詮釋「當下」很恰當。生命是一直往前的，我們擁有的只是「暫時」的「現在」，過去與未來都不在我們的掌握中。「當下」還提醒我們要「及時」，不要去拖延、找藉口、留遺憾，該做什麼、該說什麼，當機立斷！有個繪本《我永遠愛你》，就是一個很好的範例，故事中的主角每天都對他的愛犬說：「我永遠愛你」，所以當狗狗年紀越來越大、最後死亡了，他沒有遺憾，因為他把每一天想說想做的都儘量做了，包括表達他對愛犬的愛。父母親在日常生活中也可以教導孩子如何在一天結束之時，反思自己一日所作所為，有遺憾的記得補足，如果明天或是將來有想要完成的事情，就將它們寫下來，不必帶到睡夢中，讓每一天都過得很充實。

活在當下就是一種認真、負責的表現。儘管孩子年紀尚幼，有許多瞻

望未來的準備，但是生命就是每一個「現在」所組成，把握此時此刻，對於目標有較爲具體可行的計劃與行動，就是對生命最佳的詮釋！家長往往會對孩子說：「以後你／妳就知道！」有時候並不能說服孩子，因此讓孩子清楚，即便是能力或智慧，也都需要一點點累積、一步步達成目標，下苦功、不躐等以求，就是最便捷之道！網路與手機世代的孩子，生活在一切唾手可得的社會，有時候反而不會看見或重視眼皮下的努力，這當然也受到價值觀改變的影響，家長可以做的努力就更多了！

◉三、從不同的角度看事情

既然世界上有各種形形色色不同的人，我們的生命意義就在於「經驗」，接觸不同的人事物、也可以學習到許多；世界眞美，因爲有不同的人事物，所以好美！從自己的角度看事情，有自己主觀獨特的個人性，從他人的角度看事情，可以有同情、同理與關懷，也知道自己思想的不周到處，從不同的角度看事情，可以更寬容、有彈性、更開放、給自己更大解決的空間與能力，也可以活得有生氣、不拘泥、樂觀！

「幽默」就是「從不同角度看事情」的表現。從「自我解嘲」開始，即便看到自己的不足，也可以坦然輕鬆以對，幽默可以轉換情緒、化解尷尬、贏得人緣與友誼，還展現了彈性與創意！要注意的是：幽默是兩個巴掌的事，單方面的戲謔或嘲弄並非幽默。

在爭論時，設想自己是對方，就不會堅持只有絕對的對與錯，也可以理解別人的感受，這也是可以學習的；從不同的角度看事情，也意味著人可以有彈性、可以幽默的，輕鬆自在的思考會激發更多的創意與樂趣，也在同時保存了自我（self）的完整性（May, 1953, p.61）。

「樂趣」（fun）是許多心理學派都會提到的人生要務，May（1953）特別提到「歡樂」（joy）是人生目標之一，它的出現是在我們實現了人的特性所伴隨而來的感受，也就是我們經驗到了自己的價值與尊嚴、肯定自己存在的目的（p.96）。有能力從不同人的觀點看同一件事物，不僅讓自己視野拓展，也體會到了不同的樂趣。

舉個例來說，孩子騎腳踏車出遊，沿途停下來看在路中間的一條毛毛蟲，過了一會兒看到旁邊有其他小朋友在玩、也好奇湊過去看，結果回家的時候，忘了把車騎回來。家長想想孩子這一趟「驚異之旅」，設想自己就是孩子本身，在這麼一小段路上就有那麼多好玩、精采的事件發生，而且好快樂，孩子都可以參與到，而家長也可以感同身受，也就不忍苛責了！生命固然有許多事情是我們想要完成的，但是忙碌並不能遮掩我們的焦慮（May, 1953），既然壽命有限，人生的無限寶藏也就在於我們內心的自由、創造的樂趣、真實完全的體驗與享受！

要孩子學習享受生活、創造生活樂趣，父母親不要以為玩樂就是不好，生命如果已經這般拘束、無聊，就必須要增添一些樂趣好玩在裡面。會玩的孩子通常也比較不會鑽牛角尖，父母親與孩子共享玩樂，也是生命的陪伴與學習。

☺四、愛己也愛人

人生下來都是孤獨的，我們是獨自來到這個世界、也將獨自離去，但是人與人之間的關係卻破除了人是孤單存在的迷思，人的孤單是事實，而「自我」也是因為有他人的存在才產生（May, 1953）。我們與他人的關係、生命經驗的交換與互動，都是美麗的經驗，誠如唐君毅所說：每個人都是浩瀚宇宙中孤單存在的星球，唯有藉由彼此偶爾交會的光芒，激發一些熱力、削減孤單。雖然可以讓其他人愛我、相對地也代表了我的價值，但是人最偉大的價值還是來自「愛自己」，因為自己是獨一無二的特殊個體、有自己要成就的生命型態、自己是有價值的，而在這個世界上與自己最親密的還是自己，最大的生命力量也源於自己，因此了解自己、疼愛自己是很重要的：愛自己之後、才有能力去愛別人，一個不愛自己的人、不會認為自己有價值，自己沒有價值又怎能去肯定他人？當然愛自己也有一個限度，不是犧牲他人的利益來成就自己，這就是過度的自私與自戀，最後還是會傷到自己。人活在世界上是與其他人共同生活、互相依賴的，除了肯定自己生存的價值之外，也尊重他人有相等的權利，在人群中生活，

自己有回饋與貢獻。

　　每個人在世界安身立命的幾個面向是：與自己的關係、與周遭的人、與周遭環境（May, 1983, pp.126-132）、以及與宇宙（Witmer & Sweeney, 1991）的關係，而這些面向是相互重疊不可孤立的。人最親近的人就是自己，但是我們卻很少花時間與自己相處、甚至會害怕，這種「存在」的孤獨與空虛是正常的，但是也因此會阻礙了人與自己最親密的接觸與了解；與他人的關係、希望發展有意義的關係、可以有歸屬感，自己的工作可以有創意發揮、對他人有貢獻，這些都是人際關係與交會中企圖成就的目標；人身處於環境中，雖然受其限制，但是也可以在限制中創造新機！而人知道自己生命有限、生存條件也有限制，所以追求另一高層的生活哲學價值與宗教信仰，去發掘生命的意義、人在宇宙中的地位。「愛」是一種能力，也是意志與勇氣的表現，愛可以抗拒「死」、讓生命有另一意義的延伸（May, 1969），生命雖然有時而盡，但是「愛」卻可以留存在他人生命中，持續其影響。

　　父母親可以在這方面著手的，是讓孩子喜歡自己、也去關愛他人，讓他從與人交會互動中，有所歸依、分享，也得到情緒上的滿足。

◉五、拿起與放下

　　生活中總是會碰到一些不是我們意料中的事物或是結局，這是生命的現實。孩子慢慢長大的同時，會發現自己能力增加、但是也有一些東西失去（包括童真、撒嬌的權利、父母親的注意等）。對於生命中持續不斷發生的失落，最好的因應態度就是學習懂得「拿起」與「放下」，這也是人類最難的功課，因為人皆有情，因為「情感」的連結，捨棄就變得不容易，也因為人貪輕鬆的天性，會逃避應該擔負起的責任。

　　「拿起」包括自己所要負責與承擔的責任與義務，「放下」包括接受不能改變的事實、與寬恕需要原諒的人與自己。不要太執著於既有或是去擁有，而是可以用「得之我幸、不得我命」的態度去對待，比較不會有太重的得失心、太多的牽掛與怨懟；可以給的就貢獻出去，可以拿來用的也

不必計較一定要好的，但是因為責任終究還是得落在自己身上，該挑起時就挑起，省得後來負擔太吃重。懂得如何拿起、如何放下，就是生活的智慧與能力的表現。

　　父母親會強調孩子應負的責任，也適時給予責任去承擔，可以培養孩子的能力、也過較為負責的生活。但是「放下」的功課卻是需要長時間的努力、甚至是遭受困挫之後才體認到的事實，當「放下」可以讓自己與他人更輕鬆，何不？

◉六、珍惜與及時

　　生命如此短促，而其終結又不可預知，所有發生在我們生活中的也都值得珍惜，不管是好的經驗或是不好的經驗，都可以讓我們體驗到生命的真實與全貌，讓我們體驗到箇中滋味。生命最直接、也是無可取代的部分就是「經驗」（experience），可以真真實實、身歷其境，感受到第一手的體驗。

　　父母親有時會捨不得孩子去冒險、受傷害，但是有些生活的技能也必須傳授，讓孩子從經驗中學習，也是養成其能力的不二法門，若讓孩子知道珍惜，也要自父母親本身知道表現珍惜開始。

◉七、學會感謝與原諒

　　可以懷著感謝的心過生活，就比較不會去計較人我，「原諒」就是承認人的不完美，也願意給彼此機會修補關係，生命要過得真誠實在，「感謝」與「原諒」的能力很重要。一般人對於感謝還可以輕易做到，畢竟別人幫了我的忙、理應表示感激之意，但是說「對不起」、甚至原諒對方對我們造成的傷害，在實行起來時，真是有點困難度。原不原諒當然是個人的選擇，我們一般會覺得不原諒的人力量彷彿比較大、因為「掌控」了原諒對方的力量，其實不去原諒是一種負面的力量，它常常是提醒我們要記得一些不愉快的事，因此我們就必須花費心力去生氣、怨恨或是想要報復

某個特定的人，就心理衛生的立場來說是很不明智的；如果某個人曾經傷害了我，不願意原諒的心情就會讓我的生活添加了一些不愉快的陰影，而且還無時無刻地存在。其實原諒是一股很大的正面能量，由自己本身釋放出來，不僅心上的負擔因此而減輕，也是讓彼此有重新開始生活的可能；遑論對方是不是願意接受原諒、或者根本不認為自己造成了傷害，這些都不是原諒者可以控制的、也不需要去在意，最重要的是對於自己生命的承諾，在原諒對方的同時，我們也已經原諒了自己，這是多麼大的解脫啊！

我們在日常生活中，通常會將事情做完或是告一段落，不希望半途而廢、或是做得七零八落，「謝謝」、「對不起」或「原諒」也常常是作為一件事情告一段落的很好結尾方式。絕大部分知道自己來日無多的人，都會利用剩餘的時間想為一些未了的事做個完結，主要不是要給對方一個交代、而是給自己，希望自己可以走得比較少遺憾。但是我們絕大部分的人是不知道生命何時會結束的，因此如果是在知道自己大去之日無多時，才想要企圖做一些補償，往往會留下許多遺憾，不如將每一天當作生命中可能的最後一天，把握當下，也把該做、該交代的、該說謝謝與對不起、可以原諒的，趕緊就去做，讓每一天都有個漂亮的「完結篇」。父母親在平素生活中所表現的寬容動作，即使只是禮貌性的運用「謝謝」、「對不起」與「我原諒你」或「請你原諒」，都可以傳達內心的悲憫與人性，這些都是孩子可以效仿的功課。

談到生命教育、談到死亡，其實也要談到生命中可能的失去、以及一些危機處理，一個功能良好的家庭除了有開放良性的溝通之外，最重要的一點就是處理危機、解決問題的能力！最後會有部分篇幅放在自殺與其處理。

◉八、生命意義感

現代孩子經常有價值觀紊亂或是迷惘、不知所從的情況，自殺率居高不下，尤其是青春期的孩子，會因為一個小小不如意，就葬送自己的生命，加上網路上有一些危機或陷阱（如「藍鯨遊戲」讓孩子挑戰死亡，或

是自殺方式），這些也都讓家長惶惶不安！

　　自殺率增加、情緒困擾人數屢創新高，許多都與生命意義有關。孩子生活得太安逸或舒適，許多應該親力親為的事務，都由機械或電腦代勞，時間空出來許多，卻沒有規劃、安排與善用的能力，對生活失去熱情與目的，不知人生而為何？於是就借助藥物、性或網路，來填補空虛與寂寞！

　　家長在親職教育過程中，會希望養成孩子獨立（以及思考）與人際能力，生活能力與良好習慣最重要，而生活習慣也是培養孩子品格與修養的最佳、關鍵途徑！孩子學會時間管理與安排，就學會自我紀律，有適當的學習與玩樂，就會看見自己的進步與成長，對於自己要達成的目標更明確！家長願意帶領孩子從事義工服務、行腳看世界，以及善用機會教育與孩子共同討論，強調努力過程，而非以結果論斷成敗，孩子也學習了運動家的不撓不撓精神、分工與合作的精髓，同時體會自己想要貢獻社會或世界的是什麼！這樣孩子生命就有目標，每日都覺得生氣蓬勃，自然不會去想到傷己傷人之事！

　　生命意義感需要由自己來創造，也就是自己此生想要成就或達成什麼？Smith（2017，洪慧芳譯，民107）提出生命意義的四大重點是歸屬、使命、敘事與超然。歸屬感是每個人安身立命最重要的基石，除了獲得愛與關懷的同時，我們也學會給予或愛人的能力，這就是我們的人際智慧！使命感是了解自我，也看到自己可以成就什麼、以彰揚自己的生命意義。敘事就是說故事，我們從說故事來定義自己、與他人連結、為自己與他人創造意義。「超然」是意識到比人更高、更夐遠的宇宙與超自然（所謂的「大我」），知道儘管自我渺小，卻可以盡一己之力，為社會人類做出貢獻！

◉九、生命中的現實──失去

　　整個生命中過程中有許多的失落，包括失去童年（長大了）、失戀或分手、被解僱或失業、搬家、遺失貴重物品、截肢、在競賽中失敗、朋友離開或失去友誼、親友或喜愛的寵物或人的死亡、退休等等（Corr, Nabe,

4
1
2

& Corr, 2000）；生命的現實面就是有得有失，得與失是生命的一體兩面，而且孩子從很小的年紀就開始體會到，像是得到了一個新弟弟（妹妹），就可能失去了父母親原本全心全意的注意與寵愛；多了一些行走獨立的能力，也發現會跌倒、失去周全保護的權利；搬新家認識新朋友、也失去舊家的熟悉環境與朋友；生命中的發展階段也是如此，每晉陞一個階段，都幾乎會遭遇到擁有與失去，比如從幼稚園升上小學、可能換了學校，當然遇見了另一批新的同學與老師，但是也感受到別人對於自己的期待不同（不能常常哭鬧、也不能只看漫畫書了）。有些人可能就已經經歷了親人離開（如雙親之一在外縣市工作、離婚、祖母搬家）、生病（失去關照與相聚時間）或死亡，或是寵物遺失或死亡等等，中國人對於悲傷的教育與先前所提的情緒教育都比較缺乏，連成人自己都不能正常表達或談論悲傷、進而也會壓抑了孩子的情緒，這些悲傷未解的情緒就可能成為一個「凍結的情緒」（frozen feelings），影響到未來的生活（Goldman, 2000a）。

　　對於失落或失去的哀悼過程是必須的，而哀悼要達成的任務就是：(一)接受失去的事實；(二)走過哀傷的痛苦；(三)適應沒有那個人（或物）的情境；以及(四)將對逝者（失去物）的情感重新定位、繼續過生活（Worden, 1991, cited in Corr, et al., 2000）。因此家長可以協助孩子處理失落經驗的方向包括（Corr, et al., 2000, pp.250-254）：

(一) 給予適當正確資訊

包括事情是怎麼發生的？

(二) 讓孩子表達失去的情緒與可能的反應

不必要強裝勇敢、也不要故意逃避，真實去面對自己的感受，也發洩出來（包括「不表現」的權利）；

(三) 讓孩子參與一些儀式或回憶的活動

如喪禮、看看剪貼或相簿，這些儀式與活動提供了孩子心理上的安慰；

(四) 協助孩子從失落中找尋意義

這就包括事後與孩子討論如何記得這個失去的人（物），他（或它）讓我們學到了什麼？在碰到困難或是生活上的挑戰時，會想起這個人（物）的忠告可能是什麼？他（它）在我們的生命中占了一個怎樣的地位？

◉十、面對死亡

「死亡」是一種最大的失去，也是一種「不可逆」的失去，因此一般人會認為面對「失去」比面對「死亡」容易。對生者而言，死亡就是失去聯繫與見面機會；對死者而言，就是失去人世間原來的一切。我們對於死亡的認識大概在七歲左右，就很清楚死亡的「不可逆性」，也就是說死亡是不會讓生命再回頭的，死了就是死了，沒有再商量、挽回的餘地；但是在更早之前的發展階段，孩子對於死亡是慢慢知道其現實的，從認為死亡只是睡了一覺就醒過來、與睡著了沒有兩樣，到意識到死亡可以一去不回，雖然只是短短幾年，但是之中還是有一些變數會影響到孩子的生命與死亡觀，特別是父母親自己面對死亡時的態度與行為。

有父母親認為孩子還不了解死亡是怎麼一回事，或是認為讓孩子知道死亡是很不人道、殘忍的事實，甚至是因為擔心孩子與死者平日關係篤厚，怕孩子承受不了壓力或是做惡夢，於是會將死亡的事實掩飾或加以文飾，但是孩子很聰明，自然會發現到這些不尋常的現象，他們的害怕與焦慮會更深，但是因為基於父母親的態度，可能得到（或「內化」）的訊息是：死亡是不能說、不能談的，甚至是很可怕的；更有些父母常常有一些鬼神之說，讓孩子心生懼怕！當然一般人諱言「死」，街坊鄰居有人辦喪

事，父母親的做法也是繞道而行、不敢靠近，當然也會囑咐孩子這麼做，孩子沒有聽到父母的解釋、自己會解釋給自己聽，而這樣的結果，就無形中讓孩子對於死亡的面貌產生了不真確的想法，也會將死亡陰影帶到往後的生活中，甚至可能留給他／她的下一代。

當我們面臨親人的死亡，根據Elisabeth Kubler-Ross（1969）的理論歸納，會有幾個階段的反應出現，而作者將其稍做更動，也概括到面臨親人的死亡，我們可能會有以下的反應出現，它們是：

(一) 否認與孤立

不願意承認死亡是事實，在行為的表現上也是如此，甚至會維持原來死者在世時的生活情況，像是堅持在某一時刻等待已死的對方回家，或是在用餐時擺上碗筷、留特定的座位、假裝一切都沒有發生。

(二) 憤怒

很生氣，感受到重大的失落，認為這麼好的人不該死、上天不公平。

(三) 討價還價

願意與死神或是上帝交換一些條件讓死者復活。

(四) 沮喪

儘管已經這麼努力要做補救、或是有懊悔之心了，但截至目前所做的一切都於事無補，心情非常低落鬱悶。

(五) 接受

知道事情可能已經不能挽回，只好接受這個事實，也不希望他人來安慰或打擾。然而理論歸理論，並不是所有的人都經歷這些過程，到達「接受」死亡的階段，甚至同一階段會一直重複，因此我們看到許多人的悲傷

哀悼時間特別久，甚至忍受不了失去、也結束自己性命，希望可以與死者在一起。

　　教孩子面對死亡眞的不容易，除了平常不要刻意避諱失去或是死亡的議題（但也不是故意加強或誇大），態度要鎭靜平穩之外，Goldman（2000b, p.54）提到幾點家長可以協助孩子面對哀傷與參與喪禮的作法：(一)告訴孩子有關死者死亡的事實；(二)分享你的悲傷；(三)容許孩子表達他的悲傷、或以其他圖畫故事方式表示；(四)描述給孩子知道，喪禮上會發生什麼事；(五)邀請孩子一起參加喪禮，但不必勉強；(六)告訴孩子如果參加喪禮可以說出關於死者特別的故事、可以獻出自己的作品、或是參加讚美詩的行列，但不強迫孩子參加；(七)告訴孩子有哪些他認識的人也會出現在喪禮上；(八)如果孩子覺得不舒服、就要隨時準備帶他離開；(九)告訴孩子參加喪禮的人可能會悲傷、會哭，這是可以接受的，如果有人或他自己沒有感到悲傷或想哭，也沒有關係；(十)與孩子一起閱讀或是唸給孩子聽一些哀悼或失落相關的讀物；(十一)鼓勵孩子問問題。

☻十一、家長如何進行死亡教育

　　家長本身不要刻意避諱死亡，在日常生活中也不要敷衍或逃避可以與孩子討論的生命相關議題。倘若新聞媒體中出現死亡案例，都可以與孩子討論，主動提出也可以，有時將焦點放在注意安全或是對生命威脅的部分（如交通事故、路邊暴力等議題），有時候可以較爲直接觸及死亡或悲傷的議題（如空軍飛機失事、恐攻事件）。平日若在社區有人舉行喪禮，也不要故意繞路走；如果孩子提出與死亡相關的議題（如死後往哪裡去、人爲什麼會死），都可以進一步詢問孩子關切的爲何，然後作適當回應或討論。家長本身對於死亡與生命的態度，會經由日常生活的身教或示範，讓孩子有潛在的學習、且影響深遠。

　　(一) 父母親不要避諱死亡的議題，而且可以進行機會教育。例如：孩子發現死蟑螂，也許會有一場騷動，家長不必驚慌，也許可以與孩子一起

爲蟑螂舉行葬禮，每個人分配一些工作（像擔任寫祝詞的、找埋葬處所的、埋屍體的、準備鮮花或其他祭祀品的等等），從頭到尾參與，這就不是逃避的做法；相對地，也會讓孩子「正視」死亡的問題，而葬禮的一些儀式化行爲，是可以安撫人或是協助當事人渡過悲傷過程很重要的步驟。

(二) **與孩子直接談論死亡**。家長本身因爲害怕、會避免提起這樣的議題，但是這樣要如何來滿足孩子的好奇心呢？孩子可能因爲家長的態度而自動接收了「懼怕」的訊息，也會開始逃避，「死亡應該要用清楚、誠實的方式來談」（Rofes, 1985；洪瑜堅，民86，p.24），如果家長可以坦承以對，孩子也不會因此而覺得談論死亡是忌諱、或是恐怖的事。

(三) **不必刻意美化死亡**。雖然家長有宗教信仰，甚至會談到死後的世界，這些都可以跟孩子談論，但是如果是刻意讓死亡變得很不實際（一般人會說「出遠門」、「掛了」或其他代用詞），其實不必要，因爲「美化」可能就是迴避死亡的一種表現。

(四) **對於突發性或是意外死亡的處理**。如果周遭的親友發生意外、突然死亡，開放與明確地與瀕死的人溝通，道出自己對此人的感受、對自己的期許、甚至協助未竟事業的完成，讓孩子參與葬禮、做一個「結束」動作等，都是積極與正面的做法。

(五) **了解孩子對於死亡的看法，以及伴隨而來的情緒，做同理的傾聽之外，必要時也釐清一些疑點與迷思**。孩子由於生命經驗有限，對於問題的處理也會受到既有經驗的限制，有些孩子會認爲「自己造成了某人的死亡」，比如說是不是自己不乖、沒有聽話、或是之前曾經有過的不良行爲「造成」親人死亡，就相信自己應該「負起責任」，所以會有自責、甚至傷害自己的情況發生，這一點家長也要加以釐清、安慰。由於孩子不擅於表達情緒，尤其是哀傷的情緒，不知道如何以語言表現，因此他們極可能會以行爲的方式呈現（例如：暴力破壞、退縮、安靜、做惡夢，甚至讓父母覺得不可理喻），家長的敏銳覺察可以幫助孩子渡過這段難過時間。

(六) **溝通對於生命過程與尊重生命的理念，與孩子交換意見、也在日常生活中履行**。如果剛好碰到一些生活事件可以做機會教育，比如說小貓

過世、或者孩子發現葉枯了、春天來了等等。

(七) **如果孩子常常談死、做惡夢、或是對於死亡有一些執迷，需要特別去深入了解。**現在許多資訊流通，孩子常常在同儕的影響下交換一些錯誤資訊或是鬼神之說，如果本身又缺乏適當的判斷力，可能就會大受影響，家長必要時可以請專家協助。

(八) **不要刻意去隱諱死亡、或是讓死亡的面貌變得可怕猙獰，**孩子可能因此會更擔心害怕，尤其要避免以死亡來恐嚇孩子。

(九) **孩子會擔心父母親或是自己的死亡，開放溝通還是最好的方法，**詢問她／他擔心或害怕的是什麼、有沒有補救或解決途徑？甚或只是釐清一些迷思。

第四節　自傷或自我傷害

◎一、自傷的定義

幾年前報章披露有國中生集體自傷的案例，後來雖沒有追蹤報導，但是自傷的情況卻是所在皆有、不是單一事件而已！最近幾年精神醫學與心理學界也針對「非精神疾病」（也就是排除心理疾病或其他障礙的可能，如自閉症、妥瑞氏症、強迫性行為等）的自傷行為做一些臨床觀察、治療與研究。許多有名的人物也曾經自傷過，像前英國黛安娜王妃，美國影星安吉莉娜‧裘莉、強尼‧戴普等，美國一學術期刊也曾披露過在高中極受歡迎、學業優異的女孩也經常有自傷行為；自傷沒有性別或社經地位之分，不容易被發現是因為許多自傷者後來是去皮膚科或精神科求診（Brumberg, 2006），這樣似乎就將其他動機的自傷者排除在外。自傷的治療極具挑戰性的原因之一也可能是因為其常常伴隨著飲食失調、沮喪或其他因素（Brumberg, 2006; Eells, 2006）。自傷行為初發通常是在十三到二十三歲之間，大學生是高危險群，有一研究估計在美國大學生族群自

4 1 8

傷比率有12%左右（Favazza, DeRosear, & Conterio, 1989, cited in White, Trepal-Wollenzier, & Nolan, 2002）；Janis Whitlock針對康乃爾與普林斯頓大學學生所做的調查發現，在3069名參與研究的學生當中，有17%曾經有過自我傷害行為（切割皮膚或燒灼），而其中又有四成三的人曾經自傷多次（Brumberg, 2006, p.B6）；Ross與Heath（2002）的調查也發現高中生有近一成四的人有過自傷行為，而尤以女生占比例更高。有其他創傷經驗（如性侵害、暴力傷害等）的人，可能同時有自傷與自殺的狀況出現（Martin, Bergen, Richardson, Roeger, & Allison, 2004; Ystgaard, Hestetun, Loeb, & Mehlum, 2004）；依據Foreschle與Moyer（2004, p.231）整理研究文獻列出自傷的危險群包括：重複遭受虐待、有飲食失調問題、濫用藥物或酒精、有失落（喪親）經驗、同儕衝突、遭受性侵、目睹家人暴力、有家人自傷、親密關係問題、衝動控制問題、或受到人際拒絕經驗者；此外，完美主義者、不能忍受或表達情緒、對身體有負面形象者身上也常見（Cross, 1993, Greenspan & Samuel, 1989, Strong, 1998, cited in White et al., 2002, p.107）。

自傷（self-mutilation or self-injury）其目的不是要死亡，因此與「自殺」在目的上有別，自傷是一種「刻意的自我傷害行為，但無自殺意念」（Malikow, 2006, p.45）。自傷的型式有許多，只要是刻意地、重複地有自我傷害的舉動（包括切割或燒燙身體、在身體部分穿洞或刺青、拔除身體上的毛髮、嚴重的甚至有切除自己生殖器官的行為）。根據調查，在美國至少有兩百萬人曾經或持續有自傷的行為，但是這個數字可能低估了實際的自傷人數。

◉二、自傷的功能

自傷者運用自我傷害方式來做「自我療癒」，其主要目的在於紓解疼痛或從心理疾病中復元，對自傷者來說，切割的動作可以讓自己好過一點、可以從沮喪的想法與情緒中獲得暫時的紓解或放鬆，讓自己重新獲得控制感；自傷的理由有三個：(一)讓自己分心──阻擋一些自己無法忍受的情緒產生；(二)解離功能──讓自己可以情緒麻木，或是將情緒做

切割、關閉的動作，疼痛的感受可以讓他們確定自己還活著、是人類社會的一份子；(三)象徵性意義——看到血液流出，就好像自己內在不想要的情緒向外釋放的表示（Favazza, cited in Malikow, 2006, pp.45-47; Froeschle & Moyer, 2004）。當然自傷也可能被用來做一種獲取注意的方式（Malikow, 2006, p.47），去了解自傷者的動機是必要的，但最終目標依然是在如何協助其停止這樣的行為，內心的困擾得以獲得紓解或減緩。

　　目前對於自傷行為的解釋較多人認為是一種「調解痛苦情緒的策略」（Eells, 2006, p.B8; Soloman & Farrand, 1996），其作用為：(一)是一種溝通方式——許多自傷者是在避免直接溝通的家庭中成長；(二)協助個人將模糊的情緒釐清——成為可以觸及、具體的身體感受。雖然自殺與自傷可以同時存在在當事人身上，其動機與功能是截然不同的，甚至與一般人所想的相反的是「自傷可以視為自殺的預防」（Malikow, 2006, p.47; Soloman & Farrand, 1996）。

❀三、關於自傷的迷思

　　Foreschle與Moyer（2004, p.232）列出關於一般人對於自傷的迷思有：

　　(一) **自傷者運用自傷行為來掌控他人**——事實上身體上的疼痛是企圖用來替代心理上的氣憤，也試圖去吻合大眾對於正常行為的期待，因此將憤怒化為沉默。

　　(二) **自傷等同於自殺**——自傷是一種儀式，但是其基本動機不是要死亡。

　　(三) **自傷是危險的，而且可能傷及他人**——自傷行為通常是在私下獨自秘密進行，不會傷及他人。

　　(四) **自傷者只是想要獲取注意而已**——大部分自傷者是在私下進行其儀式與象徵性的自傷行為，通常會刻意隱藏他們的傷痕、不想曝露在他人面前。

　　Shneidman（1985, p.216, cited in Kress, 2003, p.493）曾列出區分自殺與自傷的幾個面向，提醒治療師可以做評估：

(一) 自殺刺激（不可忍受的心理傷痛）——自傷刺激（間歇性的心理傷痛）

(二) 自殺用意（尋求解決一個重要的問題）——自傷用意（達成暫時的紓解）

(三) 自殺目的（有意識的中止）——自傷目的（有意識的替代）

(四) 自殺情緒（無望無助）——自傷情緒（隔離）

(五) 自殺內在態度（矛盾、曖昧）——自傷內在態度（忍受）

☺ 四、自傷者的治療

對於自傷的原因可能因為當事人不同而有許多差異，因此在治療上也面臨許多的挑戰，目前沒有一個特別有效的治療取向或方式，況且治療也需要較為長期的時間，因此有學者建議暫時以「可替代性的方式」（alternatives）來取代自傷行為，可以減少自傷的嚴重度或所造成的後果，然後再慢慢找尋自傷行為底下的可能原因、對症下藥（Wester & Trepal, 2005）。Wester與Trepal（2005）提到採用的「替代方式」必須要先明白當事人自傷原因（是氣憤、不安、還是不能管理情緒）、自傷的「停損點」（stopping point），也就是評估當事人做自傷動作到哪個狀況（例如看到血流出來、還是有痛覺之後）？在哪裡進行？以及各種不同的方案（利用轉移注意力、或是將自傷焦點放在創意的發揮上）。

家長若發現孩子身上有一些不明傷痕（像是手腕上的刀疤、大腿的瘀青或燒燙傷等），就可以懷疑孩子有自傷的可能，不要太驚慌、也不要忙著自責，可以帶孩子去尋求精神醫師的診斷、同時也進行心理治療，不要去追問他／她為什麼這麼做？或是直接斷定孩子是要「引起注意」、或是制止他／她的自傷行為（因為孩子可能會用其他更具致命性的方式來取代原來的自傷方式）（White et al., 2002, p.108）；另一種可能是不要將孩子當作唯一的「病人」，以家庭系統的觀點來看，孩子的「問題」行為可能只是反映了家庭目前出現的問題或危機，需要家中成員一起來解決問題。父母親可以：(一)仔細聽孩子怎麼說（孩子可能以自傷為一種溝通方式）；

(二)要尊重孩子；(三)尋求專業人員的協助；(四)全家人參與治療（可能是一個家庭危機）；(五)家人可以經由許多管道多了解自傷是怎麼一回事。

第五節　自殺處理

　　自殺就是精神分析學派所謂的「自我攻擊」的表現，有些人的攻擊行爲是對外，有些人是對內（就是對自己），因此會看到有人在焦慮或是有外在壓力時，會有自殘的行爲（用刀割自己、去撞牆、或弄傷自己等）發生，最嚴重的就是毀掉自己的生命——自殺。一般人對於自殺有許多迷思，在目前社會型態遽變、許多不安因素的影響之下，憂鬱症人口急速增加，相對地許多罹患憂鬱症的人、如果沒有適當的治療，也會以自殺爲最後出口，再加上經濟不景氣，不少人也會因爲覺得過不下去，以自殺爲問題的解決方式。雖然青少年到二十四歲這個年齡層以及六十五歲以上的老年人是自殺發生最多的危險群（Curran, 1987, cited in Capuzzi & Gross, 1989），但是小孩子也會自殺。女性企圖自殺率高於男性，但是男性自殺成功率則高於女性，這是因爲男性多半使用了致命的手段自殺；而在青少年族群中，有許多都是因爲家庭問題而起自殺念頭，包括父母離異、家長對孩子不當的期待、親子溝通欠佳、學校壓力與虐待（Zhang & Jin, 1996; Vannatta, 1996），以孩童或是青少年有限的人生歷練，很容易鑽牛角尖、認爲問題沒有出路，而也有些青少年會以死亡結束自己的痛苦。

❶ 一、自殺動機

　　自殺之所以成爲一個「選項」，主要的動機可能包括（Capuzzi & Gross, 1989, p.288）：

　　(一) 逃避不能忍受的困境（受到性侵害、與他人有衝突、不能忍受失敗、太痛苦了，或是因爲經濟狀況無法滿足基本生存需要等）；

　　(二) 想要與死去的人團聚（不能忍受獨活、想要原來的親密與情誼，

如最近剛失去親人或是偶像死亡）；

(三) 引起他人注意（希望博得同情與認可，自殺是作狀、裝樣子）；

(四) 想要藉此掌控某人、達到自己想要的目的（如「你不愛我，我就死給你看」）；

(五) 企圖逃避懲罰（自己先行了斷，所謂的「畏罪自殺」）；

(六) 想要被處罰（以死作為自己處置錯誤的負責表現）；

(七) 想要向死神挑戰（尤以青少年為甚，慢性病患也會如此）；

(八) 企圖結束不可能解決的衝突（以為「一了百了」）；

(九) 想要懲罰活著的人（「我是因為你而死的」）；

(十) 企圖做報復（如中國傳說著紅衣紅鞋自殺，是為了要做厲鬼來復仇）。這些理由都是肇因於思想上的扭曲（thought distortion），因為以邏輯推理，只是當事人自己「想要」達成這些目的，但事實上卻不一定就如其所願。

◉二、自殺傾向的人格

有沒有哪些特殊性格的人容易走上自殺的路？根據Capuzzi與Gross（1989）整理相關文獻發現，有這些特質的人比較容易採取自殺為解決問題的手段（pp.288-291）：自尊低、感覺無助與無望、孤立沒有朋友、承受很大壓力、表現出逃學不合作或濫用藥物等宣洩行為、需要以成就來肯定自己、不良溝通、他人導向者（以別人的意見為指標、沒有自己的準則）、有罪惡感的（希望被懲罰）、沮喪或憂鬱（在青少年尤然）、不良的問題解決技巧。

◉三、自殺迷思

Shamoo與Patros（1997，溫淑真譯，民86，pp.53-75）以及Capuzzi與Gross（1989, pp.281-283）就提出一般人對於「自殺」的一些迷思，本書作者會在每一迷思後面做補充與釐清。這些錯誤的觀念包括：

(一) 談論自殺的人，不會真的去做

談論自殺或是做類似威脅動作的人，固然有可能是說說而已、想要引起人注意，但是極大部分是可能當時有一些情緒困擾，讓他想到這樣的解決方式，這可能是他求助的一種表示或是發出的訊號，不可以等閒視之。

(二) 自殺的人，一心一意求死

有自殺念頭的人不一定就真的會去尋死，如前項所說，可能是在發出求救的訊號、希望有人可以接收到，而對於有自殺「想法」的人，很重要的一個步驟是：去探詢其自殺的「可行性」程度，然後做評估。

(三) 只要看看人生光明面，就會好受一點

常常聽見有人在別人談到「死了算了」或是對於生活失望絕望的語調，一般人的反應常常是無關痛養的「想開一點！」。「想開一點」也許對某些人會有用，但是也反映出你不懂當事人的心情！尤其是年紀尚幼、對於人世經驗有限的孩童來說，他們通常無法意會出這句話的涵義，也不認為當前情勢會有所改觀的可能，因此也許一點作用也沒有！

(四) 自殺只是想得到別人的注意

有些人的自殺態勢只是希望引起注意、或是獲得他人提供的好處（如接受愛、為當事人做一些事等），但是多半的自殺態勢不是為了博取這些「附加利益」，很多是為了結束目前遭受的痛苦。

(五) 當情緒變好時，危機就結束了

許多憂鬱症患者在極度憂鬱的時候沒有體力進行自殺動作，一旦體力慢慢恢復、而周遭的人也看到他的情況慢慢好轉時，可能他就自殺了！許多人一看到企圖自殺的當事人情況好轉，反而就比較不留意，卻不知道是自殺最可能成功的危險階段，讓當事人自殺更容易成功。

(六) 談論自殺會使人產生自殺念頭

想要自殺的人其實很害怕，但是又很想跟了解的人談自己的這個念頭，因為沒有人可以談、可能就醞釀了更想自殺的念頭，原因很簡單：沒有人懂我！因此如果可以有人跟當事人談談，釐清一些問題的迷思（比如說死就解決了問題嗎？），而也因為有人願意聽、關心、願意了解與協助，問題可能就不會像當事人當初所想的那麼棘手了！而「談論自殺可以幫助他們消除孤獨的恐懼、減輕擔心自己發瘋的憂慮，也能排除隨著自殺念頭而來的罪惡感」（Shamoo & Patros 1997, p.65）。

(七) 兒童不知如何自殺

孩子對於死亡的「不可逆性」在七歲之前就已經了解，加上目前媒體這麼發達，而電視新聞也常常報導一些自殺的社會事件，孩子是知道怎麼死的，像前幾年一位小學學生上吊自殺就是一例，所以孩子可經由許多管道知道如何自殺。

(八) 企圖自殺的人都有心理疾病

企圖自殺的人不一定是有精神疾病的人，但是也可能是因為精神疾病沒有做適當處理或醫療（如憂鬱症）、而作了結束生命的動作。多半的自殺企圖或自殺行為都是在壓力、失落下的產物，尤其是生命過程中經歷很大的失落事件（親人過世、失業、家庭問題、失戀等）時，又沒有做適當、適時的調適或處理，就有可能會發生。

(九) 父母該為孩子的自殺負責

孩子自殺，父母親的自責最深，而旁觀者也認為如此，難道父母不合，孩子就會自殺嗎？如果父母不合可能也只是促因之一，但不是導因！何況孩子自殺的原因不一而足，不可能讓父母親「負責到底」。

(十) 酗酒吸毒能發洩憤怒，可降低自殺風險

有嗑藥習慣的人反而可能因為在藥物的影響下自殺成功，此外，「吸毒或酗酒會讓年輕的孩子產生虛假的勇氣，它會消除心理障礙，讓他們比較不怕面對死亡」（Shamoo & Patros 1997, p.71）。

(十一) 小孩子只有小問題，很容易調適

孩子也有孩子難解的問題，許多在雙親過度保護下的孩子在遭遇問題時，無能力處理，很容易就灰心喪志，而現在社會中的變數又那麼多，孩子承受的各方壓力也相對增加、更容易有危機與焦慮出現。

(十二) 自殺未遂者，一輩子都有自殺傾向

有企圖自殺歷史的人，固然比較容易再自殺，然而如果問題解決了、可能就不會再有自殺念頭，除非問題還是一直存在，而可以肯定的是，一旦有過自殺企圖未遂，下一次使用的方法會更具致命性。

(十三) 自殺通常沒有預警

想要自殺的人，尤其是孩童或青少年，基本上都不希望將自殺當成是唯一的最後出路，總希冀還有一些轉圜餘地（有人來援救），因此不會選擇夜半或清晨大家都熟睡的時候，因為他們都想要他人的幫忙。稍後的篇幅會提到自殺的一些徵象或預警。此外，自殺企圖者不一定會留遺言或遺書、解釋或說明自殺的原因。

(十四) 自殺是遺傳的

通常一個家庭中有過自殺事件，似乎此家庭還會連續發生類似情況，但是沒有遺傳因素可以解釋自殺，如果一個家族或家庭中有自殺傾向的「遺傳」，可能主要是因為家庭氣氛、父母親示範的處理事務方式、以及自尊低落所導致，而非遺傳基因的問題。

(十五) 來自富裕家庭的人，自殺率較高

自殺並不限於某些特殊的社經階級，經濟情況富裕與否，不是唯一決定的條件，像近幾年來經濟衰退，許多不同社經階級的人自殺亦增加許多。

◉四、自殺警訊

自殺不是突然的一個念頭，通常都孕育了一段時間，根據一些研究，相信有九成以上的青少年在採取致命自殺行動之前，都曾經透露出一些徵兆（Johnson & Maile, 1987; Capuzzi & Golden, 1988），也就是在當事人採取自殺的行為之前，其實有一些行為上出現的警訊可以給我們一些提醒的，父母親們可以仔細觀察留意、作適時的探詢與了解。哪些自殺的徵兆，父母親可以觀察留意到的（Shamoo & Patros, 1997，溫淑真譯，民86，pp.98-120; Capuzzi & Gross, 1989, pp.284-287）？包括：

(一) 以前曾經自殺未遂

曾有過自殺歷史的人在後來會採取更劇烈、致命的自殺手段，因此有過自殺企圖的，往後再嘗試的機會會增加。

(二) 威脅要採取自殺行動

有些自殺的態勢（gesture）或是威脅，會讓人覺得在「裝裝樣子」而已、不是當真，這也是讓家人與朋友在真正事情發生之後最懊悔的地方：「如果當初注意到就好了！」許多的自殺威脅其實都是一種求助的訊號，不要輕易忽略！

(三) 情緒低潮

雖然一般人或多或少都有情緒低潮的時候，但是為時都不長，連續維持三四個禮拜以上，甚至有作息或食慾上的改變，最好就去尋求醫療的協

助，這已經有可能是憂鬱症了。孩子與青少年的憂鬱症或情緒低潮不一定像成人一樣（Pollack, 1998），他們可能會表現得異常正常、亢奮，這是需要家長留意與觀察的，但是當孩子表現出情緒低潮或異常的時候加以關心，總是有益無害。

(四) 覺得絕望和無助

悲觀無望會讓孩子覺得沒有退路、沒有轉圜餘地、自己是無能的，因此就會轉向唯一可以「解決一切」的路徑上去。孩子對於周遭發生的事物表現得意態闌珊、無力、沒有希望、很容易就放棄時，也要特別注意。

(五) 談論死亡或絕望，或者滿腦子都是和死亡或暴力有關的念頭

這是孩子在考慮自殺的可能性時會出現的口語行為，他會說：「死就一切解決了。」「大不了一死而已。」等等，甚至會特別注意有關死亡的訊息或是相關的作品與藝術，與孩子推心置腹地談是最好的方法。

(六) 焦慮和緊張

孩子變得暴躁易怒、沒有耐心、靜不下來、不能容忍別人犯錯或拖延、甚至睡不著覺、走來走去、事情做得半途而廢或動輒放棄，情緒波動很大等，這些都表現出他的緊張與焦慮，也就是有事情在煩著他了！

(七) 變得退縮而不與家人和朋友親近

在與他人關係上的「孤立」往往是自殺危險前兆，而孤立除了讓孩子覺得自己無助之外，更容易讓他在必要時求助無門，而有些人還會表現在性行為紊亂上。

(八) 出現暴力或叛逆的行為

這是在青少年或孩子身上會發現的「宣洩行為」，因為他已經不在乎

了，所以傷害自己或是傷人都已經無關緊要，讓人有一種「豁出去」的感覺，因爲不在乎自己的感受，當然也不會在乎他人的感受或痛苦，這些極端的行爲表現是很大的求救訊號，但是也意味著他已經對自己的行爲失去掌控力，因此自戕就變得更可能了。

(九) 吸毒或酗酒

吸毒與酗酒會增加自殺成功的危險性，平常的嗑藥行爲可能是逃避或發洩，但是當企圖死亡的意念很強烈時，酒精與藥物就可能讓當事人更具侵犯與攻擊性，也就是會將行動付諸實施！

(十) 把珍貴的東西送人或安排後事

將平日喜愛或是珍藏的物品送人，甚至有「交代後事」的一些行爲，還有將以往沒有完成或修補的工作做補救（向某人道歉、說感謝的話、以後有機會再報答之類），這些都是相當明顯的自殺徵兆。「預立遺囑」（living will）並不是壞事，但是如果是寫了許多封遺書給親友，這個意圖就不是單純的了！

(十一) 行爲突然發生改變

行爲產生改變通常是指好動的人退縮了，被動的人具有攻擊性，樂觀進取的變得無望沮喪，也就是呈現與以往相反或是極端的行爲表現。

(十二) 在一段情緒低潮之後，突然出現難以解釋的亢奮或旋風般的舉動

孩子情緒低落了好一陣子，突然之間好轉了，這可不是一個好現象，對於憂鬱症患者來說，是自殺危險期，因爲當事人已經有體力執行其自殺計畫，或者是當事人已經決定自殺、而鬆了一口氣，所以讓外人覺得有樂觀希望的感覺。憂鬱症裡的「躁鬱症」也是如此，在躁的階段反而容易讓自殺成功。

(十三) 翹家或翹課

翹家表示一種「抗拒」或是對現況的「無力感」。翹家的孩子通常不是在家庭有困難、就是學校方面出了問題，翹家不是一個突然的念頭，而是已經蟄伏了一段時間才有的行為；孩子認為的問題一直沒有獲得解決，所以他採取激烈行動表示抗議，或是因為無力解決而放棄，而突然變得經常翹課，這是屬於行為改變的一種，如果一位不常請假的人會有這些違反平日作息習慣的行為發生，可能就需要關心一下。

(十四) 在學業或課業上的表現發生變化

從孩童到青少年期間，課業依然是生活的重心與壓力的主要來源，當孩子在學業上的表現有很大變動、作業不交、遲到早退或逃學，這就表示他們已經不在乎了！不在乎的心態底下會有什麼行為發生呢？

(十五) 老是覺得無聊

儘管現代青少年與兒童享受著許多科技發明與前所未有的聲光化電的文明與便利，但是卻也不能掩飾他們的寂寞與無聊的感受，感受到人際之間的膚淺，也許是因為競爭力增加、壓力過大，也許太多刺激反而造成了反效果，孩子變得需要更大的刺激，甚至用麻木來應對，因此就會尋求其他的興奮刺激（如濫用藥物），藉此麻痺自己的感官與心靈、或是覺得生命無趣。

(十六) 無法集中精神

健忘、對所做的事情引不起興趣、心不在焉、恍神或者是思考沒有條理邏輯，會讓孩子更容易鑽牛角尖、做了錯誤的決定。

(十七) 覺得自己沒有價值

自尊低、瞧不起自己、認為自己一無是處、不知道自己活著的目的為

何，連帶當然情緒不佳，情緒不佳對於許多事情的看法就容易往負面想、刻意去忽略正面事實，惡性循環之下，就會有想死的念頭。

(十八) 生理上的病痛

罹患慢性疾病的孩子，情緒上容易呈現低潮或是暴躁，然而有生理上的不明疼痛也是情緒低落孩子常有的現象。

(十九) 睡眠模式或飲食習慣改變

睡太多或是睡太少，都可能是情緒上出現問題，飲食過多或過少、體重的增減很明顯等。飲食習慣改變，可能是目前社會對於身材與體型的審美要求的壓力，加上青少年對於自己外在形貌相當在乎，自我認同正在形塑的關鍵時期也是另一重壓力，如果有暴食或厭食、甚至為了減肥而常常斷食，這些都可能會帶動情緒上的改變（憂鬱、消沉、不能專心），當然也會影響到對於自己的看法，而飲食習慣與睡眠模式的改變，通常是憂鬱症的一項指標。

(二十) 親密的親人朋友或認同的偶像，最近自殺了

生命中有重大失落或失望發生，也可能會有尋短的念頭。友伴團體、偶像崇拜、親人依賴都是童年與青春期的重要支持，加上缺乏處理失落或是重大危機的經驗與能力，更可能將死亡視為一個解決方法。許多小朋友與青少年會因為朋友不理他、失戀或是意外死亡，而萌生「沒有存在價值」、「跟隨」死者而去的想法。

父母親可以做的

(一) 在日常生活中與孩子一起處理失落（東西掉了、朋友搬家了、寵物過世等）或是與死亡相關事宜。

(二) 每天記得跟家人說「我愛你」。

(三) 預立遺囑。

動手與動腦

1. 畫一條生命線，檢視自己每個成長階段的重要事件，對你的影響為何？

2. 預立遺囑，將以下事情交代清楚：遺體處理、病危時措施或是否施以急救、器官捐贈、遺物處理與遺願。接下來就「遺願」部分做處理，可以趁現在完成的，就不會成為以後的「遺願」了。

3. 你希望怎麼被記得？請寫下自己的簡短傳記。

第十五章

親職教育計畫 與執行方法

434

　　親職教育因為定義不明，所以一般在實施的時候只要扯上家長或是孩子的活動，都可以稱之為「親職教育」，因此可以看到許多紊亂的情況，最常見的施行方式，是以社區型態的相關親職教養的演說或是工作坊形式進行，再過來就是在大專院校開設的親職教育相關課程，還有就是針對特殊族群（如虞犯少年或是少年犯的教養人）強迫親職教育。親職教育執行方式總括來說有演講、座談、研習、讀書會、親子活動或學藝表演與競賽、成長團體、諮詢服務、相關刊物出版發行與參觀活動等；效果不彰的原因主要是參與人少，而且是亟需這方面資訊的家長大都因為忙碌或是時間不恰當而不克來參加，另外就是所提供的親職教育內容不符家長所需，而許多都僅止於資訊提供的認知層面、少互動或少將成果應用到實際生活上，也很少有事後的評鑑與改進動作跟進，因此造成「少互動與反省，無法改變原思考架構與行為模式」（施秀玉，民91，p.7）；而親職教育實施中，除了開課方式為期較長之外（通常以一學期為主），其他都是極為短暫的，工作坊可能為時一週，其他的演說或講座式一個小時到三個小時不等；相關內容方面也比較通俗化、一般化，少針對特殊問題（學習障礙、偷竊、說謊等）或教養族群（如喜憨兒、腦性麻痺、玻璃兒、罕見疾病等）為主題。

第一節　系統親職教育計畫實施重點

　　有系統的親職教育應該是總體有序的規劃、細部具體的執行與評估，一般說來有幾個重點：

　　(一) 除了認知層次的資訊提供之外，應該要提供可以練習與成功的演練，切實將所學運用在實際生活中，並做確實追蹤評估。

　　(二) 親職教育的實施，常常會因為亟需要此服務的家長反而無法參加，或得不到相關資訊與訓練，因此必要的配套措施（如不妨礙工作時

間、或是給予適當津貼、幼小孩子照顧服務、交通方面的配合等）也要謹慎規劃，效果才可以預期。

(三) 依照孩子發展階段的需求與照顧，做系統連結與策劃。

(四) 親職教育施行對象應不限於成年男女，而是在學校體系中（國小、國中、高中、大學、社區）做有系統組織的計畫實施。

(五) 課程內容的安排應該兼顧一般正常發展與問題，以及特殊問題。

(六) 針對特殊需求孩童的家庭，提供醫療、護理與諮商的團隊協助，並協助這些家庭組成類似互助會的團體。

(七) 對於經濟與教育資源較差的家庭與族群，政府應該予以較優厚條件與更積極的協助，特別是孩子教養與照顧的協助（如孩子的教養券、公立與收費低廉的托幼兒所、免費諮商與親職諮詢等）。

(八) 社區的社會福利機構除了提供基本生活的協助之外，也應關照到醫療與心理諮商支持等方面的資源，以及到府服務，可以解決家長因為工作或其他因素未克參與的問題。

(九) 實施團隊應該是社區與學校的合作，偏遠地區可以以固定巡迴方式舉辦，最重要的是能夠讓「社會不利」（許多資源不足）的家庭，享受到這些資源與協助的積極配套措施。

(十) 提供切合目前科技發展的資訊系統，家長也可以上網查詢或提問，其他錄影帶、錄音帶或書籍等資源的流通也很重要。

(十一) 長期、免費諮詢電話的提供服務，除了做必要資訊提供支援，也可以做初步情緒安撫工作及轉介。

(十二) 將親子兩代或三代也包括在親職教育中，可以因為互動、支持、共學，而讓親職教育更為落實。

(十三) 短期與長期的系統效果評估、修正方案的配合。

第❷節　親職教育施行內容

　　親職教育的實施可以依據不同對象、學派、內容等做設計，可以用講座、讀書會、團體諮商、個別諮商、或是諮詢等方式進行，對象可以是學生、未婚夫妻、計畫要生育的夫妻、需要管教資訊或親職教育的家長、離異或失婚單親家長、隔代教養家長等。依照需求不同，則可以根據親職問題的不同性質，像是教養對象不同（如初生或嬰幼兒教養、學前孩童、學齡孩童、青春期孩子等）、問題與困擾（受創傷、學習困擾、發展遲滯、性傾向問題、逃學或逃家、沉迷惘咖、電腦上癮、嗑藥酗酒等）不同，做設計與實施。成功的親職教育應該是不限形式、地點，以達到目的為最優先，而在講授親職教育課程與訓練時，應該用簡單明白易懂的語言，而不是專業或是生澀難懂的用語，也要注意到將課堂裡所學的，可以成功運用到實際生活情境中（讓學習可以做正向遷移）。

☺一、針對一般家長的親職教育

(一) 家長對於親職教育的功能與角色介紹

　　著重在家長自覺、反省與求助能力的培養。

(二) 從不同發展階段孩子的需求與訓練著手

　　孩子從嬰幼兒到青少年與成年期，不同的發展特色與需求，父母親又要如何提供資源來滿足這些成長階段的需求？就是此類親職教育的重點。

(三) 協助孩子有效學習

　　孩子進入學齡前期開始，許多家長就不希望孩子輸在起跑點上，加上學歷與能力幾乎就是同義複詞，因此許多家長不只花錢提供孩子可以去進修學習，還希望可以善盡親職、讓孩子的學習更有效率，也可以包括如何

協助孩子選擇組別與科系。

(四) 有效的管教方式

父母親大多希望孩子聽話、受教，但是又不能否定孩子有其獨特的人格與發展，然而適當的管教還是需要，也可以奠定孩子未來行為、與人相處、邁向人生目標的重要訓練，以實際運用的例子做輔助，可以讓學習更為明確。

(五) 有效的親子溝通

針對一般性家庭的有效溝通著手，可以教導家長們有效溝通應遵循的法則與練習，也希望家長可以將這些習得的知識，轉換成有效的日常生活技能之一，達到親子或家庭溝通希望完成的目的。

(六) 如何與孩子談性

孩子會成長，如何讓孩子自小就接受適時適齡的性教育，讓孩子知道喜愛自己的性別、喜愛自己，也尊重他人的性別，以及發展親密關係時的過程與注意事項。性教育的範疇依據孩子發展年齡有不同的重點工作，不單限於性生理與性成熟而已。

◎二、針對特殊需求家長的親職教育

親職教育對於特殊背景的族群（孩子或是家長）的需求，也有必要關照到。孩子屬於特殊障礙或患有疾病的家長，也應該有醫療諮詢與補助之外的其他服務，而這些是以服務團隊（teamwork）的姿態出現。

(一) 發育遲緩或是有其他生理障礙孩子家長的親職教育

孩子的發展上出現問題，可以在早期發現、做早期的補救。依據家長的觀察，還有與一般孩童的比較，如果落後太多、自然會引起家長的關注。孩子如果是因為生產時或是在母胎內就有的一些問題，也可以藉由早

4 3 8

期的發現做適當的了解與處置，最怕的是家長不願意承認有求助的必要，或是認為孩子的與眾不同傷及自己顏面，而不肯讓孩子得到適當的診斷或醫療，白白讓孩子錯失了最佳改善的時機，對孩子的傷害可能就是永久的！孩子的障礙情況不同、程度亦有異，如何及早發現、診斷與治療是最重要的，接著就是根據不同孩子的需求做適當的照顧與治療、配合相關專業人員與社工單位的協助。針對類似長期或是慢性病的情況，可以有地區性特約醫生或是復健醫療的補助，讓家長可以減輕負擔，也相對地得到適當的資源。

(二) 對患有心理疾病孩童家長的親職教育

1. 家庭功能失常家庭的親職教育：家庭功能失常的原因有很多，基本上是指親職功能不能或未能適當發揮（失業、單親、隔代教養、入獄、家長酗酒或吸毒、家長罹患疾病或精神疾病等）、家庭結構出現問題、或是有暴力傷害事件發生，對於未達成年的孩子、不管是受害者或非受害家人，影響尤其重大。除了適當法律力量的介入（如隔開加害與受害人，訴訟或監禁）之外，也要針對家中其餘成員做適當的教育、治療與安置。除了相關議題的親職教育課程與訓練之外，還要有社工長期介入、以為後續的觀察協助與評估，還要有個人治療與團體或家庭諮商的強制實施，如此是培養家庭成員的處理問題能力，也是預防同樣情形再度出現。

2. 有家庭暴力或是虐待孩子的親職教育：馬上作危機處理、做基本的暴力傷害評估、後續的治療工作，三者是必須要的。家長（加害者或非加害者）、孩子都要了解暴力的成因、後果，也分別接受治療與輔導，如果家長一方入獄或是離開這個家庭，其他成員如何恢復家庭系統的運作、互相支持與溝通等，都是可以強調的主題。

但是儘管孩子的行為出現偏差、或者是家庭發生失功能狀況，並不一定是親職功能發生了問題，許多家長已經費盡心力、也很盡責，但是孩子出問題，把矛頭指向父母親，其實也有失偏頗。Schaffiner（1997）在探討法院強制舉辦的親職教育課程時，也提出類似的呼籲，一般人都認為孩子

出差錯，就是父母親無法控制孩子的行為，雖然有些家長認為有需要、但是多半家長對於這種判決是很抗拒的，加上施行內容並不一定吻合家長的需求，因此也就會影響到執行的成果。

　　3.單親家庭或是隔代教養的親職教育：並不是說單親或是隔代教養家庭就是親職功能未能發揮完善，而是可以依據不同家庭型態的結構與需求，提供一些適當的資源與協助，讓親職工作更得心應手！單親家庭本身因為少了一個家長，因此家中工作與職權的分配或有重整的情況，經濟壓力會增加、相對地也影響到親子關係與管教；隔代教養家庭也相似，隔一代也隔一層，許多的親職功能不能發揮、奏效，甚至會讓祖輩與孫輩在自身需求與情緒滿求上不能配合（邱珍琬，民91a），因此在親職教育的設計上，有必要讓此類家庭了解到可能出現的問題與挑戰、可以利用的資源又有哪些？協助組織互助協會，可以彼此學習與支持，必要時，應進行「到府協助」的服務。

◉三、針對孩子特殊問題的親職教育

(一) 逃學或逃家

　　孩子逃學或是有「懼學症」，可能是因為在學校裡與其他相關人物（老師或同學）的關係生變，包括被誤會、受到不公平待遇、被欺負，或者是挫敗感太深（學業上、自我價值等），對於學校的許多吸引因素（如好玩的活動、好朋友、喜歡的老師）已經沒有動力，就可能會有逃學的情況，但是儘管這些因素其來有自，許多的肇因卻是來自家庭，家庭裡父母親關係惡劣、經濟情況令人擔憂、或是家庭發生重大事件（親人過世或離家、搬家等）或失去（如好友搬離或生病），倘若沒有經過妥善的關心或處理，甚至是孩子無法承受，都可能會讓孩子不願意待在家裡，而選擇離家。

440

(二) 偏差行為

孩子的一些偏差行爲（如竊盜、攻擊、說謊、破壞物品等），很讓家長頭痛，有些甚至會演變爲成人後的犯罪與反社會行爲。Patterson（1982）與同事曾經就孩子有偏差行爲的家長，做了管理訓練，主要是以行爲主義的原則教導家長修正自己一貫的反應方式，轉而注意到也獎勵孩子「利社會」（prosocial）的行爲，也讓家長了解增強的使用方式、「暫停」與「特權剝奪」的技巧，結果發現孩子的行爲的確有相當改善，家長的情緒也較佳。Barkley（1997）以行爲主義原理設計一個親職教育方案，對象就是孩子有抗拒行爲的家長，他的課程內容共分十個步驟：1.協助父母去認清楚與了解孩子偏差行爲的可能原因；2.要父母親注意到孩子（變）好的行爲，也不要因爲不小心，就增強了孩子的偏差行爲；3.有效的傾聽，會讓孩子的順從行爲增加，也鼓勵孩子的獨立遊戲或作業，而不會因此一直打斷父母親手邊的工作；4.如果口頭稱讚不夠，改用代幣制度；5.「暫停」（time-out）與其他管教方式的使用；6.把「暫停」技術用在其他偏差行爲上；7.處理父母親可以預期的問題（如處理孩子在公共場所的行爲）；8.將家裡的進步表現延伸到學校行爲上；9.如何處理未來可能發生的問題，有準備計畫就可以做較佳的處置；10.鼓勵參與的家長們繼續將所學運用在實際情況裡，並約定下一次追蹤的會議（pp.85-87）。

(三) 學習困擾

先做一些觀察與診斷，還有學習情形的相關報告，先確定沒有生理上或是因爲外傷造成的學習問題，然後可以依據學習困難與其特性做適當的矯正，也需要結合學校、家長、專業治療人員或專家的團隊合作。學習困擾有些不是生理上的問題，許多只是孩子承受壓力或是問題，而反映在外顯行爲上，通常是突然在學業表現上出現問題，因此有時候是有必要去了解孩子學習行爲後面的可能干擾因素。了解可能原因之後，除了針對其學習困難進行補救治療（如起點行爲不足，學習方式改進）外，也要協助其

排除外在不良影響因素（如父母爭吵、家境清寒、沒有鼓勵學習的家庭氣氛、沒有人可以協助解決課業上的問題等）。

(四) 說謊

孩子說謊也是很令父母親頭疼的問題，但是不管如何說謊，有其背後的因素，要孩子百分百誠實不太可能、家長自省也會明白，父母親也要注意在自己要求孩子誠實時，卻也不太喜歡孩子說實話的矛盾；如果說謊情況過於嚴重時，可能就需要針對這個「問題」做處理。首先要明白孩子的發展階段與說謊的可能關聯，因為每個階段孩子對於「好行為」的看法與依據不同，這也許會影響到他對於說謊行為的解釋；了解說謊的可能動機（逃避懲罰、避免出糗、要到自己想要的東西、保護同伴、保護自己避免受傷害、不回答就不是說謊、用說謊來增加〔或掩飾〕自己的自信〔像吹牛〕或贏得他人的羨慕、保護個人隱私權、避免讓他人尷尬、或是顯示自己勝過權威人物）；哪些孩子容易說謊（三、四歲與青春期孩子，或適應不佳、較不聰明、父母親也說謊的孩子）；如何處理孩子說謊行為（避免嚴厲體罰，釐清因說謊而受到處罰與為了掩飾某些會受到處罰的事而受到懲罰的不同，強調行為對他人的影響、而非行為本身是壞的，讓處罰與犯行對等、不過輕或過重）（Ekman, 1989）。

(五) 嗑藥或酗酒

藥物或酒精、甚至安眠藥其藥性都是可以讓人上癮的，也就是需要達到相同程度的興奮是需要增加藥量的，而最後變得沒有吃藥、自己就無法控制行為，或是屢戒不掉，因此許多藥物上癮的人必須在特殊機構做戒除治療，才能發揮治療功效，而一旦戒除，還是會面臨「再犯」的可能性。Reuter、Conger與Ramisetty-Mikler等人（1999）曾就減少酗酒或嗑藥的危險議題，設計了一套親職教育課程，參與的父母親有不同的結果產生：也就是父親們如果是家庭壓力較少、婚姻問題較少、或是較沒有經濟問題的情況下，對於此課程的反應是很正面的，而母親們卻是剛好相反；換句

話說，父親們參與親職教育課程必須是在一些相關條件較佳的情況下，才會比較投入、課程效果才出來，而母親們卻是在課程裡發現了許多有用資訊，減輕了其原本所面臨的問題。這似乎也反映了一般願意參與親職教育課程的是比較熱心，願意讓親職工作更上層樓的爸爸們，而母親們則是在課程中發現了許多可以運用的其他方式，也在課程中得到進步與成長，看樣子，母親比較樂觀、願意求助、也很努力汲取新知。

(六) 網路上癮

目前由於資訊科技的發達，一般人可以從許多管道上獲得資訊，加上網路咖啡廳（網咖）及手機的出現如雨後春筍，許多孩子發現在家上網會受到監控譴責的情況下，轉向網咖活動，而由於網咖的營業時間長（通常是全天候）、價格低廉，許多人流連忘返，不僅造成生理上的病痛或負面影響，利用網路上網援交，被誘拐或侵害、殺害，有的甚至有精神疾病或是社會孤離的現象發生，這些大概是網路族始料未及的。網路上癮是一種類似酒精藥物的依賴情況，如果一天不使用，就會產生「戒斷」的後果，包括焦躁不安、念頭一直在網路上轉，甚至因此大量減少與他人互動的機會，有的甚至會為了籌措上網經費而去偷去搶、有犯罪行為，甚至因為太沉迷網路的虛擬世界、認為這些都是真實的，有人被拐騙上當失身、被賣或是死亡。目前可能只針對網路上癮族群的其他偏差行為（如逃學、逃家、偷竊、學業退步等）在做治療，其親職教育的執行上還有待努力，父母親肯花時間與心力關心孩子的作息、交遊與生活，也去了解孩子上網的習慣、做適當的約束，協助孩子拓展其他活動與生活層面，不以電腦或手機為唯一生活寄託，增加家人出遊與相聚時間，都是可以著手的部分，一旦發現孩子的上網行為已經影響到他的其他生活面向了，就要懂得向學校單位與專業人員求助。

(七) 未婚懷孕或感染性病

以美國爲例，因爲未婚生子的情況很多，因此還會針對未婚懷孕學生做適當課程安排與諮商協助，也包括最基本的親職教育（嬰兒成長、照顧，生產後課業與育嬰安排等），就是希望學生不要因爲孩子的到來而中斷了學習機會。目前性行爲開放、性觀念保守，所以有所謂的「九月墮胎潮」，發現孩子懷孕（或是讓人懷孕）了，父母親應該採取怎樣的行動，其實因人而異。如果希望墮胎，要知道墮胎的危險與預後照顧動作，倘若要孩子生下來，經濟與學業、要不要成婚等都是接下來需要考量的重點，當然還有接續下來照顧養育初生兒的問題。

當然預防還是最好的治療，孩子一般很少以父母親爲性教育的來源，可能也是因爲一般生活中很避諱談這樣的主題，但是孩子會長大，性成熟與親密關係都是孩子會面臨的課題，家長願意開放討論，孩子也會比較願意溝通。許多母親會關心女兒的月經來潮、自我照顧與料理，對於兒子的發育情形也應該等同對待才是，要不然把父親邀請進來協助也是很適當的。性生理發育與調適，親密關係與交往，安全性行爲與尊重，性病與其影響等，都可以協助孩子更了解自己、也尊重他人。如果父母親覺得不好意思直接說明，也可以提供相關訊息或書籍雜誌，讓孩子可以依照自己的步調去做探索與了解，甚至包括手淫、避孕方法這些資訊都可以提供。如果家長擔心提供這麼多資訊會不會間接「鼓勵」了孩子從事性行爲？其實大可放心，孩子知道了更多正確的知識，就會更清楚自己要做什麼、後果如何？未婚懷孕絕大多數是因爲沒有準備就發生的，有些孩子發生性行爲是在同儕的壓力下才去做的，關心與支持的父母親可以是孩子在做這些決定時一道堅定的保護網，也就是孩子越知道父母親的關愛、越不容易做了錯誤的決定。

(八) 遭遇重創或傷害

像是面臨自然（地震、洪水）與人爲（車禍、謀殺、自殺）災難，受

444

害者與目睹者都需要進一步的協助與治療，不能讓孩子假裝正常、或是否認孩子的驚慌痛苦就沒事。在遭遇這些非預期的重大事件或傷害時，不同的孩子會有不同的反應與後續影響，如果孩子平常對情緒不安的情境有良好適應，很快就復原，有正向樂觀的想法與自我觀念、隨和的個性、堅忍與高挫折忍受力，再加上與父母關係良好，也會主動求助，有較佳處理事情的能力的話，在遇到緊急或突發事件時，可能會比較容易因應處理，恢復情況迅速也較佳（Jaffe, 1997, cited in Jaffe, 1998）。遇到重大災害而失去親人、家或財務，都是很令人難過的，孩子還會擔心是否還會再來一次、自己與家人的安全又如何保證？可能在事件發生之後會惡夢連連、企圖與死亡的家人重聚、時時保持警覺、有時會稍有動靜就過度反應，家長協助孩子的方式就是去知道、了解他的情緒與擔心的事物，同理他的感受與反應，給孩子支持與關愛，協助孩子慢慢恢復日常作息與活動，也重新整理自己，創造新的社交圈。此外，也希望父母親可以讓孩子接受專業的個別、團體或家族治療，家長們也同時參與，讓孩子與受創的家人都可以重新走出事件陰影。

◉四、針對不同學派所設計的親職教育

許多心理學與諮商學派的觀點，經過實徵性效果研究之後，可以適當運用在親職教育上，這種理論與實務的結合方式，也可以讓家長比較明白自己在施行親職教育時的脈絡與理念的正當性，可以發揮更為一致的親職功能，而不同的行為與教育，也可以依據不同學派所研發出來的有效方式作一些參考與運用。

(一) 個體心理學派的父母效能訓練

Gordon（2000）將個體心理學派的許多理論運用在親職教育上，廣被一般民眾喜愛，他所根據的主旨是「了解孩子的觀點，就是通往孩子內心世界的窗口」。在他所設計的課程——父母效能訓練（Parent

Effectiveness Training, PET）裡，很強調親子間建設性、同理的溝通，包括傾聽技巧訓練、「我訊息」（I message）的使用，利用環境的改變來改善行為，避免與孩子間的權力鬥爭，營造「雙贏」的衝突解決方法，Gordon相信行為變好之前會有變壞的趨勢，因為孩子想要測試父母親的真誠度與執行的決心。「父母效能訓練」之所以成功，主要是搭配著資訊的提供與實際技巧的演練，這其實也指出了一般國內親職教育最為缺乏的一環就是：沒有實地演練，就很難將所習得的技巧做驗收與修正。另外，還依據孩子行為背後的不同動機（「社會目的論」socioteleological）設計的親職教育，認為孩子需要尋求一個安全地位，所以父母親必須進一步了解孩子在追求社會認可的努力（Knox & Schacht, 1994）。

(二) 認知行為學派的親職教育

認知行為學派的許多觀念用在親職課程與訓練中，是成效最佳的（Nicholson, Anderson, Fox, & Brenner, 2002），特別是針對孩子的問題行為與情緒管理（Rogers-Wiese, 1992; Webster-Stratton, 1994; Sheeber & Johnson, 1994）。Kendall與Braswell（1993）就以認知行為的治療來對衝動控制有問題的孩子做處置，裡面含括的內容有問解決技巧與方式、自我指導訓練、行為結果的關係、示範模仿、情感教育與角色扮演練習等。以Fox與Fox（1992）所設計的一個課程STAR為例，就是融合了認知行為、發展與社會學習理論在裡面，教導家長可以適當對孩子的挑戰行為作回應，包括S（不要立即反應）、T（留意自己的感受、取得情緒上的掌控）、A（詢問自己對孩子的期待是否合理），以及R（以適當、深思熟慮過的行動來反應），而這個課程適用於不同問題與團體的家長（cited in Nicholson et al., 2002）。Nicholson等人（2002）也套用了STAR課程中的理念，用在孩子有行為問題的家長團體，課程中包括了孩子如何影響父母親行為與感受，父母親內心的機制是如何影響其對孩子的反應，父母親如何對不同發展程度的孩子作適度期待，父母親如何對孩子做出正確適當的回應，以及特殊有效的管教秘訣；這個教育性質的課程施行結果相當不錯，參與的家長減

少了口頭訓斥與體罰，壓力與氣憤情況有改善，對孩子行為的看法也有改進。

採用認知行為學派的親職教育，主要是改變父母親原來思考的方式，然後加以有效的技巧訓練，雙管齊下的情況下收效最佳。

(三) 行為學派的親職教育

行為學派運用的親職技巧，包括制約理論中的增強理念，還有社會學習的一些原理原則，將關注點放在父母親的「主動性」、掌控上，因此基本上孩子處於較為被動的立場。行為主義用在嚴重偏差行為的課程設計比較多，而在親職教育上面最有名的要算是「Touhglove」（York & York, cited in Knox & Schacht, 1994），這是一個社區共同的合作計畫，參與課程的家長互為彼此的支持，除了討論所面臨的子女行為問題之外，還一起找出可能的解決方案、並且付諸實行！因此這個課程的重點是協助父母親「修正」孩子的偏差或不良行為。

Barkley（1997）以行為主義方式設計一套管教孩子的親職訓練課程，他提出了幾個施行原則，包括：1.讓行為結果立即呈現，而且結果要具體而明確；2.注意行為結果的一致性，這樣效果才會出現；3.在處罰孩子之前必須要先有獎勵正確適當行為的規則，這樣比較容易讓孩子信服；4.要先預防與計畫可能出現的偏差或不當行為，這樣子在行為出現時，比較知道要如何處理、不會慌亂或做了錯誤的處置；5.了解家庭中成員彼此之間的互動是互惠的，孩子行為出現偏差不能只責怪孩子，而是將重點放在家庭系統的互動模式之內（pp.81-84）。在實際施行親職教育課程中，Barkley（1997）也強調、要求家長要做到幾下幾點，讓親職教育課程成果更凸顯：父親的參與，可以支持母親、也協助管教工作；要做好課程進行中規定的家庭作業，才可以讓課程與實務有銜接；課程進行中，講師必須注意複習之前所學與釐清重述學員可能不明白的地方；依據不同家庭狀況，做處置方式的調整（pp.73-75）。

(四) 現實學派親職教育

William Glasser運用現實學派觀點所推行的「父母參與計畫」（Parent involvement program）強調的是親子共處時間，父母親的示範影響與社交技巧的學習，認爲孩子有權做自己的選擇、也爲選擇負責任（Knox & Schacht, 1994, pp.583-584）。

Glasser堅持「改變」是一種選擇（Corey, 2001），當舊有的方式已經不適用於新的情境、或者可以有效解決問題時，個人就可以選擇是否要改變。有其他的許多選項是可能的，但是父母親可能不知道，因此在親職課程中，就可以藉由與其他家長互動的機會，看到了更多處理同一問題的可行方式；協助家長去釐清自己到底要的是什麼（要生存、愛與隸屬、權力、自由、還是樂趣）（Glasser, 1998），然後可以在其中做取捨，讓每個人能以更有效的方式滿足自己的需求。比如父母親對孩子感覺管教無力（權力需求），那麼目前家長要的是什麼（可能是要讓孩子感受到他的愛），但是目前這種方法（嘮叨）到底效果如何？可不可以有其他可用方式？也就是將家長從「受害者」的立場改變爲「有效能者」。

(五) 親職教育應該慢慢演變成親子共學的模式

親職教育非家長一方之功，也需要孩子的配合，必要時將相關成員包括在內，效果應該可以加倍，家長的無力感也會減少許多，Maccoby與Martin（1983）也強調親子之間互惠的反應關係。現在有「親子共學」親職教育慢慢在推展，希望結合了家長與孩子彼此的互動學習與努力，讓親職教育更具意義、效果加倍。「親子共學」的意義可以從多方面來思考：1.親職教育著重的不僅是家長的角色，孩子也影響著親職教育的成功程度，因此把相關人物都囊括進來、可以讓親子在實地學習過程更親密，也容易將習得的一切運用在日常生活中。2.由親子共同參與、學習，可以在專人監督、鼓勵與指導下，做更有效的學習。3.親職教育的許多面向可以經由親子共學，達成「傳承」的目的，也讓親職教育可以提早實施！就如

同我們在參加孩子的學校活動中，可以學習一些新的觀念與運作能力，孩子參與親子共同學習的聚會，也同樣可以學習，何況看到自己父母親願意花時間來讓自己的親職功能發揮更完善，孩子也會感動，而更願意合作配合。

父母親可以做的

(一) 參加學校的讀書會或是家長座談會，與其他家長做教育方面的交流。

(二) 閱讀一些有關親子關係或是管教方面的書籍，與伴侶或是孩子討論。

(三) 列一張你希望可以得到協助的「需求」清單，然後詢問當地社工或家庭扶助中心，可以從哪些地方找到這些資源？

動手與動腦

1. 設計一個以對象、問題或是學派為主題的親職教育課程（一共需要執行三次，每次九十分鐘）。請列出：總目標、每一次單元目標與活動（包括進行時間、相關要準備的器材）、回饋與評估方式。

2. 去看一個已經設計好的親職教育方案，並提出優缺點、你的改進方式。

3. 訪問家長（孩子在不同發展階段的父母親）希望可以得到哪些方面的資訊，讓自己的親職工作更有信心？

附錄一：管教小秘方

1. 孩子犯錯，請他寫一篇作文（如前教育部長吳京對其兒子之方式）：可以提供機會讓孩子自我反省。

2. 暫停（time-out）：把定時器擺在孩子面前，要孩子在幾分鐘之後才可以恢復自由，孩子可以學會自己看時間，也覺得比較自主。

3. 性教育的實施與因應（釐清孩子的迷思，有時孩子會用自己的理解去解釋，如「肚子疼」以為自己要生小孩了；「交配」是指在一起吃東西；孩子在洗澡時「勃起」，媽媽回答：「要不然我怎麼抱孫子？」）

4. 孩子欺負妹妹或弟弟，要他在今天之內幫助妹妹或弟弟三件事，然後跟你分享心得。

5. 知道孩子說謊，請孩子改寫「放羊的孩子」改過自新的故事。

6. 孩子對別人不友善，請他在今天之內見到任何人，臉上都要掛著微笑，然後在一天結束前，與家長分享「微笑」對別人的影響與他自己的收穫及觀察。

7. 孩子功課沒寫完，可以讓他選擇熬夜完成、或是幫他準備好鬧鐘，第二天早上起來再寫。

8. 孩子沒有耐心一下子寫完功課，可以讓他每寫完兩行休息五分鐘，或是讓他繼續寫、累積「休息時間」，累積的時間可以用來換一個他喜歡的活動。

9. 要孩子整理房間，有時候他會認為工程浩大、時間花費太多，不妨要他在你的監督之下先完成一小部分（如書桌），下一步換另一小部分（如衣櫃上兩層），小範圍不吃力、以及呈現出來的小成就，會讓他比較願意繼續維持房間適度的整潔。

10. 家裡要換洗的衣物固定放在一個容器裡，如果家人沒有依照規定擺放，可以先告知，這樣還是有人沒照著做，就只洗規定放置容器內的衣物，不必去各個房間搜索，省了家長的嘮叨與無奈，孩子也學會一些規則。

450

附錄二：父母親可以說的鼓勵話

1. 我愛你，因為你是你。

2. 你這麼努力，讓我也為你覺得驕傲。

3. 我相信你。

4. 不要這麼輕易就失望，我們來看看做得不錯的地方。

5. 我們在你身邊，不要害怕。

6. 做錯了沒有關係，我們改正就好啦！

7. 你好勇敢、努力不讓自己哭出來，但是我看了會心痛，沒有關係，我們一起哭、誰也不說出去！

8. 孩子，我以你為榮！

9. 我不會，你教我？

10. 我們是同一國的，應該同甘共苦！

參考書目

一、中文部分

王令瑩（民90）。國民中學學生價值觀及其相關因素之研究：以高屏地區國中生為例。國立高雄師範大學教育研究所碩士論文。

王泳貴（民91）。國小教師人際依附風格、人際溝通能力與人際溝通滿意度之關係研究。屏東師院心理與教育研究所碩士論文。

王春光（譯）（民110）。同理心的力量。（The power of empathy: A practical guide to creating intimacy, self-understanding and lasting love, by Ciaramicoli & Ketcham, 2021）。台北：日出。

王珮玲（民82）。父親角色與兒童發展之探討。教育研究雙月刊，32：52-57。

王淑女（民84）。校園暴力行為之社會學分析。學生輔導通訊，37，50-59。

王舒芸、余漢儀（民86）。奶爸難為：雙薪家庭之父職角色初探。婦女與兩性學刊，8，115-149。

王鍾和、郭俊豪（民87）。祖孫家庭與親職教育。學生輔導，59，50-61。

王麗容（民84）。父母與社會政策。台北：巨流。

皮玉鳳（民78）。生氣控制訓練對國小攻擊性兒童輔導效果之研究。國立師範大學教育心理與輔導研究所碩士論文，未出版。

石佳福（民84）。由校園暴力談教師管教權問題。師友，339，13-22。

但唐謨譯（民90）。猛男情結：男性的美麗與哀愁（The Adonis Complex, by H. G. Pope, K. A. Phillips, & R. Olivardia, 2000）。台北：性林文化。

何詠俞（民82）。不同家庭結構中父母管教方式對子女自尊與偏差行為之影響研究。中國文化大學家政研究所碩士論文，未出版。

何雅晴譯（民91）。複數的性（Sexualities: Exploring sexuality as a cultural phenomena, by Centerwall, E.）。台北：女書。

吳心芝（民91）。維繫婚姻穩定的歷程與影響因素之研究—以結婚20年以上的女性
　　為例。國立台灣師範大學人類發展與家庭研究所碩士論文，未出版。

吳佳蓉（民91）。隔代教養兒童與非隔代教養兒童學校生活適應之比較研究。國立
　　花蓮師範學院國民教育研究所碩士論文。

吳武典（民81）。校園暴力行為的防治與輔導。現代教育，7(1)，27-34。

吳虹妮（民88）。單雙親家庭青少年知覺父母衝突、親子關係與其生活適應之相關
　　研究。彰化師範大學輔導研究所碩士論文，未出版。

吳嘉瑜、蔡素妙（民95）。父親派外對家庭的影響——從成年前期學生的回溯經驗
　　中探討。中華輔導學報，19，137-174。

呂民璿、莊耀嘉（民81）。單親家庭青少年違規犯罪行為。東海學報，33，247-
　　284。

李丹編（民78）。兒童發展。台北：五南。

李玉冠（民89）。隔代教養祖孫關係之探討——以台北縣低收入戶為例。靜宜大學
　　青少年兒童福利研究所碩士論文。

李柏英（民91）。評價歷程的理論與測量：探討價值觀與情境關聯的心取向(1)。
　　應用心理研究，14，79-116。

李燕、李浦群譯（民94）。人際溝通（修訂版）（Interpersonal communication, by S.
　　Trenholm & A. Jensen, 1995）。台北：揚智。

車文博（民90）。人本主義心理學。台北：東華。

易之新譯（民88）。人際溝通分析練習法（TA today, by I. Stewart & V. Joines,
　　1987）。台北：張老師文化。

林青瑩（民87）。青少年偏差行為的家庭因素分析研究。國立台灣師範大學公民訓
　　育研究所碩士論文，未出版。

林家興（民86）。親職教育的原理與實務。台北：心理。

林煜軒、劉昭郁、陳邵芊、李吉特、陳宣明、張立人譯（民102）。網路成癮：評
　　估與治療指引手冊（by Young, K. S. & de Abreu, C. N, Internet addiction: A hand-
　　book & guide to evaluation & treatment, 2011）。台北：心理。

林煜軒譯（民102）。網路成癮的盛行率估計和致病模式（by K. Young, 岳曉東、應

力），收錄於林煜軒等譯，網路成癮：評估與治療指引手冊（pp.3-21）。台北：心理。

林煜軒譯（民102）。網路成癮個案的臨床評估（by K. Young），收錄於林煜軒等譯，網路成癮：評估與治療指引手冊（pp.23-43）。台北：心理。

林萬億、吳季芳（民82）。男女單親家長生活適應之比較分析。中國社會學刊，17，127-162。

林翠湄譯（民84）。社會與人格發展（Social and personality development, by D. R. Shaffer, 1994）。台北：心理。

邱珍琬（民102）。大學生生活樣態─以南部一公立大學為例。中正教育研究，12(1)，29-70。

邱珍琬（民90a）。校園欺凌行為實際：師生觀點比較。發表於台中師院九十年度師範院校論文發表會。

邱珍琬（民90b）。青少年男同志認同過程與實際。彰化師大輔導學報，23，77-107。

邱珍琬（民91a）。隔代教養祖孫需求初探。嘉義大學九十一學年度師範院校學術論文發表會，2057-2085。

邱珍琬（民91b）。台灣南部原住民隔代教養初探。屏東師院原住民學術研討會論文集，21-46。

邱珍琬（民91c）。隔代教養：祖孫需求初探。手稿，未出版。

邱珍琬（民91d）。生死學研討會與諮商員的生命態度。手稿，未出版。

邱珍琬（民91e）。國小教師創意教學實際。初等教育學刊，12，247-272。

邱珍琬（民91f）。我是誰：一個性別認同的生命故事。同志學術研討會論文集，頁141-154。高雄：高雄師範大學性別教育研究所。

邱珍琬（民91g）。國小校園欺凌行為──學生觀點。初等教育學刊，11，219-250。

邱珍琬（民92）。變化中的家庭(一)：隔代教養──親職管教特色與需求。手稿，未出版。

邱珍琬（民93a）。大學生眼中的父親形象──以一次焦點團體為例。教育與社會研究，6，69-108。

邱珍琬（民93b）。高中大學生的父親形象——父親形象初探。性別、媒體與文化研究學術研討會（第六場：性別教育與新聞）。台北：世新大學性別研究所。

邱珍琬（民93c）。高中生眼中的父親形象——初探研究。九十三年度師範學院教育論文發表會。屏東：屏東師範學院。

邱珍琬譯（民91）。焦點解決在國高中的應用。台北：天馬。

邱溫譯（民89）。溝通分析學派創始人一伯恩（Eric Berne, by I. Stewart, 1992）。台北：生命潛能。

金樹人（民87）。存在主義諮商法，賴保禎、金樹人、周文欽、張德聰（編著）（pp.151-172）：諮商理論與技術（修訂再版）。台北：國立空中大學。

侯崇文（民90）。家庭結構、家庭關係與青少年偏差行為探討。應用心理研究，11，25-43。

施秀玉（民91）。「家庭共學一親子團體」親子互動之改變研究。手稿。

柯志鴻（11/6/民103）。網路遊戲成癮之診斷與評估。103年度網路成癮繼續教育訓練課程（南區）。台灣精神醫學會。高雄：高雄醫學大學附設醫院啓川大樓6F第一講堂。

柯清心譯（民84）。校園暴力。台北：遠流。

風傳媒（民111）。取自 storm.mg/lifestyle/365078。

洪雅真（民89）。夫妻性別角色、權力與衝突之研究。國立嘉義師範學院家庭教育研究所碩士論文，未出版。

洪瑜堅（民86）。與孩子談死亡：一本由孩子寫給孩子的生死書（The kids' book about death and dying, 1985, by E. E., Rofes）。台北：遠流。

洪慧芳（譯）（民107）。意義—邁向美好而深刻的人生（The power of meaning, by E. E. Smith, 2017）。台北：時報文化。

洪儷瑜（民84）。從校園暴力談整合多學門合作的輔導。學生輔導通訊，37，36-43。

洪蘭譯（民100）。棉花糖女孩（Girls on the edge, by Sax, L., 2011）。台北：遠流。

洪蘭譯（民89）。腦內乾坤男女有別其來有自（Brain sex—the real difference between men & women, by A. Moir & D. Jessel）。台北：遠流。

洪蘭譯（民91）。大腦的秘密檔案（Mapping the mind, by R. Curtor）。台北：遠

流。

洪蘭譯（民91）。改變（What you can change and what you can't, by M. E. P. Seligman）。台北：遠流。

徐麗賢（民94）。台商家庭父職實踐需求之研究——以大陸台商為例。2004兩岸家庭教育學術研討會論文「廿一世紀的親職教育」，439-463。嘉義：嘉義大學。

張立人（11/6/民103）。認識網路成癮的現象。103年度網路成癮繼續教育訓練課程（南區）。台灣精神醫學會。高雄：高雄醫學大學附設醫院啟川大樓6F第一講堂。

張秀如（民87）。親職教育的意義。收錄於蕭淑貞（總校閱）親職教育（pp.1-49）。香港：匯華。

張貝萍（民89）。單親家庭青少年自我分化、情緒穩定與偏差行為相關之研究。中國文化大學兒童福利研究所碩士論文，未出版。

張厚粲（民86）。行為主義心理學。台北：東華。

張春興（民78）。張氏心理學辭典。台北：東華。

張美惠譯（民91）。用心去活。台北：張老師文化。

張英陣、彭淑華（民85）。從優勢的觀點論單親家庭。東吳社會工作學報，2，227-272。

張莉莉（民81）。團體輔導對國中生攻擊行為輔導效果之研究。國立彰化師範大學教育研究所碩士論文。

梁培勇總校閱（民90）。兒童、保護者、知己：結構化生態系統取向團體遊戲治療。遊戲治療實用指南（K. O'Connor, 1993，In T. Kottman & C. Schaefer (Ed.): Play therapy in action: A casebook for practitioners.）（pp.287-328）。台北：心理。

梅秀梅（民84）。由校園暴力來話生活輔導。學生輔導通訊，37，86-89。

莊素芬譯（民88）。情緒發展與EQ教育（The emotional development of young children: Building an emotion-centered curriculum, by M. C. Hyson）。台北：桂冠。

許春金、謝文彥、周文勇（民85）。校園暴力行為學生個案輔導。教師天地，80，29-37。

郭俊豪（民87）。祖孫家庭相關因素之探討。國立政治大學碩士論文。

陳宜明譯（民102）。線上角色扮演遊戲的成癮（by L. Blinka & D. Smahel）。收錄於林煜軒等譯，網路成癮：評估與治療指引手冊（pp.95-120）。台北：心理。

陳邵芊譯（民102）。協助網路成癮的青少年（by K. W. Beard）。收錄於林煜軒等譯，網路成癮：評估與治療指引手冊（pp.225-245）。台北：心理。

陳邵芊譯（民102）。線上社交互動、心理社會健康與問題性上網（by S. E. Caplan & A. C. High）。收錄於林煜軒等譯，網路成癮：評估與治療指引手冊（pp.45-69）。台北：心理。

陳信昭、崔秀倩（譯）（民91）。渴望父愛——失去父親及其影響（Longing for dad: Father loss and its impact, by B. M. Erickson, 1998）。台北：五南。

陳建志（民87）。族群及家庭背景對學業成績之影響模式——台東縣原、漢學童做比較。教育與心理研究，21，86-106。

陳重亨（譯）（民104）。鍵盤參與時代來了！（It' complicated: The social lives of networked teens, by D. Boyd, 2014）。台北：時報文化。

陳娟娟譯（民88）。父母十誡－小心！勿入教養陷阱中。台北：新迪。

陳淑芬、李從業（民87）。產後初期父子依戀行為及其相關因素探討。護理研究，6(3)，246-258。

陳皎眉（民87）。校園的衝突與暴力。學生輔導雙月刊，57，20-31。

陳勤惠（民89）。焦慮矛盾依附型的女大學生之情傷經驗研究。屏東師院心理與教育研究所碩士論文。

陳麗欣、翁福元、許維素、林志忠（民89）。我國隔代教養家庭現況之分析（上）。成人教育通訊，2，37-40。

陳麗欣、翁福元、許維素、林志忠（民89）。我國隔代教養家庭現況之分析（下）。成人教育通訊，4，51-66。

單亞麗（民84）。單親家長角色壓力、社會支持、生活適應、家庭生活重建教育需求之研究。台南家專學報，14，231-257。

程又強（民84）。談影響校園暴力之家庭因素。學生輔導通訊，37，44-49。

黃佳儀（民92）。隔代教養家庭學童生活適應之研究——以台灣北區高年級學童為例。中國文化大學生活應用科學研究所碩士論文。

黃政吉（民89）。社會變遷中隔代教養與少年非行之關係實務調查研究。警學叢

刊，31(3)，97-109。

黃偉烈（11/6/民103）。網路成癮之共病研究。103年度網路成癮繼續教育訓練課程
　　（南區）。台灣精神醫學會。高雄：高雄醫學大學附設醫院啓川大樓6F第一
　　講堂。

黃富源、鄧煌發（民87）。單親家庭與少年非行之探討。警學叢刊，29(3)，117-
　　152。

黃德祥（民86）。親職教育（二版）。台北：偉華。

黃慧真譯（民83）。兒童發展（Child development, 5th ed., by D. E. Papalia & S. W.
　　Olds, 1992）。台北：桂冠。

新苗編譯（民87）。我不再被恐嚇（101 ways to deal with bullying, by M. Eilliott）。
　　台北：新苗。

楊育梅（民72）。加強法律常識教育：培養知法守法觀念。台灣教育輔導月刊，
　　33(5)，14-16。

溫淑真譯（民86）。我的孩子想自殺？（Helping your child cope with depression and
　　suicidal thoughts, by T. K. Shamoo & P. G. Patros, 1997）。台北：商智文化。

葉光輝、林延叡、王維敏、林倩如（民95）。父女關係與渴望父愛情結。教育與心
　　理研究，29(1)，93-193。

葉章維（民84）。青少年之校園暴力與藥物濫用態度之調查研究。教育資料文摘，
　　209，12-23。

詹棟樑（民83）。兒童人類學：兒童發展。台北：五南。

鄔佩麗、洪儷瑜（民86）。校園暴力行為之診斷與處理策略研究。教育心理學報，
　　29，177-214。

劉文成、王軍（譯）（民87）。父親：神話與角色的變換（The father mythology
　　and changing roles, by A. Coleman & L. Colemen, 1988）。北京：東方出版社。

劉燕芬譯（民90）。大性別：人只有一種性別（Der grosse unterschied, By Schwar-
　　zer, A.），台北：商務。

蔡敏玲、余曉雯譯（民92）。敘說探究——質性研究中的經驗與故事（Narrative
　　inquiry: Experience and story in qualitative research）。台北：心理。

鄧碧玉譯（民90）。Unell, B. C. & Wyckoff, J. L. (2001).：樂享親職生涯：八階段父

母角色的檢視與調整（The 8 seasons of parenthood: How the stages of parenting constantly reshape our adult identities）。台北：遠流。

鄭英耀、王文中（民91）。影響科學競賽績優教師創意行為之因素。應用心理研究，15，163-189。

鄭雅蓉（民89）。青少年的價值觀與偏差行為之相關研究。靜宜大學青少年兒童福利學系碩士論文。

盧娜譯（民91）。你的生命意義，由你決定（What life could mean to you, by A. Adler）。台北：人本自然。

薛惠琪譯（梁培勇總校閱）（民90）。家庭暴力之遊戲治療（A. Jernberg & E. Jernberg），In T. Kottman & C. Schaefer: Play therapy in action: A casebook for practitioners (pp.53-115)（遊戲治療實務指南）。台北：心理。

謝水南（民78）。談美國的校園暴力與防護對策。國教輔導，2(4)，48-51。

簡文元（民87）。原住民家庭教育現況探討。台灣教育，576，45-49。

親子天下（民111）。取自 parenting.com.tw/article/5089673。

魏惠娟（民93）。焦點團體。收錄於質性研究（謝臥龍主編），271-316。台北：心理。

饒見維（民110）。學校情緒教育：理念與實務。台北：五南。

二、英文部分

Adams, S., Kuebli, J., Boyle, P., & Fivush, R. (1995). Gender differences in parent-child conversations about past emotions: A longitudinal investigation. *Sex Roles, 33*, 309-323.

Adler, A. (1956). Social interest. In H. L. Ansbacher & R. R. Ansbacher (eds.), *The Individual Psychology of Alfred Adler* (pp.126-162). New York: Harper & Row.

American Psychiatric Association (1994). *Diagnostic and Statistical manual of mental disorders* (4th ed.)(or DSM-IV). Author.

American Psychiatric Association. (1994). *Diagnostic and Statistical Manual of Mental Disorders* (4th ed.) Washington, DC: Author.

Ashby, M. R., Gilchrist, L. D. & Miramontez, A. C. (1987). Group treatment for American

Indian Adolescents. *Social Work with Groups, 10*(4), 21-32.

Astin, M. C., Ogland-Hand, S. M., Coleman, E. M., & Foy, D. W. (1995). Posttraumatic stress disorder and chilshood abuse in battered women: Comparisons with maritally distressed women. *Journal of Consulting and Clinical Psychology, 63*(2), 308-312.

Atlas, R. S. & Pepler, D. J. (1998). Observations of bullying in the classroom. *Journal of Educational Research, 92*(2), 86-99.

Atwood, J. D. & Genovese, F. (1993). *Counseling single parents*. Alexandria, VA: American Counseling Association.

Backett, K. (1987). The negotiation of fatherhood. In C. Lews & M. O'Brien (eds.), *Reassessing fatherhood: New observations on fathers and the modern family* (pp.74-90). London: Sage.

Baird, A., John, R. & Hayslip, B. Jr. (2000). Custodial grandparenting among African Americans: A focus group perspective. In B. Hayslip & R. Golberg-Glen, (Ed.). *Grandparents raising grandchildren: Theoretical, empirical, and clinical perspectives* (pp.125-144). NY: Springer.

Baldes, J., Gosse, R., McKay, M., & Rogers, P. D. (1984). *The divorce book*. Oakland: New Harbinger Books.

Baldwin, M. (1988). *Beyond victim: You can overcome childhood abuse-even sexual abuse*. Moore Haven, FL: Rainbow Books.

Ballard, D. (May/10/2001). Adolescent health: For girls, having dad around is preventive medicine. *Women's Health Weekly*, 7-8.

Barkley, R. A. & Benton, C. M (1998). *Your defiant child: 8 steps to better behavior*. New York: The Guilford.

Barkley, R. A. (1997). *Defiant children: A clinician's manual for assessment and parent training* (2nd ed.). New York: The Guilford.

Baruch, G., & Barnett, R. (1981). Fathers' participation in the care of their preschool children. *Sex Roles, 7*(10), 1043-1055.

Baruth, L. G. & Huber, C. H. (1985). *Counseling and psychotherapy: Theoretical analyses and skills applications*. Columbus, OH: Charles E. Merrill.

Basow, S. A. (1983). *Gender stereotypes: Traditions and alternatives* (2nd ed.). Pacific Grove, CA: Brooks/Cole.

Bass, E. & Davis, L. (1988). *The courage to heal: A guide for woman survivors of child sexual abuse.* New York: Harper & Row.

Beaty, L. A. (1995). Effects of paternal absence on male adolescents' peer relations and self-image. *Adolescence, 30*(120), 873-880.

Beck, A. T. (1976). *Cognitive therapy and the emotional disorders.* New York: International University.

Belsky, J. (1984). The determinants of parenting: A process model. *Child Development, 55*, 83-96.

Belsky, J. (1991). Parental and nonparental child care and children's socioemotional development: A decade in review. In A. Booth (Ed.), *Contemporary families: Looking forward, looking back* (pp.122-140). Minneapolis, MN: National Council on Family Relations.

Bennett, S. M. (1984). Family environment for sexual learning as a function of fathers' involvement in family work and discipline. *Adolescence, 19*(75), 609-627.

Bentley, K. & Li, A. (1995). Bully and victim problems in elementary schools and students' beliefs about aggression. *Canadian Journal of School Psychology, 11*(2), 153-165.

Berdondini, L. & Smith, P. (1996). Cohesion and power in the families of children involved in bully/victim problems at school: An Italian replication. *Journal of Family Therapy, 18*(1), 99-102.

Berg. I. K. & Miller, S. D. (1992). *Working with the problem drinker: A solution-focused approach.* New York: W. W. Norton & Company.

Berliner, L & Ernst, E. (1984). Group work with preadolescent sexual assult victims. In I. Stuart, & J. Greer (Eds.), *Victims of sexual agression: Treatment of children, women, and men* (pp. 105-1244). New York: Van Nostrand Reinhold.

Berliner, L & Wheeler, R. J. (1987). Treating the effects of sexual abuse on children. *Journal of International Violence, 2*(4), 415-434.

Besag, V. (1989). *Bullies and victims in schools: A guide to understanding and manage-*

ment. Milton Keynes: Open University Press.

Beverly, E. (1989). *The right to innocence: Healing the trauma of childhood sexual abuse*. Los Angeles, CA: Jeremy, P. Tarcher.

Bloom, S. L. (2000). Sexual violence: The victim. In C. C. Bell (ed.), *Psychiatric aspects of violence: Issues in prevention and treatment* (pp.63-71). San Francisco, CA: Jossey-Bass.

Bogdan, R. C. & Biklen, S. K. (1992). *Qualitative research for education: An introduction to theory and methods* (2nd ed.). Needham Heights, MA: Allyn & Bacon.

Boisso, L. V., Lutz, D. J., & Gray, S. A. (1989). *Psychological characteristics of adolescent males who have been sexually abused*. (Report NO. CG-022-227). New Orleans, LA: Annual Meeting of the American Psychological Association. (ERIC Reproduction Service NO. ED 314 691)

Bolton, F. G. Jr., Morris, L. A. & MacEachron, A. E. (1989). *Males at risk: The other side of child sexual abuse*. Newbury Park, CA: Sage.

Borg, M. G. (1998). The emotional reactions of school bullies and their victims. *Educational Psychology, 18*(4), 433-445.

Borg, M. G. & Falzon, J. M. (1989). Primary school teachers' perception of pupils' undesirable behaviours. *Educational Studies, 15*(3), 251-260.

Boss, P. G. (1980). The relationship of psychological father presence, wife's personal qualities and wife/family dysfunction in families of missing fathers. *Journal of Marriage & the Family, 42*(3), 541-549.

Boulton, M. J. (1996). Bullying in mixed sex groups of children. *Educational Psychology, 16*(4), 439-443.

Boulton, M. J.& Flemington, I. (1996). The effects of a short video intervention on secondary school pupils' involvement in definitions of and attitudes towards bullying. *School Psychology International, 17*(4), 331-345.

Boulton, M. & Smith, P. (1994). Bully/victim problems in middle-school children: Stability, self-perceived competence, peer perceptions and peer acceptance. *British Journal of Developmental Psychology, 12*(3), 315-329.

Boulton, M. & Underwood, K. (1992). Bully/victim problems among middle school children. *British Journal of Educational Psychology, 62*(1), 73-78.

Boulton, M. J. (1995). Playground behaviour and peer interaction patterns of primary school boys classified as bullies, victims and not involved. B*ritish Journal of Educational Psychology, 65*, 165-177.

Bowers, B. F. & Myers, B. J. (1999). Grandmothers providing care for grandchildren: Consequences of various levels of caregiving. *Family Relations, 48*(3), 303-311.

Bowers, L., Smith, P., & Binney, V. (1994). Perceived family relationships of bullies, victims and bully/victims in middle childhood. *Journal of Social and Personal Relationships, 11*(2), 215-232.

Bowlby, J. (1969). *Attachment & Loss (Vol.I): Attachment.* New York: Basic Brooks.

Braum, D. (1997). Parenting education programs. In K. N. Dwivedi (Ed.), *Enhancing parenting skills: A guide book for professionals working with parents* (pp.99-121).Chichester, England: John Wiley & Sons.

Brenner, V. & Fox, R. A. (1998). Parental and nonparental child care and children's sociemotional development: A decade in review. *Journal of Marriage & the Family, 52*, 885-903.

Brickman, L. & Rog, D. J. (Eds.).(1998). *Handbook of applied social research methods.* Thousand Oaks, CA: Sage.

Briere, J. & Runtz, M. (1987). Post sexual abuse trauma: Data and implications for clinical practice. *Journal of Interpersonal Violence, 2*(4), 367-379.

Briere, J. (1989). *Therapy for adults molested as children: Beyond survival.* New York: Springer.

Bronstein, P. (1988). Father-child interaction: Implications for gender role socialization. In P. Brostein & C. P. Cowan (eds.), Fatherhood today: *Men's changing role in the family* (pp.107-124). New York: John Wiley & Sons.

Brown-Cheatham, M. (1993). The Rorschach Mutuality of Autonomy Scale in the assessment of black father-absent male children. *Journal of Personality Assessment, 61*(3), 524-530.

Brown University (1996). Bullies are more of TV violence, less of adults. *Brown University Child & Adolescent Behavior Letter, 12*(10), 6-7.

Brown, D. (1996). Counseling the victims of violence who develop posttraumatic stress disorder. *Elementary School Guidance and Counseling, 30*(3), 218-227.

Brown, L. S. (1989). Lesbians, gay men and their families: Common clinical issues. *Journal of Gay & Lesbian Psychotherapy, 1*, 65-77.

Brown, S. L. (1991). *Counseling victims of violence.* Alexandria, VA: American Association for Counseling & Development.

Brumberg, J. J. (2006). Are we facing an epidemic of self-injury? *Chronicle of Higher Education, 53*(16), B6.

Burgess, A. W. & Holmstrom, L. L. (1986). *Rape: Crisis and recovery.* West Newton, MA: Awab.

Burton, L. Dilworth-Anderson, P. & Merriwether-de Vries, C. (1995). Context and surrogate parenting among contemporary grandparents. *Marriage & Family Review, 20*(3/3), 349-365.

Burton, L. M. (1992). Black grandparents rearing children of drug-addicted parents: Stressors, outcomes, and social service needs. *Gerontologist, 32*, 744-51.

Butler, M. (1985). Guidelines for feminist therapy, in L. B. Rosewater & L. E. A. Walker (Eds.), *Handbook of feminist therapy: Women's issues in psychotherapy* (pp.32-38). New York: Springer.

Butler, S. (1985). *Conspiracy of silence: The trauma of incest.* Volcano, CA: Volcano Press.

Cahill, C., Llewelyn, S. P.& Pearson, C. (1991). Treatment of sexual abuse which occurred in childhood: A review. *British Journal of Clinical Psychology, 30*(1), 1-12.

Cairns, R. B. & Cairns, B. D. (1994). *Lifeline and risks: Pathways of youth in our time.* New York: Harvester Wheatsheaf.

Cameron, P. & Cameron, K. (1997). Did the APA misrepresent the scientific literature to courts in support of homosexual custody? *Journal of Psychology Interdisciplinary & Applied, 131*(3), 313-332.

Campbell, A. (1993). *Men, women, and aggression.* New York: BasicBooks.

Cancian, F. M. & Gordon, S. L. (1988). Changing emotion norms in marriage: Love and anger in U.S. women's magazines since 1900. *Gender & Society, 2*, 308-341.

Caplan, S. E. (2002). Problematic internet use and psychosocial well-being: Development of a theory-based cognitive-behavioral measurement instrument. *Computers in Human Behavior, 18*, 553-575.

Capuzzi, D. & Golden, L. (Eds.) (1988). *Preventing adolescent suicide*. Munic, IN: Accelerated Development.

Capuzzi, D. & Gross, D. R. (1989). *Youth at risk: A resource for counselors, teachers, and parents*. American Association for Counseling and Development.

Carnes, P. (1983). *Out of the shadow: Understanding sexual addiction*. Minneapolis, MN: CompCare.

Carter, B. (1992). Stonewalling feminism. *Family Therapy Network, 16*, 64-69.

Cashion, B. G. (1982). Female-headed families: Effects on children and clinical implications. *Journal of Marital & Family Therapy, 8*, 77-85.

Cass, V. (1979). Homosexual identity formation: A theoretical model. *Journal of Homosexuality, 4*, 219-235.

Cass, V. (1984). Homosexual identity formation: Testing a theoretical model. *Journal of Sex Research, 20*, 143-167.

Cass, V. (1996). Sexual orientation identity formation: A Western phenomenon. In R. P. Cabaj & T. S. Stein (Eds.), *Textbook of homosexuality and mental health* (pp.227-251). Washington, DC: American Psychiatric Press.

Cates, J. A. (1987). Adolescent sexuality: Gay and lesbian issues. *Child Welfare, 66*(4), 353-363.

Chapman, F. S. (1987, 2/16). Executive guilt: *Who's taking care of the children? Fortune, 115*(4), 30-37.

Chess, S. & Thomas, A. (1987). *Know your child: An authoritative guide for today's parents*. N. Y.: Basic.

China Post (11/9/07), Police analyze Finnish gunman's suicide note (by Peter Dejong). p.1 & 2.

China Post (11/20/07, Abuse risk may be worse as families change (by David Crary). p. 6.

Chodorow, N. & Contratto, S. (1982). The fantasy of the perfect mother. In B. Thorne & M. Yalom (Eds.), *Rethinking the family: Some feminist questions* (pp.54-75). New York: Longman.

Chodorow, N. J. (1989). *Feminism and psychoanalytic theory*. New Haven, CT: Yale University.

Clark, M. E. & Hornick, J. P. (1988).The child sexual sexual abuse victim: Assessment and treatment issues and solutions. *Comtemporary Family Therapy: An International Journal, 10*(4), 235-242.

Clarke, E. & Kiselica, M. (1997). A Systematic counseling approach to the problem of bullying. *Elementary School Guidance and Counseling, 31*(4), 310-325.

Clarkson, P. & Mackewn, J. (1993). *Fritz Perls*. London: SAGE.

Clarkson, P. (1989). *Gestalt counseling in action*. London: SAGE.

Cohen, O. (1995). Divorced fathers raise their children by themselves. *Journal of Divorce & Remarriage, 23*(1/2), 55-73.

Cohn, A. H. (1982). Stopping abuse before it occurs: Different solutions for different   population groups. *Child Abuse and Neglect, 6*(4), 473-483.

Cole, M. & Cole, S. R. (1993). *The development of children* (2nd ed.). New York: Scientific American Books.

Coleman, E. (1989). The development of male prostitution activity among gay and bisexual adolescents. *Journal of Homosexuality, 17*, 131-149.

Coles, R. (1986). *The moral life of children*. Boston, MA: Houghton Mifflin.

Coles, R. L. (2002). Black single fathers: Choosing to parent full-time. *Journal of Contemporary Ethnography, 31*(4), 411-439.

Collins, D. & Gabor, P. (1988). Helping children with cathartic disclosure of trauma. *Journal of Child Care, 3*(6), 25-38.

Conger, R. D., Rueter, M. A., & Conger, K. J. (1994). The family context of adolescent vulnerability and resilience to alcohol use and abuse. *Sociological Studies of Children, 6*, 55-86.

Conle, C. (2000). Narrative inquiry: Research tool and medium for professional development. *European Journal of Teacher Education, 23*(1), 49-58.

Connealy, M. & DeRoos, Y. (2000). Grandparenting and family preservation. In B. Hayslip & Golberg-Glen, R. (Eds.). *Grandparents raising grandchildren: Theoretical, empirical, and clinical perspectives* (pp.23-34). NY: Springer.

Connelly, F. M. & Clandinin, D. J. (1988). Narrative meaning: Focus on teacher education. *Elements, 19*(2), 15-18.

Coons, P. H. (1986). Child abuse and multiple personality disorder: Review of the literature and suggestions for treatment. *Child Abuse and Neglect, 19*(4), 455-462.

Coons, P. M., Bowman, E. S., Pellow, T. A. & Schneider, P. (1989). Post-traumatic aspects of the treatment of victims of sexual abuse and incest. *Psychiatric Clinics of North American, 12*(2), 325-335.

Corey, G. (1995). *Theory and practice of group counseling* (4th ed.). Pacific Grove, CA: Brooks/Cole.

Corey, G. (2001). *Theory and practice of counseling and psychotherapy* (6th ed.). Pacific Grove, CA: Brooks/Cole.

Corr, C. A., Nabe, C. M., & Corr, D. M. (2000). *Death and dying, life and living* (3rd ed.). Belmont, CA: Wadsworth.

Courtois, C. A. & Watts, D. L. (1982). Counseling adult women who experienced incest in childhood or adolescence. *Personal and Guidance Journal, 60*(5), 275-279.

Courtois, C. A. (1988). Group therapy for female adolescent sexual abuse victims. *Issues in Mental Health Nursing, 10*(3-4), 261-271.

Creasey, G. L. & Kaliher, G. (1994). Age differences in grandchildren's perceptions of relations with grandparents. *Journal of Adolescence, 17*, 411-426.

Cullingford, C. & Morrison, J. (1995). Bullying as a formative influence. The relationship between the experience of school and criminality. *British Educational Research Journal, 21*(5), 547-560.

Damon, L. & Waterman, J. (1986). Parallel group treatment of children and their mothers. In K. MacFarlane & J. Waterman (Eds.), *Sexual abuse of young children: Evaluation and treatment* (pp. 244-298). New York: Guilford Press.

Daniels, P. & Weingarten, K. (1988). The fatherhood click: The timing of parenthood in men's lives. In P. Brostein & C. P. Cowan (Eds.), *Fatherhood today: Men's changing role in the family* (pp.36-52). New York: John Wiley & Sons.

D'Augelli, A. R. & Hershberger, S. L. (1993). Lesbian, gay, and bisexual youth in community settings: Personal challenges and mental health problems. *American Journal of Community Psychology, 21*, 421-448.

Davison, G. C. & Neale, J. M. (1994). *Abnormal psychology* (6th ed.). New York: John Wiley & Sons.

Deater-Deckard, K. & Dodge, K (1997). Externalizing behavior problems and discipline revisited: Nonlinear effects and variation by culture, context, and gender. *Psychological Inquiry, 8*, 161-175.

De Leo, J. A., & Wulfert, E. (2013). Problematic internet use and other risky behavior in college students: An application of problem-behavior theory. *Psychology of Addictive Behaviors, 27*(1), 133-141.

Denham, S. A., Zoller, D. & Couchard, E. A. (1994). Socialization of preschoolers' emotion understanding. *Developmental Psychology, 30*, 928-936.

DeVito, J. A. (1999). *Essentials of human communication* (3th ed.). New York: Longman.

Dickstein, S. & Parke, R. D. (1988). Social referencing in infancy: A glance at fathers and marriage. *Child Development, 59*, 506-511.

Dinkmeyer, D. C., Dinkmeyer, Jr. D. C., & Sperry, L. (1987). *Adlerian counseling and psychotherapy* (2th ed.). Columbus, OH: Merrill.

Dixen, J. & Jenkins, J. O. (1981). Adult males sexually abused as children: Characteristics. *Social Casework, 65*, 465-471.

Dolan, Y. M. (1991). *Resolving sexual abuse: Solution-focused therapy and Ericksonia hyposis for adult survivors*. New York: W. W. Norton & Company.

Downey, J. (1996). Psychological counseling of children and young people. In R. Woolfe & W. Dryden (Eds.), *Handbook of counseling psychology* (pp.308-333). Thousand Oaks, CA: SAGE.

Dreikurs, R. & Soltz, V. (1964). *Children: The challenge*. New York: Plume.

Dreikurs, R. (1973). *Psychodynamics, psychotherapy, and counseling: Collected papers of Rudolf Dreikurs, M. D*. Chicago, IL: Alfred Adler Institute of Chicago.

Driver, E. & Droisen, A. (1989). *Child sexual abuse: A feminist reader*. New York: New York University.

Duls, S. S., Summers, M., & Summers, C. R. (1997). Parent versus child stress in diverse family types: An ecological approach. *Topics in Early Childhood Special Education, 17*(1), 53-73.

Easterbrooks, M. A. & Goldberg, W. A. (1984). Toddler development in the family: Impact of father involvement and parenting characteristics. *Child Development, 55*, 740-752.

Eddy, J. M. & Alles, W. F. (1983). *Death education. St*. Louis, MN: The C. V. Mosby.

Edwall, G. E., Hoffmann, N. G. & Harrison, P. A. (1988). *Correlates of sexual abuse reported by adolescents in treatment for substance abuse*. (Report No. CG-021-272). Alexandria, VA: Biennial Meeting of the Society for Research Adolescence. (ERIC Document Reproduction Service No. ED 301 786).

Eells, G. T. (2006). Mobilizing the campuses against self-mutilation. *Chronicle of Higher Education, 53*(16), B8.

Egan, G. (1998). *The skilled helper: A problem-management approach to helping* (6th ed.). Pacific Grove, CA: Brooks/Cole.

Egan, S. K. & Perry, D. G. (1998). Does low self-regard invite victimization? *Developmental Psychology, 34*(2), 299-309.

Ehrle, G. M. & Day, H. D. (1994). Adjustment and family functioning of grandmothers rearing their grandchildren. *Contemporary Family Therapy, 16*, 67-82.

Ekman, P. (1989). *Why kids lie: How parents can encourage truthfulness*. New York: Penguin Books.

Emery, R. E., Hetherington, E. M., & DiLalla, L. F. (1984). Divorce, children and social policy. *Child Development Research & Social Policy, 1*, 189-266.

Emick, M. A. & Hayslip, B. (1999). Custodial grandparenting: Stresses, coping skills, and relationships with grandchildren. *International Journal of Aging & Human Develop-*

ment, 48(1), 35-61.

Engel, B. (1989). *The right to innocence: Healing the trauma of childhood sexual abuse.* Los Angeles, CA: Jeremy P. Tarcher.

England, L. W. & Thompson, C. L. (1988). Counseling child sexual abuse victims: Myths and realities. *Journal of Counseling and Development. 66*(8), 370-373.

Erikson, E. H. (1997). *The life cycle completed.* New York: WE. W. Norton & Company.

Erikson, E. H., Erikson, J. M., & Kivnick, H. Q. (1986). *Vital involvement in old age: The experience of old age in our time.* N. Y.: W.W. Norton & Company.

Ermish , J. F., & Francesconi, M. (2001). Family structure and children's achievement. *Journal of Population Economics, 14,* 249-270.

Eron, L. D. & Huesmann, L. R. (1984). The control of aggressive behavior by changes in attitudes, values, and the conditions of learning. In R. J. Blanchard & D. C. Blanchard (Ed.), *Advances in the study of aggression* (pp.139-171).Orlando, FL: Academic.

Esterberg, K. G. (1994). Being a lesbian and being in love: Constructing identity through relationship. *Journal of Gay and Lesbian Social Services, 1,* 57-82.

Estrada, H.(1990). *Recovery for male victims of child abuse.* Santa Fe, NM: Red Rabbit Press.

Everstine, D. S. & Everstine, L. (1989). *Sexual trauma in children and adolescents: Dynamics and treatment.* New York: Brunner/Mazel.

Fabes, R. & Martin, C. L. (1991). Gender and age stereotypes of emotionality. *Personality & Social Psychology Bulletin, 17,* 532-540.

Faria, G. & Belohlavek, N. (1984). Treating female adult survivors of childhood incest. *Social Casework, 65,* 465-471.

Fauber, R., Forehand, R., McCombs-Thomas, A., & Wierson, M. (1990). A mediational model of the impact of marital conflict on adolescents adjustment in intact and divorced families: The role of disrupted parenting. *Child Development, 61,* 1112-1123.

Featherstone, D. R., Cundick, B. P., & Jensen, L. C. (1992). Differences in school behavior and achievement between children from intact, reconstituted, and single-parent families. *Adolescence, 27*(105), 1-12.

Feindler, E. L. & Kalfus, G. R. (1990). *Adolescent behavior therapy handbook*. New York: Springer.

Fergusson, D. M. & Lynskey, M. T. (1998). Conduct problems in childhood and psychoso-cial outcomes in young adulthood: A prospective study. *Journal of Emotional & Be-havioral Disorders, 6*(1), 2-18.

Ferrier, D. E., Karalus, S. P., Denham, S. A., & Bassett, H. H. (2019). Indirect effects of cognitive self-regulation on the relation between emotion knowledge and emotionality. In J. Murray & I. Palaiologou, (Eds.), *Young children's emotional experience* (pp.92-105). NY: Taylor & Francis.

Figley, C. R. (1985). *Trauma and its wake: The study and treatment of post-traumatic stress disorder*. New York: Brunner/Mazel.

Filene, P. (1986). *Him-her-self: Sex roles in modern American*. Baltimore: John Hopkins.

Finkelhor, D. & Browne, A. (1986). Initial and long-term effects: A conceptual framework. In D. Finkelhor & Associates (Eds.), *A sourcebook on child sexual abuse* (pp. 180-198). Beverly Hills, CA: Sage.

Finkelhor, D. (1984). *Child sexual abuse: New theory and research*. New York, NY: The Free Press.

Fitz-Gerald, M. (1986). *Information on sexuality for young people and their families*. Wash-ington, DC: Gallaudet College.

Fivush, R. & Kuebli, J. (1997). Making everyday events emotional: The construal of emo-tion in parent-child conversations about the past. In N. Stein, P. A. Ornstein, C. A. Brainerd, & B. Tversky (Eds.), *Memory for everyday and emotional events* (pp. 239-226). Hillsadle, NJ: Erlbaum.

Fivush, R., Brotman, M. A., Buckner, J. P., & Goodman, S. H. (2000). Gender differences in parent-child emotion narratives. *Sex Roles, 41*, 233-253.

Fleming, A. S., Flett, G. L., Ruble, D. N., & Shaul, D. L. (1988). Postpartum adjustment in first-time mothers: Relations between mood, maternal attitudes, and mother-infant in-teractions. *Developmental Psychology, 24*, 71-81.

Floyd, N. (1985). Pick on someone your own size: Controlling victimization. *Pointer, 29*(2),

9-17.

Fontaine, J. H. & Hammond, N. L. (1996). Counseling issues with gay and lesbian adolescents. *Adolescence, 31*(124), 817-830.

Frankl, V. E. (1986). *The doctor and the soul: From psychotherapy to logotherapy.* New York: Vintage.

Friedberg, R. D. & McClure, J. M. (2002). *Clinical practice of cognitive therapy with children and adolescents: The nuts and bolts.* New York: Guilford.

Friedrich, W. N. (1990). *Psychotherapy of sexually abused children and their families.* New York: W. W. Norton & Company.

Friesen, J. D. (1985). *Structural-strategic marriage and family therapy.* New York: Gardner Press.

Fritsch, T. A. & Burkhead, J. D. (1981). Behavioral reactions of children to parental absence due to imprisonment. *Family Relations, 30*(1), 83-88.

Froeschle, J., & Moyer, M. (2004). Just cut it out: Legal and ethical challenges in counseling students who self-mutilate. *Professional School Counseling, 7*(4), 231-235.

Frodi, A. M. (1980). Paternal-baby responsiveness and involvement. *Infant Mental Health Journal, 1*, 150-160.

Frodi, A. M. (1980). Paternal-baby responsiveness and involvement. *Infant Mental Health Journal, 1*, 150-160.

Fuller-Thomson, E. & Minkler, M. (2000). America's grandparent caregivers: Who are they? In B. Hayslip, Jr. & R. Goldberg-Glen (Eds.), *Grnadparents raising grandchildren: Theoretical, empirical, and clinical perspectives* (pp.3-21). N. Y.: Springer.

Fuller-Thomson, E., Minkler, M., & Driver, D. (1997). A profile of grandparents raising grandchildren in the United States. *Gerontologist, 37*, 406-411.

Furniss, T. (1991). *The multi-professional handbook of child sexual abuse: Integrated management, therapy, and legal intervention.* New York: Routledge.

Galinsky, E. (1987). *The six stages of parenthood.* New York: Addison-Wesley.

Ganzarain, R. C. (1988). *Fugitives of incest: A perspective from psychoanalysis.* Madison, CT: International University Press.

Gardner, H. (1993). *Multiple intelligence: The theory in practice*. New York: BasicBooks.

Garside, J. G., Ward, C. & Nagaraja, J. (1984). *Mental Health and Adjustment: Symposium IV B*. (Report No. Ps-105-995). Third Asian Workshop on Child and Adolescent Development. (ERIC Document Reproduction Service No. ED 273 370).

Gartner, R. B. (1999). *Betrayed as boys: Psychodynamic treatment of sexually abused men*. New York: Guilford.

Gately, D. W., & Schwebel, A. I. (1991). The challenge model of children's adjustment to parental divorce: Explaining favorable postdivorce outcomes in children. *Journal of Family Psychology, 5*(1), 60-81.

Gecas, V. & Seff, M. A. (1991). Families and adolescents: A review of the 1980s. In A. Booth (Ed.), *Contemporary families: Looking forward, looking back* (pp.208-225). Minneapolis, MN: National Council on Family Relations.

Gelles, R. J. (1989). Child abuse and violence in single-parent families: Parent absence and economic deprivation. *American Journal of Orthopsychiatry, 59*, 492-501.

Gelles, R. J. & Conte, J. R. (1991). Domestic violence and sexual abuse of children: A review of research in the eighties. In A. Booth (Ed.), *Contemporary families: Looking forward, looking back* (pp.327-340). Minneapolis, MN: National Council on Family Relations.

Genta, M., Menesini, E., Fonzi, A. & Costabile, A. (1996). Bullies and victims in schools in central and southern Italy. *European Journal of Psychology of Education, 11*(1), 97-110.

Gerard, P. S. (1991). Domestic violence, in S. L. Brown (Ed.), *Counseling victims of violence* (pp.101-116). Alexandria, VA: American Association for Counseling & Development.

Giarrusso, R., Silverstein, M., & Feng, D. (2000). Psychological costs and benefits of raising grandchildren: Evidence from a national survey of grandparents. In C. B. Cox (Ed.), *To grandmother's house we go and stay: Perspectives on custodial grandparents* (pp.71-90). N. Y.: Springer.

Gilligan, C. (1982). *In a different voice: Psychological theories and women's development*.

Cambridge: Harvard University.

Gintner, G. (speaker)(1994). *Anger management*. Alexandria, VA: American Counseling Association.

Glasser, W. (1984). *Control theory: A new explanation of how we control our lives*. New York: Harper & Row.

Glasser, W. (1998). *Choice theory: A new psychology of personal freedom*. New York: HarperCollins.

Goldberg, I. & Goldberg, H. (2000). *Family therapy: An overview (5th ed.)*. Belmont, CA: Brooks/Cole.

Goldenberg, H. & Goldenberg, I. (1994). *Counseling today's families (2nd ed.)*. Pacific Grove, CA : Brooks/Cole

Goldenberg, I. & Goldenberg, H. (2000. *Family therapy: An overview (5th ed.)*.Belmont, CA: Wadsworth/Thomson.

Goldman, L. (2000a). The meltdown process in children's complicated grief: A case study. In 台灣地區兒童生死學教育研討會 *(pp.32-34)*。國立彰化師範大學通識教育中心。

Goldman, L. E. (2000b). We can help children grieve: A child-oriented model for memorializing. In 台灣地區兒童生死學教育研討會 *(pp.54-58)*。國立彰化師範大學通識教育中心。

Goldstein, A. P., Harootunian, B. & Conoley, J. C. (1994). *Student aggression: Prevention, management, and replacement training*. N. Y.: The Guilford.

Goleman, D. (1995). *Emotional intelligence: Why it can matter more than IQ*. New York: Bantam Books.

Gonsiorek, J. C., Sell, R. L. & Weinrich, J. D. (1995). Definition and measurement of sexual orientation. *Suicide & Life-Threatening Behavior, 25,* 40-51.

Goodwin, J. (1985). Post-traumatic symptoms in incest victims. In S. Eth. & R. S. Pynoos (Eds.), *Post-traumatic stress disorder in children* (pp. 157-168), Washington, DC: American Psychiatric Association.

Gordon, T. (1989). *Discipline that works: Promoting self-discipline in children*. New York:

Plume.

Gordon, T. (2000). *Parent effectiveness training: The proven program for raising responsible children*. New York: Three Rivers Press.

Gover, J. (1994). Gay youth in the family. *Journal of Emotional & Behavioral Problems, 2*(4), 34-38.

Gray, J. (1992). *Men are from Mars, women are from Venus: A practical guide for improving communication and getting what you want in your relationships*. N.Y.: Harper Collins.

Greene, R. R. & Ephross, P. H. (1991). *Human behavior theory and social work practice*. New York: Aldine De Gruyter.

Gringlas, M., & Weinraub, M. (1995). The more things change: Single-parenting revisited. *Journal of Family Issues, 16*(1), 29-52.

Groth, A. N. (1990). *Men who rape: The psychology of the offender*. New York: Plenum Press.

Grumet, M. R. (1990). Voice: The search for a feminist rhetoric for educational studies. *Cambridge Journal of Education, 20*, 277-282.

Haglund, K. (2000). Parenting a second time around: An ethnography of African American grandmothers parenting grandchildren due to parental cocaine abuse. *Journal of Family Nursing, 6*(2), 120-135.

Hall, J. A. (1987). Parent-adolescent conflict: An empirical review. *Adolescence, 22*(88), 767-789.

Hampel, P., Rudolph, H., Stachow, R., Lab-Lentzsch, A., & Petermann, F. (2005). Coping among children and adolescents with chronic illness. *Anxiety, Stress, & Coping, 18*(2), 145-155.

Hanson, S. M. H. & & Bozett, F. W. (1985). *Fatherhood: Developmental and contextual perspectives*. (Report No. CG-019-098). Dallas, TX: National Council on Family Relations. (ERIC Document Reproduction Service No. ED 269 711)

Harper, J. F. & Marshall, E. (1991). Adolescents' problems and their relationship to self-esteem. *Adolescence, 26*(104), 799-808.

Harris, T. A. (1969). *I'm OK-you're OK*. New York: AVON Books.

Harry, (1993) Being out: A general model. *Journal of Homosexuality, 26*, 25-39.

Harry, J. (1988). *Some problems of gay/lesbian families*. In C. S. Chilman, E. W.Kubler-Ross, E. (1983). *On children and death*. New York: Collier Books.

Hart, B. I. & Thompson, J. M. (1996). Gender role characteristics and depressive symptomatology among adolescents. *Journal of Early Adolescence, 16*(4), 407-426.

Hazler, R. J. (1996). *Breaking the cycle of violence: Interventions for bullying and victimization*. Washington, DC: Accelerated Development.

Hazler, R. J. (1998). Promoting personal investment in systemic approaches to school violence. *Education, 1*(119), 222-232.

Hazler, R. J., & Carney, J. V. (2002). Empowering peers to prevent youth violence. *Journal of Humanistic Counseling, Education & Development, 41*(2), 129-149.

Hazler, R. J., Hoover, J. H., & Oliver, R. (1991). Student perceptions of victimization by bullies in schools. *Journal of Humanistic Education & Development, 29*(4), 143-150.

Hazler, R. Hoover, J. & Oliver, R. (1992). What kids say about bullying. *The Executive Educator, 14*(11), 20-22.

Hazzard, A. (1983). *Clinical issues in group therapy with sexually abused adolescents*. Anaheim, CA: American Psychological Association.

Hazzard, A., King, H. E. & Webb, C. (1986). Group therapy with sexually abused adolescent girls. *American Journal of Psychotherapy, 40*, 213-223.

Herbert, M. (1988). *Working with children and their families*. London: Routledge.

Herring, R. D. (1990). Understanding Native American values: Process and content concerns for counselors. *Counseling and Values, 34*, 134-137.

Hetherington, E. M. (1989). Coping with family transitions: Winners, losers, and survivors. *Child Development, 60*, 1-14.

Hetherington, E. M., Cox, H., & Cox, R. (1982). Effects of divorce on parents and children. In M. E. Lamb (Ed.), *Nontraditional families: Parenting and child development* (pp.233-285). Hillsdale, NJ: Erlbaum.

Hetherington, E. M. & Parke, R. D. (1999). *Child psychology: A contemporary viewpoint (5th*

ed.). Boston, IL: McGraw-Hill.

Hewlett, B. S. (1991). *Intimate fathers*. Ann Arbor, MI: University of Michigan Press.

Heywood, E. (1999). Custodial grandparents and their grandchildren. *Family Journal, 7*(4), 367-372.

Hilton, J. M., & Haldeman, V. A. (1991). Gender differences in the performnmance of house-hold tasks by adults and chilsren in single-parent and tw-parent, two-earner families. *Journal of Family Issues, 12*(1), 114-130.

Hodges, E. & Perry, D. (1996). Victims of peer abuse: An overview. *Reclaiming Children and Youth: Journal of Emotional & Behavioral Problems, 5*(1), 23-28.

Hoffman, E. (1988). *The right to be human: A biography of Abraham Maslow*. Los Angeles, CA: Jeremy P. Tarcher.

Holtgraves, M. (1986). Help the victims of sexual abuse help themselves. E*lementary School Guidance & Counseling, 21*(2), 155-159.

Hong, G. K. & Hong, L. K. (1991). Comparative perspectives on child abuse and neglect: Chinese versus Hispanics and Whites. *Child Welfare, 70*(4), 463-475.

Hoover, J. & Hazler, R. J. (1991). Bullies and victims. *Elementary School Guidance & Counseling, 25*, 212-220.

Hudson, J. A., Gebelt, J., & Haviland, J. (1992). Emotion and narrative structure in young children's personal accounts. *Journal of Narrative & Life History, 2*, 129-150.

Huesmann, R. L., Eron, L. D., Lefkowitz, M. M., & Walder, L. O. (1984). Stability of ag-gression over time and generations. *Developmental Psychology, 20*, 1120-1134.

Hunter, M. (1990). *Abused boys: The neglected victims of sexual abuse*. New York: Ballan-tine Books.

Hunter, S., Shannon, C., Knox, J., & Martin, J. (1998). *Lesbian, gay, and bisexual youths and adults: Knowledge for human services practice*. Thousand Oaks, CA: Sage.

Hust, S. J. T., & Rodgers, K. B. (2018). *Scripting adolescent romance: Adolescents talk about romatic relationships and media's sexual scripts*. N.Y.: Peter Lang.

Isensee, R. (1991). *Growing up gay in a dysfunctional family*. New York: A Prentice Hall/ Parkside Recovery Book.

Isensee, R. (1991). *Growing up in a dysfunctional family: A guide for gay men reclaiming their lives*. New York: Prentice Hall.

Jaffe, M. L. (1998). *Adolescence*. New York: John Wiley & Sons.

Jankowski, M. K., Leitenberg, H., Henning, K., & Coffey, P. (1999). Intergenerational transmission of dating aggression as a function of witnessing only same sex parents vs. opposite sex parents vs. both parents as perpetrators of domestic violence. *Journal of Family Violence, 14*(3), 267-279.

James, B. & Nasjlet, M. (1983). *Treating sexually abused children and their families*. Palo Alto, CA: Consulting Psychologist Press.

Jendrek, M. P. (1994). Grandparents who parent their grandchildren: Circumstances and decisions. *Gerontologist, 34*, 206-216.

Jensen, L. C. & Kingston, M. (1986). *Parenting*. New York: Holt, Rinehart & Winston.

Johnson, C. L. (1988). Active and latent functions of grandparenting during the divorce process. *Gerontologist, 28*(2), 185-191.

Johnson, S, W. & Maile, L. J. (1987). *Suicide and the schools: A handbook for prevention, intervention, and rehabilitation*. Springfield, IL: Charles C. Thomas.

Joslin, D. (2000). Emotional well-being among grandparents raising children affected and orphaned by HIV disease. In B. Hayslip & Goldberg-Glen, R. (Ed.). *Grandparents raising grandchildren: Theoretical, empirical, and clinical perspectives* (pp.87-106). NY: Springer.

Joy, S. (1987). Retrospective presentation of incest: Treatment strategies for use with adult women. *Journal of Counseling Development, 65*, 317-319.

Jones, D. P. H. (1986). Individual psychotherapy for the sexually abused child. *Child Abuse & Neglect, 10*, 377-385.

Kalish, R. A. (1985). *Death, grief, and caring relationships* (2nd ed.). Belmont, CA: Wadsworth.

Kaplan, S. J. (2000). Family violence. In C. C. Bell (Ed.), *Psychiatric aspects of violence: Issues in prevention and treatment* (pp.49-62). San Francisco, CA: Jossey-Bass.

Katz, H. (1985). The sociopolitical nature of counseling. *The Counseling Psychologist, 13*,

317-319.

Kaye, K. (1982,). *The mental and social life of babies*. Chicago, IL: The University of Chicago Press.

Kelly, S. & Damato, E. (1995). Grandparents as primary caregivers. *Maternal Child Nursing Journal, 20*, 326-332.

Kempe, R. S. & Kempe, C. H. (1984). *The common secret: Sexual abuse of children and adolescents*. New York, NY: Freeman.

Kendall, P. C. & Braswell, L. (1993). *Cognitive -behavioral therapy for impulsive children (2nd e.)*. New York: The Guilford.

Kendall-Tackett, K., Williams, L., & Finkelhor, D. (1993). Impact of sexual abuse on children: A review and synthesis of recent empirical studies. *Psychological Bulletin, 113*, 164-180.

Kepme, R. S., & Kempe, C. H. (1978). *Child abuse*. Cambridge, MA: Harvard University Press.

Kielwasser, A. P. & Wolf, M. A. (1992). Mainstream television, adolescent homosexuality, and significant silence. *Clinical Studies in Mass Communication, 9*, 350-373.

Kikkawa, M. (1987). Teachers' opinions and treatments for bully/victim problems among students in junior and senior high schools: Results of a fact-finding survey. *Journal of Human Development, 23*, 25-30.

King, H. E. (1983). *Child sexual abuse: Psychological consequences*. American Psychological Association.

Kiser, L. J., Ackerman, B. J., Brown, E., Edwards, N. B., McColgan, E., Rugh, R., & Pruitt, D. B. (1988). Post-traumatic stress disorder in young children: A reaction to purported sexual abuse. *Journal of the American Academy of Child & Adolescent Psychiatry, 27*(5), 645-649.

Kivett, V. (1988). Older rural fathers and sons: Patterns of association and helping. *Family Relations, 37*, 62-67.

Klein, K. & Forehand, R. (1997). Delinquency during the transition to early adulthood: Family and parenting predictors from early adolescence. *Adolescence, 32*(125), 61-80.

Kluft, R. P., Bloom, S. L., & Kinzie, D. (2000). Treating traumatized patients and victims of violence. In C. C. Bell (Ed.), *Psychiatric aspects of violence: Issues in prevention and treatment* (pp.79-102). San Francisco, CA: Jossey-Bass.

Knittle, B. J. & Tuana, S. J. (1980). Group therapy as primary treatment for adolescent victims of intrafamilial sexual abuse. *Clinical Social Work Journal, 8*, 236-242.

Knox, D. & Schacht, C. (1994). *Choices in relationships: An introduction to marriage and the family (4th ed.)*. St. Paul, MN: West.

Ko, CH., Yen, JY., Yen, CF., Chen, CS., Chen, CC. (2012).The Association between internet addiction and psychiatric disorder: A review of the literature. *European Psychiatry, 7*(1), 1-8.

Kochanska, G., Kuczynski, L., Rodke-Yarrow, M. & Welsh, J. (1987). Resolutions of control episodes between well and affectively ill mothers and their young children. *Journal of Abnormal Child Psychology, 15*, 441-456.

Kolko, D. J. (1987). Treatment of child sexual abuse: Programs, progress, and prospects. *Journal of Family Violence, 2*(4), 303-318.

Korb, M. P., Gorrell, J. & Van De Riet, V. (1989). *Gestalt therapy: Practice and theory (2nd ed.)*. New York: Pergamon.

Korbin, J. E. (1991). Cross-cultural perspectives and research directions for the 21st century. *Child Abuse & Neglect, 15*(Sup. 1), 66-67.

Kornhaber, A. & Woodward, K. L. (1981). *Grandparents/grandchildren: The vital connection*. Garden City, NY: Anchor Press.

Kraut, R., Kiesler, S., Boneva, B., Cummings, J. N., Helgeson,V., & Crawford, A. M. (2002). Internet paradox revisited. *Journal of Social issues, 58*(1), 49-74.

Kress, V. E. W. (2003). Self-injurious behaviors: Assessment and diagnosis. *Journal of Counseling & Development, 81*(4), 490-496.

Kroger, J. (2000). *Identity development: Adolescence through adulthood*. Thousand Oaks, CA: Sage.

Krohn, F. B. & Bogan, Z. (2001). The effects absent fathers have ob female development and college attendance. *College Student Journal, 35*(4), 598-608.

Kronenberger, W. G. & Meyer, R. G. (1996). *The child clinician's handbook*. Needham Heights, MA: Allyn & Bacon.

Kruk, E. (1994). The disengaged noncustodial father: Implications for social work practice with the divorced family. *Social Work, 39*(1), 15-25.

Krysiak, G. J. 91987). A very silent and gay minority. *The School Counselor, 34*(4), 304-307.

Kubler-Ross, E. (1983). *On children and death*. New York: Collier Books.

Kurdek, L. A. & Schmitt, J. P. (1987). Perceived emotional support from family and friends in members of homosexual, married, and heterosexual cohabitating couples. *Journal of Homosexuality, 14*, 57-68.

Laidlaw, T. A., Malmo, C., & Associates (1990). *Healing voice: Feminist approaches to therapy with women*. San Francisco, CA: Jossey-Bass.

Lamb, M. E. & Elster, A. B. (1985). Adolescent mother-infant-father relationships. *Developmental Psychology, 21*(5), 768-773.

Lamb, M.(Ed.) (1987). *The father's role: Cross-cultural perspectives*. Hillsdale, NJ: Lawrence Erlbaum.

Lamb, M., Pleck, J. & Levine, R. (1987). Effects of increased paternal involvement on fathers and mothers. In C. Lewis & M. O'Brien (Eds.), *Reassessing fatherhood* (pp.108-125). London: Sage.

Larossa, R. (1983). The transition to parenthood and the social reality of time. *Journal of Marriage & the Family, 45*(3), 579-589.

Lawrence, C. M. & Thelen, M. H. (1995). Body image, dieting, and self-concept: Their relation in African-American and Caucasian children. *Journal of Clinical Child Psychology, 24*(1), 41-48.

Lawson, D. A. (1995). *The relationship between sexual abuse and post traumatic stress disorder*. (Report No. CG-026-690). Biola University. (ERIC Document Reproduction Service No. ED 389 972)

Ledray, L. (1986). *Recovering from rape*. New York, NY: Henry Holt & Company.

Lee, P. A. & Brage, D. G. (1989). Family life education and research: Toward a more positive approach. In M. J. Fine (Ed.), *The second handbook on parent education: Contemporary perspectives* (pp.347-378). San Diego, CA: Academic Press.

Lefrancois, G. (1990). *The lifespan (3rd ed.)*. Belmont, CA: Wadsworth.

Leister, S. C. (1987). *Treatment and therapy for the sexually abused child*. Washington, DC: American Educational Research Association.

Leman, K. (1985). *The birth order book: Why you are the way you are*. Old Tappan, NJ: Fleming H. Revell.

Levant, R. F. (1980). *A male perspective on parenting and non-parenting*. Paper presented at the Annual Meeting of the International Congress of Psychology (22nd, Leipzig, West Germany, July, 1980). ED 217 299 CG 015 905 Produced in Massachusetts.

Leve, L. D., & Fagot, B. (1997). Gender role socialization and discipline process in one- and two-parent families. *Sex Role, 36*(1/2), 1-21.

Lew, M. (1990). *Victims no longer: Men recovering from incest and other sexual child abuse*. New York: Harper & Row.

Lewis, C. (1986). *Becoming a father*. Milton Keynes: Open University Press.

Lewis, J. A., Hayes, B. A. & Bradley, L. J. (1992). *Counseling women: Over the life span*. Denver, CO: Love Publishing.

Lewis, L. A. (1984). The coming out process for lesbians: Integrating a stable identity. *Social Work, 29*(4), 464-469.

Liebert, R. M. & Liebert, L. L. (1994). *Personality: Strategies and issues*. Pacific Grove, CA: Brooks/Cole.

Long, S. (1986). Guidelines for treating young children. In K. MacFarlane, & J. Waterman (Eds.), *Sexual abuse of young children: Evaluation and treatment* (pp. 220-243). New York: Guilford Press.

Lowe, W. (2000). Detriangulation of absent fathers in single-parent black families: Techniques of imagery. *American Journal of Family Therapy, 28*(1), 29-40.

Lowenstein, L. (1977). Who is the bully? *Home & School, 11*, 3-4.

Lowenstein, L. (1995). Perception and accuracy of perception by bullying children of potential victims. *Education Today, 45*(2), 28-31.

Luntz, B. K. & Widom, C. S. (1994). Antisocial personality disorder in abused and neglected children grow up. *American Journal of Psychiatry, 151*, 670-674.

Maccoby, E. E. & Martin, J. A. (1983). Socialization in the context of the family: Parent-child interaction. In E. M. hetherington (Ed.), P. H. Mussen (Series Ed.), *Handbook of child psychology (Vol.4): Socialization, personality, and social development* (pp.1-101). New York: Wiley.

Mackey, W. C. (1985). *Fathering behaviors: The dynamics of the man-child bond.* New York: Plenum.

MacDonald, K. & Parke, R. D. (1986). Bridging the gap: Parent-child play interaction and peer interactive competence. *Child Development, 55*, 1265-1277.

Malikow, M. (2006). When students cut themselves. *Education Digest: Essential readings condensed for quick review, 71*(8), 45-50.

Mandell, J. G. & Damon, L. (1989). *Group treatment for sexually abused children.* New York: Guilford Press.

Marrone, R. (1997). *Death, mourning, and caring.* Pacific Grove, CA: Brooks/Cole.

Martin, G., Bergen, H. A., Richardson, A. S., Roeger, L., & Allison, S. (2004). Sexual abuse and suicidality: Gender differences in a large community sample of adolescents. *Child Abuse & Neglect: The International Journal, 28*(5), 491-503.

Maslow, A. (1970). *Motivation and personality (Rev. ed.).* New York: Harper & Row.

Matthews,S. H. & Sprey, J. (1984). The impact of divorce on grandparenthood: An exploratory study. *Gerontologist, 24*(1), 41-47.

May, R. (1953). *Man's search for himself.* New York: W. W. Norton & Company.

May, R. (1969). *Love and will.* New York: W. W. Norton & Company.

May, R. (1983). *The discovery of being.* New York: W. W. Norton & Company.

Mayer, A. (1985). *Sexual abuse: Causes, consequences and treatment of incestuous and pedophic acts.* Holmes Beach, FL: Learning Publications.

McBroom, E. (1981). *Family treatment in social work.* Los Angeles, CA: University of Southern California.

McCann, I. L. & Pearlman, L. A. (1990). *Psychological trauma and the adult survivor-*

theory, therapy and transformation. New York: Brunner/Mazel.

McDonald, G. W. (1982). *Parental power perceptions in the family. Youth & Soceity, 14*, 3-31.

McDonough, H. & Love, A. J. (1987). The challenge of sexual abuse: Protection and therapy in a child welfare setting. *Child Welfare, 66*(3), pp.227-234.

McLendon, J. A., & Davis, B. (2002). The Satir system. In J. Carlson & D. Kjos(Eds), *Theories and strategies of family therapy* (pp.170-189). Boston, MA: Allyn & Bacon.

McMichael, P. & Siann, G. (1997). Gender issues in parenting. In K. N. Dwivedi (Ed.), *Enhancing parenting skills: A guide book for professionals working with parents* (pp.43-58). Chichester, England: John Wiley & Sons.

Meiselman, K. C. (1990). *Resolving the trauma of incest: Reintegration therapy with survivors*. San Francisco, CA: Jossey-Bass.

Midence, K. (1994). The effects of chronic illness on children and their families: An overview. *Genetic, Social & General Psychology Monographs, 120*(3), 311-326.

Miller, J. B. (1991). The development of women's sense of self. In J. V. Jordan, A. G. Kaplan, J. B. Miller, I. P. Stiver, & J. L. Surrey (Eds.), *Women's growth in connection* (pp.11-26). New York: The Guilford.

Miller, C. L., Heysek, P. J., Whitman, T. L., & Borkowski, J. G. (1996). Cognitive readiness to parent and intellectual-emotional development in children of adolescent mothers. *Developmental Psychology, 32*, 533-541.

Minkler, M. & Roe, K. (1993). *Grandmothers as caregivers: Raising children of the crack cocaine epidemic*. Newbury Park, CA: Sage.

Minkler, M. & Roe, K. M. & Price, M. (1992).The physical and emotional health of grandmothers raising grandchildren in the crack cocaine epidemic. *Gerontologist, 32*, 752-761.

Minton, H. L., & MacDonald, G. J. (1984). Homosexual identity formation as a developmental process. *Journal of Homosexuality, 10*, 91-104.

Mussartto, K. (2006). Adaptation of the child and family to life with a chronic illness. *Cardiol Young, 16*(Suppl:3), 110-116.

Newman, B. S. & Muzzonigro, P. G. (1993). The effects of traditional family values on the coming out process of gay male adolescents. *Adolescence, 29*(109), 213-226.

Mollica, R. F. & Son, L. (1989). Cultural dimensions in the evaluation and treatment of sexual trauma. *Psychiatric Clinics of North America, 12*(2), 363-379.

Mosak, H. H. (1971).Lifestyle, In H. H. Mosak (1977), *On purpose: Collected papers.* (pp.183-187). Chicago, IL: Alfred Adler Institute.

Murphy, J. J. (1997). *Solution-focused counseling in middle and high schools.* Alexandria, VA: American Counseling Association.

Musil, C. M. (1998). Health, stress, coping, and social support in grandmother caregivers. *Health Care for Women International, 19*(5), 441-455.

Musil, C. M., Schrader, S., & Mutikani, J. (2000). Social support, stress, and special coping tasks of grandmother caregivers. In C. B. Cox(Ed.), *To grandmother's house we go and stay: Perspectives on custodial grandparents* (pp.36-70).N.Y.: Springer.

Myers, J. E. & Perrin, N. (1993). Grandparents affected by parental divorce: A population at risk? *Journal of Counseling & Development, 72*(1), 62-66.

Mynard, H. & Joseph, S. (1997). Bully/victim problems and their association with Eysenck's personality dimensions in 8 to 13 year-olds. *British Journal of Educational Psychology, 67*(1), 51-54.

Newberger, C. M. (1980). The cognitive structure of parenthood: Designing a descriptive measure. *New Directions for Child Development, 7*, 45-67.

Newberger, E. H. (1999). *Bringing up a boy: How to understand and care for boys.* London: Bloomsbury.

Nichols, M. P. & Schwartz, R. C. (1995). *Family therapy concepts and methods (3rd ed.).* Boston, MA: Allyn & Bacon.

Nicholson, B., Anderson, M., Fox, R. & Brenner, V. (2002). One family at a time: A prevention program for at-risk parents. *Journal of Counseling & Development, 80*(3), pp.362-371.

Nye, B. A. (1989). Effective parent education and involvement models and programs: Contemporary strategies for school implementation, In M. J. Fine (Ed.), *The second hand-*

book on parent education: Contemporary perspectives (pp.325-346).San Diego, CA: Academic Press.

O'Callaghan, M. F., Borkowski, J. G., Whitman, T. L., Maxwell, S. E. & Keogh, D. (1999). A model of adolescent parenting: The role of cognitive readiness to parent. *Journal of Research on Adolescence, 9*(2), 203-225.

Offer, D., Ostrov, E., Howard, K. I., & Atkinson, R. (1988). *The teenage world: Adolescents' self-image in ten countries*. New York: Plenum.

Ohlsen, M. M. (1983). *Introduction to counseling*. Itasca, IL: F. E. Peacock.

Oliven, J. F. (1974). *Clinical sexuality: A manual for the physician and the professions* (3rd ed.). Philadelphia: J. B. Lippincott.

Oliver, R., Oaks, I. N.,& Hoover, J. H. (1994). Family issues and interventions in bully and victim Relationships. *School Counselor, 41*(3), 199-202.

Olweus, D. (1984). Development of stable aggressive reaction patterns in males. In R. J. Blanchard & D. C. Blanchard (Eds.), *Advances in the study of aggression.* (pp.103-138). Orlando, FL: Academic.

Olweus, D. (1993a). *Bullying in schools: What we know and what we can do*. Oxford: Blackwell.

Olweus, D. (1993b).Bullying on the playground: the role of victimization. In: Hart, C. (Ed.), *Children on Playgrounds*. New York: SNUUY Press.

Olweus, D. (1994). Annotation: Bullying at school-Basic facts and effects of a school based intervention program. *Journal of Psychology & Psychiatry, 35*(7), 1171-1190.

Olweus, D. (1995). Bullying or peer abuse at school: Facts and interventions. *Current Directions in Psychological Science, 4*(6), 196- 200.

O'Moore, A. & Hillery, B. (1989). Bullying in Dublin schools. *Irish Journal of Psychology, 10*(3), 426-441.

O'Reilly, E. & Morrison, M. L. (1993). Grandparent-headed families: New therapeutic challenges. *Child Psychiatry & Human Development, 23*, 147-159.

Orr, D. P. & Downes, M. C. (1985). Self-concept of adolescent sexual abuse victims. *Journal of Youth & Adolescence, 14*(5), 401-410.

Papp, P. (1983). *The process of change*. New York: Guilford.

Parke, R. D. (1981). *Fathers*. Cambridge, MA: Harvard University.

Pasley, K. & Gecas, V. (1984). Stress and satisfactions of the parental role. *Personnel & Guidance Journal, 2*, 400-404.

Passons, W. R. (1975). *Gestalt approaches in counseling*. New York: Holt, Rinehart & Winston.

Patterson, G. R. (1982). *Coercive family process*. Eugene, OR: Castalia.

Perkins, R. M. (2001). The father-daughter relationship: Familial interactions that impact a daughter's style of life. *College Student Journal, 35*(4), 616-626.

Perry, D. G., Kusel, S. J., & Perry, L. C. (1988). Victims of peer aggression. *Developmental Psychology, 24*, 807-814.

Phelps, R. E., Huntley, D. K., Valdes, L. A., & Thompson, M. C. (1989). Parent-child interactions and child social networks in one-parent families. *Advances in Family Intervention, Assessment & Theory, 4*, 143-163.

Phillips-Hershey, E. & Kanagy, B. (1996). Teaching students to manage personal anger constructively. *Elementary School Guidance & Counseling, 30*(3), 229-234.

Pinson-Millburn, N. M., Fabian, E. S., Schlossberg, N. K., Pyle, M. (1996). Grandparents raising grandchildren. *Journal of Counseling & Development, 74*, 548-554.

Pledger, R. & Mclennan, J. (1988). Counseling help for child-abusing parents: Parents Anonymous. *Australian Journal of Sex, Marriage, & Family, 9*(3), 137-143.

Pollack, W. (1998). *Real boys: Rescuing our sons from the myths of boyhood*. New York: Random House.

Proctor, C. D. & Groze, V. K. (1994). Risk factors for suicide among gay, lesbian, and bisexual youth. *Social Work, 39*, 504-513.

Pruchno, R. A. & Johnson, K. W. (1996). Research on grandparenting: Review of current studies and future needs. *Generations, 20*(1), 65-71.

Reid, J. B. & Patterson, G. R. (1991). Early prevention and intervention with conduct problems: A social interactional model for the integration of research and practice. In G. Stoner, M. R. Shinn, & H. M. Walker (Eds.), *Interventions for achievement and behavior problems* (pp.715-740). Washington, D. C.: National Association of School Psychologists.

Reivich, K., & Shatté, A. (2002). *The resilience factor: 7 essential skills for overcoming life's inevitable obstacles*. N. Y.: Broadway Books.

Rencken, R. H. (1989). *Intervention strategies for sexual abuse*. Alexandria, VA: American Association for Counseling and Development.

Ricks, S. (1985). Father-infant interactions: A review of empirical research. *Family Relations, 34*, 505-511.

Rigby, K. & Slee, P. (1993). Dimensions of interpersonal relation among Australia children and implications for psychological well-being. *Journal of Social Psychology, 133*(1), 33-42.

Rigby, K. & Slee, P. T. (1991). Bullying among Australian school children: Reported behavior and attitudes toward victims. *Journal of Social Psychology, 131*(5), 615-628.

Rigby, K. (1993). School children's perceptions of their families and parents as a function of peer relations. *Journal of Genetic Psychology, 154*(4), 501-513.

Rigby, K. (1994). Psychosocial functioning in families of Australian adolescent schoolchildren involved in bully-victim problems. *Journal of Family Therapy, 16*(2), 173-187.

Rigby, K., Cox, I., & Black, G. (1997). Cooperativeness and bully/victim problems among Australian schoolchildren. *Journal of Social Psychology, 137*(3), pp.357-368.

Riley, S. (1990). Parentified grandparents in family art therapy. *American Journal of Art Therapy, 28*(4), 98.

Risman, B., & Park, K. (1988). Just the two of us: Parent-child relationships in single-parent homes. *Journal of Marriage & the Family, 50*(4), 1049-1062.

Roberts, Jr., W., & Coursol, D. H. (1996). Strategies for intervention with childhood and adolescent victims of bullying, teasing, and intimidation in school settings. *Elementary School Guidance & Counseling, 30*(3), 204-213.

Roberts, M. (1988). School yard menace. *Psychology Today, 22*(2), 52-56.

Robinson, K. E. (1991). Gay youth support groups: An opportunity for social work intervention. *Social Work, 36*, 458-459.

Roe, K. M., Minkler, M., & Barnwell, R. (1994). The assumption of care-giving: Grand-mothers raising the children of the crack cocaine epidemic. *Qualitative Health Research, 4,* 281-303.

Rogers, C. & Stevens, B. (1967). *Person to person: The problem of being human, a new trend in psychology.* Moab, UT: Real People Press.

Rogers-Wiese, M. R. (1992). A critical review of parent training research. *Psychology in the Schools, 29,* 229-236.

Romeo, F. (1994). Adolescent boys and anorexia nervosa. *Adolescence, 29*(115), 643-648.

Root, M. P. P. & Fallon, P. (1989). Treating the victimized bulimic-The functions of binge-purge behavior. *Journal of Interpersonal Violence, 4*(1), 90-99.

Rosenblatt, R. (1999, 8.2). The measure of a life. *Time,* p.41.

Ross, D. M. (1996). *Childhood bullying and teasing: What school personnel, other professionals, and parents can do.* Alexandria, VA: ACA.

Ross, J. (1982). Mentorship in middle childhood. In S. Cath, A. R. Gurwitt, & J. Ross (Eds.), *Father and child: Developmental and clinical perspectives* (pp.243-252). Boston, MA: Little, Brown.

Ross, S., & Heath, N. (2002). A study of the frequency of self-mutilation in a community sample of adolescents. *Journal of Youth & Adolescence, 31*(1), 67-77.

Roth, D. (Speaker). (1995). *Eating disorders: Assessment, planning, and effective treatment.* (Cassette Recording No. A010). Silver Spring, MD: American Healthcare Institute.

Rotheram-Borus, M. J., Hunter, J., & Rosario, M. (1994). Suicidal behavior and gay-related stress among gay and bisexual male adolescents. *Journal of Adolescent Research, 9*(4), 498-508.

Rueter, M. A., Conger, R. D., & Ramisetty-Mikler, S. (1999). Assessing the benefits of a parenting skills training program: A theoretical approach to predicting direct and moderating effects. *Family Relations, 48*(1), 67-77.

Rush, F. (1980). *The best kept secret: Sexual abuse of children.* Englewood Cliffs, NJ: Basic Books.

Russell, D. E. H. (1986). The incidence and prevalence of intrafamilial and extrafamilial sexual abuse of female children. *Child Abuse & Neglect, 7*, 133-146.

Russell, G. (1978). The father role and its relation to masculinity, femininity, and androgyny. *Child Development, 49*(4), 1174-1181.

Russell, G. (1986). Primary caretaking and role-sharing fathers. In M. Lamb (Ed.), *The father's role: Applied perspectives* (pp.233-259). Beverly Hills: Sage.

Rust, P. C. (1996). Finding a sexual identity and community: Therapeutic implications and cultural assumptions in scientific models of coming out. In E. D. Rothblum & L. A. Bond (Eds.), *Preventing and homophobia* (pp.87-123). Thousand Oaks, CA: Sage.

Salmivalli, C., Lagerspetz, K., Bjorkqvist, K., & Osterman, K.(1996). Bullying as a group process: participant roles and their relations to social status within the group. *Aggressive Behavior, 22*(1), 1-15.

Sands, R. & Nuccio, K. E. (1989). Mother-headed single-parent families: A feminist perspective. *Journal of Women & Social Work, 4*(3), 25-41.

Salter, A. C. (1988). *Treating child sex offenders and victims: A practical guide*. Newbury Park, CA: Sage.

Saltzman, G. & Pakan, P. (1996). Feelings...in the grandparenting raising grandchildren triad (or relationship). *Parenting Grandchildren: A voice for grandparents. 2*(1), 4-6.

Santrock, J. W. & Bartlett, J. C. (1986). *Developmental psychology: A life-cycle perspective*. Dubuque, IA: Wm. C. Brown.

Savin-Williams, R. (1990). *Gay and lesbian youth: Expressions of identity*. New York: Hemisphere.

Savin-Williams, R. C. (1989). Gay and lesbian youths and their parents. *Empathy, 2*, 41-42.

Savin-Williams, R. C. (1994). Verbal and physical abuse as stressors in the lives of lesbian, gay male, and bisexual youth: Associations with school problems, running away, substance abuse, prostitution, and suicide. *Journal of Consulting & Clinical Psychology, 62*(2), 261-269.

Schaffiner, L. (1997). Families on probation: Court-ordered parenting skills classes for parents of juvenile offenders. *Crime & Delinquency, 43*(4), 412-437.

Schneider, S. G., Farberow, N. L., & Kruks, G. N. (1989). Suicidal behavior in adolescent and young adult gay men. *Suicide & Life-Threatening Behavior, 19*(4), 381-394.

Schoen, R., Astone, N. M., Rothert, K., & Standish, N. N. (2002). Women's employment, marital happiness, and divorce. *Social Forces, 81*(2), 643-662.

Schwatz, J. A., Gladstone, T. R. G., & Kaslow, N. J. (1998). Depressive disorders. In T. H. Ollendick & M. Hersen (Eds.), *Handbook of child psychopathology (3rd ed.)*(pp.269-89).New York: Plenum.

Schwebel, A. I., Barocas, H., Reinchman, W., & Schwebel, M. (1990). *Personal adjustment and growth*. Dubuque, IA: Brown.

Scott, S. (1998). Aggressive behavior in childhood. *British Medical Journal, 316*(7126), 202-207.

Sears, T. (1989). Challenges for educators: Lesbian, gay, and bisexual families. *High School Journal, 77*, 138-156.

Sgroi, S. (1984). *Handbook of clinical intervention in child sexual abuse*. Lexington, MA: D. C. Health & Company.

Sgroi, S. (1988). *Vulnerable populations : Evaluation and treatment of sexually abused children and adult survivors* (Vol. I). Lexington, MA: Lexington Books.

Shabad, P. (Speaker). (1990). *Understanding loss and facilitating mourning*. (Cassette Recording No. 9061). Wheaton, MD: American Healthcare Institute.

Shapiro, S. & Dominiak, G. (1990). Common psychological defenses seen in the treatment of sexually abused adolescents. *American Journal of Psychotherapy, 44*(1), 68-74.

Sharp, S. & Smith, P. (1991). Bullying in UK schools: the DES Sheffield bullying project. *Early Child Development & Care, 77*, 47-55.

Sheeber, L. B. & Johnson, J. H. (1994). Evaluation of a temperament-focused parent training program. *Journal of Clinical Child Psychology, 23*, 249-259.

Shek, D. T. L. (1998). Adolescents' perceptions of paternal and maternal parenting styles in a Chinese context. *Journal of Psychology, 132*(5), 527-537.

Shulman, H. A. (1996). Using developmental principles in violence prevention. *Elementary School Guidance & Counseling, 30*(3), 170-180.

Siann, G., Callaghan, M., Lockhart, R., & Rawson, L. (1993). Bully: Teachers' views and school effects. *Educational Studies, 19*(3), 307-321.

Silverberg, S. B. & Steinberg, L. (1987). Adolescent autonomy, parent-adolescent conflict, and parental well-being. *Journal of Youth & Adolescence, 16*, 293-312.

Silverstein, L. B. (1996). Fathering is a feminist issue. *Psychology of Women Quarterly, 20,* 3-37.

Simmons, J. (Sep./2000). Oh, baby! *Counseling Today*, 8, & 10-11.

Singer, M. I., Petchers, M. K., & Hussey, D. (1989). Relationship between sexual abuse and substance abuse among psychiatrically hospitalized adolescents. *Child Abuse & Neglect, 13*(3), 319-215.

Slee, P. (1995a). Bullying: Health concerns of Australian secondary school students. *International Journal of Adolescence & Youth, 5*(4), 215-224.

Slee, P. (1995b).Peer victimization and its relationship to depression among Australian primary school students. *Personality and Individual Differences, 18*(1), 57-62.

Slee, P. T. (1993). Bullying: A preliminary investigation of its nature and effects of school children. *Early Child Development & Care, 87*, 47-57.

Slee, P. & Rigby, K. (1993a). Australian school children's self appraisal of interpersonal relations: The bullying experience. *Child Psychiatry & Human Development, 23*(4), 273-282.

Slee, P. & Rigby, K. (1993b). The relationship of Eysenck's personality factors and self-esteem to bully-victim behaviour in Australian schoolboys. *Personality & Individual Differences, 14*(2), 371-373.

Small, S. A. (1988). Parental self-esteem and its relationship to childrearing practice, parent-adolescent interaction, and adolescent behavior. *Journal of Marriage & the Family, 50,* 1063-1072.

Smetana, J. G. & Asquith, P. (1994). Adolescents' and parents' conceptions of parental authority and personal autonomy. *Child Development, 65*, 1147-1162.

Smetana, J. G. (1989). Adolescents' and parents' reasoning about actual family conflict. *Child Development, 60*, 1052-1067.

Smith, P. K. (1991). The silent nightmare: Bullying and victimization in school peer groups.

The Psychologist, 4, 243-248.

Snarey, J.(1993). *How fathers care for the next generation: A four-decades study*. Cambridge, MA: Harvard University.

Soko-Katz, J., Roger, D., & Zimmerman, R. (1997). Family structure versus parental attachment in controlling adolescent deviant behavior: A social control model. *Adolescence, 32*(125), 199-215.

Soloman, Y., & Farrand, J. (1996). "Why don't you do it properly?" Young women who self-injure. *Journal of Adolescence, 19*(2), 111-119.

Sommer, K. S., Whitman, T. L., Borkowski, J. G., Schellenbach, C., Maxwell, S. & Keogh, D. (1993). Cognitive readiness and adolescent parenting. *Developmental Psychology, 29*, 389-398.

Sourander, A. (2001). Emotional and behavioral problems in a sample of Finnish three-year-olds. *European Child & Adolescent Psychiatry, 10*, 98-104.

Stearns, P. N. (1990). *Be a man! Males in modern society*. New York: Holmes & Meier.

Stearns, P. N. (1991). Fatherhood in historical perspective: The role of social change. In F. W. Bozett & S. M. H. Hanson (Eds): *Fatherhood and families in cultural context* (pp.28-52). New York: Springer.

Steinberg, L. (1987). Impact of puberty on family relations: Effects of pubertal status and pubertal timing. *Developmental Psychology, 23*, 451-460.

Steiner, C. (1971). *Games alcoholics play*. New York: Ballantine.

Stern, E. E. (1981). Single mothers' perceptions of the father role and of the effects of father absence on boys. *Journal of Divorce, 4*(2), 77-84.

Sternberg, R. J. (1997). *Thinking styles*. Cambridge: Cambridge University.

Sternberg, R. J. (1998). *In search of the human mind (2nd ed.)*. Orlando, FL: Harcourt Brace & Company.

Stiffman, A. R. (1989). Physical and sexual abuse in runaway youth. *Child Abuse & Neglect, 13*(3), 417-426.

Stinnett, N. & DeFrain, J. (1989). The healthy family: Is it possible? In M. J. Fine (Ed.), *The second handbook on parent education: Contemporary Perspectives* (pp.53-74). San

Diego, CA: Academic Press.

Stolberg, A. L. & Garrison, K. M. (1985). Evaluating a primary prevention program for children of divorce. *American Journal of Community Psychology, 13*(2), 111-124.

Striegel-Moore, R. H., McAvay, G. & Rodin, J. (1986). Toward an understanding of risk factors for bulimia. *American Psychologist, 41*(3), 246-263.

Strom, R. D. & Strom, S. K. (2000). Meeting the challenge of raising grandchildren. *International Journal of Aging & Human Development, 51*(3), 183-198.

Sullivan, H. S. (1984). *Personal psychopathology*. New York: W. W. Norton & Company.

Swain, J. (1998).What does bullying mean?. *Educational Research, 40*(3), 358-362.

Sweeney, T. J. (1989). *Adlerian counseling: A practical approach for a new decade* (3rd ed.). Muncie, IN: Accelerated Development.

Takeucki, D. T., Williams, D. R., & Adair, R. K. (1991). Economic stress in the family and children's emotional and behavioral problems. *Journal of Marriage & the Family, 53*, 1031-1041.

Tamura, K. (1989). *Psychological impact of incest on its victim: A review of the literature and implications for treatment*. CA: Biola University.

Tannen, D. (1990). *You just don't understand: Women and men in conversation*. London: Virago.

Teachman, J., Day, R., Paasch, K., Carver, K., & Call, V. (1998). Sibling resemblance in behavioral and cognitive outcomes: The role of father presence. *Journal of Marriage & the Family, 60*(4), 835-848.

Thagaard, T. (1997). Gender, power, and love: A study of interaction between spouses. *Acta Sociologica, 40*(4), 357-376.

Thompson, C. L. & Rudolph, L. B. (1992). *Counseling children (3rd ed.)*. Pacific Grove, CA: Brooks/Cole.

Thompson, L. & Walker, A. J. (1991). Gender in families: Women and men in marriage, work, and parenthood. In A. Booth (Ed.), *Contemporary families: Looking forward, looking back* (pp.76-102). Minneapolis, MN: The National Council on Family Relations.

Thomson, , E., McLannahan, S. S., & Curtin, R. B. (1992). Family structure, gender, and parental socialization. *Journal of Marriage & the Family, 54*(2), 368-378.

Toronto, E. (2009). Time out of mind: Dissociation in the virtual world. *Psychoanalytic Psychology, 26*(2), 117-133.

Tranchtenburg, M. S. (1989). *Stop the merry-go-round: Stories of women who broke the cycle of abusive relationships*. Blue Ridge Summit, PA: TAB Books.

Tripp-Reimer, T. & S. E. Wilson. (1991). Cross-cultural perspectives on fatherhood. In F. W. Bozett & S. M. H. Hanson (Eds.).: *Fatherhood and families in cultural context*. (pp.1-27). N. Y. : Springer.

Tripp-Reimer, T. & Wilson, S. E. (1991). Cross-cultural perspectives on fatherhood. In F. W. Bozett & S. M. H. Hanson (Eds.), *Fatherhood and families in cultural Context* (pp.1-27). New York: Springer.

Troiden, R. R. (1989). The formation of homosexual identities. *Journal of Homosexuality, 17*(1/2), 43-73.

Trower, P., Casey, A., & Dryden, W. (1988). *Cognitive -behavioral counseling in action*. London: SAGE.

Umberson, D. (1989). Relationships with children: Explaining parents' psychological well-being. *Journal of Marriage and the Family, 51*, 999-1012.

Utz, S., Jonas, K. J., & Tonkens, E. (2012). Effects of passion for massively multiplayer on-line role-playing games on interpersonal relationships. *Journal of Media Psychology, 24*(2), 77-86.

Vaillant, G. E. (1977). *Adaptation to life*. Boston: Little Brown.

van den Eijnden, R. J. J. M., Meerkerk, G-J., Vermulst, A. A., Spijkeman, R., & Engles, R. C. M. E. (2008). Online communication, compulsive internet use, and psychological well-being among adolescents: A longitudinal study. *Developmental Psychology, 44*(3), 655-665.

Vannatta, R. A. (1996). Risk factors related to suicidal behavior among male and female adolescents. *Journal of Youth & Adolescence, 25* (2), 149-160.

Vartuli, S. & Winter, M. (1989). Parents as first teachers. In M. J. Fine (Ed.): *The second *handbook on parent education: Contemporary perspectives.* (pp.99-117). San Diego, CA: Academic Press.

Velez, C. T., Johnson, J. & Cohen, P. (1989). A longitudinal analysis of selected risk factors for childhood psychopathology. *Journal of the American Academy of Child & Adolescent Psychiatry, 28,* 861-864.

Verleur, D., Hughes, R. E. & de Rios, M. D. (1986). Enhancement of self-esteem among female adolescent incest victims: A controlled comparison. *Adolescence, 21*(84), 843-854.

Walker, C. E., Bonner, B. L. & Kaufman, K. L. (1988). *The physically and sexually abused child: Evaluation and treatment.* New York: Pergamon Books.

Walker, H. M., Colvin, G., & Ramsey, E. (1995). *Antisocial behavior in school: Strategies and best practices.* Pacific Grove, CA: Brooks/Cole.

Walklate, S. (1989). *Victimology: The victim and the criminal justice process.* London: Unwin Hyman.

Wallerstein, J. S. & Kelly, J. B. (1980). Children and divorce: A review. *Social Work, 24,* 468-475.

Walsh, f. (1998). *Strengthening family resilience.* New York: The Guilfrod.

Walton, F. X. & Powers, R. L. (1974). *Winning children over: A manual for teachers, counselors, principals and parents.* Chicago, IL: North American Society of Adlerian Psychology.

Walton, F. X. (1980). *Winning teenagers over-in home and school: A manual for parents, teachers, counselors, and principals.* Columbia, SC: Adlerian Child Care Books.

Ward, C. (1984). *The trauma of sexual assault: Psychological stress and coping in adolescent victims.* American Psychological Association.

Watson, J. A. & Koblinsky, S. A. (1997). Strengths and needs of working-class African-American and Anglo-American grandparents. *International Journal of Aging & Human Development, 44*(2), 149-165.

Webb, C. (1983). *Psychological assessment of sexually abused children and adolescents.* American Psychological Association.

Webster-Stratton, C. (1994). Advancing videotape parent training: A comparison study. *Journal of Consulting & Clinical Psychology, 62*, 583-593.

Weistheimer, R. K. & Kaplan, S. (2000). *Grandparenthood.* N.Y.: Routledge.

Weiss, R. S. (1979). Growing up a little faster: The experience of growing up in a single-parent household. *Journal of Social Issues, 35*(4), 97-111.

Wells, J. W. & Kline, W. B. (1987). Self-disclosure of homosexual orientation. *Journal of Social Psychology, 127*, 191-197.

Wester, K. L., & Trepal, H. C. (2005). Working with clients who self-injure: Providing alternatives. *Journal of College Counseling, 8*(2), 180-189.

White, V. E., Trepal-Wollenzier, H., & Nolan, J. M. (2002). College students and self-injury: Intervention strategies for counselors. *Journal of College Counseling, 5*(2), 105-113.

Whitney, I. & Smith, P. (1993). A survey of the nature and extent of bullying in junior/middle and secondary schools. *Educational Research, 35*(1), 3-25.

Whitney, I., Nabuzoka, D., & Smith, P. (1992). Bullying in schools: Mainstream and special needs. *Support for Learning, 7*(1), 3-7.

Widom, C. S. (1989). The cycle of violence. *Science, 244*, 160-166.

Williams, K. & Chambers, M. (1996). Association of common health symptoms with bullying primary school children. *British Medical Journal, 313*(7048), 17-20.

Wills-Brando, C. (1990). *Learning to say no: Establishing healthy boundaries.* Deerfield Beach, FL: Health Communications.

Wilson, M. N. (1986). The black extended family: An analytical consideration. *Developmental Psychology, 22*, 246-258.

Wilson, M. N., Tolson, T. F. J., Hinton, I. D., & Kiernan, M. (1990). Flexibility and sharing of childcare duties in black families. *Sex Roles, 22*, 409-425.

Witmer, J. M. & Sweeney, T. J. (1991). *Wellness and prevention as a holistic model for counseling and human development over the lifespan.* Athens, OH: Author.

Wittet, S. & Wong, D. (1987). *Helping your child to be safe: English, Chinese, and Vietnamese languages.* (Report No. UD-026-210). Renton, WA: King County Rape Relief. (ERIC Document Reproduction Service No. ED 294 978).

Wolfe, D, Sas, L., & Wekerle, C. (1994). Factors associated with the development of post-traumatic stress disorder among child victims of sexual assault. *Child Abuse & Neglect, 18*, 37-50.

Woodworth, R. S.(1996). You're not alone...you're one in a million. *Child Welfare, 75,* 619-635.

Wooley, M. J. & Vigilanti, A. (1984). Psychological separation and the sexual abuse victim: A theoretical model. *Psychotherapy, 21*, 347-352.

Wright, C. & Busby, D. M. (1997). Relationship satisfaction: Impact and consequences for women's emotional health and treatment. *Contemporary Family Therapy: An International Journal, 19*(3), 443-460.

Yalom, I.D. (1980). *Existential psychotherapy*. New York: BasicBooks.

Yoshikawa, H. (1994). Prevention as cumulative protection: Effects of early family support and education on chronic delinquency and its risks. *Psychological Bulletin, 115*, 28-54.

Young, K. S. (1998). *Caught in the net: How to recognize the signs of internet addiction and a winning strategy for recovery*. New York: John Wiley & Sons.

Young, K. S. (1999). Internet addiction: Symptoms, evaluation, and treatment. In L. Vande-Creek & T. Jackson (Eds.), *Innovations in clinical practice: A source book* (Vol. 17, pp.19-31). Sarasota, FL: Professional Resource Press.

Ystgaard, M., Hestetun, I., Loeb, M., & Mehlum, L. (2004). Is there a specific relationship between childhood sexual and physical abuse and repeated suicidal behavior? *Child Abuse & Neglect, 28*(8), 863-875.

Zajonc, R. B. & Markus, G. B. (1975). Birth order and intellectual development. *Psychological Review, 82*, 74-88.

Zhang, J. & Jin, S. (1996). Determinants of suicide ideation: A comparison of Chinese and American college students. *Adolescence, 31*(122), 451-467.

Zunker, V. G. (1990). *Career counseling applied concepts of life planning (3rd ed.)*. Pacific Grove, CA: Brooks/ Cole.

國家圖書館出版品預行編目資料

親職教育／邱珍琬著. －－五版. －－臺北
　市：五南圖書出版股份有限公司, 2023.12
　面；　公分
　ISBN 978-626-366-725-9（平裝）

1.CST: 親職教育

528.2　　　　　　　　　112017473

1BU4

親職教育

作　　者 ― 邱珍琬

發 行 人 ― 楊榮川

總 經 理 ― 楊士清

總 編 輯 ― 楊秀麗

副總編輯 ― 黃文瓊

責任編輯 ― 李敏華

封面設計 ― 姚孝慈

出 版 者 ― 五南圖書出版股份有限公司

地　　址：106臺北市大安區和平東路二段339號4樓

電　　話：(02)2705-5066　　傳　　真：(02)2706-6100

網　　址：https://www.wunan.com.tw

電子郵件：wunan@wunan.com.tw

劃撥帳號：01068953

戶　　名：五南圖書出版股份有限公司

法律顧問　林勝安律師

出版日期：2003年 4 月初版一刷（共三刷）
　　　　　2005年 4 月二版一刷（共二刷）
　　　　　2009年11月三版一刷（共四刷）
　　　　　2019年 1 月四版一刷（共二刷）
　　　　　2023年12月五版一刷

定　　價：新臺幣580元

經典永恆・名著常在

五十週年的獻禮——經典名著文庫

五南，五十年了，半個世紀，人生旅程的一大半，走過來了。

思索著，邁向百年的未來歷程，能為知識界、文化學術界作些什麼？

在速食文化的生態下，有什麼值得讓人雋永品味的？

歷代經典・當今名著，經過時間的洗禮，千錘百鍊，流傳至今，光芒耀人；

不僅使我們能領悟前人的智慧，同時也增深加廣我們思考的深度與視野。

我們決心投入巨資，有計畫的系統梳選，成立「經典名著文庫」，

希望收入古今中外思想性的、充滿睿智與獨見的經典、名著。

這是一項理想性的、永續性的巨大出版工程。

不在意讀者的眾寡，只考慮它的學術價值，力求完整展現先哲思想的軌跡；

為知識界開啟一片智慧之窗，營造一座百花綻放的世界文明公園，

任君遨遊、取菁吸蜜、嘉惠學子！